U0453065

2011 年度教育部人文社会科学研究规划基金一般项目"基于社会主义核心价值体系视阈下的客家优良传统研究"(项目编号：11YJA710030)

社会主义核心价值体系视阈下的
客家优良传统

刘加洪等　著

中国社会科学出版社

图书在版编目(CIP)数据

社会主义核心价值体系视阈下的客家优良传统／刘加洪等著.
—北京：中国社会科学出版社，2015.1
ISBN 978-7-5161-5482-3

Ⅰ.①社… Ⅱ.①刘… Ⅲ.①客家人—民族文化—研究—中国 Ⅳ.①K281.1

中国版本图书馆 CIP 数据核字（2015）第 014368 号

出 版 人	赵剑英
责任编辑	关　桐
责任校对	石春梅
责任印制	张雪娇
出　　版	中国社会科学出版社
社　　址	北京鼓楼西大街甲 158 号（邮编 100720）
网　　址	http：//www.csspw.cn
	中文域名：中国社科网　010-64070619
发 行 部	010-84083685
门 市 部	010-84029450
经　　销	新华书店及其他书店
印　　刷	北京君升印刷有限公司
装　　订	廊坊市广阳区广增装订厂
版　　次	2015 年 1 月第 1 版
印　　次	2015 年 1 月第 1 次印刷
开　　本	710×1000　1/16
印　　张	18.75
插　　页	2
字　　数	308 千字
定　　价	58.00 元

凡购买中国社会科学出版社图书，如有质量问题请与本社联系调换
电话：010-84083683
版权所有　侵权必究

目　录

序一 …………………………………………………………（1）

序二 …………………………………………………………（5）

导言 …………………………………………………………（1）

第一章　社会主义核心价值体系视阈下客家优良传统形成的社会历史条件 …………………………………（7）

　第一节　社会主义核心价值体系视阈下客家优良传统形成的自然环境因素 ……………………………（8）
　　一　客家地区自然环境 ………………………………（8）
　　二　客家地区自然环境对客家优良传统形成的影响 …（10）

　第二节　社会主义核心价值体系视阈下客家优良传统形成的社会历史背景 ……………………………（15）
　　一　以农为本的经济模式对客家优良传统形成的影响 …（16）
　　二　移民运动与客家南迁对客家优良传统形成的影响 …（21）
　　三　社会动荡与社会革命对客家优良传统形成的影响 …（23）

　第三节　社会主义核心价值体系视阈下客家优良传统形成的思想文化基础 ……………………………（26）
　　一　中原文化传统对客家优良传统形成的影响 ………（26）
　　二　畲瑶土著文化对客家优良传统形成的影响 ………（29）

第二章　社会主义核心价值体系视阈下客家优良传统的

　　　　基本表征 …………………………………………………（33）
　第一节　社会主义核心价值体系视阈下客家优良传统的
　　　　本质属性 ………………………………………………（33）
　　一　客家优良传统本质属性的形成 ………………………（34）
　　二　客家优良传统本质属性——复合性 …………………（37）
　第二节　社会主义核心价值体系视阈下客家优良传统的
　　　　基本特征 ………………………………………………（45）
　　一　鲜明的主导性 …………………………………………（46）
　　二　共同的理想 ……………………………………………（48）
　　三　强烈的民族性 …………………………………………（51）
　　四　突出的时代性 …………………………………………（55）
　　五　历史的传承性 …………………………………………（59）

**第三章　社会主义核心价值体系视阈下客家优良传统的主要
　　　　结构和功能** ……………………………………………（62）
　第一节　社会主义核心价值体系视阈下客家优良传统的
　　　　主要结构 ………………………………………………（62）
　　一　客家优良传统的核心 …………………………………（63）
　　二　客家优良传统的主题 …………………………………（65）
　　三　客家优良传统的精髓 …………………………………（68）
　　四　客家优良传统的基础 …………………………………（70）
　第二节　社会主义核心价值体系视阈下客家优良传统的
　　　　主要功能 ………………………………………………（73）
　　一　客家优良传统的导向功能 ……………………………（73）
　　二　客家优良传统的凝聚功能 ……………………………（76）
　　三　客家优良传统的支撑功能 ……………………………（78）
　　四　客家优良传统的激励功能 ……………………………（80）
　　五　客家优良传统的教育功能 ……………………………（83）

**第四章　社会主义核心价值体系视阈下的客家优良传统的
　　　　科学内涵** ………………………………………………（86）

第一节 马克思主义指导思想视阈下的客家优良传统 …… （87）
  一 马克思主义传播前客家人的思想追求 …………… （87）
  二 马克思主义传播对客家人的深刻影响 …………… （93）
第二节 中国特色社会主义共同理想视阈下的
     客家优良传统 ……………………………………… （99）
  一 富强是客家人朝思暮想的经济旨向 ……………… （100）
  二 民主是客家人梦寐以求的政治愿景 ……………… （103）
  三 文明是客家人翘首以盼的文化样式 ……………… （107）
  四 和谐是客家人魂牵梦萦的社会图景 ……………… （110）
第三节 以爱国主义为核心的民族精神视阈下的客家
     优良传统 …………………………………………… （114）
  一 爱国主义视阈下的客家优良传统 ………………… （114）
  二 团结统一视阈下的客家优良传统 ………………… （119）
  三 爱好和平视阈下的客家优良传统 ………………… （125）
  四 勤劳勇敢视阈下的客家优良传统 ………………… （128）
  五 自强不息视阈下的客家优良传统 ………………… （130）
第四节 以改革创新为核心的时代精神视阈下的客家
     优良传统 …………………………………………… （135）
  一 改革创新视阈下的客家优良传统 ………………… （135）
  二 与时俱进视阈下的客家优良传统 ………………… （138）
  三 开拓进取视阈下的客家优良传统 ………………… （141）
  四 求真务实视阈下的客家优良传统 ………………… （143）
  五 奋勇争先视阈下的客家优良传统 ………………… （147）
第五节 社会主义荣辱观视阈下的客家优良传统 ………… （150）
  一 客家优良传统中的荣誉意识 ……………………… （151）
  二 客家优良传统中的耻辱意识 ……………………… （161）
  三 客家荣辱传统的继承与创新 ……………………… （166）

**第五章 社会主义核心价值体系与客家优良
     传统的互动共融** ………………………………… （173）
第一节 以社会主义核心价值体系为指南引领客家优良

　　　　传统的现代转型 …………………………………………（173）
　　一　以社会主义核心价值体系为灵魂提升客家优良传统的
　　　　精神境界 ………………………………………………（174）
　　二　以社会主义核心价值体系为宗旨统驭客家优良传统的
　　　　建设思路 ………………………………………………（183）
第二节　弘扬客家文化传统拓展社会主义核心价值体系的
　　　　社会基础 ………………………………………………（189）
　　一　爱国爱乡、无私无畏：客家优良传统与中华民族
　　　　精神的相通 ……………………………………………（189）
　　二　顽强拼搏、开拓创新：客家优良传统与改革创新
　　　　精神的互动 ……………………………………………（192）
　　三　自强不息、勤俭诚信：客家优良传统与社会主义
　　　　荣辱观的共融 …………………………………………（193）
第三节　挖掘客家文化资源增强社会主义核心价值体系的
　　　　实践张力 ………………………………………………（196）
　　一　土楼、围龙屋：传统价值观在客家建筑中的体现 ……（196）
　　二　宗族、宗祠：凝聚客家社会的精神纽带 ………………（201）
　　三　习俗、仪式：客家传统文化象征的塑造 ………………（207）
第四节　利用客家文化优势丰富社会主义核心价值体系的
　　　　群众语意 ………………………………………………（212）
　　一　客家优良传统在当代的宣传和利用 …………………（212）
　　二　传统节日意识与氛围的强化和营造 …………………（213）
　　三　传统文化在居民生活中的点滴渗透 …………………（216）

第六章　社会主义核心价值体系视阈下弘扬客家优良传统的
　　　　路径选择 ………………………………………………（220）
第一节　武装头脑：把客家优良传统融入地方文化教育中 …（220）
　　一　家庭是传承客家优良传统的好场所 …………………（221）
　　二　学校是弘扬客家优良传统的主阵地 …………………（222）
　　三　社会是渗透客家优良传统的大课堂 …………………（224）
第二节　营造氛围：把客家优良传统纳入精神文明建设中 ……（225）

一　整体谋划，建立机制 …………………………………… (225)
　　二　有机结合，全面渗透 …………………………………… (226)
第三节　整体推进：把客家优良传统贯穿于现代化建设中 …… (228)
　　一　弘扬客家优良传统，发展客家特色经济 …………… (228)
　　二　弘扬客家优良传统，推进民主政治建设 …………… (232)
　　三　弘扬客家优良传统，打造客家文化高地 …………… (235)
　　四　弘扬客家优良传统，共同构建和谐社会 …………… (241)

附录：爱国主义视阈下的客家妇女 ……………………………… (247)
　　一　健母育强儿："天乳运动"立先锋 …………………… (248)
　　二　客家女性的爱国情怀：不爱红装爱素装 …………… (258)
　　三　国家兴亡，匹妇有责：抗战救国同舟共济 ………… (266)

主要参考资料 ……………………………………………………… (272)

后记 ………………………………………………………………… (283)

序 一

客家优良传统是客家先民们在长期生产、生活实践中创造出来的具有客家民系风格的、昂扬向上的思想精华的总概括。客家民系在千年迁徙的文明进步历程中，创造了辉煌灿烂的一页，其中客家优良传统所折射的光芒，尤为璀璨夺目，令人振奋，催人奋发。客家优良传统是客家人集体智慧的结晶，是客家民系凝聚力和向心力的发源点和根本所在，是推动客家民系不断走向文明进步的力量源泉和精神动力。

客家优良传统不仅在过去对客家人的文明进步产生过十分积极而深远的影响，而且对我们今天的社会主义核心价值体系建设仍有不可估量的现实意义。十八大报告指出："要深入开展社会主义核心价值体系学习教育，用社会主义核心价值体系引领社会思潮、凝聚社会共识。广泛开展理想信念教育，把广大人民团结凝聚在中国特色社会主义伟大旗帜之下。大力弘扬民族精神和时代精神，深入开展爱国主义、集体主义、社会主义教育。"它表达了全民族的共同意志和愿望，得到了全国人民的热烈拥护和广泛支持。

那么在客家地区，如何将客家优良传统置于社会主义核心价值体系视阈下，深入研究社会主义核心价值体系和客家优良传统的关系？如何挖掘蕴藏于客家优良传统的社会主义核心价值观，运用客家优良传统的理论与实践为社会主义核心价值体系建设服务？如何以社会主义核心价值体系为指导，引领客家优良传统的现代转型，为客家优良传统开辟新的路径？这些问题就成为摆在当代理论工作者面前的一项光荣而神圣的使命。嘉应学院社科部副主任刘加洪教授领衔撰写的这部《社会主义核心价值体系视阈下的客家优良传统》的书稿，正是顺应历史发展潮流，自觉肩负起时代赋予的历史使命的自觉行动。全书以党的十八大精神为指导，以独特而新颖的体例，以流畅而朴实的文笔，对社会主义核心价值体系视阈下客家优良传统的结构、特征、功能、主要内容以及弘扬与培育客家优良传统的途径、方法等，进行了系统的理论探索。可以说，这部书稿，主题鲜明、脉络清晰、生动形象、深入浅出、视野开阔、思想深刻，反映了写作团队扎实的科研功底和深厚的理论素养，凸显了他们较强的独立研究和理论思维能力。

书稿紧紧围绕着社会主义核心价值体系，以"指导思想、共同理想、民族精神、时代精神、荣辱观"为视角，构建客家优良传统的框架。在第一章，对社会主义核心价值体系视阈下客家优良传统形成的自然环境因素、社会历史背景、思想文化基础等方面加以分析，既全面又富有较高的理论概括。在第二章，对社会主义核心价值体系视阈下客家优良传统的复合性本质属性和客家优良传统的基本特征，进行了深入细致的研究、严谨周密的考据。在第三章，论证了社会主义核心价值体系视阈下客家优良传统的结构关系是相互交融、有机结合，客家优良传统的多种功能是优势互补、不可或缺的。在第四章，对客家优良传统的科学体系，置于指导思想、共同理想、民族精神、时代精神、荣辱观等视阈下，加以描述，内涵丰富、资料翔实、论据充分。在第五章，剖析了社会主义核心价值体系与客家优良传统的互动机制，客家优良传统能为社会主义核心价值体系建设提供厚实的土壤，社会主义核心价值体系则为客家优良传统指明正确的方向。在第六章，对社会主义核心价值体系视阈下弘扬客家优良传统的路径选择作出了有益的探讨，认为应该把客家优良传统融入地方文化教育中、纳入精神文明建设中、贯穿于现代化建设中。书稿还专门设置了一则附录，以爱国主义视阈下的客家妇女为例，更完整、更充分、更典型地塑造出客家人的光辉形象和精神风貌，可敬可佩。书稿内容充实，结构严谨，观点新颖，见解独到，分析透彻，论据有理，所谓"析义理于精微之蕴，辨字句于毫发之间"（《古文观止·序》），开创了把社会主义核心价值体系与客家优良传统有机联结起来进行动态考察和研究的先河。

阅读书稿，你会被通俗易懂的语言、形象生动的事例、感人肺腑的情景所深深吸引；读完书稿，你会在耳濡目染、潜移默化、不知不觉中受到教育和启迪，达到"桃李不言，下自成蹊"的效果。《社会主义核心价值体系视阈下的客家优良传统》一书的出版，无疑将具有重要的现实意义。

第一，有助于弘扬中华文化，建设中华民族共有精神家园。

学习和传承社会主义核心价值体系视阈下的客家优良传统，有助于人们更深刻地认识中华民族的发展过程，看到中华文化的源远流长、博大精深，而客家优良传统是中华文化的重要组成部分，建设和弘扬社会主义核心价值体系需要客家优良传统的思想文化土壤。学习和传承社会主义核心价值体系视阈下的客家优良传统，有助于人们更深刻地理解社会主义核心价值体系是在社会生活中居于统领、引导地位的价值观念体系，传承和升华客家优良传统，需要以社会主义核心价值体系为指导。学习和传承社会主义核心价值体系视阈下的客家优良传统，有助于弘扬中华文化，建设中华民族共有精神家园，而在建设共有精神家园中，客家优良传统和社会主义核心价值体系并不相悖，二者相互影响、相互作用，在融通与互动中共同推进中华民族共有精神家园的建设。

第二，有助于凝聚各种力量，为中华民族伟大复兴贡献力量。

学习和传承社会主义核心价值体系视阈下的客家优良传统，有助于加深对中国国情的认识，从而有助于加深对中华文化所蕴含的内在活力的理解；同时体认实现中华民族伟大复兴，既要继承客家优良传统，从祖国的灿烂文化中汲取营养，又要紧跟时代前进的步伐，体现时代和社会发展进步的要求。学习和传承社会主义核心价值体系视阈下的客家优良传统，有助于更加理解社会主义核心价值体系是教育人民、凝聚力量、鼓舞斗志、引领风尚、巩固共同的思想基础和精神纽带；而客家优良传统是当地群众在长期的生产生活中传承下来的，具有广泛的群众基础和强大的感召力凝聚力。通过群众喜闻乐见的表现形式和通俗易懂的群众语言来凝聚群众，有助于凝聚各种力量，共同促进社会经济的发展，有利于提高社会主义核心价值体系的建设水平，为中华民族伟大复兴作出应有的贡献。

第三，有助于提高自身素质，帮助青年学生树立远大理想。

学习和传承社会主义核心价值体系视阈下的客家优良传统，能受到丰富多彩的客家优良传统的教育和团结奋进的客家优良传统的鼓舞，可以使青年学生增强战胜困难的信心，激励发愤图强的斗志，振奋昂扬向上的精神，不断完善自我，进一步提高自身的素质，把个人的前途和命运与民族的前途和命运紧紧联系起来，从而更牢固地帮助青年学生树立为国家和民族而奋斗的远大理想，刻苦学习，努力掌握现代科学文化知识，把自己培养成为符合现代化建设需要的合格人才。因此，学习和传承社会主义核心价值体系视阈下的客家优良传统，对加强青年学生的世界观、人生观、价值观教育和爱国主义教育、集体主义教育、社会主义教育、传统道德教育具有重要的现实意义。

十分欣喜地看到刘加洪教授《基于社会主义核心价值体系视阈下的客家优良传统研究》的书稿，本书是继他的专著《河洛文化与客家优良传统》后对客家优良传统的又一次全面深入的研究，这充分体现了身为客家人的笔者对自己家乡历史文化的痴迷。刘加洪教授长期执教于嘉应学院，其研究方向为客家历史文化和思想政治教育。写作团队则是来自五湖四海的不同专业的教授、博士，能以不同的角度审视社会主义核心价值体系视阈下的客家优良传统，表现了新客家人的功力和良知，以及对客家文化的热爱。我为他们宽广的视野、渊博的知识、严谨的治学态度、执着的敬业精神和在专业方面的有所建树，感到由衷的欣慰。希望他们永远谦虚谨慎，戒骄戒躁，百尺竿头，更进一步。

陈金龙[①]
2014年5月于华南师范大学

[①] 陈金龙是华南师范大学马克思主义学院院长、教授、博士生导师，广东省高等学校"珠江学者"，广东省首届优秀社会科学家。

序 二

目前，客家学研究，正呈方兴未艾、蓬勃发展之势。在闽粤赣川桂台港等很多高等院校，通过搭建客家学研究平台，创办客家学研究基地，申报客家学研究项目，抢占这块愈演愈烈、不断升温的客家学研究领域的热土。

从西晋末年的"五胡乱华"、"永嘉之乱"起，中原汉族居民因历史上的战乱、灾荒等诸多原因，而被迫远离家园数次迁徙，筚路蓝缕，颠沛流离，历尽艰辛，抵达粤赣闽三地交界处，与当地土著居民杂处，互通婚姻，经过一千多年来的演化，最终形成相对稳定的客家民系。

客家人英才辈出，群星闪烁。把客家优良传统置于社会主义核心价值体系视阈下，你会发现，无论在政治经济军事外交，还是在文化教育科技艺术等各条战线，都涌现出不少为国家和社会作出重要贡献的客家名人。为了追求马克思主义指导思想，朱德、叶剑英等一大批革命元勋，不惜抛弃高官厚禄；为了实现民族复兴的共同理想，洪秀全、黄遵宪、孙中山等一大批英雄豪杰，通过革命变法先行先试；为了维护国家主权，文天祥、丘逢甲、张弼士等一大批仁人志士，甘愿呕心沥血共赴国难；为了引领时代潮流，丁日昌、罗芳伯、谢清高等一大批风流人物，始终与时俱进开拓进取；为了实现社会稳定，胡文虎、曾宪梓、田家炳等一大批社会贤达，坚持道德底线知荣明耻。他们不仅创造了客家的辉煌历史，也为中华民族乃至世界文明作出了一定的贡献。

我常常思考：是什么意志支撑着客家人追求真理、百折不挠？是什么理想牵引着客家人孜孜以求、魂牵梦萦？是什么信念激励着客家人救亡图存、奋洒热血？是什么力量鼓舞着客家人自强不息、改革创新？是什么观念维系着客家人家庭和谐、社会稳定？为寻求这些问题的答案，我总是辗转难眠、绞尽脑汁，我想应该是一种精神和传统。毛泽东同志在1956年11月召开的中国共产党第八届中央委员会第二次全体会议上的讲话中说："人总是要有点精神的。"但是，精神又是最难表述和研究的。王安石《读史》诗云："糟粕所传非粹美，丹青难写是精神。"意思为，即便是最出色的画师，也无法描绘出人的精神。鲁迅先生也说：对于中国这样一个古国，要想刻画出其内在灵魂的确是一件难事。正因如此，目前对客家精神或优良传统的研究，仅局限于一些论文零星论述或报刊就某些方面进行宣传，偶见一些论著涉及此问题，但分散于各篇章节中。而社会主义核心价值体系视阈下客家优良传统的科学体系的构建及其系统性的研究，却是少之又少。

奉献在读者面前的力作《社会主义核心价值体系视阈下的客家优良传统》，是我校社科部副主任刘加洪教授撰写的颇具创新特色和学术价值的一部论著。20多年来，他以严谨的治学精神和高尚的师德，在繁忙的教学和行政工作之余暇，耐得住寂寞，坐得下冷板凳，潜心著书立说，厚积而薄发。洋洋洒洒26万字破解社会主义核心价值体系视阈下客家优良传统的力作，读后让人回肠荡气。它催人奋进，给人力量。它解疑释惑，给人信服。

我认为《社会主义核心价值体系视阈下的客家优良传统》一书，既是学习、研究、宣传社会主义核心价值体系的一本难得的著作，又是客家优良传统"三进"（进课堂、进教材、进学生头脑）的一个可贵的载体，具有理论联系实际的作用，读来令人耳目一新。该书有如下三大特点：

第一，理论性强。《社会主义核心价值体系视阈下的客家优良传统》既对客家优良传统形成的自然环境因素、社会历史背景、思想文化基础，采用背景分析与内容研究、创新性与发展性相结合的时空二维分析方法，分别进行了深入浅出的理论阐释；又对客家优良传统的深刻内涵和基本要求，尤其在涉及理论性较强的"客家优良传统的科学体系"的构建上，从"指导思想、共同理想、民族精神、时代精神、荣辱观"的角度，运用历史与逻辑、继承与创新、理论与实际相结合的多视角方法，花费重彩浓墨分别进行通俗易懂而又富有说服力的科学论证和理论阐述。同时，还对社会主义核心价值体系与客家优良传统的互动机制，以社会主义核心价值体系为指导实现客家优良传统的现代转型进行了深入的研究；并对社会主义核心价值体系视阈下弘扬客家优良传统的路径选择作出了有益的探讨，对爱国主义视阈下的客家妇女等学术问题作了专门的述评，有助于帮助读者对客家优良传统达到全景式的把握和理解。

第二，地方性浓。《社会主义核心价值体系视阈下的客家优良传统》坚持理论联系实际的原则，在广泛深入调查研究基础上，从多层次、多角度、多视野去系统总结客家优良传统的科学内涵与主要特征，善用通俗的语言、具体的事实、严密的论证，说明客家优良传统是如何结合迁徙和贫瘠山区的生存环境实际加以传承和发展的，从而进一步论证了客家优良传统对客家人成长成才产生的深远影响。这是作者坚持理论工作者"贴近实际、贴近生活、贴近群众"原则，善于运用客家地方生动而丰富的实证材料，撰写出颇具一格，集理论性、地方性于一体的理论专著。因此，无论在理论分析的深度，还是在资料搜集的广度，都具有较高的学术价值和浓郁的地方性特色。它对于增强贯彻落实社会主义核心价值体系的自觉性，提高宣传客家优良传统的吸引力和感召力，具有重大的理论价值和现实指导意义。同时，作为高校师生学习社会主义核心价值体系，推动客家优良传统"三进"（进课堂、进教材、进学生头脑）的要求，该书的出版是非常必要和及时的。它是引导当代大学生学习、研究、宣传"客家优良传统"的重要辅助教材。

第三，可读性强。《社会主义核心价值体系视阈下的客家优良传统》运用客家人喜闻乐见的匾额、堂联、族谱、史志、谚语、格言、山歌、民谣等内容，通过丰富多彩、形式多样、寓教于乐的方式，宣传和实践客家优良传统。过去，客家人就是这样口口相教、薪火相传，使人们在耳濡目染、潜移默化、不知不觉中受到教育和启发。今天，通过通俗易懂的语言，文雅和气的口吻，形象生动的表述，时而让你感觉追求理想、信心满满，时而让你感觉忧乐天下、梦寐萦怀，时而让你感觉刚健有为、斗志昂扬，时而让你感觉清白做人、心安理得，时而让你感觉团结诚信、走遍天下。另外，标题醒目，耐人寻味，贴切变化，使各章节之间交相辉映。总之，作者以清新、亲切、自然的口气，围绕主题，层层递进，娓娓道来，少有说教的痕迹，文中的思想观点自然极易被读者所接受。

随着改革开放带来的经济发展和世界各民族文化的交流碰撞，社会主义价值观念以及客家优良传统也遇到了前所未有的冲击和挑战。《社会主义核心价值体系视阈下的客家优良传统》的出版面世，实在是一件可喜可贺的事情。我想，读者在阅读这本专著后定会得到很多裨益。如果把《社会主义核心价值体系视阈下的客家优良传统》融入到课堂教学中，无疑对加强青少年学生的世界观、人生观、价值观以及爱国主义、集体主义、传统道德教育都具有重要的现实意义。实践探索没有止境，理论创新也没有止境，读者还会期望作者今后百尺竿头更进一步，不断写出更具理论联系实际的新篇章。

邱国锋[①]
2014年5月于嘉应学院

---

① 邱国锋是嘉应学院校长、教授。

导　言

　　习近平总书记在山东考察调研时指出："一个国家、一个民族的强盛，总是以文化兴盛为支撑的，中华民族伟大复兴需要以中华文化发展繁荣为条件。对历史文化特别是先人传承下来的道德规范，要坚持古为今用、推陈出新，有鉴别地加以对待，有扬弃地予以继承。"① 这一重要论述，不仅表明了党和国家对我国文化建设的高度重视，而且为我们阐明了"弘扬中华文化、建设中华民族共有精神家园"的具体方针。

　　中共中央政治局常委、中央书记处书记刘云山在培育和践行社会主义核心价值观座谈会上指出："培育和践行社会主义核心价值观，一定要以优秀传统文化为根基，增添文化的内涵、实现文化的观照，努力做到以文化人、以文育人。""深入挖掘和阐发中华传统文化讲仁爱、重民本、守诚信、崇正义、尚和合、求大同的时代价值，使中华传统美德实现创造性转化、创新性发展。"②

　　联系客家地方实际，我们必须了解：中华民族优秀传统文化在激烈的世界竞争中所体现的价值是什么？作为中华民族优秀传统文化中的重要组成部分之一的客家优良传统是一种怎样的文化？客家优良传统跟社会主义核心价值体系又是怎样的一种关系？客家优良传统在实现中华民族伟大复兴的中国梦征程中能发挥什么样的作用？为了更好地理解这些问题，我们有必要首先弄清楚以下三组概念：

---

　　① 习近平：《汇聚起全面深化改革的强大正能量》，2013年11月28日，中央政府门户网站（http：//www.gov.cn/）。
　　② 刘云山：《着力培育和践行社会主义核心价值观》，2014年1月16日，新华网（http：//news.xinhuanet.com）。

一 "价值"与"传统"

中国人民大学新闻学院副院长喻国明在演讲时说，媒体的责任在于："当社会哭时，不让大家哭得更伤心；当社会笑时，不让大家笑得太狂妄。"[①] 这既是新闻媒体人的责任，也是教育工作者的责任。在全面深化改革的新时期，仍然有大量的西方思潮涌进中国，优秀传统文化受到空前冲击和挑战，我们更要强调培育和践行社会主义核心价值观，弘扬中华优秀传统文化，建设中华民族共有精神家园。

（一）什么是"价值"？

价值，原指商品的一种属性，其大小取决于生产这件商品所需的社会必要劳动时间的多少。清朝李渔《闲情偶寄·声容·熏陶》："香皂以江南六合县出者为第一，但价值稍昂。"后来，价值泛指客体对于主体表现出来的积极意义和有用性。清朝酉阳《女盗侠传》卷三："隔一小时，有人来还帔，并袖出一小囊曰：'此主人所以赠君者，嘱君载之以行，有无量价值。'"社会价值则是指人通过自身和自我实践活动满足社会或他人物质的、精神的需要所作出的贡献和承担的责任。孙中山《〈黄花岗七十二烈士事略〉序》："斯役之价值，直可惊天地，泣鬼神，与武昌革命之役并寿。"[②] 我们这里所说的价值，主要是指社会价值。中国古代士大夫特别强调社会责任心。正如《大学》所规范的"大学之道"八个步骤，由"内"的五步格物、致知、诚意、正心、修身，再到"外"的三步齐家、治国、平天下。社会平安康宁要依赖于每个人的修身，而个人则只有为社会服务，才能实现其人身价值。而马克思主义认为，人的价值最根本的是两个方面：自我价值和社会价值。人的自我价值既表现为个体存在的意义和个体需求的满足，也表现为社会对个体的尊重和满足。人的社会价值则表现为个体对社会需求的满足和对社会进步的贡献。

（二）什么是"传统"？

传统，是"传"和"统"的复合词。汉代刘熙在《释名》中说：

[①] 喻国明：《中国媒体是弱势群体》，2009年3月19日，金羊网（http://news.qq.com）。
[②] 孙中山：《〈黄花岗烈士事略〉序》，载《孙中山全集》第六卷，中华书局1985年版，第50页。

"传，传也，以传示后人也。"清代王先谦在《释名疏证补》中说："汉儒最重师传。"传在这里的意思就是传授。"统"，根据颜师古的解释："统，继也。"世世代代相继承。也就是说，传统的原意包括传授和继承两个方面的含义。中国人所说的"传统"，更多的时候还是民间"风俗"，就是把前人的生活习俗和社会活动等经验统一起来，进行传承责任，让后来的人们尽量遵照"传统"生活和进行社会活动。但是，这种世代相传的精神传统，所表达的并非都是固定的观念和思想，有时候被前一个时代认为确凿无疑的观念，却会成为下一个时代的难题。传统在传承和实践运用当中是非常广泛的，可以渗透到人类活动的每一领域，可以贯穿于人类过去经验所表达的每一角落。我们现在通用的"传统"一词，是指由历史沿传下来的、具有一定特色的文化、思想、道德、风尚、习俗、艺术、心理、制度等。当然，传统有好的坏的，都会传下来的，泥沙俱下，鱼龙混杂。正确的态度是取其精华、去其糟粕，加强鉴别、合理扬弃，真正把好的传统发扬光大，如"自强不息"、"厚德载物"是中华文化的基本精神，就应该为中华民族世世代代所传承发展。

二 "核心价值体系"与"优良传统"

苏轼的诗《于潜僧绿筠轩》曰："可使食无肉，不可居无竹。无肉令人瘦，无竹令人俗。人瘦尚可肥，士俗不可医。旁人笑此言，似高还似痴。"[①] 自古就有梅、竹、菊、兰岁寒四友，一方面，诗人把植物人性化了，表明了超凡脱俗，清新高雅的人格气节；另一方面说明物质和精神（文化）特别是文化对人的重要性。事实上，核心价值体系、优良传统在文化中更是居于至关重要的位置，具有统领和引导的作用。

（一）什么是"核心价值体系"？

价值不止一个，不同的价值构成了一个体系或者说系统，能够影响人们对一个事物、一种行为做出选择和判断的，居于主导地位或最核心的部分并形成一定逻辑体系的若干价值内涵的集合，就构成了所谓的核心价值体系。核心价值体系是一个国家、一个民族、一个社会信仰的灵魂，是一个政党和国家有号召力、凝聚力和吸引力的源泉所在。价值体系属于社会

---

① （宋）苏轼：《苏轼诗集》，中华书局1982年版，第448页。

意识范畴。它受一定社会基本制度的制约，是由一定社会崇尚倡导的思想理论、理想信念、道德准则、精神风尚等因素构成的社会价值认同整体。一个国家、一个民族、一个社会在长期的实践过程中，必然形成自己的核心价值体系，这是社会系统得以运转、社会秩序得以维持的基本精神依托。核心价值体系是指在社会生活中居于统治、引导地位的社会价值体系，它不仅能够有效地制约非核心、非主导的社会价值体系作用的发挥，能够保障社会经济制度、政治制度、文化制度的稳定和发展，而且对于每个社会成员的世界观、人生观、价值观都施加着深刻的影响。社会的统治阶级为了维护本阶级的统治地位，为了保障社会的安定与发展，都必然要利用其统治地位的优势，依靠国家的力量，大力倡导和宣扬代表本阶级根本利益的价值体系，以确保其核心价值体系对统治地位的维护功能。

（二）什么是"优良传统"？

优良传统，就是比较好的传统，是一种美德，是千百年来历史发展过程中所形成和流传下来，对社会经济起到推动作用，对历史发展具有重要影响，可以世世代代传承下去，并能得到不断创新发展，又有益于后代的优秀遗产。它是一个巨大的系统工程，是在社会机体组织及人的心理结构中有着生命力和潜在影响力的东西，这些也已积淀为人的普通心理素质的因素，时刻在规范、支配着人们未来的思想行为。它是一个国家、一个民族、一个社会在长期的社会实践中所形成的一种价值观念、伦理道德、思想方法、风俗习惯、思维方式、心理素质、生活样式等，它凝聚着一种精神，也可以说是民族精神的一种生动体现，是社会发展、历史进步、人心稳定的基础，并且还在广泛深入持久地影响和支配着人们。如中华民族优良传统就是中华民族千百年来历史发展的产物，包括自强不息、厚德载物、忧国忧民、热爱和平、开拓创新、团结拼搏、孝慈友恭、以德化人、知信明理、勤恳踏实、崇尚科学、谦虚谨慎、戒骄戒躁、务实求真、廉洁奉公、艰苦朴素、尊师敬业，等等。它是中华民族历经千载而不衰，至今屹立于世界先进民族之林的源头活水；也是全面实现小康社会，在中国特色社会主义道路上实现中华民族伟大复兴中国梦的不竭动力。

三 "社会主义核心价值体系"与"客家优良传统"

中科院院士、原华中理工大学校长杨叔子教授曾说："一个国家、一个民族,如果没有现代科学,没有先进技术,一打就垮;而没有优秀的历史传统,没有民族人文精神,不打自垮。"[①] 人文精神构造着一个民族的心理、塑造着一个民族的性格、勾画着一个民族的灵魂,影响着一个民族的生命力、创造力和凝聚力。而社会主义核心价值体系、客家优良传统是中华民族生生不息、继往开来的关键所在。

(一) 什么是"社会主义核心价值体系"?

社会主义的核心价值体系是社会主义意识形态的本质体现,是全党全国各族人民团结奋斗的共同思想基础。社会主义核心价值体系在中国整体社会价值体系中居于核心地位,发挥着主导作用,决定着整个价值体系的基本特征和基本方向。社会主义核心价值体系包括四个方面的基本内容,即马克思主义指导思想、中国特色社会主义共同理想、以爱国主义为核心的民族精神和以改革创新为核心的时代精神、以"八荣八耻"为主要内容社会主义荣辱观。这四个方面的内容,相互联系、相互贯通、相互促进、有机统一,共同构成了完整的社会主义核心价值体系,共同构成了社会主义意识形态的主体内容,是对社会主义核心价值体系深刻内涵的科学揭示。坚持马克思主义的指导地位,抓住了社会主义核心价值体系的灵魂;树立共同理想,突出了社会主义核心价值体系的主题;培育和弘扬民族精神与时代精神,掌握了社会主义核心价值体系的精髓;树立和践行社会主义荣辱观,打牢社会主义核心价值体系的基础。建设社会主义核心价值体系,是我们党在思想文化建设上的重大理论创新和重大战略任务,是一项基础工程、灵魂工程。建设社会主义核心价值体系是社会主义意识形态大厦的基石,是凝聚和统一思想的有力武器,是建设社会主义和谐文化的根本。

(二) 什么是"客家优良传统"?

客家优良传统就是客家人所普遍认同和接受的思想品德、价值取向和道德规范,是客家民系的心理特征、文化传统、思想情感等的综合反映。它包含着优秀的民族先进文化和优良传统,赋予了鲜明的时代特征和创新内涵。客家优良传统,是中华民族优良传统的一部分。客家优良传统是在客家人从中原迁徙到闽粤赣大本营的过程中逐渐形成的,又从闽粤赣大本

[①] 杨叔子:《让中华诗词大步走进大学校园》,《中华诗词》1998年第5期。

营迁徙到世界各地中得到传承和发展。客家优良传统内容丰富，特色鲜明，包括经济、政治、军事、思想、文化、教育、风俗习惯、社会生活等方方面面，蕴藏着丰厚的精神内涵，如"自强不息、开拓创新、忧国忧民、爱国爱乡、勤奋好学、崇文重教、廉洁清正、勤劳节俭、团结诚信、和谐发展"，等等，是客家优良传统的生动提炼，构成了一个比较完整的科学体系。客家优良传统与社会主义核心价值体系共融互通，客家优良传统蕴含着丰厚的可供社会主义核心价值体系吸收和汲取的合理因子和鲜活原料。客家人始终坚持指导思想一元化的原则，追求实现民族复兴的理想，渴望建设"富强民主文明和谐"的美好社会，客家优良传统高扬着以爱国主义为核心的民族精神的鲜红旗帜，闪烁着以改革创新为核心的时代精神的璀璨光辉，折射出知荣明耻的价值取向，是社会主义核心价值体系的生动体现。

通过基于社会主义核心价值体系视阈下的客家优良传统研究，不仅有助于人们认识社会主义核心价值体系，发扬客家优良传统，更好地为全面深化改革和现代化建设实践服务。而且，客家优良传统为社会主义核心价值体系建设提供了鲜活质料、实践载体与群众基础；社会主义核心价值体系又为客家优良传统的继承和发展指明了正确的方向，起到引领作用。我们既要对客家优良传统中有益于促进社会主义核心价值体系建设的合理成分赋予新的时代内涵和文化样式，又要紧密结合当代中国的社会文化状况，把客家优良传统所主导的价值观与当代中国的现实价值导向、价值理想有机结合起来，创造出更契合时代与社会发展的当代价值观。同时，对其他地域发掘和弘扬本土传统文化精华，更好地推进社会主义核心价值体系建设有着重要的参考价值。另外，基于社会主义核心价值体系视阈下的客家优良传统研究项目的实施，对加强青年学生的世界观、人生观、价值观以及社会主义核心价值体系教育和传统道德教育都具有重要的现实意义。

第一章 社会主义核心价值体系视阈下客家优良传统形成的社会历史条件

一粒种子，只有埋在合适的土壤中，才会生根发芽，客家优良传统，也恰如一粒种子，被深深地植根于一定的社会历史土壤中，生根发芽，并茁壮成长。诚然，任何类型的文化都是在一定环境或条件下的产物。马克思深刻地指出："物质生活的生产方式制约着整个社会生活、政治生活和精神生活的过程。不是人们的意识决定人们的存在，相反，是人们的社会存在决定人们的意识。"[①] 社会存在包括自然地理环境因素、生产方式和人口因素。唯物史观的基本观点认为，社会发展的决定因素是生产、生产方式，而作为生产方式的物质内容的生产力则是生产中最活跃最革命的因素，因此，决定一种文化产生和发展的最核心的要素就是生产方式。不过，地理环境因素虽然不是决定力量，但它既是人类历史创造活动的舞台，又是人类历史创造活动的重要对象，因而在这个意义上，马克思恩格斯说："任何历史记载都应当从这些自然基础以及它们在历史进程中由于人们的活动而发生的变更出发。"[②] 所以，当我们谈到社会历史条件是构成一种文化类型的最核心的基础时，我们同时也承认自然环境因素等外在因素对文化的产生和发展所具有的影响作用。循此展开，我们今天探讨客家优良传统形成的条件，也应确立此方法论的前提和参照系。

---

① 马克思：《〈政治经济学批判〉序言》，载《马克思恩格斯选集》第2卷，人民出版社1995年版，第32页。

② 《马克思恩格斯全集》第3卷，人民出版社1960年版，第23—24页。

第一节　社会主义核心价值体系视阈下客家
　　　　优良传统形成的自然环境因素

任何类型的文化都是在一定环境下的产物。环境主要包括自然环境和社会历史环境。自然环境与社会历史环境对文化类型产生的作用，在不同的人类历史发展的阶段，是不同的。一般而言，人类历史越往前追溯，自然环境对文化产生的作用就越大，文化吸收来自环境的因素就越多。随着人类社会生产力的提高，自然环境对于人类而言越来越不是作为一种盲目的必然的力量，从而慢慢也不具备对文化形成和发展的决定性影响。换言之，正如不同的气候与土壤适宜不同的作物成长一样，一种文化类型的形成必然与它所处的自然地理环境息息相关。这种相关性尤其体现在人类历史在其发展的初期。西方学者如亚里士多德、孟德斯鸠等人都非常强调气候对一个民族的气质、习俗、精神、信仰等形成的影响。如孟氏认为，由于印度地处炎热气候带，印度人不喜动，终日坐在屋子里或树阴下思索，所以创立了思辨性很强的佛教。我国古代的思想家也很强调文化与自然环境之间的紧密关系，如《礼记·王制》曰："凡居民材，必因天地寒暖燥湿；广谷大川异制，民生其间异俗，刚柔、轻重、迟速异齐，五味异和，器械异制，衣服异宜。修其教，不易其俗；齐其政，不易其宜。中国戎夷，五方之民，皆有其性也，不可推移。"①按宋元儒陈澔在《礼记集说》中的解释就是，各地气候与地理状况不同，民生异俗，理有固然。情性的缓急，乃在于气之所禀殊。因此，我们虽然不持地理环境决定论，但考察一种文化类型的形成，必然绕不开对其所处的自然环境的影响的思考。

一　客家地区自然环境

客家人作为汉族中的一个族群，历史上从中原南下并迁移到海外，他们的文化认同与族群认同有着明显的政治地理学的意蕴。客家文化是客家作为汉族的一个民系，在特定区域及其社会历史实践过程中所创造的物质财富和精神财富的总和。在漫长的往南迁移过程中，和百越诸族互相交

---

① （战国）子思：《礼记·王制》，载《礼记·尚书》，华龄出版社2002年版，第62页。

流、互相影响和互相融合，逐步形成了独特的客家文化体系。作为一种文化类型，客家文化同样在其形成过程中受到自然地理环境的深刻影响。人们常以"逢山必有客，有客必住山"形容客家人生存的自然环境。"七山一水一分田，还有一分是道亭"，是赣南地区自然地理环境的生动写照，闽西和处于赣、闽、粤三省交界地带的梅州也素以"八山一水一分田"概括本地的地理面貌。纵横交错的山脉，把这一地区跟周边地区自然地分离出来成一个独立整体。客家人居住的山区大都处于亚热带季风气候区，其生态气候特征除具有中国东部地区共同的特征外，也具有明显的区域特征：日照较弱，光能处于中等水平；气候暖热，雨量充沛；热能与水分比较协调；季节变化明显；垂直和水平差异显著。这一相对独立区隔的地理环境和气候特点，给客家文化及客家优良传统的形成和传承带来重要影响。对此，王东先生在《客家学导论》一书中有详细论述，他是在文化传播与文化个性形成之间作出的考察，正确而敏锐地指出了客家文化与自然环境之间的有机关联。但这个论述并未对自然环境是如何对客家文化的产生和形成，特别是对客家文化的气质特征等产生影响和作用进行有效的梳理。实际上，我们认为，客家人所处的山区特征的地理环境正是客家优良传统形成和发展的自然基础。

我们看到，客家人的聚居地即赣、闽、粤大三角地区有跨越赣南、闽西的武夷山脉，有横贯赣南的五岭和罗霄山脉，还有闽西境内的玳瑁山脉、采眉山脉、博平岭山脉、松毛岭山脉及五岭余脉，粤东境内有项山山脉、阴那山脉、凤凰山脉、释迦山脉等。这些山脉纵横交错，将赣、闽、粤三省汇集地带划分成大大小小的盆地和丘陵。据古代有关古汀州府地理记载："鸡笼山，府北五十里。高十五里，山形圆耸，上凌霄汉。又翠峰山，在府东北六十里。壁立千仞，烟云出没，惟天色晴霁，亭午方见其顶"，"佛祖峰，在县西三十里，树木阴翳，石磴崎岖，为绝胜处"，"双峰，府东南二百里，峰峦双耸，插入云霄"[①]。正是粤闽赣三角地区这些广袤的山地丘陵地带，相对与外界隔绝，使之成为客家民系、客家文化形成的先决条件，同时又因为这片区域是一个相对独立的地理单元，在此基础上形成的客家文化因此进一步发展与定型、成熟。

[①] （清）顾祖禹：《读史方舆纪要》卷九十八，福建卷四，中华书局2005年版。

然而，总体而言，客家山区的自然环境是非常严酷的，这种严酷不仅仅表现在它外在的、客观的未开化与缺少耕地的状态，而且表现在主观上，即对于习惯在平原地区生活、生产的客家先民而言，在这块陌生而充满危险与不确定性的地区生存，是一个全新的挑战。现存保留下来的许多文献描述刻画了当时的环境恶劣。如唐朝名相李德裕曾在贬到潮州时作如下诗云："风雨瘴昏蛮海日，烟波魂断恶溪时。岭头无限相思泪，泣向寒梅近北枝。"① 此谓"瘴昏"，是指瘴气弥漫；此谓"恶溪"，是指梅溪（今梅江），江水水急礁多，经常导致两岸洪水泛滥，灾害频频。再如南宋丞相李纲曾路经兴宁，曾作《过黄牛岭》，诗云："深入循梅瘴疠乡，云烟浮动日苍黄。连年踏遍岭南土，赖有仙翁肘后方。"② 循是指现今梅州兴宁至河源龙川一带，李纲用"瘴疠乡"予以直陈，非常生动地再现了当时客家地区的面貌。这对搬迁至此的客家先民的生存构成了巨大的威胁，不过与此同时，也使客家人以及所创造的客家优良传统，天生地注入了艰苦卓绝、勤奋磨砺的基因。

二 客家地区自然环境对客家优良传统形成的影响

如上所述，一方面，客家地区自古以来便是多山地带，众多山脉在交通闭塞的古代社会，恰如天然屏障，客观地阻断了来自中原频繁的战乱，让不堪其扰的客家先民找寻到一处平静消停之地。生活在这里的原始居民是与赣、闽、粤、浙等南方地区同一族属的百越民，他们"各有种姓，互不统属"。秦汉以后，由于北方汉族不断进入该地区，使得百越民，有的成批汉化，有的被强制迁往江淮地区，有的则退出平原，进入深山老林，成了历史上曾经名噪一时的"山越"民。所以，从总的方面看，这里早已是一块人烟稀少的地方。另一方面，这一地区的自然环境由于非常原始恶劣，客家先民必须要首先征服自然，以利于种族繁衍壮大。客家先民避难于这种相对封闭的空间中，不断将原有的中原文明火种散布于此，并依据当地的各种客观条件，逐渐形成属于本民系的独特的文化类型。作为客家文化中的精华部分，客家优良传统的形成也与客家地区的自然环境

---

① 黄雨：《近代名人入粤诗选》，广东人民出版社1980年版，第79—80页。
② 谢崇德：《历代咏梅州诗选注》，中华诗词出版社2009年版，第4页。

息息相关。

（一）严酷的生存环境造就革命传统

客家先民从在中国历史上历来兵家必争之地的中原地区举家南迁，几经辗转至闽粤赣三省交界的山区地带后，山重水阻，瘴气盛行。客家人要想生存下来，必须要和严酷的自然环境作斗争。要想在森林茂密的山区扩大活动空间，没有强健的体魄是不行的，因此，客家先民比较崇尚武力和革命。一方面，他们受频繁战火的洗礼和恶劣自然环境的考验，因此他们具有与生俱来的危机意识和忧患情怀，加上生存的压力迫使他们必须直起开拓生存空间，与大自然展开艰苦的斗争，使他们形成坚忍不拔、勇于斗争的精神。另一方面，要在极为险恶的环境中求生存、图进取，就必须要进行拼搏奋斗，不革命就没有出路，而且客家人本身多是中原衣冠士族，骨子里流淌着自信自强的气质，环境的改变也不能让他们失魂丧志，追求太平盛世的理想又与残酷的社会不平等形成强烈的反差，这使得客家人天生就有一种为天下人谋福利的造反精神和革命传统。

（二）严酷的生存环境形成共同理想

客家人的共同理想是指客家人能够普遍接受、认同的理想。客家人共同理想的形成与客家人在面对自然的威胁、物质资源的匮乏时的大无畏努力息息相关。客家人的共同理想作为一种社会意识和精神现象，是客家人在不断地改造自然环境与社会环境的实践中的产物。客家先民在拓展自身的生存空间，实现种族繁衍的时候，既需要追求眼前的生产生活目标，渴望满足眼前的物质和精神需要，又需要憧憬长远的生产生活目标和物质精神需要。在一定意义上讲，客家人的共同理想是客家先民在各种各样的实践中形成的对未来社会和自身发展的向往与追求，是他们的世界观、人生观和价值观在奋斗目标上的集中体现。它必然带着特定历史时代的烙印，也同样带着自然环境因素的印记。在客家先民所面对的种种威胁中，严酷的自然环境——人烟稀少，林菁深密，鳄鱼肆虐，瘴气熏人是必须要首先解决的问题。在与大自然作艰难斗争的同时，客家人无时无刻地不憧憬着安定祥和、繁荣进步的生活理想；人口的激增与自然资源的匮乏，逼迫着客家先民不断地提升自己生产的能力，与此同时，他们团结起来，相互依赖，执著于文明富足，殷实和谐的社会理想。

(三) 严酷的生存环境酝酿民族精神

客家民系来自中原，根在中原。因此，中原文化在客家人心中有深深的烙印。儒家提倡忠、孝、节、义，崇尚以身殉道、舍生取义的气节，以及"天下兴亡，匹夫有责"的使命感。这些思想陶冶着客家人的人格、情操。特别是客家先民从北向南迁移过程中，得到了磨砺与锻造。传教士肯贝尔在《客家源流与迁徙》中如此谈到，"客家人确实是中华民族最显著、最坚强有力的一派，他们的南迁是不愿屈辱于异族的统治。由于他们颠沛流离、历尽艰辛，所以养成他们爱国家、爱种族的爱国心理，同仇敌忾的精神，对中华民族前途的贡献，将一天大过一天，是可以断言的"[①]。在经历千辛万苦、险象环生的征程中，更深切地体会到了国家对自己的重要性。为此，他们便自觉或不自觉地把自己生存发展与国家兴衰紧紧地连在一起，以国家兴亡为己任的历史责任感非常强烈。客家人是在南方最没有区域观念的民系，但却是最具有以国家兴亡为己任观念的民系之一。南迁客家先民，大部分扎根在南方的穷乡僻壤、边远山区，面对当时恶劣的自然环境，客家人披荆斩棘、艰苦创业，开辟客家新天地，铸造了坚韧不拔的客家精神。

(四) 严酷的生存环境发展时代精神

正是由于客家文化是以中原汉文化为主体的移民文化，所以它不仅具有中原文化的深厚底蕴，而且还具有作为移民这一特殊群体所具有的文化面貌。为适应新的自然环境和社会环境，客家人经受着艰辛、战乱、伤病、天灾与饥饿的考验。正是由于客家人有很长一段漂泊流离的经历及到达定居地以后所面临的严重的物质匮乏和其他种种困境，从而锤炼出客家人坚忍不拔的意志、勇于开拓的精神、勤劳朴实的品格及善于用血缘、亲缘、地缘等各种条件建立同宗、同乡、同一文化内相互合作关系的团体主义精神。而所有这些，都是为了确保自身的生存与发展，实现由移民社会向定居社会转变需要。他们跋山涉水，在艰难环境中求生存，在牢牢地秉承中原传统文化的同时，打开视野，主动地接受其他文化类型的辐射，不断地积累经验和推陈出新，从而锻造了客家人求新求变、开放兼容的时代精神。如他们从自己的生活经验中得出了"人唔辞路，虎唔辞山"、"命

[①] 冯秀珍：《客家文化大观》（中），经济日报出版社2003年版，第686页。

长唔怕路远"、"树挪就死,人挪就活"的价值观念。客家人敢于探险,乐于做开拓疆域的先锋,《光绪嘉应州志》如此言说:"今日则谋生愈难。所幸海禁已开,倚南洋为外府……"① "自海禁大开,民之趋南洋者如鹜。"② 正是由于在这样一种时代精神的滋养和感召下,他们不断地寻找到了新的发展机遇,所以才使得客家人得以在历尽时代变迁与社会变迁的境地下,可以从容不迫,发扬光大。

时代精神本质上奠基于一种海纳百川的气度与善于学习的精神。而学习又与教育密不可分。千百年来,"耕读传家,崇文重教"是客家文化中最具特色、影响深远的特征。客家人无论在多么艰苦的条件下,哪怕是砸锅卖铁、卖房卖地,也要供自己的子女上学读书,因而有"生子不读书,不如养头猪"③的民谚。耕读文化和崇文重教的思想,在客家人居住的地方,无论是在古城、民居,还是在寺庙、宗祠都能感受到它的存在。诸如"文道传今古,昌盛育贤豪"、"日日改善发展教育千年万年,善事多做客家乡亲真心相连"、"想先贤习礼学诗光昭史册,看后裔文韬武略丕振家声"④,等等,这些对联表达了客家人的精神和志向,凝结了客家人千年的品质、价值坚持和精神追求。

(五)严酷的生存环境形成了客家人的荣辱观

荣辱观是人们对荣与辱的根本观点和态度。从北方平原迁至南方丘陵,客家先民面对的最大困难是生存,最优先维持的也是生存。即使是后来客家人反"客"为主,或"客"主相融,也还面临着资源缺乏等生存问题。生存问题的解决,对自然征服利用能力的提升,丝毫离不开社会秩序的维持。而社会秩序的维持,又离不开道德伦理规范的约束。因此,客家人非常注重道德伦理的规范作用,对荣与辱逐渐形成了相对系统的观点和态度。

一是颠沛流离的生活磨炼了他们坚韧不拔的意志,历经东西南北、见多识广则培养了他们的族群自信心。因此,他们非常强调要有志气,有志则智达,而没有志气的人是最可怜的。很多客家谚语将这种志气具体化,

---

① (清)温仲和:《光绪嘉应州志》卷八,《礼俗》,成文出版社1969年版,第2页。
② 同上书,第54页。
③ 梅州市民间文艺家协会:《梅州风采》,嘉应文学杂志社1989年版,第287页。
④ 袁长松:《血缘是根 文化是魂》,《玉林日报》2011年11月7日。

如"好子不贪爷田地,好女不贪娘家衣"①。凡事靠自己辛勤耕耘获取。"帮忙帮一时,无法帮一世",所以,"各人洗米各人落锅";"各人食饭各火烟";"不靠亲不靠戚,全凭自家长志气"②;"爹有娘有不如自家有"③,等等。

二是客家人非常强调勤俭节约,"民产薄,故啬用",而懒惰和动辄浪费的人被认为是可耻的。他们秉承"持家要俭,创业要勤"。"大富由勤,小富由俭。""唔会精打细算,枉有守财万贯"④ 的理念,不断地以此为原则来约束自己和他人。在严酷的自然环境面前,客家人崇尚勤劳节俭。此外,在客家儿歌中,也有许多赞美勤劳节俭,批判好吃懒做的曲目。如《勤俭叔娘》,赞扬了勤劳节俭的客家妇女,歌中唱道:"勤俭叔娘,鸡啼起床。梳头洗面,挑水满缸。先扫净地,后煮茶汤。灶头锅尾,光光昌昌。煮好饭子,将将天光。早早食饭,洗净衣裳。上山斫樵,急急忙忙……"⑤ 又如《歪妇道》则批判了好吃懒做的懒婆娘,歌中唱道:"懒尸妇道,说来好笑。半昼起床,吵三四到,讲三讲四,过家要料。水也唔挑,地也不扫。头发蓬松,冷锅死灶……"⑥ 这些歌曲以非常通俗易懂、有趣诙谐的"原生态"的形式在客家地区广泛流传,起着重要的教育和警示作用。

三是客家人以信守诚实为荣,以不诚实为耻;讲究知恩图报,反感过河拆桥。有谚语云:"人情大过天","只要人情好,食番薯汤也是清甜"⑦,"人情大过债,锅头拿去卖","食水会找水源头"⑧。

四是客家人在求生存的同时,深刻认识到团结协作乃是最重要的。恩与报是客家地区政治心理和社会心理中一个非常重要的方面。固然这种心理有时候会导致假公济私或者徇私枉法等有悖于廉洁要求的行为和风气,但是当恩与报是发生在集体与个体之间,而不是发生在个人之间的时候,

---

① 梅州市民间文艺家协会:《梅州风采》,嘉应文学杂志社1989年版,第284页。
② 罗维猛、邱汉章:《客家人文教育》,中国大地出版社2003年版,第117页。
③ 冯秀珍:《客家文化大观》(中),经济日报出版社2003年版,第790—791页。
④ 梅州市民间文艺家协会:《梅州风采》,嘉应文学杂志社1989年版,第285—286页。
⑤ 同上书,第241页。
⑥ 同上书,第241—242页。
⑦ 罗维猛、邱汉章:《客家人文教育》,中国大地出版社2003年版,第22页。
⑧ 梅州市民间文艺家协会:《梅州风采》,嘉应文学杂志社1989年版,第281页。

却可能造就政治上的廉洁局面。此外，客家人讲人情并非是毫无原则地妥协，在大是大非面前还必须坚定立场。如客谚有云："人情完人情，钱财爱分明。"①"完"是"还"的意思，其全意是与亲戚朋友的感情是一回事，而与他们之间的钱财往来又是另一回事，前者可深可浅，后者则越清楚越好，糊涂不得；如谚语"雪中送炭真君子，财项分明大丈夫"，财项是指在钱财方面，意指能济困扶危而不图回报，是君子行为，能在钱财来往上清清楚楚的，是大丈夫的作为；"若要兄弟贤，朝朝算伙钱"②，这里的兄弟是泛指和自己感情十分好的人、兄弟或亲如兄弟姐妹者。朝朝是天天的意思，全句意指如果要互相保持长久的亲密关系的话，在有钱财往来时，就应该建立如会计制度的流水账一样清楚的账目，以防日久生误会伤感情。

第二节　社会主义核心价值体系视阈下客家优良传统形成的社会历史背景

钟敬文先生曾指出："中国传统文化有三个干流。首先是上层社会文化，从阶级上说，即封建地主阶级所创造和享有的文化；其次，是中层社会的文化，城市人民的文化，主要是商业市民所有的文化；最后，是底层社会的文化，即广大农民所创造和传承的文化。这三种文化，各有自己的性质、特点、范围、结构形态和社会机能。"③ 从中原大地而来，几经迁徙、远播他乡的客家人寻觅一方安身之处后仍脱离不了当时时代大背景的影响，在新栖地延续着以农为本的传统，谨记"耕读传家"的祖训，迅速开垦荒地，进行农业生产，虽在明清时期有部分客家人因生活所迫背井离乡，海外漂泊，弃农从商，但大部分客家人仍世世代代固守在土地上，重复祖祖辈辈日出而作，日落而息的历史。此外，频繁的社会动荡与社会革命，也锻炼和成就了客家人如何去适应当时社会大环境，从而形成了爱国爱乡、爱好和平、自强不息、崇文重教、勤俭诚信、团结协作等的客家

---

① 梅州市民间文艺家协会：《梅州风采》，嘉应文学杂志社1989年版，第281页。
② 汤强发：《客家俚语话人情》，《梅州日报》2008年2月22日。
③ 钟敬文：《话说民间文化》，人民日报出版社1990年版，第3页。

优良传统。

一 以农为本的经济模式对客家优良传统形成的影响

生产方式是其他一切社会关系和社会活动的基础,"物质生活的生产方式制约着整个社会生活、政治生活和精神生活的过程"①。客家文化形成于封建社会时代,以农为本的自然经济的生产方式构成客家文化的底座和基础。钱穆先生说:"中国文化是自始到今建筑在农业上面的,……是彻头彻尾的农业文化。"② 农业自然经济是靠天吃饭的经济形态,尤其是在生产力相对落后、科学技术不甚发达的时期。在这种生存历史中形成的客家文化,自然也打上了农耕文化的烙印,其本质则是劳动的文化。换言之,客家文化奠基于以农为本的经济模式,因此,这样一种经济模式对客家优良传统的形成具有重要影响。

(一)农本经济造就了客家人勤俭节约的优良传统

作为居山一支民系,客家先民的主要生产方式是农耕,灌溉农业是客家村社的基本模式;为了满足最基本的生活需要,客家人世代坚持以农耕为本的生计模式,这一模式在不同的地理、气候、海拔条件下通过耕作方法、栽培品种、灌溉形式等表现出相同或相异的内容,在山区,纯粹是农业,但有许多为农业服务的小手工业;在丘陵地区,农业与一定规模的工商各业互相渗透;在海岸线附近,渔农并举,以海为田;在条件特殊的情况下,客家正确把握机会,向外迁移,仍旧留原地的人们,绝大多数操持旧业,少数人也附带从事某些冒险性质的活动。因此,立足于农耕文明基础上的客家人,现实生活中的一切都是围绕着垦荒、种植这一生产过程来进行的。然而,由于农本经济的效率不高,客家先民要解决不断增长的人口的基本生活生产需要问题,必须节衣缩食,而且由于客家人大多数居住于山区或瘠地,这就必定会养成勤俭持家、辛勤劳作的强烈本性。客家谚语有云,"勤人登高易,懒人伸手难。""家有千金,不如朝进一文。""勤快勤快,有饭有菜。手勤脚勤,三餐茶饭不求人。""扁担是条龙,一生

---

① 《马克思恩格斯选集》第 2 卷,人民出版社 1995 年版,第 32 页。
② 钱穆:《中国文化史导论》,商务印书馆 1994 年版,第 15 页。

食唔穷。""人勤地生宝,人懒地生草。"① 这些都是客家人勤俭节约优良传统的生动表述。

客家人勤劳节俭的优良传统也见诸于客家地区的祠堂楹联。如江西吉安青原区新圩镇马塘毛家村有一副对联"教子孙两行正路唯读唯耕,继宗祖一脉真传克勤克俭"②,很能说明毛氏家族兴旺发达的根由所在。福建永定"振成楼",有对联曰:"振乃家声好就孝悌一边做去,成些事业端从勤俭二字得来。"③ 这些联语提出做人要为国为民,建功立业,忠孝两全,光宗耀祖;教导人们要勤俭廉洁,积德行善。在广东梅州,也有很多祠堂楹联反映了客家人克勤克俭的优良传统。如平远石正王氏祠堂楹联"祖德巍峨,荫儿孙几行,和蔼待人,克勤克俭光旧绪;宗功浩荡,庇后裔一脉,恭谦律己,有守有为展鸿图"④。这些楹联说明客家人创业之艰难,靠的是克勤克俭,告诫子孙要想守住成果,唯有坚持克勤克俭的优良传统。不过,值得一提的是,客家人虽然在生活上清苦节约,但气节上却并未输给别人。他们将贪财视为最可恨的行为,从娃娃时起,就告诉他们不可贪小便宜,"还细(小)偷针,大哩(长大)偷金"⑤,"便宜莫捡,浪荡莫沾"⑥。一首首童谣,一个个故事,把好思想渗透到客家人的日常教育之中,从而给客家文化注入了廉洁的优秀基因。

(二)农本经济模式造就了客家人勇于革命的优良传统

农本经济要繁荣发达,社会秩序的稳定是一个必要条件。换言之,如果社会动荡,农本经济模式就会受到巨大风险的挑战。然而,中国历史上存在着王朝兴衰的周期律,每隔数百年甚至不足百年的时间,就会发生王朝更替,导致社会大动荡。由于政治集团与利益集团对农业资源无休止的占有,下层人民拥有的农业资源在不断减少的情况下却又承担更多的义务,直至无法生存下去,人民只有起来反抗王朝统治者的暴政。当动乱发

---

① 梅州市民间文艺家协会:《梅州风采》,嘉应文学杂志社1989年版,第285—286页。
② 李梦星:《一个博士教授成群的村落》,2008年7月17日,新华网江西频道(http://news.jx.xinhuanet.com)。
③ 谢小建:《土楼楹联》,永定土楼文化研究会,1995年,第8—9页。
④ 谢崇德:《客家祠堂楹联》,梅州市政协学习和文史资料委员会编,2006年,第15页。
⑤ 梅州市民间文艺家协会:《梅州风采》,嘉应文学杂志社1989年版,第287页。
⑥ 同上书,第283页。

生时，人口就会大量减少，人们的生产活动也会相应减少，人民生活往往极为痛苦。客家人为了保护自己相对稳定和谐的家园，为了维护来之不易的生产成果，质言之，为了保障相对脆弱而又极其依赖的农本经济模式，客家先民勇敢地站出来，并与那些一切有可能对之造成威胁的敌人作斗争。

（三）农本经济模式造就了客家人团结协作的优良传统

农本经济模式最大的特征就是严重依赖土地，而且由于人与土地之间的相对固化关系，生存在同一块土地上的人们之间便有了不可回避的"关系"。农业生产的季节性特点是十分鲜明的，往往需要通过集体协作的方式来进行。一个家庭乃至一个家族之间，人们共同耕作，共同生活，很自然地结成了血缘纽带关系。生活在同一个村社的人们，由于共同征服大自然的需要，也结成了形形色色的关系。特别是在客家地区的农业生产中，常常会遇到各类灾害，单一家庭或家族，是无法抵御农业灾害的侵袭，只有组织起来才能更有效地征服大自然。血缘纽带关系既在农业生产的过程中得到了体现，也在这一过程中结合得更加紧密，从某种意义上来说，客家人聚族而居，四世同堂也是出于生产劳动的需要，集中劳作方能在农时期限内将农事完成，而共同劳动的过程又进一步强化了这种宗族意识和家庭观念。正是共同对付自然灾害的需要，客家人的宗族的社会组织形式逐渐形成和稳固下来。客谚有云，"打虎不离亲兄弟，上阵要靠父子兵"，"众人一条心，有钱堪买金；各人一个心，有钱堪买针"，"一人有难大家帮，一家有事百家忙"①，等等。农本经济模式所凝结的这种集体主义精神，无疑成了客家传统文化的精髓。

（四）农本经济模式造就了客家人热爱家乡、热爱民族、热爱国家的优良传统

土地历来是中国农民的宝贵财富。由于客家聚居地区山多地少，所以，土地更是他们的命根子。要知道在那个自给自足的自然经济时代，没有了土地就等于没有了糊口的粮食。土地就是客家人的财宝，真是"只要土地在，不怕没财银"。在自给自足的自然经济条件下，土地可谓是客

---

① 梅州市民间文艺家协会：《梅州风采》，嘉应文学杂志社1989年版，第280—281页。

家人的衣食父母，是他们获取生活资料的主要来源；而客家人世世代代在土地上辛勤劳作，长期的耕作更使客家人对土地产生了强烈的依赖感和依恋感，这种依赖感和依恋感迅速扩大至他们所生活的土地上，对于生养自己的土地自然也热爱有加，因此，乡土意识也特别强烈。这种故土情结不仅仅体现为寻根溯源，探询祖宗源自何方，也体现为对迁移后所定居之地的认同感，因为经过世代的耕耘和繁衍，拥有了属于自己的土地，和自己的亲人共同生活，所迁入之地早已成为他们生命中的一部分，是客家人真正的家乡，只有回到家乡，客家人才能真正找到主人的感觉，因此，漂泊海外的客家人才如此渴望落叶归根。更难能可贵的是，客家人由对小家、对故乡的爱，上升到对整个国家，整个民族的热爱，"有树才有花，有国才有家"；"舍命才算真英豪，爱国方成大丈夫"① 等谚语是客家人的乡土观念升华为对祖国的热爱、眷恋之情的最好例证。

（五）农本经济模式造就了客家人善于因时因地而创新的时代精神

如前所述，客家人所聚居的山区，多是崎岖不平的山地丘陵，"耕稼之地，十仅一二"。客家人充分发挥聪明才智，积极开发山区，靠山吃山，以山养人，至明末，基本形成了较为显著的山区经济特色。有学者认为，在客家人到来之前，这些山区"人物稀少，林莽纵杂，时多瘴雾"。而当时土著居民实行"刀耕火种"的原始开垦模式，不仅破坏了生态，且易导致水土流失。掌握先进的客家人到来之后，便把汉人传统的农耕方法移植于山区。客家人在山区开垦的田地主要有水田和旱地，而最常见的梯田，是客家人利用山地特点所开垦的田地，"鳞次远望，如梯级，如蹬道焉"。在山坡上沿等高线修成地块，边缘用土或石垒成阶梯状田埂，可拦蓄雨水，防止水土流失，达到保水保土保肥的目的，因而起到稳产的作用。普遍种植的旱稻畲禾等，也主要是为适应山区的环境。为了灌溉田地，保证收获，针对山区高低起伏的地形，客家人兴筑了许多具有山区特色的设施，"从高处筑陂开圳，注流低处田亩"，形成相当发达的水利灌溉系统。②客家人还充分利用山区优越的自然资源，大量种植经济林木，

---

① 冯秀珍：《客家文化大观》（中），经济日报出版社2003年版，第715页。
② 肖文评、王濯巾：《粤东客家传统农耕习俗略论》，《农业考古》2008年第3期，第200—201页。

大力发展茶叶、蓝靛、烟叶等经济作物，开发铁、锡等矿产资源，商业贸易也主要以输出山区产品为主，从而形成具有山区特点的区域经济特色。此上足以表明，即使是在农业经济为主的自然经济时代，客家人依然能够因时因地而变，不断地追寻先进生产力。

（六）农本经济模式造就了客家人爱好和平，追求和谐幸福社会的共同理想

农耕经济的生产方式主要是劳动力与土地的结合，客家人的生活方式是建立在土地这个固定的基础上，稳定安居是农耕社会发展的前提。这种生产方式和生活方式形成客家先民"安天乐土"的生活情趣。客家人希望固守在土地上，起居有定，耕作有时。他们追求安宁和稳定，以"耕读传家"自豪，以穷兵黩武为戒。他们深受中原传统文化的影响，把对和谐幸福的理想社会的追求注入他们所创造出来的新的文化类型的血液之中。《论语》云："善人为邦百年，亦可以胜残去杀矣。"[①]《墨子》曰："若使天下兼相爱，国与国不相攻，家与家不相乱，盗贼无有，君臣父子皆能孝慈，若此则天下治。"[②] 客家先民反对敌对和冲突。同时，因农业生产常常受天时和地利的影响，因此，客家人非常崇拜自然、崇拜天地，十分重视宇宙自然的和谐、人与自然的和谐，特别是人与人之间的和谐，主张天人协调、天人合一。这些都表现出处于农本经济模式之中的客家人民爱好和平、追求和谐的共同理想。

总之，以农为本的生产方式对客家优良传统的形成具有最为核心的影响作用。因此，必须要深入研究客家人的生产方式所具有的内在价值。当下我们研究客家农事民俗文化对于研究和把握客家优良传统具有积极意义。如迎春牛活动体现了客家人敬奉祖先敬奉神灵，以渔樵耕读为本，又渴望全面发展农业生产，努力追求文明进步的心态。又如祈雨仪式，这要求村民集体参加，以顽强的意志和超常的忍耐去战胜精神危机，体现了客家人同心同德，顾全大局，敢于拼搏的精神。

---

① （春秋）孔丘：《论语·子路》，载李泽厚《论语今读》，安徽文艺出版社1998年版，第309页。

② （战国）墨翟：《墨子·兼爱》，载梅季、林金保《白话墨子》，岳麓书社1991年版，第81页。

二 移民运动与客家南迁对客家优良传统形成的影响

有学者认为客家文化是一种移民文化,此言虽不尽然,但确有其道理。为躲避战乱求生存,富有冒险和开拓精神的部分中原汉人向南方迁徙,学术界考证,这样的迁徙历经五次(另一说六次)大的移民运动。此外,中原汉人也有因旱灾水患逃荒而南迁者,另有历代官宦、贬谪、经商、游学而定居闽粤赣边地区的,但并不是所有南迁的汉人都成为客家人,他们中只有闽粤赣系和源自这一系的人,才被称为客家人。移民运动给客家文化或客家优良传统带来了深刻的影响。客家族群每一次迁徙理由虽然都不尽相同,但却都蕴含着相同的不妥协、不屈服、独立自尊的优良传统。

(一)移民运动造就了客家人的团结精神

中国历史上的移民运动极少有哪一次是平稳和谐的,其大多都是伴随着痛苦和泪水的。质言之,客家先民之所以要移民,与其他种族和民系移民的动因非常类似,首先就是生存的需要。在当时的历史环境下,谁都不愿意从世代居住的家园搬离,而过上漂泊不定的艰苦日子。然而生存的信念是如此坚定,而现实却又如此残酷,客家先民只有团结起来,才能够实现生存和发展的希望。在迁徙他乡之后,由于客家先民是外来的族群,在迁入地被视为"客",而自成部落的现实环境更使他们以血缘为纽带把个体生命联结成生死与共的整体:"家中唔和旁人欺,楼中唔和外人欺。"[①]每次迁徙、流落他乡,使客家人深刻体验到战争离乱、民族灾难给人民带来的痛苦,民族的生存、发展只有靠团结。因为客家人明白只有形成"独木架桥难行走,众木成排好渡江"[②]的团结精神才能产生最大的力量。也只有这种精神,才能够使力量薄弱的他们增强抵御自然和社会风险的能力,才能够更好地生存下来。

(二)移民运动造就了客家人特有的家国情怀

客家人因自身的颠沛流离,在时时为客、处处为客的窘境中,最为痛切地体验到故土的可贵,因而与汉民族其他民系相比,爱国爱乡情怀显得

---

① 梅州市民间文艺家协会:《梅州风采》,嘉应文学杂志社1989年版,第284页。
② 同上书,第280页。

特别强烈。在客家谚语中，反映客家人爱国爱乡情怀的内容比比皆是："国家、国家、有国才有家"、"国强民也富，国破家也亡"、"家贫出孝子、国乱识忠臣"①，这是对祖国的挚爱；"金窝银窝，不如家乡狗窝"、"爱乡人，常恋土"、"家乡水甜入心，十年不改旧乡音"、"树高不离土，叶落仍归根"②，这是对家乡的深情。若说这类谚语，或多或少还留着中原谚语的痕迹，体现了中华文化的传承，那么另一类谚语，则展示了客家人定居形成客家民系之后对家园的眷恋，带有鲜明的客家特色。"禾口府，陂下县，石壁有个金銮殿"，有点夸张，却生动地表明了客家人心目中宁化石壁的特殊地位，这里是客家祖地，是客家人梦萦魂绕的家园。"北有大槐树，南有石壁村"③，客家人悲壮的迁徙史上的丰碑石壁，就这样通过谚语，矗立在每一个客家儿女的心头。

（三）移民运动造就了客家人慎终追远、报本寻根的意识

长期迁徙流离，处处如无根草般漂泊无依的处境，铸就了客家人强烈的报本寻根意识。"树有本水有源"，客家每个姓氏谱牒开宗明义几乎都赫然书写这则谚语，每个客家堂号、堂联都不厌其烦叙述氏族的源起、衍播。客谚有云"八十公公要祖家，八十婆婆要外家"、"富贵不离祖，游子思故乡"④，正是表达了客家民众无论贫富贵贱，男女老少，谁都不忘自己根之所在，本之所依，正所谓"摘瓜寻藤，念祖寻根"。在客家祖地宁化几乎家家户户悬挂祖宗牌位，每个姓氏祭祖修谱广泛盛行。对祖先的崇拜，一方面固然是报本，"天有日月，人有良心"、"不当家不知柴米贵，不生子不知父母恩"⑤，类似这样的谚语俯拾皆是；另一方面是保佑子孙后代。正是强烈的报本寻根意识，让客家人坚守自己的语言"宁卖祖宗田，唔忘祖宗言"、"离乡不离腔"，对客家人来说，那真是走遍天下，乡音依然。

（四）移民运动造就了客家人勇于推陈出新和开放包容的时代意识

客家先民在南迁的历程中饱经考验，他们在跋山涉水的艰难环境中求

---

① 冯秀珍：《客家文化大观》（中），经济日报出版社2003年版，第715页。
② 同上。
③ 马卡丹：《客家谚语：客家人根在中原的见证》，载黄钰钊《客从何来》，广东经济出版社1998年版，第420页。
④ 同上书，第419页。
⑤ 梅州市民间文艺家协会：《梅州风采》，嘉应文学杂志社1989年版，第284页。

生存，同时又不断地积累和推陈出新，从而促使了这些南迁汉民的素质比原族群的素质有了显著提高。客家人长期保持着祖先从中原地区带来的文化因素，又在不断的迁徙中大量吸收新居地的养分，不断受到楚文化、江淮文化、畲瑶文化的影响，并在民间信仰和宗教信仰上形成了儒道释或多神论的混合体。正因为文化上的如此兼纳并蓄、开放包容，所以客家民性心态平和，温文敦厚。正如客家俗语所说："一样饭养百样人"；"人上一百，七鼓八笛"[①]。就是说社会上什么人都有，允许各种各样的人存在。客家俗语还说："将军额上好跑马，宰相肚里好撑船；君子不与牛斗力，凤凰不同鸡争食。"[②] 就是说做人要有肚量，要懂得兼纳并蓄、开放包容，容纳他人，不跟人争斗，社会才能和谐安定。客家地区强调宗族自治，但宗族之间、宗族与社会之间并未形成宗族系统、民系系统的封闭性，反而体现出系统的开放性。各宗族的族谱所规定的内容不但没有丝毫侵略性，没有任何"民系中心主义"的痕迹，反而充分地体现了由家族的认同到国家的认同，从宗族的认同扩大到民族的认同的独特倾向。正因为此，使得以往客家人能够与土著居民、其他民系和谐相处，也使得当今客家人能够更容易融入不同区域文化社会，从而维护整个区域社会与整个社会秩序的稳定。

三 社会动荡与社会革命对客家优良传统形成的影响

客家民系的形成是与频繁的社会动荡与社会革命息息相关的。客家文化与客家优良传统的形成也与时代的大动荡、大变革相互彰显。

（一）频繁的社会动荡与社会革命使客家人具有自强不息的精神

客家人的百折不挠、自强不息是举世闻名的，无论处在如何困苦的境地，总能凭着自身的刻苦奋斗闯出一条路来。在某种意义上，这种自强不息精神的养成与频繁的社会动荡与社会革命息息相关。客家先民从生于斯长于斯的富饶的中原地区迁徙至南方，也大多由战乱和社会革命所致，质言之，客家先民所发动的移民运动主要是被动性选择的结果。在历经艰辛之后，他们找到了恍如隔世的闽粤赣三角地区，这里在当时比较宁静。然

---

① 梅州市民间文艺家协会：《梅州风采》，嘉应文学杂志社1989年版，第275—276页。
② 同上书，第281页。

而，随着时间的推移，人类所塑造的历史空间不断扩大，各地区之间原本是相对比较封闭的状态被打破。以往比较宁静的三角地区也慢慢越来越受到社会动荡与社会革命的影响。因此之故，客家先民只能做出主动应对，才不会被频繁的社会动荡与社会革命所淘汰，也因为如此，他们非常强调自强不息。客家谚语中，鼓励子弟争气自强的内容信手拈来："人争气，火争烟"、"有上唔去的天，冇过唔去的山"，争气，自强，无论多么艰难困苦也闯得过去，"不怕火烧屋，只怕人无志"，对没有志气的子弟，客家人是鄙视的，"有志成龙，无志成虫"。要求他们的子弟只能靠自己："竹篙叉，叉对叉，靠来靠去靠自家。"① 既然一切靠的是自己，那就只有刻苦奋斗："熬得苦中苦，方为人上人"②，剔除其出人头地的消极成分，无疑这是客家人刻苦精神的形象注脚。苦与勤相辅相依，大量的客家谚语教育子弟以勤为本："勤快勤快，有饭有菜。"不勤，那是连饭也吃不上的，"床上饿死天富星"，纵然是天富星下凡，命中富贵，要是懒惰，同样只有饿死的份儿。只要勤奋去"做"，一切全有了，"人勤地生宝，人懒地生草"③。只要能够自强不息，一切都会变得美好。

（二）频繁的社会动荡与社会革命使客家人爱好和平，追求和谐

上已述及，客家先民从世代居住的中原地区迁徙至南方，是社会动荡与社会革命所造成的冲击下被动性选择的结果。客家先民的迁徙历史，是一部充满了血与泪的历史。这部历史是任何人都无法真实贴切地还原的历史。历经磨难之后来到三角洲地区，又面临着自然和社会的双重挑战。在克服了种种困难而定居下来之后，原本宁静的居住地又越来越受到其他地区社会动荡和社会革命的波及，因此客家人大多时候是生活在无形的威胁之下。长久的危机和威胁，使客家人向往和平的社会，追求和谐的理想。此尤为体现在传统客家建筑文化之中。传统客家的建筑既具有浓郁的人文气息，又有优越的自然环境。在客家建筑的选址上，客家建筑极其注重风水，而风水强调龙、穴、砂、水、向的配合，讲究因地因形而择。因此，传统客家建筑一般与周围天然地形相得益彰，集纳灵山秀水，而且大多视

---

① 冯秀珍：《客家文化大观》（中），经济日报出版社2003年版，第790—791页。
② 梅州市民间文艺家协会：《梅州风采》，嘉应文学杂志社1989年版，第280页。
③ 同上书，第284页。

野开阔,采光性与通风性优良。传统客家建筑依南方的气候实际,一般坐北朝南居多;房屋格局极具特色和观感,多由上下厅、左右厢房、横屋组成,有的还有后栋,要求左右房屋不能高于厅房,后栋要高于前厅,上厅要高于下厅等;从建筑功能上看,客家人把居住、防火、排水、饲养、加工、晾晒、贮存等各种生活设施综合一体,以图举族而居生活便利;在建筑结构上,墙基稳固、尺度精确,并重视雕刻、壁画、彩绘等装饰艺术的运用,而且类似瓦檐、梁栋、屏门、窗匾等都有追求精巧外形和优美意境的营造意象①。所有这些都体现了客家建筑文化的和谐自然观,即把自然环境和人文环境有机地结合起来,营造天人合一的生存环境。它既顺应天道自然,确立环保理念,达至人与自然和谐相处;又通过其所体现出来的向心力、凝聚力、对称性以及血缘性聚居的特征,着力表征客家民众品优德良,谨言慎行,忠孝仁义,和睦相处,修己齐家,治国平天下等人格魅力②。

(三)频繁的社会动荡与社会革命使客家人有着执拗的崇文重教观念

如何在剧烈的社会动荡和社会革命之中安身立命,追求自己的人生理想,在客家人看来,只有一条路,即崇文尚武。在他们的文化意识里有"万般皆下品,唯有读书高"③;"书中自有黄金屋,书中自有颜如玉"④的传统观念。所以一旦社会稳定下来,他们就开始晴耕雨读,不忘耕读传家的祖训。客家人对子弟入学是十分看重的:"生子唔读书,不如养头猪"、"目不识丁,枉费一生"⑤。不读书便不成人,连猪也不如。"地瘦栽松柏,家贫子读书"⑥,家贫本是读不起书的,但客家人却偏偏家贫子

---

① 周继章:《闽西客家围屋》,2006年8月4日,梅州网(http://www.meizhou.cn/news/0608/04/060804090.html)。

② 海侠:《他把土楼从"山坳"推向世界》,《人民日报·海外版》2009年6月26日第3版。

③ (北宋)汪洙:《神童诗全集》,相传《神童诗》共34首。

④ 相传出自宋真宗赵恒所作的《劝学文》,全文如下:"读,读,读!书中自有黄金屋;读,读,读!书中自有千锺粟;读,读,读!书中自有颜如玉。"又一说是出自赵恒《励学篇》,原诗如下:"富家不用买良田,书中自有千钟粟。安居不用架高楼,书中自有黄金屋。娶妻莫恨无良媒,书中自有颜如玉。出门莫恨无人随,书中车马多如簇。男儿欲遂平生志,六经勤向窗前读。"

⑤ 梅州市民间文艺家协会:《梅州风采》,嘉应文学杂志社1989年版,第279—280页。

⑥ 范英、刘权:《广东客家人的风骨》,广东人民出版社2005年版,第51页。

读书,每个客家姓氏宗族都有一份学田,学田的收入为贫家子弟读书提供了保证。客家谚语,劝学的内容随处可见:"路不走不平,人不学不成"、"检漏趁天晴,读书趁年轻"、"天光唔起误一日,少年唔学误一生"[①],等等。强调不学习不成才,年少不学习耽误人的一生的道理。

第三节 社会主义核心价值体系视阈下客家优良传统形成的思想文化基础

客家人的祖先源自中原,因为身在异乡,对于故乡河洛(以洛阳为中心的黄河洛河流域)地区的眷恋,自称"河洛郎"。客家文化一方面保留了中原文化主流特征,另一方面又容纳了所在地民族的文化精华。总体而言,客家文化是从中原南迁的汉文化与闽粤赣三角边地的土著民文化相融合的结果,其主干是中原文化。因此,客家优良传统的形成有其深厚的中原思想文化基础,又与新迁地的各类文化相互激荡和影响。

一 中原文化传统对客家优良传统形成的影响

客家先民在举族大规模迁徙、扎根的同时,继承和发展了中原传统文化思想。中原传统文化本身就是一个复杂的混合体,具有多元化和包容性的特征。这一方面是由于中国疆域辽阔,有着各种不同的自然地理区域,因此,在农耕文明日益发展的时候,中国北方的游牧民族也在不断繁衍生存,农耕民族与游牧民族的长期对垒,促进了两者之间经济文化互补和民族的融合;另一方面北方民族的勇猛善战、粗犷强悍,富于流动性,善于吸取从远方带来的异域文化,成为中原稳健儒雅的农耕文化的补强剂;与此同时,农耕民族的先进生产方式、政治制度和文化技术,促进游牧民族社会形态的变化。这一切形成了中原传统文化的上述特点。

(一)客家优良传统承继了中原文化兼容开放的优秀品质

客家这一民系在形成和相对稳定过程中,道路坎坷,生活不稳定,造成了一种忍耐性和包容性特征。由此也使客家文化吸纳能力强,所以就能兼收并蓄,包容开放。如客家人的信仰,各种祀奉对象各司其职,彼此相

---

① 梅州市民间文艺家协会:《梅州风采》,嘉应文学杂志社1989年版,第280页。

安无事，信众也同样是不分对象，来自各种阶层。以客家人为主体的太平天国运动，提出"天生天养和为贵，各自相安享太平"、"天下多男人，尽是兄弟之辈；天下多女人，尽是姐妹之群"的口号，表现出客家人希望与土著居民互相尊重、和睦相处、一视同仁的那种朴素的民主思想。在客家地区，人们的宗教信仰也是十分宽容和亲善的，儒、道、释以及基督等教可以亲如一家、同居一寺。连刘邦、项羽这对冤家也可合祀一龛接受人们的膜拜。妈祖本是沿海地区人们航行的保护神，客家人也把她请到山乡，作为山乡的保护神。客家文化继承和发扬了中华文化的精华，长期的迁移养成了兼收并蓄取其长、开拓进取不保守的民风，使客家民系具有强大的凝聚力和生命力。

（二）客家优良传统承继了中原文化中重视品行的优秀因子

中原文明尽管复杂多元，但一致强调人的品德之于人的生成性作用。客家人在开拓新的疆域的同时并不忘本，特别讲究做人要有品德。众多客家谚语皆对客家人要形成良好的品行做出了描述，"树上企（站）得稳，唔怕树下摇"，"要打当面鼓，唔敲背后锣"，"花花假假，雷公会打"①。要求彼此讲求良心，以道德规范为行为的标准。杀人伤害、窃盗赌博、败坏家产、游荡非礼等行为均被视为不孝而成为不赦之大罪，这在客家谚语中皆有体现，如："偷来介（的）锣鼓打唔得"，"贪秆（稻草）食，鼻公贪出血"。客家谚语中，鼓励子弟争气自强的内容也是信手拈来："有上唔去的天，冇过唔去的山"，争气、自强，无论多么艰难困苦也得闯过去。"唔怕火烧屋，只怕人有志"②，对没有志气的子弟，客家人是鄙视的，"有志成龙，无志成虫"。客家谚语中的"网烂纲唔烂，人穷志不穷"③则告诫客家子弟要有志气，即使人穷，志也不能穷。

（三）客家优良传统承继了中原传统文化的伦理本位

由于长期以来所处的独特的生产方式、地理环境以及延续下来的以儒家思想为核心的人文主义思想，使客家地区不仅具有共同的目标、利益和追求，客家人之间还具有强烈的精神和情感的相互依存性，容易形成高度

---

① 梅州市民间文艺家协会：《梅州风采》，嘉应文学杂志社1989年版，第279页。
② 冯秀珍：《客家文化大观》（中），经济日报出版社2003年版，第790—791页。
③ 梅州市民间文艺家协会：《梅州风采》，嘉应文学杂志社1989年版，第278页。

整合的集体和独特的团队精神；客家人之间往往需要遵循一些基本的共同规范和价值准则，包括一些不成文的、依靠组织成员长期的文化传统和行为习惯自发形成的约定俗成的规则和习惯；客家人往往需要保持强烈而独特的共同体意识，这种共同体意识能够带给其中成员精神情感方面的成就和满足，对共同体内部成员产生情感心理方面的吸引力。如周姓的始祖堂号是"爱莲堂"。"爱莲堂"来自于宋代理学的创立者周敦颐写过一篇极负盛名的散文《爱莲说》，文章以拟人化的手法，赞美莲花"出淤泥而不染，濯清涟而不妖"①的高尚品格，歌颂了清廉正直的节操。"爱莲堂"的堂号也由此而来，其深刻内涵也在于此。堂号蕴含着中原传统文化的伦理本位，客家人把它升华为自己的精神特质。

（四）客家优良传统承继了中原文明崇文重教和重视道德教化的因子

客家人特别看重读书人，有"茅寮出状元"之谚。在他们看来，要想改变境遇和实现理想，读书是最适合的道路。故家境再困难，也要供子弟读书。为了金榜题名、光宗耀祖，客家人把文化教育当作整个家族的大事，定制立规，录入谱牒。他们倾力集资开办族塾、学校乃至书院，一方面对家族中大部分子弟进行启蒙基础教育，提高了他们的道德品质与社会适应能力；另一方面则培养出一部分支撑宗族社会地位的士绅学子，维护宗族的发展。重视人文教化，兴办族学，结果使客家人才辈出。一般认为，客家文化意识的基本特征是：既带有浓厚的理想主义色彩，又富于求实的精神，具有重名节、薄功利，重孝悌、薄强权，重文教、薄无知，重信义、薄小人等为人处世的道德观念。这些道德观念通过客家人的社会化途径尤其是接受良好的教育得以内化，使之成为客家人得以安身立命之所。比如，在客家地区，"重仁义"作为道德底线，不仅深入人心，而且被写入谱牒中作为法规，约束个人行为。许多家规族谱都规定"品行宜端"，强调"礼义廉耻，为人生之大节，不独为士者当知自重，即农工商贾亦必恪守礼法，不得轻薄妄为，致玷家声，贻讥后世"。通过强调道德教化对于人的修身自律的重要功能，也使得中原文明中的伦理道德传统在客家地区得以较好的延续，并为社会秩序的自我稳定提供了坚实的文化

---

① （北宋）周敦颐：《爱莲说》，载王水照《宋代散文选注》，上海古籍出版社1978年版，第47页。

基础。

（五）客家优良传统承继了中原传统文化中"重物理、重人伦"的宗族观念

苦难深重的客家人，从中原来到闽粤赣三角地带后，面临来自自然和社会的双重挑战，以中国传统的社会结构方式来应对，即村落—宗族—小家的结构方式。其中村落不是一个结构单位，而只是一个结构共同体，也可以说是地域性的概念，这个地域性概念是由诸多的宗族构成。在村落中，宗族是社会结构单位中最主要的一个层次。客家人只有依靠血缘共同体即利用血缘的亲和力、凝聚力，依赖宗族的组织力量，才能生存下来。客家宗族系统地规范宗族成员的生产、生活方式，调解族内、族外纠纷，建立了比较完善的组织和机构，拥有教化和"族化"的管理模式，以及详细的秩序维持办法。其中比较突出是：一个方面，宗族长老通过编修族谱，制定族规，强化宗族成员的宗族认同和慎终追远的理念，这成为团结宗族成员的桥梁和纽带。客家地区各宗族非常注重族谱的编修保存，并赋予族谱以教育、激励和调解矛盾的管理功能；另一方面，各宗族还详细制定了对违反族规的宗族成员的惩治办法，不断维护和巩固宗族系统的权威。各个宗族对违规行为都倾向于采取族内处置的办法，是较为突出的特点。在中央政权辐射较弱的情境下，宗族实际上承担了地方自治者的角色。新中国成立后，客家宗族组织与政府仍然保持一种协作、配合、互补关系，特别是其带有强烈"自治"色彩，既强化了宗亲的宗族认同，有助于政府行政资源的节省、行政效能的提升，同时还有利于地域社会秩序的稳定、风气整肃与经济文化发展。

二　畲瑶土著文化对客家优良传统形成的影响

探讨客家优良传统形成的思想渊源，我们既要研究中原汉人入迁的历史，梳理客家文化的中原传统文化因素，同时也要研究迁入地土著民族的文化变迁，尤其要探讨客家人与当地土著文化融合的过程。研究表明，相对于大致从两宋起才在闽、粤、赣三省接壤区为中心的广大地带聚居下来的客家人来说，畲瑶人早就在这片土地上繁衍生息。他们是百越后裔，被称为南蛮，一向被中原王朝视为"化外之地"的"化外之民"。据有研究者考证，尚在楚灭越时，越国土著贵胄就有许多人逃入岭南。秦始皇派兵

进攻百越海疆，越人又不得不从于越（浙江）、闽越（福建）、南越（广东）平地退入丛藩中。三国时，越人再次被汉族政权的吴从自己的根据地皖南、苏南、浙、闽、赣、海各处驱逐，而分散各地。受战争和生存的竞争影响，畲瑶人历经多次迁徙，总的趋势是从沿海到内陆，从平地到深山。值得特别注意的是，明清时期，客家人和畲瑶人都曾大规模地由粤向赣、闽交界的山区移民。上述史实告诉我们：第一，就目前客家人最大的聚居区域来说，畲瑶人是土著，客家人是外来户，这使代表先进生产力的客家人有必要和可能在一些方面，首先是生存方式方面，向生产力水平相对低下的畲瑶人学习，从而导致客家文化对畲瑶土著文化的吸收、同化。第二，畲瑶人与客家人在长期的、尤其是明清以来的杂处过程中，必然发生生产、生活上的各种接触交流，以及摩擦斗争，其中较突出的当数争夺土地①。这样，就为客家与畲瑶两种文化的碰撞提供了契机。

然而，不管如何，客家文化除了受到中原传统文化、以农为本的生产方式和与客家人所处的自然地理环境影响之外，还深受新迁地土著文化的影响，这应该是无疑的。比如客家土楼、围屋，我们看到，客家人的这些有代表性的建筑，并非是传统中原地区曾经非常流行的建筑类型；如客家话，梯田建设，多神信仰等，这些也是客家人到了新迁地定居下来之后才出现的。

研究客家文化形成及其与他者文化的交流融合还必须从客家地区的生产活动这一维度进行解读。客家文化除传统的中原因素影响外，在客家长期的生产与生活实践的过程中还非常注重吸纳南方土著生产经验的优秀成果。比如有论者认为，在客家人的形成和发展过程中，从南方土著民族中学会了水稻栽培。该地山多田少，稻粮不足，故辟山种旱稻，旱作物作为补充，名曰"种畲"。所谓种畲，是人们在砍伐和焚烧草木后，辟土以种植旱作物，类似于刀耕火种。客家人"种畲"之俗，当是受畲、瑶居民的生产方式影响所致。②此外，客家人的劳动分工与组合，也受土著影响。客家地区存在着"女劳男逸"的现象，被外地人讥笑的妇女在田间

---

① 曹春荣：《客家文化对畲瑶土著文化的吸收与同化脞论》，《赣南师范学院学报》1999年第5期，第10页。

② 肖文评、王濯巾：《粤东客家传统农耕习俗略论》，载《农业考古》2008年第3期，第201页。

劳作，而男人在家抱小孩，虽言过其实，但并非无稽之谈。客家妇女肩担田间劳动重负，与相邻的福佬民系妇女在家工女红之俗完全不同，这不能不说是受到南方土著民族"女劳男逸"传统的影响①。同时，客家生产活动还受到周边其他族群的影响。如传统以来客家人晚稻用早秧，但到清末一律改种"学佬禾"。从名称可推知，此种当来自潮州地区②。同样，与生产方式的形成上类似，客家优良传统的形成也受到了赣闽粤三角地区土著文化的影响。

一方面，赣闽粤三角地区土著族群在生产生活中结成的高度团结互助关系对客家优良传统的形成具有影响。客家人和畲瑶人历经迁徙、僻处山区，时时须与离散、疾病、饥饿、死亡作斗争。因此都具有刻苦耐劳、艰苦奋斗的自强精神，四海为家、白手起家的创业精神，同仇敌忾、民族独立的反抗精神，互相友爱、同舟共济的团结精神，以及狂放不羁、恩怨分明的侠义精神。畲瑶人历经磨难更多，这些精神尤为强烈。畲瑶人内部团结互助的精神特别突出。平时一切劳动包括耕田、盖房、砍柴、烧炭、挑担赶集等都自发地互相帮助，不计酬劳，甚至无须供给膳食。打猎时一起出发，猎物见者有份。互借钱米，不算利息。鳏寡孤独者，由别家代耕田，不须酬谢。这种团结协作、互助互敬的精神和具体做法，显然影响了后来的客家人。

另一方面，畲瑶妇女特别爱劳动，特别能劳动对客家人有深刻影响。中原汉人的文化传统大多对男女之间的地位作伦理性的区别，女性的地位较男性的地位较低；与此同时，由于自然和历史的原因，男女在社会分工方面界限比较明显，如"男耕女织"。闽粤赣三角洲本身因为可耕种的土地较少，所以长期居住于斯的畲瑶等土著人对男女的社会分工区别与中原有所不同。由于田园稀少，谋生不易，男子多外出营生，于是种田等事务，都由畲瑶妇女承担。举凡上山砍柴、下地耕种、料理家务，均一肩承担，形成"男外出，女务农"的互补型家庭模式。自中原汉人迁入后，同样遇此情况，因此，畲瑶妇女特别爱劳动，特别能劳动对客家人有深刻

---

① 肖文评、王濯巾：《粤东客家传统农耕习俗略论》，载《农业考古》2008年第3期，第201页。

② 同上。

影响。后来，客家妇女除持家、种田外，还种植经济作物，甚至挑担、经商，从事多种生产活动。客家妇女从家务到田作，无不躬亲，所以客家妇女之辛勤，堪称天下之最。妇女比男子更加勤劳，是客家生产的主力军，客家男女的社会分工变化，影响了客家妇女在家庭和社会中的地位。

值得一提的是，有学者将传统的文化整合模式归纳为两种：一是高势位文化与低势位文化的整合，其效应是高势位文化替代低势位文化；二是等势位文化的整合，其效应是两相文化的彼此独立但互相借用。江金波等认为，在研究文化整合时，必须关注的是，文化整合效应除与源文化势位有关外，还以人群的数量为基础。数量大的人群，其文化即使势位低，仍具有很强的惯性，难以接受高势位的文化整合。早期的文化整合表现为汉族低势位文化与土著高势位文化的整合，之后随着客家先民的增加及其对环境的适应，逐步过渡为等势位的文化整合最后直至客家民系的成型才真正实现汉族高势位文化与土著低势位文化的文化整合。他们将这种特殊过程的文化整合模式称为高低互位的文化整合，并认为其整合效应是两相文化的融合。这是形成岭南文化兼容并蓄特性的重要途径，也是文化整合的另类模式①。笔者认为，上述关于文化整合的解释模式以及在这一解释框架下理解客家文化与土著文化的交融是相对合理的。但是有一点仍须深化：客家文化的主流基因是中原传统文化特别是儒家文化，这一点大概应该已成为共识，相对而言，客家文化及中原传统文化是亲缘性相当强的文化类型。因为这两种文化都是建立在相对发达的农业生产力与生产关系的基础之上，所以客家文化较之土著文化显得比较强势。问题在于，客家文化的形成过程并非一蹴而就的，而是经历了相当漫长的时期，而这种文化整合模式的分析框架恰恰要有一个假设性的前提，即客家文化已经成型，或体系化。因此，当我们研究客家文化与他者文化类型的融合交流时，就必须要考虑历史的要素。

---

① 江金波、司徒尚纪：《中原文化与土著文化在梅州的整合研究》，中国文学网（http://www.literature.org.cn/Article.aspx? id = 60013）。

第二章　社会主义核心价值体系视阈下客家优良传统的基本表征

一个国家、一个民族在长期的实践过程中，必然形成自己的核心价值体系，这是社会系统得以运转、社会秩序得以维持的基本精神依托。在客家地区建设和弘扬社会主义核心价值体系需要客家优良传统的思想文化土壤，客家优良传统能够为社会主义核心价值体系提供丰富的有益的思想资源。基于社会主义核心价值体系视阈下，客家优良传统融合了中原文化和土著文化的许多要素，形成了复合性的根本属性。同时，以社会主义核心价值体系为指导，挖掘客家优良传统的精华，我们发现客家优良传统又体现了诸多基本特征。科学理解和正确认识社会主义核心价值体系视阈下客家优良传统的根本属性和基本特征，是运用客家优良传统的理论与实践为社会主义核心价值体系建设服务的重要前提。

第一节　社会主义核心价值体系视阈下客家优良传统的本质属性

根据《辞海》的定义，传统是"历史上流传下来的社会习惯力量，存在于制度、思想、文化、道德学各个领域。……对人们的社会行为有无形的控制作用"[①]。它具有时间的历时性、延续性、空间的拓展性和功能的规范性。传统，作为历史延传下来的思想文化、制度规范、风俗习惯、宗教艺术乃至思维方式、行为方式的总和，时时刻刻在影响着人们的思想和行为。究竟什么样的东西才算作传统？美国社会学家爱德华·希尔斯在

[①] 《辞海》，上海辞书出版社1989年版，第242页。

《论传统》一书中则认为，"延传三代以上的、被人类赋予价值和意义的事物都可以看做传统"。据此，客家虽来自中原，形成时间短暂，但也早已逾三代，能够称得上传统的事物非常之多。但是，由于受历史条件和时代限制，客家传统也有优劣之别，有些内容需要改革乃至革除，还有许多积极的符合时代精神和社会发展需要的部分。在我国社会主义核心价值体系主导下，应坚持实事求是原则，去伪存真，吸其精华。而以"自强不息、开拓创新"、"忧国忧民、爱国爱乡"、"勤奋好学、崇文重教"、"廉洁清正、勤劳节俭"、"勤俭诚信、团结协作"等为特质的客家优良传统继承和发展了中华优良传统的精髓，符合现代中国主流价值观的基本要求，是中华文化的重要组成部分。这些传统根源于中原，又汲取了客家居住地的文化因子，在中原文化和定居地文化历史的、结构的互动中逐步形成，是这两种不同文化的有机融合物。在形式和内容上，客家优良传统都蕴含着丰富的中原文化和居住地文化的因素，由此形塑了客家优良传统的根本属性，即复合性。

一 客家优良传统本质属性的形成

属性即事物本身固有的性质，是事物必然的、基本的、不可分离的特性，又是事物某个方面质的表现。认识客观事物的主要目的在于揭示其本质和规律，而要揭示事物的本质和规律就要把握事物的属性。事物的属性是可知的，却又是无限的。因此，囿于历史条件、人的认知能力等主客观条件的局限，人们就无法在有限的条件下穷尽每一事物的"无数"属性。尽管如此，这并不意味着人们不能由此达到对事物的本质和规律的认识。能否揭示事物的本质和规律，本身就存在一种绝对和相对的辩证关系。只要揭示了事物的根本属性，就能够在相对意义上把握客观事物的本质和规律。因此，我们要揭示客家优良传统的本质和规律，也必须首先揭示客家优良传统的根本属性。

客家优良传统的属性和客家属性可谓是一个问题的两个方面，因为客家优良传统是确证客家存在的文化符号，客家是客家优良传统的实体。或者说，客家之所以为客家就在于其拥有自己个性的优良传统。因此，对客家学研究者来说，客家优良传统是无法回避的课题。比如，罗香林《客家研究导论》一书认为客家人是一个在独特的地理环境中形成的"富有新兴气象,特殊精神,极其活跃的民系"①。那么,这种"特殊精神"是怎样形成的呢?书中又说:"民系的形成,实基于外缘、天截、内演三种重要作用。所谓外缘,是指各个比邻而居的民族相互间的接触和影响,这种接触与影响,有时可使那些有关系的民族,基于内部化分为若干新起的派系;所谓天截,是指各种民族因受自然环境变化的影响,使其族众分化若干不同的民系而言;所谓内演,是指民族内部的演化。任何民族,苟非有外力的压迫或强制,则其族内比较活跃的分子,往往会因感觉目前生活状况的不能满足而欲积极向外发展,而族内可供发展的地方,实际不限一途,各途的环境亦每不一致,久而久之,亦会成为若干不同的民系,这便是民系成形的通则。"② 应该说,客家民系的形成与此通则极其吻合。三种重要作用就是三种有密切联系的影响方式,反映在民系内部就表现为一个民系为适应生存环境变迁而发展起来的物质的、制度的和精神的文化,而以精神文化为最深层、最持久。可以说,客家是民系形成通则的典型例证。客家民系是北方汉人南迁与南方的俚、僚、峒僚、畲、瑶等土著民族经历长期融合而成,这种融合不是简单的生物学意义上的融合,而是人类文化学意义上的文化融合。所以,罗香林所说的"特殊精神"不是别的什么精神,而是指客家具有的既不同于中原汉族精神又有别于南方俚、僚、峒僚、畲、瑶等民族的精神,此"特殊精神"应包括客家人的思维方式、心理状态和价值观念等各个方面。其他很多学者也持此观点。学者房学嘉认为,客家人"既不全是蛮,也不完全是汉,而是由古越族残存者后裔与秦统一中国以来来自中国北部及中部的中原流民,互相混化而形成的人们共同群"③。谢重光教授说得更明确,他指出:"南迁汉人在某一特定的历史时期,迁入某一特定地区,以其人数的优势和经济、文化的优势,同化了当地原有居民,又吸收了原有居民固有文化中的有益成分,形成了一种新的文化——迥异于当地原住居民的旧文化,也不雷同于外来汉民原有文化的新型文化,那么这种新型文化的载体——一个新的民系,即客家民系才得以诞生。"④ 所以,客家优良传统作为文化的一个有机组成

---

① 罗香林:《客家研究导论》,古亭书屋1975年版,第1页。
② 同上书,第67—77页。
③ 房学嘉:《客家源流探奥》,广东高等教育出版社1994年版,第155页。
④ 谢重光:《客家源流新探》,福建教育出版社1995年版。

也必然是南迁汉人原有的优良传统与当地原有居民固有的优良传统相结合而成的"特殊优良传统"。

客家优良传统的形成和客家民系的形成一样是一个动态的过程，在不同的地区经历了孕育、发育和诞生的过程。简单地说，东晋末年，汉人开始南迁。从唐朝后期至北宋末年，中原、江淮南迁的汉民进驻赣南地区，与本地土著在交往中相互融合，开始了客家民系的孕育过程。南宋年间，南迁汉民又由赣南或福建宁化（主要是石壁）迁入福建汀州。客家先民在汀州与本地土著融合，加快了客家民系的成长过程，客家民系的许多特征在这里逐步形成。元明之间，特别是明朝初年，客家先民由汀州、赣州大量迁入广东梅州，经过几百年的客、土融合，明朝后期至清初期间，最终形成了客家民系。

客家先民与土著居民融合才形成了一种新的传统——既迥异于当地土著的传统，也不雷同于客家先民原有传统的新型传统，即客家传统，集中表现在标志客家的语言、经济生活和精神等各个方面：在语言方面，客家先民南迁离开了中原和江淮，进入比较封闭、与中原和江淮隔绝的赣、闽、粤山区，通过与土著民族的交流、融合，其语言呈现出与中原、江淮语言不同的特点，逐步形成了客家民系所独有的"客家话"；在经济生活方面，客家先民自中原、江淮等地迁移赣、闽、粤交界山区，所处的自然条件变化很大。客家先民适应环境的巨变，在艰苦的环境条件下重建家园，既发挥北方带来的经济、文化优势，又学习土著居民的经验，形成了带有浓郁山区特色的新的经济生活面貌；在社会心理方面，客家民系形成了"重宗法礼仪、家族伦理"、"重名节、信义，轻功利、薄工商"、"尊师重教"、"刻苦勤劳"等精神，特别是享有以"开拓进取、艰苦奋斗、崇文重教、爱国爱乡"为内涵的"特殊精神"，这种精神世代相传，生生不息，成为客家特殊的优良传统之一。所以，客家优良传统就是"中原内核文化与客家定居地的周边外缘文化交流和融合发生变异的一种复合文化，从而形成其内核与外缘的两重构造。在这里，既有客家原型文化，即中原文化对南方诸地区的辐射，也有对南方诸地区文化的嫁接"[①]。所以，客家传统既保留了中原文化主流特征——生活样式、习俗、信仰和观念，

---

① 《世界客属人物大全》，崇文出版社1990年版，第87页。

又汲取客居地文化之精华，而与中华民族的其他民系的文化相比在语言、风俗、生活、精神上有着鲜明的个性。就此而论，客家优良传统不是发端于中原地区的中华传统的简单平移，也不是当地居民传统的简单照搬，更非两种传统的简单叠加，而是中原传统与定居地传统交融的结果，复合性是客家优良传统最根本的属性。这种属性从客家优良传统与中原传统以及定居地传统的分析、比较中表现尤甚。

二 客家优良传统本质属性——复合性

客家文化既不同于半封闭的、凝固式的大陆文化，也异于拓展性、流动性的海洋文化；既不是那种为中原农耕定居、以"重农抑商"为特征的农业社会文化，也不完全是以商品经济为主的工商文化；从文化圈的二重构造原理而言，客家文化位于中国文化模型的边缘位置，即内地通往南部沿海的要冲、枢纽地带，有着明显的"边缘优势"。客家优良传统既传承了中华民族优良传统的积极因素，又汲取了南方土著居民的文化精华，形成了多元化的本质属性。

（一）客家优良传统蕴含的中原文化元素

1. 客家人来源于中原河洛地区的汉民族

河洛地区的先民们创造的河洛文化是中华文明的核心和中华文化的主体。客家人虽经辗转流徙，历经数百甚至千年，但受河洛文化的影响至深。客家人讲礼节，崇礼重教、敦亲敬祖之风盛行，较好地保持着中原文化的气质。美国传教士肯贝尔在《客家源流与迁徙》中写道："客人确实是中华民族最显著、最坚强有力的一派，他们的南迁是不愿屈辱于异族的统治。由于他们颠沛流离、历尽艰辛，所以养成他们爱国家、爱种族的爱国心理……"[①] 不仅如此，在风俗习惯、生活方式、为人处世观念及方言上也保留着中原遗风。"宁卖祖宗田，不卖祖宗言；宁卖祖宗坑，不卖祖宗声"的谚语表达了客家人对中原文化的眷恋之情。客家歌谣"人享乾坤志四方，任君随处立常纲。年深异境犹吾境，身在他乡即故乡"[②]。这也反映了客家人远离故土、远走他乡的历史际遇，表现出客家人乐观豁

---

① 冯秀珍：《客家文化大观》（中），经济日报出版社2003年版。
② 罗维猛、邱汉章：《客家人文教育》，中国大地出版社2003年版。

达、开拓进取的精神。客家先民艰苦的生活环境造就的客家人鲜明的价值观念、审美情趣、道德观念、思维方式等精神个性，构成了传统的核心层次。特别是享有以"开拓进取、艰苦奋斗、崇文重教、爱国爱乡"为内涵的"特殊精神"，与中原儒家文化所提倡的道德和价值标准相一致。

在精神层面，客家传统是以儒家文化为核心，传承的是中原正统文化，与中华文化传统具有本质的同一性：第一，客家人重视中华人伦关系和人际关系。中华传统文化以"孝"为先，由处理家庭内部的人际关系"孝"道，到"孝亲"，进而把家庭内部的人际关系推广到社会上的人际关系，从而正确处理当地（国）人与人之间的关系。客家人兼容并蓄，有浓厚的感恩情怀，突出地表现为爱国爱乡爱家的精神；第二，客家人强调"见利思义"。就是注重人的精神需求，重视公利和整体精神。在中华传统文化中，孔子主张的"见利思义"，就是要做到在取得个人利益时，要看是否"义"，如果是合乎社会道德规范的利，可取；如果是不合乎社会道德规范的利，不可取。在客家人看来，道德需求乃是人的最高需求，道德具有最高的价值，它不是"见利忘义"，更不是"过河拆桥"。客家人有强烈感恩意识和心态，他们不会忘记帮助过自己的朋友；第三，客家人重视人道精神。客家人是孔子的"仁者爱人"思想的忠实贯彻者，把"仁者爱人"的思想从宗法关系中的人，推广到全社会。所以，客家的慈善事业比较发达，社会捐赠较多；第四，客家人注重中华道德修养。在中华传统文化中，古人极其注重"修身"，但不是封闭起来搞自我修养，而是充满理想主义色彩的"修身、齐家、治国、平天下"。把中华民族的道德修养贯穿于日常工作生活的细节中。

因此，中华文化是"母"文化，客家文化是"子"文化，两者是不可分割的。客家人具有重名节，薄功利；重孝悌，薄强权；重文教，薄无知；重信义，薄小人等传统，是客家人对传统文化的继承和发扬，成为整个中华民族传统文化的一个重要组成部分。

2. 客家优良传统是以汉民族传统文化为主体的一种多元文化

客家优良传统虽吸收、利用了中原母体文化和定居地文化的资源，但二者作用大小不一。由于客家先民的生产技术先进、文化发达，在客家民系、客家优良传统形成中起到了关键性的作用。客家优良传统在本质上仍属于汉文化的一个支系。所以，客家优良传统不仅与中原文化具有精神本质的同一性，而且与中原文化在形式上具有高度同一性。比如，在日常生活文化上，他们的住房采用围拢的合院形式，建筑取小型宫殿式，体现了客家人团结友爱、守望相助的优良传统。其妇女也几乎"与众不同"——在清朝之前，不论东北、华北、华东、华中乃至华南广东，妇女缠足是普遍现象，唯客家妇女历来不缠足，而且也不限于干"女红"之类的家务事，而是干种田、搬运等粗活，是农业生产上的主要劳动力，体现了客家人勤劳节俭、艰苦奋斗的优良传统。客家人重视祖先崇拜，建宗祠祖庙，春秋两季祭祖坟，迁移时背祖先骨骸同迁；节日有元旦、上元、二月二、清明、端午、乞巧、盂兰、中秋、重阳、冬至等。婚姻、礼俗多沿中原古时习尚，喜舞龙、舞狮，体现了客家人慎终追远、尊老爱幼的优良传统。在众多客家优良传统中，都有明显的中原文化因子，典型的体现在客家方言、客家山歌和客家民俗等文化现象中。具体表现在以下几个方面：

（1）客家方言

在语言上，他们保留了古代中原汉语音韵，自宋代起形成了与北方和南方汉语均有差异的客家方言。独特的客家方言作为一个独立的语言体系，虽吸收了迁居地民族的一些语言特点，但仍保留古汉语的基本特点，而成为客家文化最主要的标志之一。研究证明，古代中原汉语就是客家方言的源头。《客家文化与中原文化之比较》指出："客家方言是客家文化最主要的形式标志。客家方言以中原古汉语为主体语言。……客家人传承了古汉语系统，又吸收了外界、少数民族的一些语言，创造了客家话，也造就了中华民族新的民系：客家人。客家话和元代周继（德）清著《中原音韵》方言基本一致，方言的传承证明客家之根在中原。客家话源自中原，但不同于现代中原语言，它与少数民族交融，又不像他们的语言，它是'杂交'语言，集百家之长而自成系统。客家话中有许多古音，但有微小变化。……古汉语是客家话的母体，这是公认的。"[①] 谢永昌在《客家话以梅县方言为代表之理由》中指出："方言是一种语言的地方变体，是识别和区分民系的第一要素。客家方言是在古汉语的基础上吸收了一些少数民族（主要是畲、瑶族）语言成分而独自发展起来的汉语分支。客家人最主要的特征是操客家方言，故客家方言是界定客家的首要标

---

① 陈义初：《河洛文化与汉民族散论》，河南人民出版社2006年版，第217页。

准。""客家先民来自中原,在南迁过程中不忘保持自己的语言和风俗习惯,严格遵循'宁卖祖宗田,不卖祖宗言'的祖训,虽与少数民族语言有所交流、融合,但仍保持了中原古汉语的主体成分。因此,可以这么说,现在的客家话多源自古代中原汉语,古代汉语的语音特点多保留在客家方言里。故客家方言一直被语言学家视为古汉语的'活化石'。"① 客家方言的形成特征表明了客家人的慎终追远、不忘根本的情怀,以及兼容并包的精神和开拓创新的胸襟。客家人不仅把中原汉语带到客家地区,也把中原的文化习俗和优良传统撒播各地,他们讲礼节,重伦理,好学问,尚教育,敦亲族,敬祖先,隆师道。

(2)客家山歌

客家山歌是客家人在山间地头、溪头冈尾即兴唱出的民歌,被誉为天籁之音,是客家文学的明珠。村夫村妇就是演员,大山旷野就是舞台,风声鸟鸣就是伴奏。它是客家下层群众在劳作的时候,在山野间即兴口头创作出来的,它既是一种口头文学,又是一种口头音乐艺术,是劳动之歌、爱情的礼赞、造反的呐喊。关于客家山歌文化渊源,普遍认为客家山歌继承了《诗经》的文化传统,根在中原。罗香林的老师朱希祖先生在为罗香林的《粤东之风》所作的《序》里说:"客家是汝南的遗民,就是《周南》的嫡裔。"他从内容和风格上将《诗经·国风·周南》与客家山歌作比较,认为:"《周南》的诗,共十一篇,开首第一篇的《关雎》就是情歌,他思念所求的淑女,甚至'寤寐思服,辗转反侧'……尤其是《遵彼汝堞》这一章诗,所谓'未见君子,怒如调饥;已见君子,不我遐弃',这种热烈的感情和客家情歌中《见心肝》等篇,不相上下,多是赤裸裸地直喊起来。"② 其实,赤裸裸的情歌一方面反映了客家山歌来源于中原地区,传承了中原遗风;另一方面反映了客家人对封建礼教的叛逆,对民主自由的追求。

客家文学史专家罗可群也认为,"客家先民虽屡经迁徙,但《诗经》的美学价值一直在发挥作用。……客家山歌中大量赋、比、兴的实例,早

---

① 陈义初:《河洛文化与汉民族散论》,河南人民出版社2006年版,第379页。
② 罗香林:《粤东之风》,载广东省兴宁市政协文史委员会编《兴宁文史》,2006年总第30辑,第15页。

已使人们准确无误地认识到客家山歌上承《诗经》传统这一事实"①。胡希张则不仅认为"客家山歌是随着客家民系的形成而形成和发展的,它的根在中原",而且认为"现在的客家山歌,其'赋、比、兴'等艺术手法,在《诗经·国风》诗中已有所运用……说明了客家山歌,上承中原文化传统,下贴人民群众生活,是中原民间歌曲的延伸和发展"②。如广东梅县叠词山歌《久无唱歌忘记歌》:"久无行船忘记河,久无莳田忘记禾;久无读书忘记字,久无唱歌忘记歌。"③ 这首客家山歌既继承了以《诗经》为代表的中原民间歌曲的精华,"比兴"用得淋漓尽致、天衣无缝,又继承了中原汉人勤劳俭朴、战天斗地、崇文重教、酷爱自由等优良传统。

(3) 客家民俗

客家人虽然迁徙不定,但一定时期内居住往往相对集中,这种现象与中原文化重宗族、重团结、重仁爱有关,而这种特点又会导致他们在风俗习惯上保持较强的传统性和稳固性。客家民俗习惯是一个丰富多彩的圈子,它以古中原风俗为基调,同时又不断地发展变化,表现在衣食住行、文化娱乐各个方面。客家在家族制度、婚丧嫁娶、生活习惯等方面基本上都以中原汉人风俗为基础,保留了古汉民族的习性。

第一,家族制度。家族制度是汉文化的重要内容,它在商周时期就已确立。客家社会不仅保留了十分严密的宗族结构,而且宗族制度对客家社会生活有着十分重要的影响。客家地区以姓划村,聚族而居,建祠堂、修族谱、购族产的现象十分常见。他们还修订了严紧的家族法规,要求族人严格遵守。这些既加强宗族的凝聚力、影响力,又彰显宗族团结诚信、尊宗敬祖的传统美德。

第二,客家婚礼。客家婚嫁礼仪中不仅比较完全地保留了古代中原地区的"六礼",而且还严格遵循着"同姓不藩"的遗训。"凡子姓不得与同姓为婚。如有不肖子孙违犯,通族告官离异。"④ 这与畲瑶等族实行族

---

① 罗可群:《广东客家文学史》,广东人民出版社2000年版,第344—345页。
② 胡希张等:《客家风华》,广东人民出版社1997年版,第424—425页。
③ 同上书,第442—443页。
④ 杨族史编纂委员会瑞金市分会编印:《瑞金杨氏族史》(卷首)《杨氏祖传族规族训》。

内"自相嫁娶"不与外族通婚的婚姻制度有着天壤之别。

第三,客家服饰。过去的客家人常着俗称"唐装"的衣裤,男子以长衫为礼服,女子喜戴穿顶竹笠,周围缝上蓝布。在客家服饰上,他们一般讲究朴素实用、宽松简便、色调素雅,多以蓝、黑、白色为主色,其实这是客家人吃苦耐劳、勤俭节约的道德品格的体现,而这恰恰也是中原古汉民的道德风尚所在。

(二)客家优良传统蕴含的土著居民文化元素

如果说客家优良传统在观念上突出地继承和发展了中华文化的形上之"道",吸取了中华优秀文化的思想精髓,有着浓重的中原文化情结。那么,在饮食、服饰、娱乐等活动中,客家传统明显地表现出浓郁的当地居民文化的草根情结。

在南迁途中,南迁汉民族以其相对发达的中原文化不断地与相对落后的迁居地文化碰撞,在中原文化同化迁居地文化的同时,也同样会强烈受到对方的深刻影响。二者呈现出双向同化过程。也即是说,南迁汉人时刻改变着迁居地居民,反之亦然。所以,经过同化、吸收,南迁汉人的传统也不免带有迁居地居民传统的特征。在客家民系形成的漫长过程中,他们经历了迁移、定居的不断交替,跨越江淮流域,直至闽、粤、赣三省交界处的"客家大本营",筚路蓝缕,历经数年,沿途传播着中原先进的文化,也融会着江淮、吴越和赣文化,尤其与畲族等定居地各少数民族文化的碰撞、融合最为充分。因为畲族主要居住在闽、粤、赣三省交界处,这里正是后来客家人定居的地方。南迁汉人要更好地生存和发展,一方面要恪守传统,保存自我;另一方面,面对新的异己的生存环境又不得不调试自我,借鉴他人的知识和经验。因此,客家先民自觉或不自觉地受当地居民的影响,从生产到生活的不同领域客家先民都表现出对南方各族传统的吸收和创造。兹略举几例为证。

1. 饮食

客家饮食传统的形成和发展经历了漫长的过程,自客家先民从北方中原地区长途迁徙,在赣闽粤大地定居之日起开始萌生,与客家民系的形成与发展相始终,有着深厚的中原饮食文化情结。如客家人讲究仪礼,在筵席中繁文缛节尤多,在座次席位的安排、菜肴摆放的位置、席间夹菜敬酒等都非常重视规矩,鲜明地体现出别等级、明人伦、昭穆有序的伦理思想。同时，客家饮食文化还受到赣闽粤地区独特的环境的影响，表现出了浓郁的山地饮食文化特色。"客家饮食多取材于山林，重山珍，轻海味；重内容，轻形式；重原味，轻混浊，具有素、野、粗、杂的特点。素即菜肴少荤肉。野即野菜、野果、野味。粗即番薯、芋头、苞粟等粗粮。杂即动物的内脏。其中有些内容明显是继承了少数民族的饮食传统，如棱米，原由畲族首创，后为客家人接受，成为所种粮食中重要的作物品种。又如绿荷包饭，原是南方蛮撩的习俗，也被客家人接受。"① 柳宗元之诗曰："郡城南下接通津，异服殊音不可亲。青薯裹盐归洞客，绿荷包饭趁墟人。"② 这些都表明客家人的饮食既融会了中原汉民和南方土著的元素，又体现了省吃俭用和朴素实用的特征。

2. 服饰

旧时的客家服饰，也具备山野本色和继承少数民族传统两大特点。在山野本色方面，突出的表现是喜欢穿蓝衫，土布缝制，用自制的靛青染色，大多是青色、蓝色、黑色，质朴、简单、实用。继承少数民族传统方面，高髻和凉笠就是典型的事例。高髻从百越族的椎髻转化而来，就是把头发高高束在顶上。凉笠是一种竹编的凉帽，其式为圆箔，中开一空以容顶髻，周围缀以绸帛，或以五纱罗布分五幅折而下垂。既可周遮头面，而长夏操作，亦可以迎风障日。高髻配上凉笠，与畲族妇女的打扮相似。据载，过去客家妇女的辫发很多是盘成高髻的，状如独木舟，谓之"船子髻"，系以红绳，插以银簪，髻上可套凉笠，髻端外寡前翘，笠沿周围垂下长约五寸的五彩布条，微风吹来，彩条飘拂，确是别有一番风韵。这种装束，与中原汉族服饰大异其趣。所以宋代士大夫在潮州看到这种服饰，称之为"敞衣青盖"，认为是"弊俗未淳"的表现。客家妇女像畲瑶妇女一样承担了大量的生产劳动，也无怨无悔。刘禹锡《连州竹枝词》曰："山上层层桃李花，云间烟火是人家。银钏金钗来负水，长刀短笠去烧畲。"③ 戴着银钏金钗到江边汲水，带着长刀短笠去劳作烧荒，本是歌咏唐朝连州（今广东连县、连山、阳山等县地）畲瑶妇女的装束打扮和辛

---

① 谢重光：《客家由来与客家文化的特点》，载《寻根》，河南大学出版社2010年版。
② 柳宗元：《柳州峒氓》，见《全唐诗》卷三五二。
③ （清）温仲和：《光绪嘉应州志》（戊戌仲春锓版）卷八《礼俗》，成文出版社1969年版，第54页。

勤劳作，却也是旧时客家妇女活脱脱的写照。其实，客家服饰和妇女打扮，既反映了客家人的入乡随俗、海纳百川的宽广胸怀，又反映了客家人的淳朴厚实、不畏艰难的优良传统。

3. 山歌

客家山歌虽有北方风格，和中原音乐关系密切，但与南方少数民族也有深厚的文化渊源关系。客家山歌作为客家文化的一种形式，根源于客家生产和生活。在纵向上，表现了客家音乐文化的历史传承；在横向上，表现了客家的现实生活和精神诉求。从客家的形成、发展史来看，客家音乐文化和客家的形成是一体的，它来源于中原，发展于居住地。所以，客家山歌不仅继承了北方音乐的传统，而且还根据客家生产、生活环境借鉴和吸收了居住地其他民族的音乐元素。20世纪初，我国研究民间歌谣的先驱之一钟敬文先生对广东疍民歌谣和客家山歌进行比较研究后，认为客家山歌显得非常质朴、含蓄、委婉，并且婉转、缠绵，具有音韵上的美感，继承了六朝以来乐府诗歌的传统，并提出了客家山歌与南北朝时南方民歌相似的著名论断。他说："我们若把它用南北朝的歌谣来打譬喻，那么，山歌是南方的清商曲，——子夜歌、懊侬歌、读曲歌等。"① 客家山歌的文化渊源，远至六朝时江南的民间歌谣，近至岭南、闽粤一带的瑶、畲族等少数民族歌谣。他还把客家山歌使用双关语的情况与《乐府诗集》所载六朝江南歌谣《子夜曲》、《华山畿》、《读曲歌》常用的双关语进行比较，结论是双关语在民歌中用得那么普遍，"最大的原故，是歌谣为'口唱的文学'，所以能适合于这种'利用声音的关系'的表现，尤其是表现关于恋爱的文艺——如私情诗——这种婉转动人的方法，更于切用而且多用"②。这是通过修辞手法的比较，进一步肯定了客家山歌可以溯源于南朝江南民歌。清代学者黄遵宪曾在《己亥杂诗》写道："筚路桃弧辗转迁，南来远过一千年。方言足证中原韵，礼俗犹留三代前。"③ 并在《己亥杂诗》自注中也说："土人自有山歌，多男女相思之辞，当系獠疍遗

---

① 钟敬文：《中国疍民文学一脔》，黑龙江人民出版社2004年版，第236页。
② 钟敬文：《歌谣的一种表现法——双关语》，载《钟敬文民间文学论集》（下），上海文艺出版社1985年版，第251—254页。
③ 黄遵宪：《人境庐诗草笺注》（卷九），钱仲联笺注，上海古籍出版社1981年版，第810页。

俗，今松口、松源各乡，尚相沿不改。"① 胡希张等编著的《客家风华》一书也认为："客家先民大批进入闽、粤、赣三角地带前，在江淮一带辗转了七八百年，客家山歌在形成过程中，肯定受到了江淮民歌的影响"；客家山歌"毕竟受到了南方水土、气候的培育，在中原民歌南移中历经演变，而后又与南方土著民歌相融合而产生的一个新的民歌品种"②。如赣南瑶族山歌《瑶家门前一道泉》："瑶家门前一道泉，清清泉水流千年；千年泉水洗苦菜，瑶家苦水流不完。"赣南客家山歌《老妹十分工夫多》："日头倒岭暗摸摸（天黑了），老妹十分工夫多；又要提篮去摘菜，又要揩（挑）水烧夜火。"③ 两首山歌曲调旋律相近，互相学习融合。这些论述和山歌都道出了客家山歌与瑶、畲族歌谣的密切关系、相互糅合，同时也反映了客家人吸纳了南方土著的质朴率真、坚忍不拔、勤俭持家、缩衣节食的社会风尚。

第二节 社会主义核心价值体系视阈下客家优良传统的基本特征

党的十六届六中全会审议通过的《中共中央关于构建社会主义和谐社会若干问题的决定》首次明确提出了社会主义核心价值体系的重大命题和基本内容，党的十七大再次强调建设社会主义核心价值体系，增强社会主义意识形态的吸引力和凝聚力。社会主义核心价值体系是社会主义制度的内在精神和发展要求，是彰显社会主义特色和本质的重要标志，是社会主义意识形态的本质体现。基于社会主义核心价值体系视阈下，客家优良传统体现了客家人鲜明的价值倾向、共同的思想追求、强烈的民族意识、突出的时代精神、明确的道德规范，可以概括出主导性、理想性、民族性、时代性、传承性等的基本特征。

---

① 黄遵宪：《人境庐诗草笺注》（卷九），钱仲联笺注，上海古籍出版社1981年版，第815页。
② 胡希张等：《客家风华》，广东人民出版社1997年版，第425、432—433页。
③ 同上书，第425、435—436页。

一 鲜明的主导性

马克思指出:"每一历史时代的经济生产以及必然由此产生的社会结构,是该时代政治和精神的历史基础"①,"占统治地位的思想不过是占统治地位的物质关系在观念上的表现,不过是以思想的形式表现出来的占统治的物质关系"②。一个社会处于支配地位的思想并不取决于所有制关系的多种构成,而是取决于社会形态的性质和处于统治地位的所有制。同样,在一个社会的价值观念体系中,价值观念不止有一个,各种价值观念的地位不尽相同,有些价值观念处于核心地位,有些价值观念则处于从属地位,而居于这个价值体系最核心的就是核心价值体系。价值体系属于社会意识范畴,是由一定社会崇尚倡导的思想理论、理想信念、精神力量、行为风范、道德准则等因素构成的社会价值认同整体。处于核心地位的价值观念代表着价值体系的基本特征,体现着价值体系的基本价值倾向,统率着其他处于从属地位的价值观念,能够保障社会经济制度、政治制度、文化制度的稳定和发展,是一种社会普遍遵循的基本原则,所以其主导性非常鲜明。

中国封建社会自汉以后形成了以儒家思想为核心的价值体系即以"三纲五常"为主要内容的核心价值体系,从政治需要和观念层面上维护了两千多年的封建统治秩序,却禁锢了人们的思想,限制了人们的自由,束缚了社会的发展,阻碍了社会的进步。自资产阶级革命发生之日起,资产阶级在反封建斗争中以"自由、平等、博爱"为思想武器取得了资产阶级革命的胜利,却在发展资本主义过程中,不可避免地形成了以拜金主义、享乐主义、极端个人主义为核心的价值体系,陷入不可自拔的消极和没落的泥潭之中。

在封建社会,客家人遵循忠孝节义的儒家思想,强调忠君爱国、孝悌为先。在客家地区,由于"一等人忠诚孝子,两件事读书耕田"的传统观念,"耕以维生,读以存志"的传统习尚,使得客家地区不同于其他民系的移垦社会,这也是客家人几千年来历史发展的关键所在。耕田是为了

---

① 《马克思恩格斯选集》第一卷,人民出版社1995年版,第232页。
② 同上书,第98页。

维系最基本的生活，所以不管环境怎样的恶劣，不管崇山峻岭，还是瘴疠荒芜，客家人都能生存下来；更重要的是，"读以存志"这一包含了坚定不移、奋斗生存的意志，遵循以忠孝节义为主要内容的核心价值体系，从精神观念层面上统领着客家人的思想和行动，使客家优良传统得以传承和发展。

在近代社会，客家人的杰出人物洪秀全代表农民阶级提出天下太平思想、孙中山代表资产阶级提出民主革命思想，来指导中国的革命运动，并以此为前提构建核心价值体系，但终因社会的动荡不安和不适合中国的国情而流产。通过对比，客家人跟所有的中国人民一样选择了马克思主义和社会主义道路。很显然，在建设中国特色社会主义过程中，只有社会主义核心价值体系才可能成为当代中国的核心价值体系，而建立在封建社会特权意识和等级依附关系基础之上的我国古代的儒家思想，或建立在资本主义生产资料私有制基础之上的西方资产阶级价值思想都不可能成为核心价值体系，这是由我国社会制度的基本特征所决定的。

社会主义核心价值体系作为社会主义意识形态的核心具有明确的导向性和指向性，具有一元性的特点。社会主义核心价值体系强调"用马克思主义中国化最新成果武装全党、教育人民，用中国特色社会主义共同理想凝聚力量，用以爱国主义为核心的民族精神和以改革创新为核心的时代精神鼓舞斗志，用社会主义荣辱观引领风尚，巩固全党全国各族人民团结奋斗的共同思想基础"，所以其主导性、引领性是十分明确的。

客家优良传统与社会主义核心价值体系共融互动。客家人长期以来坚持一元化的指导思想，认同、接受、支持、拥护马克思主义在意识形态领域的指导地位，为了巩固这一指导地位，客家人自觉地跟各种错误思潮作坚决的斗争。实现中华民族的伟大复兴，建设"富强、民主、文明、和谐"的美好社会，始终是客家人孜孜以求的社会理想，早已融入客家人的血脉里，内化为客家人的价值信仰。由于国破家亡、离乡背井的特殊经历，养成了客家人强烈的国家观念和民族意识，因此每当民族危难、国家危亡之时，客家人总是率先挺身而出，毁家纾难，奋勇抵抗，冲锋在最前列。由于长期处于迁徙和贫瘠山区的生存环境，锻造出客家人自强不息、开拓创新的优良传统，因此无论多么恶劣的环境、艰苦的条件，客家人都能播撒种子、开花结果，创造出伟大业绩，作出自己的卓越贡献。在价值准则和行为规范上，对于什么是真善美、什么是假恶丑，应当坚持什么和反对什么、提倡什么和抵制什么，客家人从来都是立场坚定、毫不含糊，为全体社会成员判断行为的得失、作出正确的道德选择和价值取向。

所以，在多元的社会思潮中，客家优良传统与社会主义核心价值体系都始终把握和保证正确的价值选择方向，起着主导和引领的作用，努力营造顾全大局、珍视团结、维护稳定的良好氛围，能够保障社会经济的健康稳定发展。

二　共同的理想

马克思、恩格斯在《共产党宣言》中强调"代替那存在着阶级和阶级斗争的资产阶级旧社会的，将是这样一个联合体，在那里每个人的自由发展是一切人的自由发展的条件"[①]。在其经典著作中，将每个人自由而全面发展作为人类社会发展的最高理想社会的重要特征，作为社会主义基本价值的核心和社会主义共产主义的本质表现。同时，明确指出人的全面发展是一个不断由低级向高级演进并伴随着阶段的质变和飞跃的过程。中国特色社会主义共同理想是我们党把实现共产主义的最高理想与中国社会主义初级阶段的具体国情相联系而提出的现阶段奋斗目标，也是我国现阶段社会主义核心价值体系的主题。在中国共产党领导下，走中国特色社会主义道路，实现中华民族的伟大复兴，这是现阶段中国各族人民的共同理想。党的十八大报告更加具体化，从国家层面倡导"富强、民主、文明、和谐"。这是对中国特色社会主义共同理想的高度概括，也是我国各族人民的自觉的价值追求。

这个共同理想，把党在社会主义初级阶段的奋斗目标、国家的发展、民族的振兴与个人的幸福紧密联系在一起，也把客家人长期以来渴望振兴国家振兴民族的共同愿望有机地结合在一起，经过实践的检验，有着广泛的社会共识，具有令人信服的必然性、广泛性和包容性，具有强大的感召力、亲和力和凝聚力。

富强是支撑客家人进行实践和奋斗的精神支柱和观念表达。由于饱尝国破家亡忧患、遭遇颠沛流离悲痛，客家人特别渴望和珍惜民富国强、国

---

① 《马克思恩格斯选集》第四卷，人民出版社1995年版，第730页。

泰民安的生活。在客家优良传统中，就有很多有关富强的俗语。如客家谚语曰："祖业分不富，创业富长久"；"大富由勤，小富由俭"①。"若要穷，掂鸟笼。"②"要想富，多种树。"认为幸福生活离不开辛勤劳动，鼓励年轻人自力更生，艰苦创业，勤俭持家，靠自己努力发家致富。在客家优良传统中，有关富强的楹联比比皆是。如广东梅州车头坝汤氏祠堂楹联："居以求安，合全族力量精神，小筑蜗庐，避风避雨；富而重义，愿后裔人文蔚起，直上鹏路，耀祖荣宗。"③ 此楹联记述了汤氏祖先在经历背井离乡的痛苦之后，祈求安居乐业，合全族的力量，建造一个小屋，避风挡雨；强调富裕了也要重情重义，愿子孙后代蓬勃兴起，扶摇直上，光宗耀祖。追求富庶安康，实现理想抱负，不仅是汤氏的愿望，也是所有客家人乃至全国人民的共同愿望。其实，这些俗语、楹联都蕴含着客家人对富裕生活的美好期待与盼望。

民主是客家人对美好未来与高远价值的追求和向往。千百年来，生活在社会底层的穷苦人，备受土豪劣绅的剥削欺压，贪官污吏的横征暴敛，土匪强盗的烧杀掳掠，生活环境极其恶劣，根本没有民主、自由、平等。客家山歌唱："掌牛阿哥好凄凉，戴顶笠麻又框；喝尽几多田沟水，淋湿几多烂衣裳。日出东边一点红，有人富贵有人穷；有人担柴路上走，有人戴笠在田中。"这首客家山歌描绘了穷苦人的凄凉生活，表达了对有人富贵有人穷的不平等社会的强烈不满。有这么一个故事，说广东兴宁县罗岗圩有个寡妇刁嫂子善唱山歌，其家翁袁财主不许她唱，在屋门侧路边挂禁牌"此处禁止唱山歌"。挑夫们唱山歌讽刺袁财主曰："路边难免牛吃禾，路上难免人唱歌；禁我山歌不准唱，禁你屎尿不准屙！""你爱禁歌差了差，大路不是你屋家；鸡公经你门前过，你爱关好你鸡嫲。"④ 这个故事表明在封建伦理纲常的束缚下，客家妇女的民主自由受到严格限制，而山歌则表达了客家人对民主自由的企盼，对伦理纲常的反叛，蕴意民主自由是限制和禁止不了的，因而充满着理想主义的色彩。

文明是客家人在异土他乡得以生存和发展的思想保证。客家人的历

---

① 梅州市民间文艺家协会：《梅州风采》，嘉应文学杂志社1989年版，第286页。
② 同上书，第295页。
③ 谢崇德：《客家祠堂楹联》，梅州市政协学习和文史资料委员会编，2006年，第84页。
④ 梅州市民间文艺家协会：《梅州风采》，嘉应文学杂志社1989年版，第129页。

史，可以说就是迁徙的历史。要想在迁徙的过程中不被同化，传承和弘扬客家文化和优良传统显得至关重要。客家人有这样的谚语："行得正，坐得正，屁股翻转好照镜"；"平生不作亏心事，半夜敲门心不惊"①。就是教育客家子孙从小就要行得正、走得直，决不做昧良心的亏心事，这样就不用担心任何事情，同时也说明了客家人的文明水平。江苏无锡泰伯庙楹联："让国亦称王，从此荆蛮沾德化；兴吴应作祖，顿教草昧启文明。"②就是说三国时的吴国，在东吴开发荒漠之地，使当地民众摆脱愚昧无知，走向文明进步，吴姓后代以此为荣。宋朝徐庚有一首诗《咏程江》也很能说明客家文化对南方土著人的教化，曰："程旼当年一匹夫，不操三尺制群愚。片言能使争心息，万古江山与姓俱。"③程旼崇文重教、传播文明、以德化人、和邻睦族，发扬光大客家文化的精神财富、优良传统，使当地民众走出了野蛮的泥沼，迈过了愚昧的门槛，迅速进入文明社会的福地。

和谐是客家人追求人与人、人与社会、人与自然和谐相处的理想愿望。客家人的辗转南迁，以其独特的生存方式与顽强的生命力，创造了自己的独特文化和社会区域，团结友爱、和睦邻里、人心淳朴，世风敦厚是其生动写照。如客家谚语曰："夫妻和睦做有家，夫妻不和鬼打家"④；"若要人尊敬，先要尊敬人"；"未做生意，先学肚量；未曾出门，先学谦让"；"天时不如地利，地利不如人和"⑤。强调了夫妻和睦是家庭稳定的基础，要想赢得别人尊重首先要尊重别人，同时要有肚量学会谦让，做事先要学会做人，只有人与人之间和谐相处，社会才能和谐安定。又如广东梅州市侯氏祠堂楹联："乡贤世泽，男女老少，安适尊老爱幼共循礼，合屋和谐文明添光彩；上谷人家，叔侄兄弟友恭，创业光前齐励志，众裔勤奋茂盛喜欣荣。"⑥ 楹联强调

---

① 梅州市民间文艺家协会：《梅州风采》，嘉应文学杂志社1989年版，第278—279页。
② 谢崇德：《客家祠堂楹联》，梅州市政协学习和文史资料委员会编，2006年，第124页。
③ 谢崇德：《历代咏梅州诗选注》，中华诗词出版社2009年版，第2页。
④ 梅州市民间文艺家协会：《梅州风采》，嘉应文学杂志社1989年版，第287页。
⑤ 同上书，第281页。
⑥ 谢崇德：《客家祠堂楹联》，梅州市政协学习和文史资料委员会编，2006年，第231页。

了要尊老爱幼、和谐相处、守望相助、共同奋斗，才能开创事业、添光添彩、欣欣向荣、幸福永远。千百年来，客家地区之所以能够社会和谐稳定，秩序井然有序，社会管理良好，很显然跟客家地区追求和谐的理想愿望密不可分。

由此可见，建设"富强、民主、文明、和谐"的美好社会，是客家人未来社会的理想指向，是客家人共同愿望的行动指南，它跟中国特色社会主义的共同理想相融通。它是团结全体人民，凝聚智慧，汇集力量，鼓舞民心，战胜困难，创造美好未来的强大精神纽带和不竭动力。

三 强烈的民族性

张岱年指出："任何民族的文化，都在一定程度上表现其民族的主体性，文化是为民族的存在和发展服务的，文化必须具有保证民族独立、促进民族发展的积极作用。"[①] 一个民族的文化，如果失去了自己的特色，也就失去了存在和发展的根基。社会主义核心价值体系必须适应自己的文化传统、民族的思维特点和价值取向。在五千多年的历史发展过程中，中华民族形成了以爱国主义为核心的团结统一、爱好和平、勤劳勇敢、自强不息的伟大民族精神。它是中华民族精神在新的历史条件下的具体体现，是中华民族奋发向上的思想基础和精神支柱，是建设中国特色社会主义的一面精神旗帜，是实现社会主义现代化的精神力量，具有鲜明的民族特色。

从中原大地辗转迁徙至闽粤赣边区的客家人，几经国破家散、颠沛流离，使民族性得到考验和磨炼，强烈的国家观念和民族意识，如同血液一般地渗透在其肌体里。他们用热血生命捍卫了民族独立，用铮铮铁骨维护了国家尊严，以其特有的经历和思维方式，谱写着中华民族精神，并丰富和发展了客家优良传统。

爱国主义是中华民族精神的核心，也是客家优良传统的核心。它同为国奉献、对国家尽责紧紧地联系在一起，是一种崇高的思想品德和道德力量。客家人因中原战乱被迫不断南迁，饱尝国破家亡、颠沛流离的痛苦，

---

① 张岱年：《张岱年全集》第六卷，河北人民出版社1996年版，第260页。

从中孕育出忧国忧民、爱国爱家的优良传统。客家谚语说:"唇亡齿寒,国亡家破";"亲人难舍,故土难离"①。客家人常说"美不美,家乡水,亲不亲,故乡人"②。这些说明了祖国的可爱、故土的可亲,没有国,哪有家,爱国爱乡爱家之情溢于言表,意在其中。客家宗祠祖屋中,忧国忧民、爱国爱家内容的楹联信手拈来。如广东大埔县三河麦氏祠堂楹联:"拜大将军,辅隋骁勇,精忠气节昭日月;勋高宿国,平叛靖氛,武烈威名壮山河。"③ 江西会昌萧氏宗祠楹联:"爱国齐家常思天下忧乐建功立业登麟阁,敬宗睦族毋忘世代孝悌修文习武振家声。"④ 这些楹联描绘了客家人的骁勇善战、精忠报国的英雄气概,强调了客家人的爱国齐家、忧乐天下的高尚情怀,激励后人为国为民、建功立业,无愧于祖国民族,名垂千古,气壮山河。

团结统一是指一个民族为了实现共同的理想和目标,凝聚全民族的意志、智慧和力量,同心同德、维护统一、顾全大局的互助合作精神。随着战乱和动荡,客家人举族南迁,更加懂得统一合作的重要,需要友爱团结的精神。客家人素有团结互助的优良传统,崇尚爱国统一的精神风范。客家谚语说:"万众一条心,黄土变成金";"人多力量大,神仙也不怕"⑤。这些浓缩着深刻内涵和丰富哲理的语句,无不体现团结就是力量的道理;强调了只要团结互助,任何困难都会迎刃而解。客家人团结统一的楹联也不可胜数。如福建省东山县关庙楹联:"数定三分,扶炎汉,平吴削魏,辛苦倍尝,未了一生事业;志存一统,佐熙朝,降魔伏虎,威灵丕振,只完当日精忠。"⑥ 说的是关氏祖先关羽一生匡扶汉室,志在一统天下,对国家、民族无比忠诚。这种志存一统的思想,包含着实现国家统一的积极因素,激励着千千万万客家儿女为国家的统一而奋斗。广东兴宁罗舜康在台湾兄弟回乡团圆之日,于厅堂张贴楹联:"海峡难隔同心,共盼江山归

---

① 梅州市民间文艺家协会:《梅州风采》,嘉应文学杂志社1989年版,第273页。
② 冯秀珍:《客家文化大观》(中),经济日报出版社2003年版,第715页。
③ 谢崇德:《客家祠堂楹联》,梅州市政协学习和文史资料委员会编,2006年,第163—164页。
④ 林晓平:《客家祠堂与客家文化特质》,《赣南师范学院学报》1997年第4期。
⑤ 梅州市民间文艺家协会:《梅州风采》,嘉应文学杂志社1989年版,第280页。
⑥ 谢崇德:《客家祠堂楹联》,梅州市政协学习和文史资料委员会编,2006年,第78页。

一统；国土终成整体，各披肝胆照千秋。"① 其渴望团聚、爱国统一之情，就是客家人同心同德、维护统一精神的生动写照。

爱好和平是指一个民族在同其他民族的交往中，平等相待，友好相处，求同存异，为了维护和平、促进共同发展而努力奉献的精神。客家先民作为"客"，是"后来人"，来到陌生的地方重建家园，不同程度地受到排挤、歧视，甚至遭到当地恶势力的攻杀，因而更加懂得和平的可贵，珍惜和平的不易。客家谚语说："宁做太平犬，不做乱世人"；"天下兴亡，匹夫有责"②。宁可当一条太平盛世的狗，也不做战乱期间的人，充分说明和平的重要性，客家人愿意为国家兴亡而贡献自己的力量乃至生命。客家人爱好和平的楹联也俯拾皆是。如江西万载郭氏祠堂楹联："皇上致太平，当兹风调雨顺，河清海晏，敢忘令公报国；圣人垂至教，近在父慈子孝，兄友弟恭，无愧有道传家。"③ 孙中山撰写的江西省赣县湘江乡戚氏聚顺堂楹联："蔚和平景象，振国是风声，发扬章贡英灵，崆峒秀气；恢家族规模，建民治基础，光大营丘宏业，阀阅宗功。"④ 这些表明，客家人盼望太平盛世、和平景象，黄河清、海浪平，风调雨顺、五谷丰登。其实，这些谚语、楹联都寄托了客家人爱好和平的深厚情感。

勤劳勇敢就是不怕困难、危险和牺牲的道德品质，是一个民族在改造客观世界的实践中表现出来的不怕艰难、无所畏惧的精神。在艰苦的自然条件下，在严酷的社会斗争中，客家人锻炼和培育了勤劳节俭、不畏艰险、勇敢坚毅、不屈不挠的精神，是推动客家社会发展进步的动力源泉。客家谚语说："勤是摇钱树，俭是聚宝盆"；"千锄银，万锄金，一锄不动生草根"⑤。说明勤劳能够创造财富，节俭能够积累财富；只要能够勤劳节俭，就能应有尽有。客家俗语说："敢食三斤姜，敢顶三下枪"；"牛角唔尖唔过岭，铁锤唔硬唔打钉"；"人若敢死，阎王也怕"⑥。这些则形象

---

① 罗粦康：《对联喜赞骨肉情》，载《兴宁文史》，广东省兴宁县政协文史资料研究委员会，1991年，第321页。
② 梅州市民间文艺家协会：《梅州风采》，嘉应文学杂志社1989年版，第273页。
③ 谢崇德：《客家祠堂楹联》，梅州市政协学习和文史资料委员会编，2006年，第262页。
④ 同上书，第283页。
⑤ 梅州市民间文艺家协会：《梅州风采》，嘉应文学杂志社1989年版，第286页。
⑥ 同上书，第279页。

生动地表现了客家人敢于斗争、敢于牺牲的大无畏精神。客家人勤劳勇敢的楹联也同样不胜枚举。广东梅州增福坪余氏祠堂楹联："念先人创业辛，维艰维难，尚冀诗书绵世泽；愿后裔恪守诚，克勤克俭，还期兰桂起腾芳。"① 楹联指出前人创业的辛劳和艰难，希望后人恪守诚信、勤俭朴素，祈祷幸福生活、美才盛德能够延续后代，告诫子孙要守住成果、振兴家族辉煌。这些谚语、楹联表明勤俭朴素是客家人兴旺发达的传家法宝，事业成功的关键所在。

自强不息就是说一个有理想有作为的人，应该勤奋努力，自觉地奋发向上，永不松懈。这是中华民族传统美德的精髓，也是客家人的精神脊梁。千百年来，客家人之所以历经沧桑而不衰，备经磨难而更强，就是因为传承和发展了自强不息、百折不挠、奋斗不止的中华民族精神。客家谚语："人争气，火争烟"；"得志一条龙，失志一条虫"；"不怨天，不怨地，怨得自己无志气"②。这些谚语就是激励客家子弟只要争气自强，那么无论多大的艰难困苦也能闯得过去。客家谚语："情愿在外做到死，不愿在家守娇妻"③；"胆大漂洋过海，胆小死守家门"④。这些谚语均教育人们要敢闯敢干，出外创业，要在现实生活中磨炼自己，而不能贪图安逸，才能有所成就。客家人自强不息的楹联也同样数不胜数。广东大埔县桃源镇曾氏祠堂楹联："筚路启山林，念先人创业艰难，赤手掀开千载史；前程披锦绣，愿吾辈图强奋发，丹心谱写万年春。"⑤ 楹联描绘了曾氏祖先筚路蓝缕、创业艰难，赤手空拳开创了一番事业；希望我们奋发图强，用一片丹心谱写对国家和民族之爱，那么一定可以前程锦绣。这些谚语、楹联实际上是客家人自强不息、奋发图强的真实反映。

以爱国主义为核心的团结统一、爱好和平、勤劳勇敢、自强不息的民族精神，跟客家优良传统相互交织融通，不断积累、延续、传承和发展，渗透到世世代代客家人的血脉之中，形成了强大的向心力、吸引力和凝聚力。充分认识和理解客家优良传统的民族性，有利于增强人们的爱国情

---

① 谢崇德：《客家祠堂楹联》，梅州市政协学习和文史资料委员会编，2006年，第130页。
② 梅州市民间文艺家协会：《梅州风采》，嘉应文学杂志社1989年版，第278页。
③ 冯秀珍：《客家文化大观》（中），经济日报出版社2003年版，第754—755页。
④ 梅州市民间文艺家协会：《梅州风采》，嘉应文学杂志社1989年版，第278页。
⑤ 谢崇德：《客家祠堂楹联》，梅州市政协学习和文史资料委员会编，2006年，第329页。

感，确立远大理想志向，可以为中国特色社会主义核心价值体系建设注入新的活力，增添新的光彩。

四　突出的时代性

任何社会核心价值体系都是时代化的意识形态，必然充分反映出某个时期社会发展变化的基本趋势，具有鲜明的时代特征。社会主义核心价值体系的时代性表现为立足于中国特色社会主义现代化建设实践，代表着时代发展潮流，体现了我国改革开放和社会主义现代化建设的时代特色，反映了中国社会主义发展变化的基本方向。在当代中国人民的伟大奋斗中，中华民族不断培养、积累和形成了以改革创新为核心的与时俱进、开拓进取、求真务实、奋勇争先的时代精神。它是推动时代发展进步的强大精神动力，是在当代中国人民的伟大奋斗中不断创造新的辉煌的力量源泉。正是依靠这种时代精神，我们战胜了各种艰难险阻，经受了各种严峻考验，取得了改革开放和现代化建设的辉煌成就，开辟了中国百年来发展最快最好的历史新时期。

客家人长期处于迁徙和贫瘠山区的生存环境，因而能不断结合时代的变化和要求，走出了一条艰苦卓绝、开拓创新的发展道路，锻造出奋发上进、与时俱进的优良传统。这也正是客家民系千百年来迁徙发展并保持强大凝聚力、生命力、创造力的力量源泉，跟社会主义核心价值体系的时代精神共融互动。

改革创新是时代精神的核心，也是客家优良传统的主题。它是鲜活的实践经验的提炼，是丰富的创造精神的升华，是突出的时代价值的概括。在移民和开发山区的磨难中，客家人突破了"父母在不远行"的古训，逐渐形成了坚强不屈的意志、吃苦耐劳的品质、改革创新的传统。客家男子到了一定的年纪，便外出谋生，绝少在家株守者。客家男人如果只顾过小家日子，不到外面闯世界，常会被人称作"灶下鸡"，意为光会在厨房里面捡几粒米，不会到外面觅食，没出息，没有改革创新精神。客家人认为改革创新首先是改变自己的落后思想，革自己的命。客家谚语："男人出门去创业，女人在家守家业"；"宁愿出门做到死，唔愿在家吃老米。"[1]

---

[1] 冯秀珍：《客家文化大观》（中），经济日报出版社 2003 年版，第 754—755 页。

客家人认为留守家园是没有出息的，出门创业虽然艰难，但有发展的机会。我们也可以从客家祠堂楹联管中窥豹，如广东新会县梁氏祠堂楹联："溯千年血统似续相承，废专制行共和，改革先从家族起；入廿纪盘涡竞争益烈，以保种还爱国，救时还赖子孙贤。"① 楹联从国家层面的高度，指出要废除专制主义，推行共和体制，改革先从家族起；要保住民族保住国家，救亡图存，有赖炎黄子孙共同努力。

与时俱进就是必须紧跟时代步伐，把握时代脉搏，引领时代潮流，始终站在时代前列。由于在客家地区谋生不易，所以客家人生性敢于冒险，勇于革故鼎新，能够与时俱进，易于接受新思想新观念。生长在山区的客家妇女，思想也不封闭。广东梅县人叶璧华，深受维新思想影响，冲破"女子无才便是德"的樊篱，她创办的懿德女校开粤东地区兴办女校之先河。虽然女校开办之初，就遭到封建卫道士的讽刺、诽谤、打击，说什么"懿德女学校，做事真荒谬，妇女闹读书，该了"②。但叶璧华排除干扰、坚定信念，把学校办得井然有序。后来梅县人梁浣春开办了"嘉应女子学校"、"嘉善女子学校"。广东梅州历史上最后一位秀才梁伯聪曾称赞说："闺门不以羞涩夸，坐令蹉跎岁月华；懿德更添嘉善校，算来女学始萌芽。"③ 这就形象地勾画出客家妇女崇文重教的胆识，与时俱进的精神，以及面对困难顽强不屈的意志。我们也可以从客家祠堂楹联了解客家人的与时俱进、与时偕行。如福建省连城县大童屋楹联："历世代沧桑，顺时代潮流，建功立业，流芳百载；叨祖宗德泽，愿子孙奋发，承先启后，昌盛万年。"④ 此楹联强调了只有顺应时代潮流，富于开拓创新，才能建功立业，流芳百世；祈愿子孙后代奋发有为，承先启后，那么就能世世代代，繁荣昌盛。

开拓进取就是鼓足创业干劲，扬起理想风帆，驾着时代航船，乘风破

---

① 谢崇德：《客家祠堂楹联》，梅州市政协学习和文史资料委员会编，2006年，第303页。

② 余秀云：《建国前梅州开办女校概况》，载政协广东省梅州市文史资料委员会编《梅州文史》1989年总第3辑，第94—95页。

③ 潘连华：《梅县教育史话》，载张卫东、王洪友《客家研究第一集》，同济大学出版社1989年版，第247页。

④ 谢崇德：《客家祠堂楹联》，梅州市政协学习和文史资料委员会编，2006年，第326页。

浪前进。千百年来，客家人面对艰难险阻，恶劣处境，总是意气风发，豪情满怀；对于坎坷人生，崎岖世道，总能攻坚克难，一往无前。有一首客家山歌唱道："一条裤带过番片，两手空空敢飞天。不怕吃尽苦中苦，自有无穷甜上甜。"① 这首客家山歌既唱出了闻名海内外的广东大埔籍的爱国志士张弼士在南洋起家的艰辛、创业的不易，也是千千万万海外客家人顽强拼搏、开拓进取的真实写照。而每当提起客家人艰苦创业足迹遍布全球时，一股强烈的民族自豪感在海内外客家乡亲的胸中升腾而起："纷纷屋角叠鱼鳞，十万丁男一本亲；试向五洲四海望，国国都有客家人。"② 客家人都是靠自己的辛勤劳动、顽强拼搏、开拓创新，才赢得了自己的地位和尊严。我们也可以从客家祠堂楹联了解客家人的艰苦奋斗、开拓进取。如福建省武平县中堡石氏宗盛公祠堂楹联："宗德绍双莲，绳祖武，斩棘披荆，造就鸿图堪裕后；盛公继万石，愿嗣裔，犁云锄雨，始谋燕翼可光前。"③ 说的是石氏祖先艰苦创业，不怕困难，在前进道路上清除障碍，成就事业。期待子孙后代继承传统，勇猛无畏向前走，发扬光大前人开创的事业。

求真务实就是去不断地认识事物的本质，把握事物的规律，并努力去实践。长期的颠沛流离，特殊的生存环境，难以为继的生活，迫使客家人明白凡事要实事求是、讲求实效、遵循规律，做人要质朴无华、诚信纯真、踏实稳重。客家人一般都是安分守己的，凡事尽自己能力而为，不作非分之想。客家人很喜欢说："多下及时雨，少放马后炮"；"枯树无果实，空话无价值"④。他们认为，说空话无补于事，做实事必有收获。"随分耕锄收地利，他时饱暖谢苍天"；"百般武艺，不值锄头落地"⑤，客家地区流传的歌谣，反映了客家人求真务实的精神。广东梅县白宫阁公岭林氏祠堂楹联："溯胥宇于当年，创业循俭朴之训，冀期藩昌百世；诏承谟于继世，筑室依南山之秀，箕裘远绍千秋。"广东蕉岭县新铺镇上南村林氏祠堂楹联："看尽圣贤书，惟全吾忠，惟全吾

---

① 罗维猛、邱汉章：《客家人文教育》，中国大地出版社2003年版，第145页。
② 冯秀珍：《客家文化大观》（中），经济日报出版社2003年版，第756页。
③ 谢崇德：《客家祠堂楹联》，梅州市政协学习和文史资料委员会编，2006年，第48页。
④ 梅州市民间文艺家协会：《梅州风采》，嘉应文学杂志1989年版，第282页。
⑤ 罗维猛、邱汉章：《客家人文教育》，中国大地出版社2003年版，第22页。

孝，乃不愧实学；率由祖宗训，果勤尔读，果勤尔耕，更何让前人。"①林氏祠堂两幅楹联教育人们对国家要忠诚，对父母要孝敬，读书要勤奋，耕田要勤劳，创业要俭朴，只有这样才能国家强盛，家族兴旺，社会稳定，人民幸福，事业发达。其实，这些都是客家人脚踏实地的生活反映、求真务实的经验总结。

奋勇争先就是奋发图强、鼓起勇气，敢于拼搏，志在必得，冲在最前面。客家人多因异族入侵、国破家亡而被迫颠沛流离，转徙他乡，因此他们必须奋力与自然、与社会、与外敌抗争，不屈不挠，顽强拼搏，冒险进取，奋勇当先，砥砺前行。客家谚语说："吃得苦中苦，方为人上人"②，无疑这是客家人有志有为、奋勇争先品质的真实反映。客家谚语还说："村看村，户看户，群众看干部"；"蛇要头，龙要首，群众跟着干部走"③。说的是干部的一言一行、一举一动对全社会、对广大人民群众起着表率作用，也就是干部作风影响着民风、影响着社会风气，因此干部在困难和危险面前要不屈不挠、奋勇争先，在国难当头更是要冲锋陷阵、冲在最前面。冯玉祥撰写的山东青州范仲淹祠堂楹联："兵甲富胸中，纵教他房骑横飞，也怕那范小老子；忧乐关天下，愿今人砥砺振奋，都学这秀才先生。"④ 楹联歌颂了范仲淹富有计谋，文能治国，武能安邦，在大敌当前总是战斗在最前线，抒发了他先忧后乐的宽阔博大情怀，希望当代人向他学习，经历磨炼、克服困难、振奋精神、铿锵前行，客家范氏子孙以此为荣。

以改革创新为核心的与时俱进、开拓进取、求真务实、奋勇争先的时代精神，在客家优良传统中也表现得淋漓尽致。它推动了社会生产力的发展，体现了时代进步的要求，反映了时代发展的特点，发挥了价值引领的作用。认真挖掘和弘扬客家优良传统的时代性，有利于增强人们的忧患意识，激励人们奋力前行，可以为中国特色社会主义核心价值体系建设加入新的元素，添补新的能量。

---

① 谢崇德：《客家祠堂楹联》，梅州市政协学习和文史资料委员会编，2006年，第167页。
② 梅州市民间文艺家协会：《梅州风采》，嘉应文学杂志社1989年版，第280页。
③ 同上书，第274、280页。
④ 谢崇德：《客家祠堂楹联》，梅州市政协学习和文史资料委员会编，2006年，第172页。

五 历史的传承性

马克思主义认为，任何时代的社会意识，都和以前时代的社会意识有联系，它的产生和发展都要以前人所积累的思想材料作为前提，继承前人的思想成果。因此，作为社会主义意识形态本质体现的社会主义核心价值体系，是全党全国各族人民团结奋斗的共同思想基础，必须建立在中华民族优秀传统文化之上。中华民族是一个具有五千年璀璨文明的伟大民族，无论过去，还是现在或是将来，其核心价值体系只能建立在过去历史文化积淀的基础上，结合新的社会经济发展和时代进步要求，予以创造性地发展。所以，我们要建设的社会主义核心价值体系不能割断中华民族优秀传统文化的历史血脉和价值基础。

社会主义核心价值体系属于社会意识形态的范畴，是一种社会主义的观念体系，这种观念体系是在特定的中华民族优秀传统文化的环境中发展起来的，来源于诸多方面，其中，中华民族优秀传统文化为建设社会主义核心价值体系提供了丰厚的精神资源，是中华民族精神的坚实基础。中华民族优秀传统文化是中华民族乃至人类的珍贵遗产，它历史悠久、博大精深。客家优良传统是中华民族优秀传统文化的重要组成部分，它吸收和汲取了以儒、释、道为代表的传统文化的精华，经过几千年的传承和发展，其"合理内核"自然不言而喻。

中华民族优秀传统文化提倡"忠孝节义"的思想理论和"修身齐家治国平天下"的思维模式；客家谚语说"尽忠报国，尽孝守家"[1]，"宁为玉碎，唔为瓦全"[2]；广东大埔县大麻镇刘氏祠堂楹联说"亲仁爱众，常遵至圣格言，统百善以讲修身，孝悌居先，方可作齐家样子；睦族敬宗，愿继前人遗志，合五房而崇报本，馨香勿替，庶堪称有道裔孙"[3]；等等。这些群体性人格规范的思想指向，显示出中华文化的深厚底蕴和客家优良传统的有益价值，都值得很好地发掘，通过改造都可以融入指导思想之中。马克思主义指导思想的一元化，决定着社会主义核心价值体系的

---

[1] 冯秀珍：《客家文化大观》（中），经济日报出版社2003年版，第715页。

[2] 同上书，第735页。

[3] 谢崇德：《客家祠堂楹联》，梅州市政协学习和文史资料委员会编，2006年，第72页。

根本性质和发展方向，也是客家人长期坚守的原则。

中华民族优秀传统文化提倡"天下为公"的理想诉求和"内圣外王"的理想人格；客家谚语说"国强民富，国弱民穷"①，"你敬我一尺，我敬你一丈"②；广东梅州贝氏祠堂楹联说"业无论诗农工商，做到时皆能富贵；事不拘子弟友朋，和顺处便是祯祥"③；等等。这些通过人们的共同努力以改变贫穷落后面貌的愿望，通过道德的自我修养以达到仁圣境界的理想，通过改造都可以融入到共同理想之中。中国特色社会主义的共同理想，反映了中华民族对理想社会的向往和追求，也是客家人孜孜以求的期待和愿望。

中华民族优秀传统文化提倡"忧国忧民"的忧患意识和"自强不息"的意志品质；客家谚语说"有树才有花，有国才有家"④，"做人要像人，做鬼要吓人"⑤；广东梅州万氏楹联说"名列云台，安邦定乱武功著（万修）；师承孟子，继往开天儒教宏（万章）"⑥；等等。这些都表达了中华民族家国一体、家国同构的价值理念，显示了客家人强烈的爱国爱家情感，通过改造都可以融入民族精神之中。以爱国主义为核心的民族精神，实际上为社会主义核心价值体系提供了最深厚的文化土壤，客家优良传统则是其中最具代表性的文化元素之一。

中华民族优秀传统文化提倡"革故鼎新"的创新观念和"穷变通久"的改革精神；客家谚语说"大势所趋，人心所向"，"鹞婆飞上天，蟾蜍蹲缸脚"⑦；广东梅州巫氏祠堂楹联说"开拓黄连，创造宁清，明建都邑，立千秋大业；扶平蛮寇，诏封武威，王侯殊勋，享万世荣昌"⑧；等等。这些浇铸了中华民族与时俱进、改革创新的精神气质，塑造出客家人奋斗不息、开拓进取的崇高品格，通过改造都可以融入时代精神之中。以改革创新为核心的时代精神，实际上为社会主义核心价值体系提供了最鲜活的

---

① 梅州市民间文艺家协会：《梅州风采》，嘉应文学杂志社1989年版，第273页。
② 同上书，第281页。
③ 谢崇德：《客家祠堂楹联》，梅州市政协学习和文史资料委员会编，2006年，第31页。
④ 梅州市民间文艺家协会：《梅州风采》，嘉应文学杂志社1989年版，第273页。
⑤ 冯秀珍：《客家文化大观》（中），经济日报出版社2003年版，第790—791页。
⑥ 谢崇德：《客家祠堂楹联》，梅州市政协学习和文史资料委员会编，2006年，第12页。
⑦ 梅州市民间文艺家协会：《梅州风采》，嘉应文学杂志社1989年版，第278页。
⑧ 谢崇德：《客家祠堂楹联》，梅州市政协学习和文史资料委员会编，2006年，第120页。

时代元素，客家优良传统则是其中最具创造性的时代元素之一。

中华民族优秀传统文化提倡"知行合一"的行为作风和"德法并行"的治国方略；客家谚语说"国廉则安，家廉则宁"，"钱财如粪土，仁义值千金"①，"兴由勤俭败由奢"②，"人心似铁，国法如炉"③；广东梅州乔氏祠堂楹联说"任职三十年，清正廉明传天下；居官二县，德操仁爱献人间"④，宋湘撰广东梅县白渡宋氏京兆堂楹联说"为安贫，为乐道，两部文章契圣贤，真足于登于豆；不负义，不忘恩，一生气节惊天地，谁能亦步亦趋"⑤；等等。这些反映了中华民族义利兼修、礼法兼容的价值观念，折射出客家人知荣明耻、遵纪守法的精神旨趣，通过改造都可以融入社会主义荣辱观之中。社会主义荣辱观，继承了中华民族的以德立人的优秀传统，客家优良传统同样也蕴含着丰富的社会主义荣辱观所需的有益基因。

因此，社会主义核心价值体系包含了中华民族优秀传统文化的因子，客家优良传统融会了中华民族优秀传统文化的精华。社会主义核心价值体系植根于中华民族优秀传统文化的沃土中，客家优良传统为构建社会主义核心价值体系汇集民智、凝聚力量、提供资源。当然，对于中华民族优秀传统文化和客家优良传统，我们必须坚持马克思主义的科学方法和态度，吸收其民主性精华、剔除其封建性糟粕，结合现代文明和时代要求，予以发掘、归纳和整理，力求使其焕发出更加璀璨夺目、绚丽多姿的光芒，为建设社会主义核心价值体系服务。

---

① 罗维猛、邱汉章：《客家人文教育》，中国大地出版社2003年版，第20页。
② 同上书，第133页。
③ 梅州市民间文艺家协会：《梅州风采》，嘉应文学杂志社1989年版，第285—286页。
④ 谢崇德：《客家祠堂楹联》，梅州市政协学习和文史资料委员会编，2006年，第98页。
⑤ 同上书，第140页。

第三章 社会主义核心价值体系视阈下客家优良传统的主要结构和功能

客家先民来自黄河流域，根在中原、花繁五洲。因避战乱、逃灾荒等原因，离开中原故土，扶老携幼、翻山越岭，辗转南迁。因离乡别井、客居他乡，故大部分客家先民扎根在南方的穷乡僻壤、边远山区，面对当时恶劣的自然环境，披荆斩棘、艰苦创业，开辟客家新天地，铸造了坚忍不拔的客家优良传统。客家优良传统与社会主义核心价值体系二者相互融通。基于社会主义核心价值体系这一视阈，我们发现客家优良传统各要素之间是一个结构严谨、内涵丰富、互相影响的有机整体，忧国忧民、爱国爱乡是客家优良传统的核心；自强不息、开拓创新是客家优良传统的主题，勤奋好学、崇文重教是客家优良传统的精髓；勤俭诚信、团结协作是客家优良传统的基础。充分运用好这一结构特征，又可以使客家优良传统更能发挥其导向功能、支撑功能、凝聚功能、激励功能和教育功能的作用。

第一节 社会主义核心价值体系视阈下客家优良传统的主要结构

客家优良传统深深植根于中华优秀传统文化之中，是中华民族积五千年之精华的结晶，是对中华民族精神的高度传承与发展。在长期的历史发展过程中，客家优良传统形成了许多基本精神，其中持续时间最长、影响面最大、特色最鲜明的主要有四个方面：以忧国忧民、爱国爱乡为核心，以自强不息、开拓创新为主题，以勤奋好学、崇文重教为精髓，以勤俭诚信、团结协作为基础，共同构成了一个有机整体。从表面上看，各方面之间并无多大关联,都有自己独特内涵及发展路径。但若深入分析就会发现,它们彼此存在着相互交融的结构关系,是一个具有相当丰富内涵的动态结构,每一种精神要素各有侧重,又不是完全孤立,而是相互作用、相互补充、彼此贯通,成为客家优良传统的有机整体。

一 客家优良传统的核心

客家人普遍存在强烈的国家观念和民族意识,这是由于客家民系是在迁徙流移中形成的。客家先民饱受战乱和压迫带来的痛苦,因此,客家人对家园的安定、国家的强盛、民族的崛起有着强烈的渴望。每当国家民族生死存亡的紧要关头,客家人总是冲锋在前、视死如归,用鲜血捍卫了民族独立,用铮铮铁骨维护了国家尊严,谱写出伟大的爱国主义篇章。南宋客家人文天祥,在抗元斗争中不幸被俘,乃作《过零丁洋》诗曰:"人生自古谁无死,留取丹心照汗青。"[①] 这强烈地表达了诗人宁死不屈、为国捐躯的决心,体现了其绝不偷生、坚贞不屈的民族气节,写得慷慨悲壮,气吞山河,成为传诵千古的名句。它不知激励了后代多少仁人志士为忠于国家民族奋然前行,慷慨赴死!翻开数百年来的中国近代史,许多革命运动和客家人密切相关。客家人洪秀全领导的太平天国起义,刘永福的提师抗法,丘逢甲的抗日护台,孙中山的辛亥革命,谢晋元的抗倭捐躯,朱德、叶剑英、叶挺等为创建新中国而作出的杰出贡献,都在中国百年史册中写下了轰轰烈烈的一页。客家人爱国爱乡,英勇奋斗,与时俱进,开拓创新,为中华民族的伟大复兴谱写了绚丽的篇章。

客家人的祖先从中原南迁而来,他们继承和发扬了汉民族热爱生活、坚毅向前、战天斗地的优良传统,在生产生活实践中,创造了不少的客家谚语。客家人因自身的颠沛流离,在时时为客、处处为客的窘境中,最为痛切地体验到祖国的可爱、故土的可亲、家园的可贵。客家人十分眷恋自己的家乡,家乡已经注入了他们的情感世界,已经融进了他们的生命内涵。这正说明了客家人身上的血来自于中原,他们饮水思源。许多海外客家人虽身在异邦,但始终不忘自己是炎黄子孙,时刻想念"唐山"和出

---

① (南宋)文天祥:《过零丁洋》,载缪钺等《宋诗鉴赏辞典》,上海辞书出版社1987年版,第1359页。

生地"胞衣迹",常讲"阿姆话",教导子女溯本思源、寻根问祖,兜好香火,永远不忘祖籍国与列祖列宗。抗战时期不少爱国华侨捐巨款支持抗日斗争,改革开放以来,又投资国内办实业,热心乡梓,乐善好施,捐建桥梁、医院、学校,善举多多。

从客家人千年来的奋斗历史可以看出,以忧国忧民、爱国爱乡精神表现出来的爱国主义应是客家优良传统的核心,这主要有以下两点理由。

首先,爱国主义是民族精神的根本。中国是一个多民族国家,它是以汉族为主体、由多种民族汇合而成的国家。汉族与各民族有一个相互融合的过程,历史上有些少数民族也曾建立过国家。汉族和少数民族都有为本民族国家而捐躯的仁人志士,他们的英雄事迹也是爱国主义精神的生动体现。在当前,中国作为一个国家和一个民族是有机统一的,它是一个由56个民族所组成的统一的社会主义民族国家。国家是民族的主体,也是民族的载体。因此,热爱中华民族与爱祖国是一致的,在某种意义上可以说,民族精神是一个民族文化当中最核心、最深刻、最本质的灵魂,它是国民性格、价值观、思维方式、道德规范的综合体,而民族精神最根本的就是关心和维护民族的尊严、独立、完整、生存和发展,也就是热爱自己民族所从属的国家。作为客家优良传统的核心的爱国主义,既表现为对祖国命运休戚与共的深厚情感,表现为维护民族尊严和国家独立完整的坚强信念,又表现为对祖国悠久的历史文化和取得的伟大成就的自豪感和自信心,表现为关心祖国安全和发展的历史责任感、使命感。可见,忧国忧民、爱国爱乡的爱国主义是客家优良传统最直接、最本质、最内在的综合体现。

其次,爱国主义是客家优良传统的核心。客家优良传统层次多样,丰富多彩,但贯穿始终、起主导作用的却是爱国主义精神。国家是一个包括人口、土地、主权等多种因素在内的综合性概念,这就决定了爱国主义是激发、培育和塑造崇高民族精神的主要动力和资源。许多优秀民族精神是在献身祖国、建设祖国、保卫祖国的光辉实践中锻炼出来的。爱国爱乡,是客家人奉之为人生的第一观念,认为有国才有家,国强才能家兴。传教士肯贝尔曾指出:"客人确是中华民族最显著,最坚强有力的一派,他们的南迁是不顾屈辱于异族的统治,由于他们颠沛流离,历尽艰辛,所以养成他们爱国爱种族的爱国心理,同仇敌忾的精神,对中华民族前途的贡献,将一天大似一天,是可以断言的。"的确,长期的迁徙、流浪、颠沛流离,使客家人深刻体会到家、国命运一体,激发了客家人强烈的爱国思乡情感,他们铭记"国家兴亡,匹夫有责"。近千年的历史中,客家社会涌现出不少爱国爱乡的民族英雄。如南宋末的爱国英雄文天祥的抗元斗争,洪秀全的太平天国起义,刘永福的提师抗法,丘逢甲的抗日护台,孙中山的辛亥革命,谢晋元的抗倭捐躯,朱德、叶剑英、叶挺等为创建新中国而作出的杰出贡献,都在中国历史中写下了轰轰烈烈的一页。日本人山口县造在《客家与中国革命》中高度赞扬客家人,认为"他们原有一种自信与自傲之气,使其能自北方胡骑之下,迁至南方。因此,他们的爱国心,比任何一族为强,是永远不会被征服的……翻开数百年之中国历史,没有一次政治变动,是与客家人无关的"[①]。客家人爱国爱乡,英勇奋斗,与时俱进,开拓创新,为中华民族的伟大复兴谱写了绚丽的篇章。

客家人爱国主义精神表现的另一方面,就是身在海外的客家人不忘家乡,热心桑梓建设。胡文虎先生就认为"爱国不敢后人"。他在抗战时期就带头倾巨资支援祖国的抗战事业,并发动海外侨胞踊跃捐资祖国抗日战争。新中国成立后胡文虎先生又带头认购国家发行的公债,以实际行动支援祖国建设。曾宪梓、姚美良等一大批侨胞,近年来纷纷捐资祖国、家乡的公益事业,回祖国大陆投资办厂,帮助家乡发展经济、教育文化事业,都给世人留下深刻印象。因此,"忧国忧民,爱国爱乡"的优良传统,是客家先辈们经过长期艰苦奋斗积累的宝贵精神财富。这些优良传统激励着客家人忧乐天下、壮怀激烈,激励着客家人保家卫国、与时俱进。

二 客家优良传统的主题

自强不息、开拓创新,是中华民族永恒的价值取向,它激励着中华儿女努力拼搏、奋发图强。在客家人的精神和血脉里,表现出强烈的自强不息、开拓创新意识。一方面,客家人勇于变革和革命,这方面自近代以来表现得尤为突出。当政治腐朽、社会黑暗、民不聊生的时候,他们往往挺身而出,揭竿而起,向腐朽势力发动冲击。例如,太平天国的领袖人物洪

---

① 《外国人对客家人的评价》,载张卫东、王洪友《客家研究》第一集,同济大学出版社1989年版,第175页。

秀全、东王杨秀清、西王萧朝贵、南王冯云山、北王韦昌辉、翼王石达开等皆为客家人，其部众中也有大量的客家人；辛亥革命的领导者中不仅孙中山是客家人，其创立的第一个革命团体兴中会的32名会员中，有31人是客家人；现代中国革命的领导人中也有许多客家人，如朱德、叶剑英、张鼎丞等。20世纪30年代，中共中央把中央革命根据地建在客家大本营并非心血来潮，客家人所表现出的革命性亦当是这一决策的依据之一；在第二次国内革命战争期间，客家人积极投身到革命斗争中，仅兴国一个县23万总人口中就有8万人参加红军，其中，牺牲的革命烈士人数达2万3千人之多。长期以来，客家人确实表现出一种"天下兴亡，匹夫有责"，关心国家，关心政治，以天下为己任的精神和气概。日本学者山口县造在《客家与中国革命》一书中说："没有客家，便没有中国革命，换言之，客家的精神，是中国的革命精神"[①]，这话虽说得有些绝对化，但也确实道出了客家人变革性、革命性的一面。

另一方面，客家人又勇于艰苦奋斗、开拓进取。客家人历千百年的奋斗，五次大迁徙，扩展到江西、福建、广东、广西、四川、湖南、台湾等省，18世纪末又远渡南洋、美洲劳工，尔后辐射到世界70多个国家和地区，全球繁衍了一亿多客家人及其后裔。海外客家人多半是"扎条裤带出远门"，漂洋过海创业。马来西亚著名侨领叶亚莱是创办吉隆坡的开埠元勋。该国大埔籍华侨肖畹香先生，10多岁还在大埔山区放牛，尔后"一条裤带"闯南洋，白手起家，成为当地巨富。许多卓有建树的客家人物，是清贫苦读中只身投向社会或系一条裤腰带远涉重洋的，他们能艰苦创业干出一番事业，精神支柱便是树立了自强不息、开拓创新的理想信念。客家人因为自立自强的意识很强，所以，他们不安于现状，总想改善环境，改变处境，开拓创新；他们为人处世都显露出"革命"、"开拓"、"进取"、"创业"的潜质。

我国古人在《易经》中提出："天行健，君子以自强不息"[②]；"地势

[①] 《外国人对客家人的评价》，载张卫东、王洪友《客家研究》第一集，同济大学出版社1989年版，第175页。

[②] （西周）周文王：《周易·上经》，载南怀瑾、徐芹庭《白话易经》，岳麓书社1988年版，第15页。

坤，君子以厚德载物"①。自此，自强不息就成为中国人自觉的精神追求。中国传统文化的精神价值离不开奋发向上和开拓创新的思想。从客家人不停行进的厚实的身影里，表现出客家人具有强烈的自强不息、开拓创新意识，也成为客家优良传统的主体要素。

第一，自强不息、开拓创新是中华民族传统文化的精华。自强不息就是一个民族、一个国家及其社会成员充分发挥主体能动性、创造性、自觉性和持久性，它既表现为主体自尊自信、自立自主、不卑不亢的独立人格，又表现为奋发图强、坚忍不拔、勇于开拓等进取性品格，还表现为永不知足、永不停止、坚持不懈等执着追求。同勤劳勇敢有所不同，它不光是指个人的优秀品性，更是以民族、国家为主体的积极精神。

自强不息、开拓创新集中地反映了中华民族朝气蓬勃、努力向上的顽强生命力，表现了中华民族百折不挠、反抗侵略势力和邪恶势力的斗争精神，显示了中华民族不畏艰险的坚强意志和独立自主的人格。自强不息又可分成民族个体的自强不息和整个民族的自强不息，前者是后者的基础，后者则是前者的综合。中华民族的自强不息精神主要是指以民族为主体所展现出来的自强不息。我们的先哲通过观察宇宙万物的变动不居，提出了"天行健，君子以自强不息"的思想，成为激励中国人民变革创新、努力奋斗的精神力量。中国古代文明的发展，中华文化传统薪火相传，是中华民族艰苦奋斗、自强不息、开拓创新的结果。几千年来，自强不息精神是中华民族优良传统的脊梁，影响着整个民族文化和精神活动的走向，始终是我们国家和民族屹立于世界民族之林的精神动力。特别是近百年来，面对列强欺凌，国势衰败，为了摆脱半殖民地半封建的历史境遇，中国人民进行了艰苦卓绝、奋发图强的斗争。自强不息是中华民族赖以形成、繁衍、发展、稳定及自立于世界民族之林的直接动力和牢固基石。在漫长的历史发展中，中华民族历经磨难而不坠，几临厄运而不倒，并一次又一次地衰而复兴，转危为安，巍然屹立在世界的东方，靠的正是自强不息的伟大精神。

第二，自强不息、开拓创新是客家优良传统的主题。在过去的一千多

---

① （西周）周文王：《周易·上经》，载南怀瑾、徐芹庭《白话易经》，岳麓书社1988年版，第32页。

年中，客家人中原发祥，祖先居住在黄河中游，因战乱频仍，客家先民不满现状，"与其坐以待毙，不如走而谋生"。于是逐步南移、开拓南疆，再远渡重洋，创业东南亚，可谓驰骋五洲，经营百业，为社会创造许多财富，也就形成了自强不息、开拓创业的客家精神，出现了像文天祥、洪秀全、孙中山，以及后来的朱德、郭沫若、叶剑英等可歌可泣的英雄人物。

严酷的生存环境造就了客家人大胆开拓、奋斗不息的性格。客家地区大多是"八山一水一分田"的山区，稀少的土地资源难以承受人口增长的压力，只有向外迁徙。客家人生性冒险进取，不管前面的风浪和坎坷多大，都不会畏惧。"情愿在外讨饭吃，不愿在家掌灶炉"①，客家子弟渴望外面的世界，他们认为待在家里是没有出息的，只有到外面闯荡才是真男儿。虽然在外漂泊，身心疲惫，但不出门就没有更大的发展机会和空间。自1840年鸦片战争之后的一百多年，客家人大规模地离开大陆乡土迁往南洋各地。20世纪以来，众多客家人又从南洋向澳洲、非洲、美洲、欧洲迁移。散布在海内外的客家人，各行各业都不断涌现出具有开拓进取精神和卓越成就的杰出人物。在逆境中求生存、求发展，与自然、与社会作抗争，这就是敢于拼搏、敢于冒险进取的客家人。英国学者艾特尔曾指出："相对于一般中华民族保守的特性，客家人则可说是例外的。他们是革命的，充满了进取的气质。"香港嘉应商会的李学礼先生在《客家精神探索》一文中说："客家人在离乱、天灾、战火的环境中，形成了一种坚韧卓绝、刻苦耐劳、独立自强、冒险犯难、进取创造、不满现实、追求理想和百折不挠的民族（民系）性格。"回顾客家历史和这些论述，我们应该肯定，客家民性的基本内涵是"自信、自立、自强、自我"的奋斗意识。客家精神是"中华民族精神之伟大表现"，是"中华民族精神"之继承和发展。因此，自强不息、开拓创新的客家精神是客家民系在独特的生活环境下的历史产物，是造就无数客家人创基立业的精神动力，是许多客家人品性的高度概括，是客家人最本质的特征。

三　客家优良传统的精髓

勤奋好学、崇文重教是客家优良传统的精髓，它突出地体现了儒家重

---

① 冯秀珍：《客家文化大观》（中），经济日报出版社2003年版，第754—755页。

视教育的精神。

客家中广泛流传着这样的童谣："蟾蜍罗，咯咯咯，唔（不）读书，冇（没）老婆"①；"生子不读书，不如养头猪"②。在传统社会，客家重视教育，比较突出地表现在办祠堂学校和助学、奖学等方面。客家人主要生活在山区，经济相对落后，在兴学校办教育方面存在着一定的物质条件的制约。然而，客家人利用祠堂众多的得天独厚的优势，办起了一所所的学校。法国神父赖里查斯在《客法词典》中描写道：在嘉应州，"我们可以看到随处都是学校。一个不到三万人的城市，便有十余间中学和数十间小学，学校人数几乎超过城内居民的一半。在乡下每一个村落，尽管那里只有三五百人，至多也不过三五千人，便有一个以上的学校，因为客家人每一个村落都有祠堂，而那个祠堂也就是学校。全境有六七百个村落，都有祠堂，也就是六七百个学校，这真是一个骇人听闻的事实"③。赖里查斯虽然描写的是嘉应州祠堂办学的情况，事实上，其他客家地区这方面的情形也是大致相同的。据粗略统计，客家祠堂曾经成为办学场所的有数千座之多！甚至现在，仍有少量客家祠堂作为村级小学的教学场所。有的祠堂学校规模很大。例如，民国二十二年（1933），宁都黄陂村廖氏武昌公祠办了一所小学，校内学生多达400 余人。

客家人除办祠堂学校外，还出资帮助族内一些有培养前途而经济困难的子弟继续深造，同时，奖励族内学有所成的子弟。过去，客家祠堂都有祠产，有一定数量的田地，叫作"公堂田"，公堂田的收获除用来举办祭祖仪式之外，相当一部分用来助学奖学，称为"学谷"，根据子弟考取功名的不同层次给予相应的奖励④。客家之所以人文兴盛、人才辈出，与其弘扬儒家的重教精神，积极办学、助学与奖学是分不开的。客家人深感兴学育才之重要，始终把尊师重教放在首位，普遍设立学宫、族学、书院和

---

① 梅州市民间文艺家协会：《梅州风采》，嘉应文学杂志社1989年版，第259页。
② 同上书，第287页。
③ 《外国人对客家人的评价》，载张卫东、王洪友《客家研究》第一集，同济大学出版社1989年版，第178—179页。
④ 胡希张、莫日芬、董励、张维耿：《客家风华》，广东人民出版社1997年版，第528页。

新式学堂，使客家地区教育普及，城乡学子勤学苦读，崇文兴学蔚然成风，被人们誉为"文化之乡"、"人文秀区"。

勤奋好学、崇文重教是中华民族悠久的文化传统，它激励着中华儿女刻苦攻读、锲而不舍。"耕读为本、崇文重教"是中国农耕文化和儒家思想之精髓，并被历代统治者视为立国之本而加以推崇，客家人更奉此为兴家立业之法宝，融入到血脉之中。

客家先民来自中华文明的发祥地，远祖多系仕宦之家、书香门第，具有较高的文化素养，他们认为读书才能识理、明志，才能有出息。穷则思变，贫困、艰苦的生活环境激发了客家人勤奋好学、积极向上的品格。客家人历来就有"耕读传家、崇文重教"的优良传统，十分重视文化教育，采取了很多措施激励子弟立志勤学，求取功名，造福桑梓，这是客家地区文化教育发达的原因。客家人的这一优良传统，经过祖祖辈辈的薪火相传、言传身教，不断得到发扬光大，使老百姓广受实惠。

正是因为客家人崇文重教、普及教育，所以客家地区文风丕盛、人才济济，得到了古往今来海内外人士的赞誉。乾隆时，朝廷派来广东督学的吴鸿称："嘉应之为州也，人文为岭南冠。"[①] 嘉庆时，广东学政彭邦畴赞："梅州隶粤之东路，自宋以来，代产伟人。"[②] 嘉应州知州王之正于乾隆年间在州衙前的照壁上题写"人文秀区"四字匾额，以示本地文风之盛。1963年，郭沫若先生访问梅县时，亦赞誉说："文物由来第一流。"[③]

四 客家优良传统的基础

勤俭诚信、团结协作是中华民族高尚的思想情感，它激励着中华儿女勤俭守信、同舟共济。中华民族的勤俭诚信、团结协作体现在墨子"俭

---

① 潘连华：《梅县教育史话》，载张卫东、王洪友《客家研究》第一集，同济大学出版社1989年版，第245页。

② （清）温仲和：《光绪嘉应州志》（戊戌仲春锓版）卷三十二《丛谈》，成文出版社1969年版，第20页。

③ 谢崇德：《历代咏梅州诗选注》，中华诗词出版社2009年版，第203页。

节则昌，淫佚则亡"①和孔子"言而有信"②、"信则人任"③的价值取向上；体现在《礼记·礼运》"选贤与能，讲信修睦"④的道德规范上。古往今来，凡有识之士，无不以勤俭为做人的美德、持家的要诀、治国的法宝，大力倡导，并身体力行。因此，客家人十分重视传承和发展中华民族刻苦耐劳、勤俭朴素的传统美德。"逢山必有客、有客必住山"，客家先民在扎根山区、艰苦创业中，历尽千辛万苦和艰难险阻，锻炼了吃苦耐劳、艰苦奋斗的精神并世代相传。

客家人是汉民族的支系，在长期辗转、艰苦开拓的过程中，互助互爱形成了精诚团结的优良传统。世界各地都有客家公会、客家同乡会、崇正会。近20多年来，五洲四海客家乡贤，携手举办了18次世界客属恳亲大会，同根、同源、同心、同德，敦亲睦族，全球客家大团聚、大联谊，增进了亲情、乡谊，促进了客属团结，增强了民族凝聚力、向心力，沟通了海内外信息和交流，促进了经济繁荣。客家人尊老爱幼、孝顺父母，众口皆碑，不少传为佳话。客家人认为"无信非君子、无义不丈夫"。把信义视为社会交往中为人处世的基本品德，并把它作为判别朋友或"小人"的价值标准。客家人极重义气，保持着中华文化"有福同享，有难同当"的团结拼搏精神。可以说，围龙文化本身就是团结协作、共同御外在居住环境上的写照。在漫长的岁月里，客家人谱写了"团结友爱、和衷共济"共建美好家园的历史篇章。

客家先辈在灾祸、战乱、朝代变迁、摆脱山区恶劣的环境条件下，从中原辗转迁徙至南方各省，历经沧桑，备尝艰辛，练就了刻苦勤俭的品格。"一条扁担走天下"是其坚韧顽强精神的真实写照。在偏僻荒芜、人烟稀少的山区，为了生存发展，客家男女老幼一齐动手，开垦耕地，筑土定居，开创家业。农忙时节稍有空隙，便从事手工生产。尤其是客家妇女，一反当时社会上缠足习惯，承担农事、副业和家务劳动，形成"女

---

① （战国）墨翟：《墨子·辞过》，载梅季、林金保《白话墨子》，岳麓书社1991年版，第25页。

② （春秋）孔丘：《论语·学而》，载李泽厚《论语今读》，安徽文艺出版社1998年版，第36页。

③ 同上书，第404页。

④ （战国）子思：《礼记·礼运》，载《礼记·尚书》，华龄出版社2002年版，第104页。

人在家耕作，男人外出赚钱"的风尚。除此之外，客家人还有崇尚节俭的美德。有这样一条客家谚语"山精山角落，新衫底下着"，说的是客家人把旧衣服套在新衣服上穿，以旧衣保护新衣。客家谚语充分体现了客家文化中勤劳刻苦的精神内涵。

  团结协作，是中华民族人际关系的重要伦理原则，同时也是客家人世世代代繁衍不息、繁荣昌盛的精神力量和道德支柱。首先是客家先民自身的团结精神形成了很强的向心力。正是这种向心力使他们在漫长的迁徙过程中把中原灿烂的文明带到南方播衍而不被迁徙地的土著同化。江西赣南，广东梅州的多层围龙屋、永定的土楼、长汀的九厅十八井等典型的客家建筑，既是"世界建筑史上的一枝奇葩"，也是客家人团结协作的象征。在永定的一些大型土楼内，有石柱雕联、石鼓承柱、雕梁画栋；有天井、花园、假山、盆景、鱼池，美不胜收。甚至还有土楼附设学堂，楼有楼名，柱有雕联，如"振成楼"、"振纲立纪，成德达才"、教人遵纲纪，重德才，奋发进取。这些文化印记无不闪耀着中原文明崇文尚武、耕读传家的精神光芒。

  其次，这种团结协作的精神特质，还表现在对异族文化的博采和涵化上。客家先民的南迁，是中原的汉人与迁徙地土著长期斗争而又走向团结的过程，并最终形成了共同体。今天的客家，绝不单靠入迁的中原汉人的自身繁衍，而是经过与当地民族融合而发展壮大起来的，也有其他民系迁入客家居地而被同化成了客家人。以客家人为主体的太平天国运动，提出"天生天养和为贵，各自相安享太平"、"天下多男人，尽是兄弟之辈；天下多女人，尽是姐妹之群"的口号，表现出客家人希望与各族人民互相尊重、和睦相处、一视同仁那种朴素的民主思想。在客家地区，人们的宗教信仰也是十分宽容和亲善的，儒、道、释以及基督等教可以亲如一家、同居一寺。可以说，客家文化继承和发扬了中华文化的精华，长期的迁移养成了兼收并蓄取其长、开拓进取不保守的民风，使客家民系具有强大的凝聚力和生命力。

  综上所述，客家优良传统中的忧国忧民、爱国爱乡是核心，自强不息、开拓创新是主题，勤奋好学、崇文重教是精髓，勤俭诚信、团结协作是基础，它们彼此存在着相互交融的结构关系，成为有机整体，进而成为推动客家社会和谐发展的精神力量。可以说，这四个方面是一个相互联系、相互贯通的价值系统，这一系统层次鲜明、结构合理、功能互补。充分挖掘和运用客家优良传统的结构系统，可以更好地为建设社会主义核心价值体系服务。因为客家优良传统与社会主义核心价值体系方向一致、价值相通，都体现了社会意识形态的本质要求，体现了思想和精神层面的质的规定性，是先进文化的精神凝结，是社会进步的价值表达。客家优良传统与社会主义核心价值体系都坚持重在建设，就是要弘扬共同理想、凝聚精神力量、建设道德风尚，都是为了形成全民族奋发向上的精神风貌、团结和睦的精神纽带，使我们的国家、民族、人民在思想和精神上强起来，更好地坚持中国特色社会主义道路。

第二节　社会主义核心价值体系视阈下客家优良传统的主要功能

客家优良传统是客家人在长期劳动、生活实践中创造出来的具有客家风格的、积极向上的思想精华的总概括。它是由共同的客家文化背景所塑造、陶冶而成的基本的人生态度、情感方式、思维模式、致思途径和价值观念等诸方面所组成的有机的总体结构。将客家优良传统置于社会主义核心价值体系视阈下，深入研究社会主义核心价值体系和客家优良传统的有机联系，努力挖掘蕴藏于客家优良传统的社会主义核心价值旨向，运用客家优良传统为社会主义核心价值体系建设服务，具有重要的理论价值和学术意义。没有客家优良传统，很难想象客家人历经千年而不衰，客家优良传统是客家民系的凝聚力和向心力的发源点和坚硬内核，也是当下和未来能够推动客家人不断走向文明进步的力量源泉和精神动力。这种源泉和动力，在社会主义核心价值体系这一视阈下，又可离析出五种功能：导向功能、凝聚功能、支撑功能、激励功能和教育功能。

一　客家优良传统的导向功能

马克思主义指导思想是社会主义核心价值体系的灵魂，它决定着社会主义核心价值体系的性质和方向，为社会主义核心价值体系建设提供世界观、方法论和思想基础，居于统领地位。坚持和巩固马克思主义指导思想的灵魂地位，要坚持马克思主义对哲学社会科学各学科的指导，以马克思主义引领多样化的社会思潮，不能搞指导思想的多元化，因而它具有明显的导向功能。

对于客家人来说，客家优良传统同样具有导向功能。一是客家优良传统是客家文化价值体系的基座。具体言之，客家优良传统是客家人价值判断的坐标体系，并借此选择他们的生产、生活方式；它为客家人提供努力的目标指向以及日常行为的规范，并使客家人同心同德、向前奋斗。长久以来，客家人可以非常容易地围绕着某个目标、模式或方向团结起来，这本身就说明它具有导向的功能。二是客家优良传统具有群体性的特点。这种群体性就使客家人的优良传统具有导向功能，就是要求客家人必须具有强烈的群体意识，为本族群和国家的整体利益自觉调控个人的行为，将族群和国家的共同价值目标转化为个人自觉的行动，从而实现个体目标与整体目标的契合。这么一来，客家优良传统就具有一种无形的导向作用。

客家优良传统的内涵，包含不少具有导向功能的因素。在社会主义核心价值体系的"指导思想"因素中，就能找到具有显著导向功能的客家优良传统。

马克思主义在中国的指导地位，不是个别人也不是一个党的主观意志决定的，而是历史的选择、人民的选择。作为客家人的指导思想，最初不是马克思主义，而是儒家思想。儒家提倡忠、孝、节、义，崇尚以身殉道、舍生取义的气节，以及胸怀祖国、忧乐天下的使命感。这些思想陶冶着客家人的人格、情操。特别是客家先民在从北向南迁移过程中，更得到了磨砺与锻造，逐渐成为客家人的指导思想。客家人正是因为异族的入侵，国土沦丧才被迫离开故土来到南方又四处转徙的。在饱受国破家亡、颠沛流离之苦后，十分自然地产生了强烈的保家卫国的愿望，产生了"天下兴亡，匹夫有责"的忠义情感，产生了统一中华的要求和责任感。忠、孝、节、义的儒家思想，从精神观念层面上统领着客家人的思想和行动，并且在宋以后的八百多年里，一代一代地被继承和强化。

鸦片战争以后，我国沦为半殖民地半封建社会，无数仁人志士前赴后继，上下求索，寻找救国救民的真理，寻找指导革命的思想，寻找走向胜利的道路，作为客家人的先进分子也纷纷加入这一行列。洪秀全领导的太平天国运动实质上是以客家人为主体的一场农民战争，它试图实现"天下一家，共享太平"的理想社会。太平天国运动虽然在中外反动势力联合绞杀之下失败了，但是它所谱写的辉煌历史是抹杀不了的。而它追求真理、与时俱进的思想，也为后人所津津乐道。"天下大势，浩浩荡荡，顺之者昌，逆之者亡。"这是客家后裔孙中山先生的名言，也是孙中山先生一生追求的目标。孙中山先生运用资产阶级思想来指导革命，希望建立自由民主的理想社会。"革命尚未成功，同志仍须努力。"虽然对孙中山先生来说是遗憾的，但是他一生孜孜以求的精神，与时俱进的行动，却激发出伟大的凝聚力与生命力，指引着中国人民奋勇前行。

只有马克思主义在我国生根发芽开花结果后，才引领着中华民族走上光明之路。包括毛泽东、邓小平在内的我们党的许多早期革命家，最初并不是马克思主义者，而是真诚的爱国主义者。目睹国难当头、民不聊生的惨状，在他们头脑中首先产生的是救国救民的意识。他们接触、研究过各种各样的主义，最后认定只有马克思主义才能够救中国。梅州客家人叶剑英跟随孙中山、拥戴毛泽东、匡助邓小平，是一位紧跟时代前进的巨人。他也是经过复杂的探索过程以后才最终信服马克思主义，成为马克思主义的忠实信徒。包括朱德、叶挺、杨勇、杨成武、李贞、廖承志、曾生等一大批名传千古的客家人，他们都是坚定的马克思主义者。经过艰辛探索，客家人知道，马克思主义是体现人民的根本利益和意志、指引人民争取解放、建设幸福生活的科学理论。经过实践检验，客家人明白，在任何时候任何情况下，都要坚持马克思主义的指导地位，否则，党和国家的事业就会因为没有正确的理论基础和思想灵魂而迷失方向，就会归于失败。

历史经验证明，马克思主义揭示了世界的本质和规律，揭示了人类社会发展的本质和规律，特别是揭示了资本主义与社会主义的发展规律，是科学的世界观和方法论，是我们认识世界和改造世界的强大思想武器。今天，马克思主义指导思想已经深深的植根于客家人心底，渗透在客家优良传统中，对客家人起着指引的作用，使得客家人不怕困难、团结奋斗，遇到国难家仇，更是勇敢向前、不怕牺牲。有了这种指导思想，人民群众就有了前进的方向、奋斗的目标，包括客家人在内的全国人民就能不断地与时代同行、与实践同步，最终走向胜利的彼岸。

二 客家优良传统的凝聚功能

理想信念，是一个政党治国理政的旗帜，是一个民族奋力前行的向导，是一个国家走向富强的精神动力。建设中国特色社会主义，把我国建设成为富强、民主、文明、和谐的社会主义现代化国家，是现阶段我国各族人民的共同理想。只有用这一共同理想去凝聚全党和全国人民的意志和力量，我们才能战胜前进道路上的艰难险阻，将中国特色社会主义事业不断推向前进。

客家优良传统的内涵，不仅有助于客家凝聚力增强的因素，也能够在社会主义核心价值体系的视阈下进行深化理解。这一方面表现在，在社会主义核心价值体系的"共同理想"因素中，就能找到客家优良传统的内涵；另一方面表现在，客家优良传统是客家凝聚力的核心，是把客家人凝聚在一起的黏合剂，是把客家人集合为一个整体的凝聚力。显然，客家优良传统具备了类似于社会主义核心价值体系所具有的凝聚功能与目标整合功能。

为了生存、发展，客家人经历了长期的迁徙、流浪，颠沛流离，"四海为家"、"落地生根"、"日久他乡即故乡"，他们渴望有一个安定、舒适、祥和、繁荣的社会，他们渴望有一个富强、民主、文明、和谐的国家，这是客家人的共同理想。虽然这个共同理想是非常质朴的，但它跟中国特色社会主义共同理想却是相融相通的。它把国家的发展、民族的振兴与个人的幸福紧密联系在一起，把各个阶层、各个群体的共同愿望有机结合在一起，经过实践的检验，有着广泛的社会共识，具有令人信服的必然性、广泛性和包容性，具有强大的感召力、亲和力和凝聚力。

正是这种共同理想，团结和凝聚着流浪异地、漂泊他乡的客家人，经受住了无比的艰辛、战乱、伤病、天灾、饥饿的考验。同时，也正是由于客家人有很长一段漂泊流离的经历，以及到达定居地以后所面临的种种困境，从而锤炼出客家人坚忍不拔的意志、勇于开拓的精神、勤劳朴实的传统。"宁卖祖宗田，不卖祖宗言；宁卖祖宗坑，不卖祖宗声。"这是客家人在迁移途中，用悲痛的骨肉生离的泪水凝练出来的声音，嘱子嘱孙要用"祖宗言"作为他日有幸相逢的认同标志。处处为客，处处为家，这种观念深入人心、潜移默化，这是客家文化具有强大生命力的表现。他们磨炼出了自强不息、追求理想、吃苦耐劳的品质，也提高了对不同环境的适应性。黄遵宪在《己亥杂诗》曰："筚路桃弧辗转迁，南来远过一千年，方言足证中原韵，礼俗犹留三代前。"① 黄遵宪以诗的语言，道出了客家人南迁逾千年，礼俗尚存的事实，足以说明客家人坚守信念，有一个共同理想。有了这种共同理想，必然会促进社会、群体的团结和稳定，达到把客家凝聚起来的目的，使得客家人能走得更远。

以客家人为主体的太平天国运动，提出了《天朝田亩制度》，主张"有田同耕，有饭同吃，有衣同穿，有钱同使，无处不保暖，无处不均匀"。它反映了当时广大贫苦农民强烈反对地主阶级残酷剥削的要求，以及客家人获得土地、追求平等平均的理想社会的渴望。虽然这种绝对平均主义违背了历史发展的潮流，是无法实现的空想，但它却起着凝聚民心的作用，并使得太平天国运动持续了长达14年之久。客家后裔孙中山先生领导的辛亥革命，提出了"民族、民权、民生"三大主义，即三民主义的政治纲领。辛亥革命失败后，孙中山又发动了二次革命、护法运动、二次护法运动，然后又提出"联俄、联共、扶助农工"的三大政策，重新解释了三民主义。他在不断革故鼎新、追求真理，与时俱进，调整着自己的理想愿望。这种理想愿望代表了中国人民的共同心愿，可以说就是中国共产党诞生以前的中国人民的共同理想。正是这种共同理想，使得孙中山先生生命不息、奋斗不止，并凝聚着革命后来人开拓进取、争取胜利。

许多卓有建树的客家人物，是清贫苦读只身投向社会或一条裤腰带远涉重洋的，他们能拼搏创业，精神支柱便是可贵的自信心，精神动力便是有远大的理想。叶剑英在广东梅州东山中学读书时，写下了一首气势磅礴的诗篇："放眼高歌气吐虹，也曾拔剑角群雄。我来无限兴亡感，慰祝苍生乐大同。"② 这表达了他志在天下，忧国忧民，济世救穷的远大志向。这种远大志向，很容易转换成群体的共同理想。客家人在历史上正是以这种理想和精神，造就了许多英雄豪杰，同时形成许多在艰苦环境中追求进步的格言和家训，这正是凝聚人心、矢志不渝、战胜困难、立于不败之地的力量源泉。

---

① 钱仲联：《人境庐诗草笺注》，上海古籍出版社1981年版，第810页。
② 叶剑英：《叶剑英诗词选集》，人民文学出版社1983年版，第1页。

历史经验证明，只有社会主义能够救中国，只有中国特色社会主义才能发展中国。中国特色社会主义在中国具有强大的凝聚力、亲和力和感召力，构成我国社会的共同理想。这个共同理想，正是在马克思主义指导下经过长期的探索实践建立起来的。千千万万的客家人，都认同和接受这个共同理想，并且愿意为这个共同理想而奋斗，因此这个共同理想已经成为客家优良传统的重要组成部分。客家人坚信只有牢固树立中国特色社会主义共同理想、坚定不移地走中国特色社会主义道路，才能战胜前进中遇到的困难，发展中出现的问题，最终实现我们的共同理想。有了这种共同理想，就能凝聚人心、发展经济、繁荣文化、稳定社会，把家乡建设得更加美丽。

三　客家优良传统的支撑功能

　　民族精神是反映在长期的历史进程和积淀中形成的民族意识、民族文化、民族习俗、民族性格、民族信仰、民族宗教，民族价值观念和价值追求等共同特质，是一个民族生命力、创造力和凝聚力的集中体现，是一个民族文化的核心和灵魂，是一个民族赖以生存、发展的精神支撑。在五千多年的发展中，中华民族形成了以爱国主义为核心的团结统一、爱好和平、勤劳勇敢、自强不息的伟大民族精神。

　　客家优良传统的内涵，有不少是有助于客家支撑力增强的因素。在社会主义核心价值体系的"民族精神"因素中，就能找到客家优良传统的内涵，这是有助于客家支撑力的增强。客家要站立起来、挺立起来，首先必须要有支柱把它支撑起来。客家优良传统就是客家的"强大精神支柱"，它具有把客家支撑起来的功能。客家优良传统包含着极其丰富的爱国主义精神以及增强民族自尊心和自信心从而提高国家凝聚力和感召力的宝贵资源。

　　爱国主义是激励人们奋发向上的精神动力，也是客家人生生不息、薪火相传、历经磨难而不倒、饱经风霜而弥坚的精神支柱。一部客家发展史，就是一部爱国史，就是一部客家人为了国家自强不息、百折不挠地与生存环境抗争、与内外邪恶势力抗争的爱国主义历史。在过去，南迁汉人身受异族侵扰之害，故不满和反抗外来侵略之情绪尤为炽烈。因此每当民族危难、国家危亡之时，客家人总率先挺身而出，揭竿而起，奋勇抵抗，冲锋在最前列。在客家优良传统中，爱国主义包括以下几个方面内容。

千百年来，客家人养成了忧国忧民的忧患意识，这种忧患意识，能鞭策和激励客家人发扬自力更生、艰苦奋斗的优良传统，百折不挠地为国家的振兴而毕生拼搏。如文天祥的"感伤犹记旧江山"[①]、黄遵宪的"寸寸河山寸寸金"[②]，孙中山的"亟拯斯民于水火，切扶大厦之将倾"[③]。这些动情的语言，充分表达了爱国志士们的满腔悲愤和强烈的以挽救民族危亡为己任的使命感。这种忧患意识支撑着一代又一代的客家人愿意为国为民赴汤蹈火、舍生取义，他们的伟大抱负、英勇业绩、血性文章，谱写了一代代爱国史诗，在人民的心中树立起一座座丰碑。

千百年来，客家人养成了抵御外侮的坚强意志，他们灵魂深处蕴涵不妥协、不受辱、不甘被奴役的反抗精神，怀有强烈的爱国主义情愫。在国家民族危难之秋，这种精神更是支撑着客家人义无反顾地投入到救国救民的洪流中。如文天祥起兵勤王、毁家纾难，丘逢甲投笔从戎、保家卫国，更有数不胜数的客家人投入到抗日战争的洪流中。为了拯救国家民族的危亡，客家人前赴后继，抛头颅、洒热血，谱写了许多足以惊天地、泣鬼神的历史篇章，表现出了强烈的爱国爱乡的民族意识。

千百年来，客家人养成了为国献身的英雄气概，他们为捍卫民族尊严、国家独立而以身殉国；面对强权，他们秉民族正气坚贞不屈、视死如归，为国民鞠躬尽瘁，死而后已。赣南客家人在苏维埃时期牺牲的有名有姓的烈士10.8万人[④]，闽西客家人有2.6万人参加长征，到达陕北时仅存2000多人[⑤]；在梅州市革命历史纪念馆内还辟有梅州革命烈士纪念室，有4600多位烈士的英名勒碑纪念[⑥]，无名英雄则是数不胜数、无法统计。在

---

① 黄兰波：《文天祥诗选》，人民文学出版社1983年版，第1页。
② 钱仲联：《人境庐诗草笺注》，上海古籍出版社1981年版，第715页。
③ 《孙中山全集》第一卷，中华书局1981年版，第19页。
④ 李本亮、黄保华：《赣南客家对苏维埃革命的贡献》，载《赣南医学院学报》2005年第6期。
⑤ 曾汉辉：《闽西对中国革命的十大贡献》，闽西革命历史纪念馆网（http://space.tv.cctv.com）。
⑥ 梅州市人民政府：《梅州革命烈士纪念馆简介》，梅州市革命历史纪念馆网（http://mzjng.meizhouchina.com）。

抗日战争、解放战争、抗美援朝中客家人均作出了突出贡献。为国献身是爱国主义道德觉悟的最高境界,是中华民族世代相传并不断发扬光大的光荣传统,是我们中华民族历经数千年风浪而巍然屹立的重要精神支柱。

千百年来,客家人养成了与时俱进的革命精神,他们在历次反帝反封建的斗争中,都站在时代的前列,英勇顽强,壮怀激烈。他们为祖国的独立、富强,为民主革命的胜利,谱写了一曲又一曲动人心魄的壮丽篇章。洪秀全所领导的太平天国革命,大部分革命将领是客家人,他们在太平天国运动中起到了非常重要的作用。辛亥革命在组织准备、宣传发动阶段,有许多客家人参加,并起到了重要作用,作出了巨大牺牲。客家优良传统因为有了与时俱进的革命精神,就有了支撑客家,使之挺立、前进的功能。

千百年来,客家人养成了情系故土的爱国品质,它集中体现了客家人对中华民族深刻的认同感,以及为开发改造祖国河山而无私奉献和思乡报国的赤子之心。有了对祖国母亲深沉而挚热的爱,我们自然乐于为她奋斗,甘于为她奉献,不惜为她牺牲。这种爱所演化出的强大凝聚力和推动力,维系着中华五千年的历史,维系着我们古老而年轻的文明;同时它支撑着千千万万客家游子走上回家的路,奉献出他们的青春和热血乃至生命。

历史经验证明,爱国主义具有巨大的凝聚力和生命力,它能够最大限度地凝聚和动员全民族的力量,它是支撑和鼓舞中国人民团结奋斗的一面旗帜,是推动我国社会历史车轮前进的巨大力量,是各族人民风雨同舟、自强不息的强大精神支柱。以爱国主义为核心的民族精神,是包括客家人在内的先辈们经过长期艰苦奋斗积累的宝贵精神财富。充分挖掘蕴藏于客家优良传统中的这些民族精神,可以加深对中国国情的认识,增强我们的爱国爱乡感情,激励我们为祖国现代化建设和实现祖国统一大业,为中华民族的伟大复兴,作出自己应有的贡献。

四 客家优良传统的激励功能

时代精神是一个时代的人们在文明创建活动中体现出来的精神风貌和优良品格,是激励一个民族奋发图强、振兴祖国的强大精神动力,构成同时代精神文明建设的重要内容。在当代中国人民的伟大奋斗中,我们不断培育、积累和形成了以改革创新为核心的与时俱进、开拓进取、求真务实、奋勇争先的时代精神。时代精神是每一个时代特有的普遍精神实质，是一种超脱个人的共同的群体意识，它具有激励人们奋发向上、追求进步的功能。

客家优良传统也是一种群体精神。这种群体精神不是抽象的和空虚的，它渗透在客家人的思想、追求和信念中，归根结底要通过客家人的思想和行为表现出来。正因为客家优良传统反映和代表了客家人的意志、愿望和利益，所以，客家优良传统能够激励和鼓舞客家人，为实现客家人的共同目标而奋斗。事实也是如此，客家人受到外国、外民族的欺侮、压迫时，客家优良传统中的自强不息精神、爱国爱乡精神，就激励着客家儿女与外敌和侵略者进行殊死战斗。与此类似，在客家杰出人才取得成功的共同奥秘中，最重要的一点就是与时俱进、开拓进取精神对他们的激励。

以改革创新为核心的时代精神，是社会发展进步的先导。程旼是客家人文始祖、世界客属名贤之一，他在1500多年前带领家人和部分族人从中原迁徙至梅州，开拓创新，教化乡民，传播中原文化。程旼在特定历史环境下，创造出不畏艰难、奋发进取、开天辟地的精神，激励着客家后人不甘守着"八山一水一分田"，或寒窗苦读，或漂洋过海，谋求出路，勇于开拓，永不停歇，成就事业。

客家人最早开眼看世界的谢清高，是广东嘉应州程乡金盘堡（今梅县丙村）人。1782年，18岁的他便在外国商船上当船员，走遍亚、非、欧三大洲。后来，谢清高口述其所见所闻，同乡黄炳南代为笔录，取名《海录》，于清嘉庆二十五年（1820）底刊行问世。谢清高开眼看世界的思想也许还不够成熟，但是却对客家人，乃至对所有追求进步的中国人都起到激励的作用，比如对林则徐的《四洲志》和"开眼看世界"、魏源的《海国图志》和"师夷之长技以制夷"等都产生了一定的积极影响。

黄遵宪历任驻日本国参赞、驻美国旧金山总领事、驻英国参赞、驻新加坡总领事等职，出任晚清外交官长达15年之久。他放眼世界、思想开化、追求真理、与时俱进。"滔滔海水日趋东，万法从新要大同，后二十年言定验，手书心史井函中。"① 黄遵宪已经认识到不可抗拒的历史潮流，

---

① 钱仲联：《人境庐诗草笺注》，上海古籍出版社1981年版，第826页。

所以主张以开拓创新的改革思想去迎接挑战。可以说，黄遵宪不断学习、追求真理、自强不息的一生，激励着千千万万客家人不甘人后，走在时代的前列。

丘逢甲是中国近代史上杰出的爱国志士。忧国忧时、爱国爱乡的客家优良传统，使他历经血与火的洗礼、生与死的考验；他顺应历史潮流，紧跟时代步伐，又不断赋予客家优良传统新的内涵。丘逢甲以自己的实际行动，践行了与时俱进的革命思想。这是他一生不断向往真理、服从真理、追求真理、勇于探索的必然结果，也是他爱国思想在实践中不断向前发展并得以完善升华的必然归宿。丘逢甲与时俱进的思想和行动，更是激励着一批又一批有识之士，走上革命斗争的道路，为国为民作出他们有益的贡献。

客家人生性敢于冒险，勇于革故鼎新，能够与时俱进。尤其在近代以来，西风东渐，客家地区涌现出的杰出的思想家、革命家、实业家，如洪秀全、黄遵宪、孙中山、叶剑英、朱德、胡文虎等。他们或者接受西方民主思想，结合中国的实践，宣传自由、平等、博爱，主张"天下为公"，掀起波澜壮阔的反帝反封建的民主革命，成为中国革命的先行者；或者接受西方自由竞争观念，在东西方文化激烈碰撞的夹缝中图生存求发展，主张"实业救国"，造福国民，为中国民族工商业的发展闯出一条成功之路。

千百年来，客家人面对艰难险阻，人生困境，总是意志坚定，信心满怀；对于山高路远，世道坎坷，总是勇敢面对，自强自立。正是这种奋发图强、开拓创新的时代精神，激励着千千万万的客家人发挥自己的潜能和价值，大有所为，创造出精彩的人生。

历史经验证明，以改革创新为核心的时代精神是一个社会在最新的创造性实践中激发出来的，反映社会进步的发展方向、引领时代进步的历史潮流、为社会成员普遍认同和接受的思想观念、价值取向、道德规范和行为方式，是一个社会最新的精神气质、精神风貌和社会时尚的综合体现。正是这种开拓创新、与时俱进的时代精神，激励着一代代客家人自我奋斗，勤奋治学，永不停息。充分挖掘蕴藏于客家优良传统的这些时代精神，可以增强客家人战胜困难的信心，激励客家人发愤图强的斗志，振奋客家人昂扬向上的精神。那么，在全面建设小康社会、开创中国特色社会主义事业新局面、实现中华民族伟大复兴的征程中，客家人一定会创造更加辉煌灿烂的成就，拥有更加美好幸福的明天。

五　客家优良传统的教育功能

社会主义荣辱观，是对中华民族历久弥新的民族精神和传统美德的提炼和升华，具有很强的时代性和针对性。只有知荣辱，才能明是非、辨美丑。一旦荣辱不分，势必混淆是非、善恶、美丑的界限，不仅道德伦理大厦根基动摇，就连整个社会风气也会受到严重影响。社会主义荣辱观，旗帜鲜明地指出了应当坚持和提倡什么、反对和抵制什么，为全体社会成员判断行为得失、作出道德选择、确定价值取向，提供了基本的价值准则和行为规范，它具有明显的教育功能。

荣辱观古今有之，它是关于光荣与耻辱的一种道德评价标准，一个人如何看待荣与辱，说到底反映了他的人生观、世界观和价值观。荣辱观属道德范畴，受社会历史、风俗习惯和文化传统影响较大，不同时代、不同民族荣辱观的内涵不尽相同，人们对荣辱的看法也不尽一致。客家荣辱观是客家人在长期的生产和生活实践中培育起来的，它一经形成，就会成为客家文化价值体系的模式，起到"生活教科书"、"精神教科书"的作用，感染和教育客家的广大成员。

客家优良传统是伦理型文化，强调做人重于做事，具有明显的育人功能，尤其注重培育人的思想观念和精神境界，注重人的道德修养和人格的完善。客家人受中华民族传统文化影响，特别重视"仁、义、礼、智、信"等基本道德规范的教育。

所谓"仁"，正如孔子所说："爱人"[1]，其核心指人与人相亲相爱。客家人最重"仁义道德"，把不仁不义视为大逆不道。客家俗语说："钱财如粪土、仁义值千金"；"无信非君子，无义不丈夫"[2]。就是说"仁义"是金钱买不了的东西，把仁义视为社会交往中为人处世的基本品德，并把它作为判别朋友或"小人"的价值标准。

所谓"义"，原意为公正合宜的道德、道理或行为；也有解释为在人

---

[1] 李泽厚：《论语今读》，安徽文艺出版社1998年版，第296页。
[2] 罗维猛、邱汉章：《客家人文教育》，中国大地出版社2003年版，第20页。

家需要时，及时出手，帮人家一两下。客家人更是把尊敬的范围扩大，客家俗语说："你敬我一尺，我敬你一丈"；"若要人尊敬，先要尊敬人"①。这些俗语都明白易懂，即学会做人的道理，才能赢得别人的尊敬，才能团结别人，凝聚力量。

所谓"礼"，是指礼仪、礼制和礼则，就是人与人交往时最合理、最适宜的行为方式。客家人重礼，最主要的是由古礼沿袭，以达到"修身、齐家、治国、平天下"。如客家人重视以老小长幼、辈分高低的古礼来规范言语行为，"上有雷公，下有舅公"②，即血缘关系上舅公地位最高。强调"教先从家始"、"家齐天下平"；"家和万事兴，吵斗散人心"③。就是说小而家，大至国，只有用道德去教育、用礼法去约束，家庭才能和睦相处，社会才能和谐安定，万事万物才能兴旺发达。

所谓"智"，是指知识和理性，即对社会道德规范的理解和认同。客家人非常重视对全体社会成员的道德教化，认为："养子不读书，不如养头猪"④；"子弟不读书，好比没眼珠"⑤。只有通过读书受教育，才能懂得道理、明辨是非、知荣明辱，这对于协调社会关系，规范社会行为，有着重要的作用。

所谓"信"，是指守承诺、不欺诈、不虚伪。作为道德规范的"信"，它要求人们在人际交往中要真实无妄，不欺人欺己。诚实守信是立身之本，发展之道。客家人非常讲究诚信，认为人若不讲信用，在社会上就无立足之地，什么事情也做不成。所以他们认为："君子坦荡荡，有话当面讲"⑥；"好汉一言，快马一鞭"；"说到做到，不放空炮"⑦。所以客家人认为做人的基本要求是诚实无欺、信守诺言、说到做到、诚实守信、言行相符、表里如一。

以"仁、义、礼、智、信"为基本道德要求的客家荣辱观，虽然包

---

① 梅州市民间文艺家协会：《梅州风采》，嘉应文学杂志社1989年版，第281页。
② 刘善群：《客家与宁化石壁》，中国华侨出版社2000年版，第161页。
③ 梅州市民间文艺家协会：《梅州风采》，嘉应文学杂志社1989年版，第284页。
④ 同上书，第287页。
⑤ 同上书，第280页。
⑥ 同上书，第282页。
⑦ 罗维猛、邱汉章：《客家人文教育》，中国大地出版社2003年版，第101页。

含着许多封建文化的糟粕，应当予以批判和扬弃，但同时我们也应当将这种思想与行为放在特定的历史氛围和社会背景中去分析理解。如果我们在批判其思想糟粕的同时，认真发掘与吸收其中具有积极意义的精髓，那么就可以为社会主义核心价值体系提供鲜活质料，丰富和发展社会主义核心价值体系，增强社会主义文化的活力。因为"仁、义、礼、智、信"对于培养优良品德，陶冶高尚情操，提升道德境界，树立完善人格，具有极其重要的教育功能。同时，它是客家人世世代代繁衍不息、繁荣昌盛的精神力量和道德支柱，只要引导得好，就能为客家人提供基本的价值准则，对他们产生人格的熏陶和教育的作用。

客家优良传统是社会主义核心价值体系的重要源泉之一，在客家地区建设和弘扬社会主义核心价值体系需要客家优良传统的思想文化土壤。社会主义核心价值体系是对包括客家优良传统在内的中华优秀传统文化的内涵升华和价值创新，它集中反映了历史潮流，体现了时代精神，代表了人类文化的发展方向，是社会文明进步的重要标志。因此，把弘扬客家优良传统与社会主义核心价值体系结合起来，将客家优良传统置于社会主义核心价值体系视阈下，特别是加强对它的导向功能、支撑功能、凝聚功能、激励功能和教育功能的研究，以社会主义核心价值体系为指导，挖掘客家优良传统的精华，能够确保弘扬客家优良传统的正确价值取向以及思想政治教育功能的发挥，为客家传统文化的现代化寻求新的路径，同时传承和升华客家优良传统，丰富和发展社会主义核心价值体系。

第四章　社会主义核心价值体系视阈下客家优良传统的科学内涵

党的十六届六中全会提出：要建设社会主义核心价值体系，形成全民族奋发向上的精神力量和团结和睦的精神纽带。这是党中央适应我国社会思想道德建设的新形势，向全党提出的重要任务，对于巩固马克思主义在意识形态领域的指导地位，对于团结、引领全体社会成员在思想上、道德上共同进步，具有重大意义。《中共中央关于构建社会主义和谐社会若干重大问题的决定》指出："马克思主义指导思想，中国特色社会主义共同理想，以爱国主义为核心的民族精神和以改革创新为核心的时代精神，社会主义荣辱观，构成社会主义核心价值体系的基本内容。"

客家优良传统是客家人所普遍认同和接受的思想品德、价值取向和道德规范，是客家民系的心理特征、文化传统、思想情感等的综合反映。将客家优良传统置于社会主义核心价值体系视阈下，我们发现，客家优良传统内容丰富，特色鲜明，蕴藏着丰厚的精神内涵，构成了一个比较完整的科学体系。客家人长期以来坚持一元化的指导思想，有实现民族复兴的共同理想，客家优良传统贯穿着以爱国主义为核心的民族精神和改革创新为核心的时代精神以及荣辱观的基本内涵，可被视为社会主义核心价值体系的一种表现形式。挖掘、保护和弘扬客家优良传统，有利于明确指导思想的一元化，深化共同理想观念，增强爱国爱乡情感，激发改革创新活力，树立正确的荣辱观，丰富人们的精神世界，也有利于推进社会主义核心价值体系的宣传教育，有助于我们增强对国家民族的历史责任感和时代使命感。

第一节 马克思主义指导思想视阈下的客家优良传统

所谓指导思想又称行动指南,是指一个政党、国家引导和统领社会发展的根本思想。它规定了国家的根本方略、政治纲领和发展目标,是国家经济、政治、社会、文化生活的思想理论根基。马克思主义指导思想作为社会主义核心价值体系的灵魂,解决的是举什么旗、走什么路的问题,决定了社会主义核心价值体系的性质和方向,是社会主义核心价值体系的理论基础,居于统领地位。

指导思想一元化,是一个国家、民族存在发展的客观要求,是一个普遍规律。任何有阶级的社会都坚持指导思想一元化。在西方国家,资本主义意识形态和资本主义的价值观占据绝对的统治地位。在我国,汉武帝时期实行"罢黜百家,独尊儒术",儒家思想便成为封建时代的指导思想。进入近代社会后,先后有农民阶级的代表洪秀全提出天下太平思想、资产阶级的代表孙中山提出民主革命思想,来指导中国的革命运动,但由于不适合我国国情,都不能指导革命运动取得胜利。通过对比,中国人民选择了马克思主义。在马克思主义指导下,中国共产党领导中国人民进行了革命、建设和改革,取得了一个又一个伟大胜利。

客家人也经历了从遵循儒家的指导思想,到近代寻找探索指导思想,最终认同接受马克思主义为指导思想;并赋予了客家优良传统以新的时代内涵和文化样式,推动客家社会形成奋发向上的精神力量与团结和睦的精神纽带,取得了改革开放和社会主义现代化建设的新胜利,使客家人过上更加美好幸福的生活。

一 马克思主义传播前客家人的思想追求

在漫长的封建社会,客家人始终恪守忠孝节义的儒家思想。鸦片战争后,由于西方列强的侵略,清政府的腐败无能,中国逐步沦为半殖民地半封建社会。于是,以洪秀全、孙中山为代表的客家人也纷纷加入寻找救国救民真理的行列。

(一)儒家的忠孝节义思想

作为客家人的指导思想,最初不是马克思主义,而是忠孝节义的儒家思想。忠孝节义，强调对国家的忠诚、对家庭的尽责、对气节的恪守、对道义的追求。它是中华民族的传统美德，是中国传统社会基础性的道德价值观，也是客家地区社会稳定、经济发展、人心淳朴、世风敦厚的思想基础。

关于忠，《说文解字》："忠，敬也，尽心曰忠。"① 指待人尽心竭力，忠诚无私，是道德高尚的人必备的品质。客家人历来受忠义、气节思想的熏陶，在异常艰苦的迁徙岁月中，养成了一种开拓进取、不畏强暴的独特精神，保存着一种爱国爱乡、深明大义的文化意识。客家人最常用的一副楹联是："一等人忠臣孝子，两件事读书耕田。"因而客家人能以天下为己任，崇尚忠义，每当国家有难，总是忧国忘家，不怕牺牲，赴汤蹈火，在所不辞。客家谚语云："尽忠报国，尽孝守家"；"家贫出孝子，国乱识忠臣"；"白手起家真志士，赤心报国是忠臣"；"舍命才算真豪杰，爱国方成大丈夫"②。这些谚语表明，客家人早已把自己个人、家庭的前途和命运跟国家、民族的前途和命运紧紧联系在一起，为了国家、民族，他们忠肝义胆、尽忠竭力、忠贞不渝。

关于孝，《说文解字》："孝，善事父母者。"③ 指子女要善待父母，事奉双亲。孝被称为"百德之首，百善之先"。虽然客家人历经迁徙，颠沛流离，离乡背井，但是他们能够慎终追远，不忘祖先。"捡骨改葬"的习俗，又称"二次葬"，其实就是孝文化的延续，或者说是对孝的最好发挥。在客家地区，孩子很小的时候，父母就给孩子灌输了敬老的习惯，让孩子逐渐养成赡养老人的好习惯，"养子要教，养老要孝"；"子不孝，孙不贤"；"家有一老，当过一宝"④。这些谚语表明，客家人父严子孝、入孝出悌。客家谚语还说："在生不孝顺，死了哄鬼神"；"千跪万拜一炉香，不如生前一碗汤"；"还生食四两，当过死了祭猪羊"⑤。就是说老人

---

① 许慎：《说文解字》，载李恩江、贾玉民《文白对照说文解字》，喀什维吾尔文出版社2002年版，第957页。

② 冯秀珍：《客家文化大观》（中），经济日报出版社2003年版，第715页。

③ 许慎：《说文解字》，载李恩江、贾玉民《文白对照说文解字》，喀什维吾尔文出版社2002年版，第762页。

④ 梅州市民间文艺家协会：《梅州风采》，嘉应文学杂志社1989年版，第287—288页。

⑤ 同上书，第284页。

还健在就要孝顺，孝顺要及时，一碗汤、食四两都是很容易做到的事，问题是有没有这个心，反映了客家人重视家庭伦理，尊敬老人，孝思不匮。

关于节，《康熙字典》对节的解释是《说文》："竹节也，又操也。"意思是"节"是竹节、节操，表征道德品质，指具有坚持、信守道德的意蕴。客家人经过历代长期艰苦奋斗使民族性格得到考验和磨炼，使客家人自始至终带有一种浩然正气的民族节操，他们反抗外来压迫，义不帝秦，同仇敌忾，爱国爱乡。正如文天祥在《正气歌》云："时穷节乃见，一一垂丹青。"① 这强烈地表达了诗人竭诚尽节、为国捐躯的决心，体现了其绝不偷生、坚贞不屈的民族气节。客家谚语云："宁为玉碎，唔为瓦全"②；"宁为英雄死，不做奴隶生"；"宁做马下鬼，不为亡国奴"③。这些谚语表明，客家人在生死存亡的关键时刻，绝不卑躬屈节、贪生怕死，充分展示了客家人宁死不屈、蹈节死义的大无畏精神。

关于义，子曰："义者，宜也。"④ 义者，理义、道义、正义、公义、民族大义、为人之义，人们要按宗法等级制度中所处的地位和名分言行，各得其宜。中华传统文化把"仁"作为最高的道德准则和精神境界，把"义"作为人生的终极目标和价值取向。正如文天祥临刑前留下《衣带赞》诗云："孔曰成仁，孟曰取义，唯其义尽，所以仁至。读圣贤书，所学何事？而今而后，庶几无愧。"⑤ 流落他乡谋生，为求生存立足，客家人首先是以信义取信于人。客家人把一切损人利己、欺诈蒙骗、不仁不义、背信弃义的行为看做"小人"之举。客家谚语曰："莫做亏心事，莫贪不义财"、"钱财如粪土，仁义值千金"⑥。这些谚语表明，诚实守信、轻财重义是客家人的处世之道、为人之本。为了维护正义事业，客家人甚至不惜牺牲自己，杀身成仁，舍生取义。

在中国绵延几千年的封建社会中，儒家的忠孝节义充当了整个民族的

---

① 《文天祥全集》，中国书店 1985 年版，第 375 页。
② 冯秀珍：《客家文化大观》（中），经济日报出版社 2003 年版，第 735 页。
③ 同上书，第 715 页。
④ （战国）《礼记·中庸》，见夏延章、唐满先、刘方元《四书今译》，江西人民出版社 1996 年版，第 44 页。
⑤ 《文天祥全集》，中国书店 1985 年版，第 251 页。
⑥ 罗维猛、邱汉章：《客家人文教育》，中国大地出版社 2003 年版，第 19—20 页。

群体性人格规范的共同指向。它虽然存在着很多封建糟粕，需要我们去批判和扬弃，但是作为民族文化精髓中起到中流砥柱作用的精神内核，却成为客家人的一种形而上的人格支撑、一种人生价值的范式取向，是客家人赖以生存发展、奋勇前行，甚至是谱写历史、创造辉煌的精神动力。在今天，它还可以为构建社会主义核心价值体系注入源源不断的活水，丰富和发展社会主义核心价值体系。

（二）洪秀全的天下太平思想

进入近代以后，我国无数有识之士在寻找救国救民的道路，作为客家人的先进分子也纷纷加入这一行列，广东花县的客家人洪秀全就是其中的佼佼者。洪秀全在中国近代民主革命运动史上留下了光辉的一页，同时洪秀全也随着革命运动的深入发展与时俱进地调整着自己的指导思想。

洪秀全出生于广东省花县一个农民家庭，自幼接受了中国封建社会传统文化教育。当他累考科举失败后，受宣传西方基督教教义的《劝世良言》影响，创立了拜上帝教，设想出一个"皇上帝"，并提出"上帝面前人人平等"的思想。洪秀全在1845年至1847年左右所撰写的《原道救世歌》、《原道醒世训》、《原道觉世训》三篇文章，提出要建立一个"公平正直之世"的理想社会，即"天下一家，共享太平"的地上天国，实际上是洪秀全发动太平天国革命运动的基本指导思想，也是客家人一直追求的目标。洪秀全声称自己是上帝的次子，是奉命救世人，皇上帝是唯一的真神，众人都是皇上帝所造，而不应该去拜其他的神。通过广泛的宣传活动，两三年内拜上帝教组织人数已达几千人。金田起义后，太平天国运动更是一路高歌猛进，气势磅礴，席卷大半个中国。

太平天国定都天京后，为巩固政权，建立一个理想的地上"天国"，采取了一系列的措施，其中最主要的是洪秀全在自己的"皇上帝面前人人平等"的基础之上，于1853年颁布了以土地所有制为核心的纲领性文件《天朝田亩制度》。其包含了一整套关于社会结构的设计："凡天下田，天下人同耕，天下共享天父主皇上帝大福，有田同耕，有饭同食，有衣同穿，有钱同使，无处不均匀，无处不保暖"；主张"凡天下婚姻不论财"；禁止封建买卖婚姻，禁止缠足，娼妓，纳妾和买卖奴婢；规定妇女和男子一样享受参军权、应试和被保举等权利。《天朝田亩制度》是中国两千多年农民运动的思想结晶，它提出的废除封建土地所有制的绝对平均主义的方案，虽说违反了社会发展的规律，是根本无法实现的空想社会主义，但是却深深地吸引着千千万万的劳苦大众。

1859年，洪仁玕从香港来到天京，不久即被封为干王，总理太平天国朝政。洪仁玕向洪秀全提出了一个带有明确的资本主义性质的统筹全局的方案——《资政新编》，曾经洪秀全逐条批过，可以作为他晚年的政治倾向，看做太平天国后期领导人提出的改革内政和建设新国家的政治方略和指导思想。《资政新编》作为太平天国后期的政治纲领，基本上是按照西方资本主义的模式来改造中国，发展中国的资本主义工商业，达到"兵强国富、俗厚风淳"的目标。它反映了时代特点，符合历史前进的方向。尽管《资政新编》提出的方案还不完善，且当时也不完全具备实现的社会条件和阶级条件，实践上也未付诸实施，却为近代中国探索国家出路提供了可贵的思路。在向西方学习这一点上，它超越了同时代的地主阶级知识分子的局限性，已经注意到了建设民主制度等问题。

太平天国的失败，客观上是由于中外反动势力的强大，主观上则是由于农民阶级的局限性所造成。农民小生产者的地位导致他们缺乏先进的理论为指导，不能制定正确的纲领、政策和斗争策略；不能形成强有力的领导集团。它说明，以客家人为主体的农民阶级在没有先进阶级领导、没有科学理论指导时，单靠它自身的力量，不可能取得革命的最后胜利。

（三）孙中山的民主革命思想

"天下大势，浩浩荡荡，顺之者昌，逆之者亡。"这是客家后裔孙中山的名言，也是他一生追求的目标。孙中山运用资产阶级思想来指导革命，最终推翻了以满清王朝为代表的封建帝制。辛亥革命时期，客家人积极参加和支持革命党人领导的武装起义。他们不仅在经费上对革命党人给予大力支持，而且直接参加了革命斗争。

孙中山出生于广东香山（今中山市）翠亨村农民之家，曾入私塾接受传统教育，后受长兄接济，赴檀香山就学。1892年在香港西医书院毕业后，产生革命思想。1894年上书李鸿章，但未获接见，于是他转赴檀香山，组成了中国第一个资产阶级革命团体——兴中会，鲜明地提出了"驱除鞑虏，恢复中华，创立合众政府"的主张，计划以"振兴中华"为目标，以排满思想为其革命事业铺路。1895 年孙中山回到香港，正式成立了"香港兴中会总会"。

1905 年 8 月，中国同盟会在日本东京成立，孙中山被推为同盟会总理，将"驱除鞑虏，恢复中华，建立民国，平均地权"确定为革命政纲。后来孙中山在《民报》发刊词首次提出三民主义学说，即"民族、民权、民生"，正式宣示进行国民革命。在三民主义的思想指导下，孙中山策划和领导了一系列的武装起义。通过革命党人的努力，终于在 1911 年（农历辛亥年）10 月 10 日成功地发动了具有划时代意义的武昌起义。起义的胜利，逐步使清王朝走向灭亡，并于 1912 年 1 月 1 日建立起亚洲第一个民主共和国——中华民国，孙中山被推为南京临时政府大总统。辛亥革命是近代中国比较完全意义上的资产阶级民主革命，革命使民主共和的思想深入人心。

但是，辛亥革命的胜利果实很快被北洋军阀袁世凯所篡夺，正如民谣所云："横商量，竖商量，摘下果实别人尝；今也让，明也让，吃人的老猿称霸王。"于是孙中山被迫发动"二次革命"，结果还是以失败而告终，国民党四分五裂。此后，以孙中山为首的资产阶级革命党人还相继发动了"护国战争"、"护法战争"。护法运动的结束，宣告资产阶级共和国方案的彻底破灭。

1922 年 9 月，在第三国际即共产国际和中国共产党的帮助下，孙中山开始改组国民党，确立"联俄、联共、扶助农工"的三大政策，重新解释三民主义，把旧三民主义发展为新三民主义，使它有明确的反帝反封建的政治内容。尽管它斗争的彻底性、革命的最终目标、革命的指导思想，与共产党民主革命纲领还有着本质区别，但它与民主革命纲领的各种原则基本一致，成为国共合作的政治基础。

1925 年 3 月，孙中山在北京不幸病逝，终年 59 岁。临终前在遗嘱里指出"革命尚未成功"，"必须唤起民众，及联合世界上以平等待我之民族，共同奋斗"。虽然他最终没有看到革命的成功，但是他一生追求真理的精神，与时俱进的行动，却表达了全民族的共同意志和愿望，深深地打动着全国人民，激励着包括客家人在内的全球华人的斗志，为振兴中华作出自己应有的贡献。

孙中山的民主革命思想，还是毛泽东思想的重要来源之一。毛泽东曾指出:"从孔夫子到孙中山,我们都应当给以总结,承继这一份珍贵的遗产。"① 以毛泽东为代表的中国共产党人,在创立毛泽东思想过程中,从孙中山的民主革命思想中,吸收了丰富的营养和有价值的合理因素,并使之得到了进一步丰富和发展。

二 马克思主义传播对客家人的深刻影响

在马克思主义传入中国以前,中国的先进分子为了民族的独立,经过千辛万苦,向西方国家寻找救国救民的真理。但无论是洪秀全领导的农民革命,还是以孙中山为代表的资产阶级革命派,最终都没有完成救亡图存、革新除旧的历史使命。那么中国的前途何在?出路何在?近代中国社会的基本状况和革命运动的发展,呼唤着革命的、科学的、先进的思想武器。客家地区各阶级、各阶层人民继续探索,寻找新的出路。

"十月革命的一声炮响,给我们送来了马克思主义。"② 马克思主义深刻揭示了人类历史发展的客观规律,为人类的进步和社会的发展指明了正确方向。中国的先进分子开始迅速地从向西方国家寻找出路转而向俄国人学习,用马克思主义的科学的世界观和方法论作为观察国家命运的工具,重新考虑自己的问题。"走俄国人的路,这就是结论。"③ 马克思主义,是指引中国走出漫漫黑夜的灯塔。客家人中的先进分子也自觉地认同、接受马克思主义,并开始了思想上的转变,先后成为马克思主义者。

(一) 到欧洲寻求真理的朱德

1886年12月,客家人朱德诞生于四川省仪陇县一个佃农家庭。1909年朱德考入云南陆军讲武堂,同年加入中国同盟会。1911年8月,朱德从讲武堂毕业,10月在云南参加辛亥革命的武装起义。以后,还相继参加了"护国战争"、"护法战争"。经过多年的奋斗,朱德因战功卓著成为川滇的知名人物。他被授予陆军中将衔,担任云南陆军宪兵司令部司令官、云南省警务处长兼省会警察厅长等职。然而,忧国忧民,心系天下兴

---

① 毛泽东:《中国共产党在民族战争中的地位》,载《毛泽东选集》第二卷,人民出版社1991年版,第534页。
② 毛泽东:《论人民民主专政》,载《毛泽东选集》第四卷,人民出版社1991年版,第1471页。
③ 同上。

亡事的朱德并不幸福，展现在眼前的是军阀混战、国家分裂，生灵涂炭、民不聊生。

在十月革命和五四运动的影响下，朱德先后阅读了《新青年》、《每周评论》、《新潮》等传播新思潮的进步刊物以及赫胥黎的《天演论》、卢梭的《民约论》等书籍。他反复比较俄国十月革命和中国辛亥革命，认识到中国革命必须更深入进行，必须像俄国革命那样彻底。他逐渐接受了马克思主义，走上了为救国救民寻找真理的道路，并认定只有共产主义、共产党才能救中国。于是，朱德决心辞去军职，开始了寻找党和真理的历程。

1922年6月，他在上海婉言谢绝了孙中山愿以10万元大洋委其组建新滇军的请求之后，见到了当时任中国共产党总书记的陈独秀并提出入党的要求。陈独秀则回答说，像朱德这样的旧军队高官加入共产党，以前还没有过。如果他真想加入的话，必须以工人的事业为自己的事业，并且准备为它献出生命，且需要长时间的学习和真诚的申请。陈独秀的回答使朱德感到痛苦，他后来回忆说：" 我感到绝望、混乱。我的一只脚还站在旧秩序里，另一只脚却不能在新秩序中找到立足之地。"但陈独秀并没有把党的大门对朱德关死。临别时，他特意送了几本马克思主义著作给朱德学习。

挫折没有动摇朱德追求真理和光明的信念，他决定按计划去欧洲追寻梦想。1922年9月初，朱德和孙炳文乘法国邮轮"安吉尔斯"号从上海起程。在茫茫沧海上，朱德写诗表露自己的心境："中山主义非无补，卡尔思潮集大成。从此天涯寻正道，他年另换旧旗旌。"① 当听到中国留法学生已经建立了中国共产党留法组织后，马上要与之进行联系。当听说中共旅法共产党的主要负责人周恩来已去德国的消息后，朱德立即乘火车赶往柏林，向周恩来坦陈了自己怎样会见孙中山，怎样被陈独秀拒绝，怎样为了寻求新的生活方式和中国新的道路来到欧洲，要求加入中国共产党的愿望，并表示派他做什么工作都行，一定会努力学习和工作，绝不再回到旧的生活中去。朱德对共产主义理想的坚定信念，深深打动了周恩来。1922年11月，朱德于德国柏林由张申府、周恩来介绍入党，时年36岁。

---

① 吴殿尧：《朱德诗词：一代爱国者的伟大情怀》，载《党史博览》2007年第5期，第11页。

至此，他完成了从革命民主主义者向共产主义者的转变。

朱德为了追求真理，加入中国共产党，不惜抛弃高官厚禄，历经几年的寻找，跨越茫茫沧海，终于如愿以偿。这说明了朱德不仅继承了客家人"自强不息、开拓创新、忧国忧民、爱国爱乡"的优良传统，而且把它升华为彻底反帝反封建的革命思想，并在实践中将其发扬光大，用马克思主义指导自己，为共产主义事业而奋斗。

（二）紧跟时代前进的叶剑英

1897年4月28日，叶剑英生于广东省梅县雁洋堡下虎形村一个小商人家庭，叶剑英虽然家境贫寒，但父母在他7岁时就把他送进村私塾读书，11岁时他在离家10多里的丙村三堡学堂读书，后又在梅县东山中学读书。受客家人"兴学育才、崇文重教"优良传统的影响，叶剑英从小勤奋好学、发愤忘食，经常得到老师指点，诗文写作水平不断提高。

受到孙中山思想的影响，参加同盟会的梅县籍留日学生也创办了《梅州杂志》，宣传孙中山的革命学说，同时把大批革命宣传品寄回梅县。叶剑英读到这些革命书籍，逐渐萌发报国救民之志。

1916年叶剑英随父赴南洋。翌年回国，入云南讲武学堂学习，毕业后，追随中国民主革命先驱孙中山先生，投身于民主革命。1920年夏，叶剑英参加了孙中山组织的驱逐桂系军阀之役。1921年10月，随孙中山巡视广西。1922年6月，粤军总司令陈炯明叛变孙中山，炮轰总统府，叶剑英始终率部捍卫孙中山，使陈炯明篡夺革命政权的阴谋没能得逞。1924年初，叶剑英任建国粤军第二师参谋长，后受廖仲恺先生邀请，参加创建黄埔陆军军官学校，任教授部副主任，是学校当时很有威望的教官之一，从这时开始，叶剑英开始接触马克思主义。

1925年，叶剑英参加讨伐陈炯明的两次东征。英勇善战，指挥果断，显露了出众的军事才能。同时，跟周恩来等共产党员朝夕相处，对共产主义有了更多的理解。1926年7月，参加北伐战争，任国民革命军新编第一军总预备队指挥部参谋长。1927年4月12日，蒋介石发动了"四·一二"反革命政变，当时的叶剑英在蒋介石的嫡系部队第一军任扩编第二师师长，很受蒋介石的器重，但在此革命紧急关头，他毅然放弃了高官厚禄，亲自起草发出"通电全国反蒋"电文。随即奔赴武汉，任国民革命军第四军参谋长。7月，在严重的白色恐怖中，由周恩来介绍秘密加入中国共产党。

叶剑英从一个追随孙中山革命的国民党高级军官转变成为一个坚定的共产党员，从一个激进的民主主义者，成长为一个献身无产阶级事业的革命战士，在大革命失败的低潮中，迎着反革命逆流加入中国共产党。这说明了叶剑英不仅继承了客家人"锲而不舍、知难而进、奋发进取、与时俱进"的优良传统，而且为了共产主义理想，经受了火与血的洗礼和复杂斗争的考验，表现出了坚定的革命信仰和不屈不挠的战斗精神，赋予了客家优良传统以新的时代内涵。

（三）马克思主义在客家地区的传播

客家人原是中原汉人，因战乱或灾荒，几经迁徙，辗转至闽粤赣边区，大约在宋末元初，形成汉族独特的一支民系。客家人不安于现状，总想改善环境，改变处境，奋发进取；他们为人处世都显露出"革命"、"开拓"、"进取"、"创业"的潜质。客家人生性敢于冒险，勇于革故鼎新，能够与时俱进。因此，客家人思想解放，富于开拓创新精神，易于接受新思想新观念。尤其在近代以来，西风东渐，客家地区涌现出的杰出的思想家、革命家、实业家，如洪秀全、黄遵宪、孙中山、胡文虎等。另外，由于洪秀全领导的太平天国运动是以客家人为主体的革命运动，在客家地区产生了深远的影响；孙中山领导的辛亥革命得到了海内外客家人的鼎力相助，也在一定的程度上启发了客家人的革命思想。虽然太平天国运动和辛亥革命最终都没有取得彻底的胜利，但是，客家地区的革命基础得于巩固和发展，不断的革命为客家地区培养了一大批优秀人才，客家大地上革命的土壤不断加深加厚。

1915年的新文化运动虽然属于资产阶级文化革命的性质，但这是近代历史上一次重大的启蒙运动、思想解放的潮流，促使中国人民特别是广大青年知识分子追求民主和科学，追求救国救民的真理，从而为各种思潮在客家地区的传播扫除了障碍，为马克思主义在客家地区的传播创造了条件。1919年五四运动爆发后，立即得到全国各地的积极响应，各地青年学生纷纷罢课、示威，广泛进行爱国宣传，爱国热潮迅速席卷全国。消息传到客家地区，立即产生了深刻影响，各界人士纷纷响应。客家地区的有志青年纷纷到广州、上海、北京以至法国、日本、德国等地接受新文化、新思想，寻求救国救民之路，他们把《中华新报》、《粤报》、《国民报》、

《大同报》、《新潮》、《每周评论》、《新青年》等进步书刊寄回家乡。与此同时，客家地区的知识分子也创办了宣传新文化、新思想的书刊、报纸，如《新梅县》、《大声》、《中山日报（梅县版）》、《兴民报》等。这些都促进了人民思想的觉醒，传播了马克思主义。

在马克思主义传播和实践的伟大的历史进程中，客家地区的革命种子在深厚的革命土壤中发芽生根开花结果，客家人积极参与革命运动，不仅参与武装起义，还参与游行示威，街头演讲，参与发动产业工人罢工等。在运动中涌现出一批为追求民族独立和国家富强而积极探索救国救民真理的先进分子，如张善铭、杨广存、古大存、蓝裕业、刘标麟等，思想开始倾向社会主义，因此，1920年以后，当他们到广州、北京等大中专学校读书时很快就加入了中国共产党或社会主义青年团组织，走上了革命道路。许多年轻教师和学生在五四运动后阅读了大量宣传民主主义、社会主义思想的刊物，提高了思想觉悟，为以后在客家地区建立共产党组织，开展革命活动做了准备。

客家人为了寻找救国救民真理，进行了艰辛的探索，遭遇了坎坷的历程，甚至付出了血的代价，一度让他们陷入了极度的苦闷和彷徨之中。马克思主义的传播，终于使他们看到了新的曙光和希望。通过比较鉴别后，他们跟全国人民一样郑重地接受、选择了马克思主义。1921年，以马克思主义为行动指南的中国共产党正式成立，中国人民的革命斗争有了自己的组织者和领导者，中国革命有了胜利的希望。

（四）毛泽东思想在客家地区的实践

毛泽东思想是马克思列宁主义在中国的运用和发展，是被实践证明了的关于中国革命和建设的正确的理论原则和经验总结，是中国共产党集体智慧的结晶。

1927年南昌起义一声枪响，震撼了中国也震撼了世界，它用血与火的语言宣告中国共产党人不畏强暴、革命到底的坚定决心，揭开了中国共产党独立领导武装斗争和创建革命军队的序幕，创立了马克思主义中国化的伟大开篇。在南昌起义的5位主要领导人中，就有朱德、叶挺是客家人。他们在南昌起义中所表现出来的坚强意志、英雄气概、崇高精神，就是客家优良传统在革命斗争年代的充分展现。

随后，南昌起义军挥师南下进入客家地区，在江西会昌、瑞金一带冲破国民党反动军队的堵截,由赣入闽,直驱长汀、上杭,9月18日进入广东大埔县,19日占三河坝,主力部队于23日占潮州,24日占汕头。10月初,在汤坑、三河坝一带遭到优势敌军围攻,激战数日而失败。保存下来的部队,一部分转移到海陆丰,与当地农民武装汇合;另一部分由朱德、陈毅率领转战闽西、粤北,后在湖南暴动,上了井冈山。起义军在客家地区得到客家人的大力支持,如大埔县委派出人员驻在师部,通情报,搞后勤,当地群众主动为起义军侦察敌情。以高陂、百侯、太宁农军为主体的大埔县农民自卫军独立第一团和东江工农军一部也参加作战。特别是大埔三河坝战役,起义军血战三昼夜,弹尽粮绝,1000多人壮烈牺牲,可谓惊天地、泣鬼神。

1928年4月底,朱德、陈毅率领的起义军余部走上井冈山,和毛泽东领导的秋收起义部队胜利会师,开辟了中国第一块农村革命根据地,对中国革命道路进行了可贵的探索。随后,根据地扩大到赣南闽西粤东,建立了以瑞金、长汀为中心的中央根据地,这些都是客家人聚居的地区。在这段时期,客家地区的革命斗争如火如荼,产生了一大批英雄人物,如古大存、李斌、李明光、黎凤翔、刘光夏、古公鲁、古宜权等。古大存对党的革命事业忠心耿耿,当遭到诬告陷害,在软禁他的时候,仍然刚直不阿,赤诚无二,充分显示出一个革命者崇高的品质和精神,毛泽东曾称他为"带刺的玫瑰"。农村革命根据地在客家地区的建立,客观上为党和毛泽东总结革命斗争经验,提出农村包围城市、武装夺取政权革命道路的理论提供了一份极有价值的素材。

客家人聚居的闽、粤、赣边山区,是举世闻名的中央苏区所在地,是五次反"围剿"的主战场。据统计,赣南在苏维埃时期牺牲的有名有姓的烈士10.8万人,占全国烈士总数的十六分之一。① 在整个苏区时期,闽西先后有10万工农子弟参加红军和赤卫队;中央主力红军8.6万人参加长征,闽西儿女就有2.6万人;到达陕北时,闽西儿女仅存2000多人,在长征中每一里路就有一位闽西儿女倒下。闽西为中国革命牺牲的在册烈

---

① 李本亮、黄保华:《赣南客家对苏维埃革命的贡献》,《赣南医学院学报》2005年第6期,第915页。

士就有 2.36 万人[1]，占福建全省烈士总数的一半。在梅州市革命历史纪念馆内还设有梅州革命烈士纪念室，将 4600 多位烈士的英名勒碑纪念[2]。为了争取革命的胜利，客家人英勇奋战，作出了巨大的牺牲。

此外，客家人在抗日战争、解放战争、社会主义革命和建设中，同样作出了巨大的贡献。经历无数血与火的洗礼，经历无数生与死的考验，经历无数胜利与失败的对比，客家人深深地明白，只有坚持把马克思主义的基本原理与中国革命和建设的具体实际相结合的毛泽东思想，才能夺取中国革命和建设的胜利。

客家人不仅认同、接受马克思主义，而且支持、拥护马克思主义中国化的最新理论成果，用中国特色社会主义理论体系武装头脑，指导实践。中国特色社会主义理论体系，就是包括邓小平理论、"三个代表"重要思想以及科学发展观等重大战略思想在内的科学理论体系，它是我们党最可宝贵的政治和精神财富，是全国各族人民团结奋斗的共同思想基础。在革命战争年代，客家人在马克思主义、毛泽东思想的正确指引下，冲锋在前、坚持到后，甚至抛头颅、洒热血，视死如归、义无反顾。在改革开放新时期，客家人在中国特色社会主义理论体系指导下继续前行，吃苦在前、享受在后，埋头苦干、默默耕耘、挥洒青春、奉献智慧。经过艰苦卓绝的斗争，经过辛勤努力的工作，客家人无不光大了自己的优良传统，同时也谱写了新的篇章，值得我们永远缅怀和称颂。

第二节 中国特色社会主义共同理想
视阈下的客家优良传统

理想是人们在实践中形成的、有可能实现的、对未来社会和自身发展的向往与追求，是人们的世界观、人生观和价值观在奋斗目标上的集中体现。理想是一个民族、一个社会的灵魂所系。理想是有层次的。对于共产党人来说，最高理想是实现共产主义；在现阶段，在中国共产党

---

[1] 曾汉辉：《闽西对中国革命的十大贡献》，闽西革命历史纪念馆网（http://space.tv.cctv.com）。

[2] 梅州市革命历史纪念馆网（http://mzjng.meizhouchina.com）。作者曾多次参观该馆。

领导下,建设中国特色社会主义,实现中华民族的伟大复兴是全社会的共同理想。

2012年,党的十八大报告首次提出"社会主义核心价值观"的概念,从国家层面倡导"富强、民主、文明、和谐"。这是对中国特色社会主义共同理想的高度概括,是我国社会主义经济建设、政治建设、文化建设和社会建设的奋斗目标,是我国各族人民的自觉的价值追求,也表明党对中国特色社会主义社会的认识又有了进一步的深化和升华。

事实上,建设"富强、民主、文明、和谐"的美好社会,始终是客家人孜孜以求的社会理想。从"四海为家处处家"到"日久他乡即故乡",客家人经历了太多的艰辛、战乱、伤病、天灾、饥饿的考验,他们渴望有一个"富强、民主、文明、和谐"的新家园,渴望振兴国家振兴民族,这是客家人共同愿望的集中体现,也是客家优良传统的完美展示。这既呈现了未来社会的理想趋向,又观照了当时人们的发展实际;既是客家人为理想诉求而行动的指南,又和中国特色社会主义共同理想相互融通。

一 富强是客家人朝思暮想的经济旨向

所谓富强,即人民富裕、国家强盛。《尚书·洪范》:"一曰寿,二曰富"①,把富足摆在十分重要的位置上。所以,富强就是要发展生产力、改善人民生活水平、逐步摆脱贫穷的生活状态,增强综合国力,使得国家繁荣昌盛。解放和发展社会生产力,大力发展经济,是国家富强和人民富裕的前提和基础。

然而,在生产力落后的农耕文明时期,对于普通百姓而言,富裕仍然遥不可及。从西晋末年的"五胡乱华"、"永嘉之乱"起,客家人被迫远离中原家园,数次迁徙,筚路蓝缕,颠沛流离,历尽艰辛,抵达粤赣闽三地交界处,面对自然与社会的双重威胁,贫穷落后可想而知。客家山歌唱:"十二月耕田年到哩,一年辛苦又何如,三餐粥饭都冇(没有)饱,耕田算来系难题。"② 可见客家人终年辛劳,却不能温饱。另一首客家童

---

① 《尚书·洪范》,见《礼记·尚书》,华龄出版社2002年版,第263页。
② 梅州市民间文艺家协会:《梅州风采》,嘉应文学杂志社1989年版,第166页。

谣唱："冤枉造过当，妹子嫁到长岭上。日里揩（挑）日头（一说石头），夜里补蚊帐。"① 意思是冤枉造孽障（造恶业）啊，妹子嫁到长岭上（广东梅州的一个地名），白天挑东西从日出到日落（一说白天挑石头），晚上回来还要补蚊帐。可见客家人的生活艰辛，甚至于连妇女也要付出巨大的劳力，很多地方没田种，就只能到辛苦和危险的石场挑石头以维持生计。

正是经历了国破家亡、背井离乡，经历了艰难困顿、窘迫贫寒，所以客家人特别懂得民富国强、国泰民安的重要，珍惜民康物阜、家给人足的生活。在客家优良传统中，就有很多有关富强的俗语。而且，客家人具有强烈的群体意识，富有家国情怀，将国家和族群的整体利益放在首位，如客家俗语曰："有树才有花，有国才有家"；"唇亡齿寒，国亡家破"；"国强民富，国弱民穷"②。认为只有国家的兴旺发达、繁荣昌盛，才能拥有百姓的安居乐业、幸福生活。客家俗语还说："若要富，蒸酒养猪磨豆腐。""家有千条桐，子孙不怕穷；家有千条茶，不愁无钱花；家有百丛竹，不愁不富足。"③ 这些俗语都反映了客家人热爱劳动、勤奋劳动，用辛勤劳动创造幸福与富裕生活的美好期待与向往。在客家优良传统中，有关富强的楹联比比皆是。广东梅州市塘唇双魁第谢氏祠堂楹联："天高地厚，恩益远益深，读可荣身工可富；祖德宗功，泽愈长愈盛，勤能创业俭能兴。"④ 意思是读书使其身份荣显，做生意使其变得富有，勤劳能创业，节俭能兴业。广东梅州宫氏楹联："庸愚奋勉，奋勉贤智，贤智怠惰，怠惰庸愚，十室内忠信原多，只在人心向往；富贵骄奢，骄奢贫穷，贫穷勤俭，勤俭富贵，百年中盛衰历变，非关天理循环。"⑤ 此楹联则告知富贵导致骄奢，骄奢必然贫穷的盛衰规律；强调贫穷必需勤俭，勤俭才能富贵的不变真理。

进入近代以后，客家人为了摆脱贫穷落后的局面，更是自强不息、

---

① 梅州市民间文艺家协会：《梅州风采》，嘉应文学杂志社1989年版，第259页。
② 同上书，第273页。
③ 同上书，第295、297页。
④ 谢崇德：《客家祠堂楹联》，梅州市政协学习和文史资料委员会编，2006年，第336页。
⑤ 同上书，第227页。

奋斗不已。1851—1864年，广东花县的客家人洪秀全领导了太平天国运动，太平天国的领导集团和早期成员几乎都是客家人。他们已开始向西方寻求真理，从创立"拜上帝教"到颁布《资政新篇》，他们在努力探索推翻旧制度、建立新国家的途径，勇敢地担负起反封建、反侵略的任务，是寻找解决近代民族独立、人民解放、国家强盛和人民富裕的一次伟大尝试。

从1861年开始的洋务运动，又有一批客家人集结在"自强"、"求富"的旗帜下。广东丰顺的客家人丁日昌积极参与军务及办理与洋人交涉事宜，在出任福州船政大臣期间提出创建北洋、东洋、南洋三支水师，把台湾建制为行省；还提出革新船政，延聘外国人员教习技术，首创轮船航运事业；倡办开平煤矿和轮船招商局；在台湾开矿藏、筑铁路、架电线、造船械、办农垦等。广东大埔的客家人张振勋，字弼士，是清末民初著名的南洋华侨实业家，是中国近代铁路业、矿产业、航运业、金融业的杰出先导者和奠基人之一，为中国近代民族工业的发展作出重要的贡献。广东梅县归侨张榕轩、张耀轩兄弟，是我国近代华侨中的先驱拓荒者和近代史上的著名华侨实业家、印尼的华侨领袖，对振兴祖国工商业更是不遗余力，在广东汕头兴建了中国近代史上第一条华侨经营的商办铁路，名扬海内外。

在19世纪末的维新运动中，广东梅州的客家人黄遵宪，作为我国著名的启蒙思想家，在维新思潮的传播中起了重要作用。黄遵宪在漫长的外交生涯中，深知国家主权的重要性，沉痛指出："弱供万国役，治为天下强。"① 他认为软弱无能只能遭受列强奴役，唯有变法才能摆脱贫困落后走向富强。他大声疾呼："保大、定功、安民、和众、丰财，非讲武不可矣。"② 主张发展军事，建立巩固的国防以抵御日益严重的外来侵略，才能使国家强盛、社会稳定、百姓安康、人民富有。他在湖南推行新政期间，尝试禁女子缠足，倡议设学校，筹水利，兴实业，力谋中国之富强。维新运动失败后，他却矢志不渝，坚信"滔滔江水日趋东，万法从新要

---

① （清）黄遵宪：《锡兰岛卧佛》，载钱仲联《人境庐诗草笺注》，上海古籍出版社1981年版，第503页。

② （清）黄遵宪：《日本国志·兵志》，载杨天石《黄遵宪》，上海人民出版社1979年版，第54页。

大同"① 的革新之道,希望通过维新变法使国家富强起来。

  作为客家后裔的孙中山是中国民主革命伟大的先行者,他一生关注民生幸福,追求社会进步,认为实现国家富强,是民生主义的基本内容。实现中国的现代化,是孙中山心驰神往的奋斗目标。他认为,通过努力,按照《建国方略》之心理建设、物质建设、社会建设的构想,认真贯彻,使"所规定之种种建设宏模,则必能乘时一跃而登中国于富强之域,跻斯民于安乐之天地",是为建设一个"政治最修明,人民最安乐之国家,为民所有,为民所治,为民所享"②,振兴中华民族,达到国强民富的理想国家的目标。他认为,实行民生主义,就能保证经济生活上人人平等,共同富裕。他说:"实行民生主义,而以社会主义为归宿,俾全国之人,无一贫者,同享安乐之幸福,则仆之素志也。"③ 他声称民生主义与马克思主义的社会主义理想不相冲突,就是追求绝大多数人的幸福富裕。

  由此可见,富强是客家人朝思暮想的经济旨向,是客家人在经济上所追求的方向。实现经济现代化,坚持以经济建设为中心,在经济上大力发展生产力,使得人民生活富足,国家兴旺发达,这是社会主义经济建设所要达到的目标。所以,客家人梦想的经济富强,跟中国特色社会主义共同理想如出一辙。

二 民主是客家人梦寐以求的政治愿景

  所谓民主,从字面上看就是"人民当家做主"。其定义为:在一定的阶级范围内,按照平等和少数服从多数原则来共同管理国家事务的国家制度。俞可平说"民主最实质的含义就是人民的统治、人民的选择。……民主保证人们的基本人权,给人们提供平等的机会。民主不仅是解决人们生机的手段,更是人类发展的目标"④。因此,民主的目的就是以人为本,满足最广大人民群众的根本利益。

  然而思想跟现实毕竟存在很大的差距,在封建专制统治下,普通百姓

---

① (清)黄遵宪:《己亥杂诗》,载钱仲联《人境庐诗草笺注》,上海古籍出版社1981年版,第826页。
② 《孙中山全集》第六卷,中华书局1985年版,第157—158页。
③ 《孙中山全集》第二卷,中华书局1982年版,第339—340页。
④ 闫健:《民主是个好东西——俞可平访谈录》,社会科学文献出版社2006年版,第3页。

受尽剥削与压迫,根本没有民主可言。在漫长的封建社会,客家人同样摆脱不了这样的命运。客家山歌唱:"贪官污吏似虎狼,财主乡绅抢我粮,辛苦耕田冇(没有)米煮,年年着个破衣裳。"① 这首歌深刻地揭露了贪官污吏、财主乡绅的奸诈贪婪、横征暴敛,反映了客家人吃不饱、穿不暖的苦难生活,可想而知在封建剥削制度下,劳动人民不可能当家做主。另一首客家山歌唱:"想起当日妇人家(妇女),真真做牛又做马,受尽几多冤枉气,千重铁链万重枷。"② 这首歌唱出了客家妇女昔日做牛做马的生活,反映了她们的痛苦与不幸,封建制度就是套在她们头上的重重枷锁,她们不可能有民主自由。还有一首客家山歌唱:"正月里来是新年,做人阿妹不值钱。爹娘家产涯冇份,当做猪牛去卖钱。"③ 由此可见,客家妇女的地位更加低下,命运更加坎坷。

因为遭遇了太多的剥削与压迫、欺凌与压榨,因为长期生活在水深火热之中,所以客家人特别企盼民主自由,渴望早日翻身做主。在客家优良传统中,就有很多有关民主自由的山歌俗语。客家山歌唱:"曼人(谁)冇(没有)涯(我)咁(这么)艰难,姓又小来人又单,穷人总系受欺负,联合穷人来造反,打倒白狗有身翻。"④ 意思是说,没有谁比我的生活这么艰难,小家小姓势单力薄,穷人总是受欺负,不如联合起来造反,打倒地主把身翻。另一首客家山歌唱:"大路弯弯像条龙,你就发财涯(我)就穷,涯就起床月对顶,你就睡到日头红。你就有钱簌簌新,涯就冇钱烂衫巾,东出日头西落雨,样般天下不公平。"⑤ 这首歌唱出了客家人对不平等的人际关系的强烈愤慨。还有一首客家山歌唱:"画眉出笼飞山坡,鲤鱼脱网游大河,打开封建旧枷锁,妇女高唱自由歌。"⑥ 这首歌描绘了客家妇女在打开封建旧枷锁,获得自由以后的喜悦心情。因此,这些山歌表明民主自由、博爱平等是客家人长期追求的目标,它顺应了历史潮流和世道人心,既合情,也合理,是社会

---

① 梅州市民间文艺家协会:《梅州风采》,嘉应文学杂志社1989年版,第178页。
② 同上书,第183页。
③ 李坚真:《李坚真回忆录》,中共党史杂志社1991年版,第3页。
④ 梅州市民间文艺家协会:《梅州风采》,嘉应文学杂志社1989年版,第178页。
⑤ 同上。
⑥ 同上书,第183页。

进步的重要标志之一。

进入近代以后,先进的客家人不断向西方寻找真理,探索着适合中国国情的民主之路。洪秀全创立拜上帝会时,就宣传了朴素的平等观念。后来颁布的《天朝田亩制度》提出了"凡天下田,天下人同耕"的原则,其目的是要建立"无处不均匀,无人不饱暖"的理想社会,反映了客家人渴望与追求平等的民主思想。由洪仁玕制定的后期的革命纲领《资政新篇》,在政治上主张"以法治国"、舆论监督和直接选举政府官员,即提出了初步的民主法制思想,是中国第一个近代化纲领。

黄遵宪作为中国近代最早出使国外的外交家之一,在国外居住了10多年,是对外部世界了解最多的中国人之一。在日本,黄遵宪受到民主自由思想的洗礼,逐渐接受西方的民主意识。他曾对何如璋说过:"中国必变从西法。"① 他撰写的《日本国志》向世人介绍了西方的人权、民主、平等的概念,使当时的康、梁乃至光绪皇帝都受到很大启发。他不赞成美国的民主选举制度,"共和政体万不能施行于今日之吾国"②;认为英国君主立宪的政治制度适合晚清,因而得到维新变法的领袖们的赏识。黄遵宪在湖南推行新政期间,提倡"分官权于民"、"地方自治"等,改革封建官制,传播民权思想。戊戌变法失败后,他与梁启超等常有书信来往,继续坚持和宣传"奉主权以开民智,分官权以保民生"③的政治纲领,对一代伟人孙中山形成民权主义思想产生了极为深远的影响。

祖籍广东蕉岭、出生于台湾苗栗的客家人丘逢甲,《马关条约》签订后曾在台湾建立"台湾民主国"。这是对抗日本侵略的一个共和政体,可说是丘逢甲民主思想的萌芽。反割台斗争失败内渡大陆后,丘逢甲积极地投身于"教育救国"活动。丘逢甲向往西方的民主自由,反对封建的专

---

① (清)黄遵宪:《己亥杂诗》,载钱仲联《人境庐诗草笺注》,上海古籍出版社1981年版,第826页。

② (清)黄遵宪:《致饮冰主人手札》未刊稿,载杨天石《黄遵宪》,上海人民出版社1979年版,第44页。

③ 钱仲联:《黄公度先生年谱》,载《人境庐诗草笺注》,上海古籍出版社1981年版,第1243页。

制制度,"此天赋人民思想、言论之自由权"①。他完全拥护孙中山的三民主义学说,对友人说:"是吾志也,吾欲行民主于台湾,不幸而不成,今倘能成于内地,余能及身见之,九死而无所恨也!"② 同时,丘逢甲不顾个人安危,利用自己的社会地位、政治声望,安插、重用和保护了大批革命党人,为孙中山领导的民主革命做了许多有益的工作。1911年冬孙中山在上海第一次见到丘逢甲就说:"丘先生在台,建立共和,无人不知,我与你神交二十年,今日获见,大慰平生。"③

中国民主革命的先行者孙中山是客家后裔,他是最早明确提出推翻皇权专制制度,建立民主共和制度,并为此奋斗一生的伟大的革命家和民主主义者。他提出了三民主义的民主革命纲领,认为推翻满清政府,建立民国之后,人民应享有言论、结社、人身及财产等项自由权利。他想把西方盛行的"三权分立"制度,变成"五权分立",即将考选权从行政权中分离出来,将纠察权从立法权中分离出来,使"三权"变成"五权",即行政、立法、司法、监察、考试五权各自独立,主权属于人民,以为人民造福为唯一宗旨。在多次革命与运动惨遭失败后,他明确表示要"以俄为师"、以共产党人为友,他说:"法、美共和国皆旧式的,今日唯俄国为新式的;吾人今日当造成一最新式的共和国"④,表达了要走人民民主共和国的道路的意向。他提出了"联俄、联共、扶助农工"的三大政策,重新解释了三民主义。可以说,孙中山的民主共和思想,就是中国人民的共同政治诉求,代表了中国共产党以前所能达到的最高认识水平。

由此可见,民主是客家人梦寐以求的政治愿景,是客家人在政治上所向往的前景。实现政治现代化,建立人民当家做主的政治制度,代表最广大人民群众的根本利益,建设社会主义法治国家,这是社会主义政治建设所要达到的目标。所以,客家人希望的政治民主,跟中国特色社会主义共同理想异曲同工。

---

① 徐博东、黄志平:《丘逢甲传》(增订本),九州出版社2011年版,第128页。
② 同上书,第144页。
③ 同上书,第171页。
④ 《孙中山全集》第六卷,中华书局1985年版,第56页。

三 文明是客家人翘首以盼的文化样式

所谓文明是指人类在对世界进行改造过程中形成的物质成果和精神成果的总和，也指社会发展到较高阶段表现出来的积极进步状态。文明实质上是一种先进的社会和文化发展状态及其过程，它涉及的领域广泛，包括民族意识、技术水准、礼仪规范、宗教思想、风俗习惯以及科学知识的发展，等等。精神文明能为物质文明的发展提供思想保证、精神动力及政治保障、法律保障和智力支持。

客家人从中原辗转迁徙于闽粤赣边地区，他们比较全面地继承和保存了中原文化的优良传统，秉持了中原古风，懂得道德教化的好坏直接关系到社会的治乱，关系到国家的兴衰。他们想尽千方百计，不仅在学校、家庭、社会等大力宣传教化，而且通过丰富多彩、形式多样、寓教于乐的方式，传承和发展伦理道德，使人们在耳濡目染、潜移默化、不知不觉中受到教育。客家人强调做事先要学会做人，要懂得什么该做什么不该做。在客家优良传统中，就蕴含着丰富的文明举止。客家人有这样的谚语："君子不饮过量酒，正人不贪意外财"；"君子爱财，取之有道"[①]。就是教育客家子孙决不要贪赃枉法的不义财，这样就能心安理得，坦然面对问题与困难。同时强调了教育子女的重要性："养子要教，养老要孝"；"大做样，细学样"；"火钳屈成，筷子削成，子女好坏，自幼教成"[②]。对子女的教育，不仅包括为人处世，还包括孝敬老人，而且他们往往以身作则、言传身教。像福建永定土楼的振成楼，其楹联也蕴涵着非常丰富的文明举止："振刷精神担当宇宙，成些事业垂裕后昆。""从来人品恭能寿，自古文章正乃奇。"[③] 就是说要振作精神、胸怀大志、放眼世界，催促自己，成就一些事业；立身行事，品行端正，走上正道，才能长久立于不败之地。

家庭是社会的细胞，家庭稳定了社会才能稳定。客家人在伦理道德方面有着几千年积累起来的丰富历史经验，这一修身处世之道是历代社会精

---

① 梅州市民间文艺家协会：《梅州风采》，嘉应文学杂志社1989年版，第278—279页。
② 同上书，第287页。
③ 谢小健：《土楼楹联》，永定土楼文化研究会，1995年，第8—10页。

英追求和倡导的崇高精神。对于家庭伦理道德，客家人有一套礼仪规范。客家人重视以老小长幼、辈分高低的礼仪来规范言谈举止，"竹有上下节，人有长幼分"①；"上有雷公，下有舅公"②，即血缘关系上舅公地位最高，父母不在了就要听舅舅的话。客家人认为所有伦理道德，孝悌为先，《大埔黄氏族谱·江夏最要家训》有条目："孝悌为百行之首。……望吾族子孙，宜教孝悌于一家。"③客家人特别强调子孝妻贤、夫妻和睦的重要，谚语曰："妻贤夫祸少，子孝父心宽"；"子不孝，孙不贤"④。强调人间美好的生活莫过于夫妻恩爱、子孙孝顺、家庭和睦。由此可见，客家人通过日常生活，接人待物，为人处世，小到个人琐碎，家庭伦理；大至天下国家，都有具体措施，规范人们的行为。伦理为纲，尊卑有序。温润如玉之风度，温良恭俭让之举止，出自和，形乎善，发乎仁，至于中，而达于礼。这已成为客家人的共同人生态度、文明之举，深深地渗透于客家人的血脉之中。

程旼是客家人文始祖之一，他在1500多年前带领族人从中原迁徙至梅州，开拓创新，教化乡民，传播中原文化。程旼到梅州平远坝头定居后，建凉亭、辟山道、修水利，传授中原耕作技术，使当地逐步改变"刀耕火种"等落后的生产状况，把文明的种子撒播在梅州这片尚未开发的荒蛮混沌之地。程旼南迁传播了中原先进的生产技术，推动了当地经济社会的进步。明代平远知县刘孕祚说他"奋起南齐之世，丕变东海之区"⑤。同时，程旼兴办私学，招引本地子弟入塾，教民识字知礼，不断传播中原先进的文化思想，使这蛮荒之地日渐开化，由崇巫觋、守旧、重狗，逐渐代之为敦本、重教、崇龙、重创新。致使后世程乡等客家地区，

---

① 梅州市民间文艺家协会：《梅州风采》，嘉应文学杂志社1989年版，第281页。
② 刘善群：《客家与宁化石壁》，中国华侨出版社2000年版，第161页。
③ 李小燕：《从族谱的家规家训看客家人的价值观念》，《广西民族学院学报》2006年第3期，第78页。
④ 梅州市民间文艺家协会：《梅州风采》，嘉应文学杂志社1989年版，第287、284页。
⑤ （明）刘孕祚：《访程处士宅墓文》，载余蔚文《世界客属名贤程旼》，花城出版社2013年版，第57页。

告别愚昧，走向文明，"辟暗汋于光明，人物衣冠轩轩载道"①，进而成为人文秀区、文化之乡。可见，程旼在客家地区不仅传播了物质文明，而且传播了精神文明。

在近代中国，黄遵宪是第一个认知和使用现代"文明"概念的人。现代"文明"指的是人类创造的物质和精神成果的总和。由于黄遵宪走出国门，见识世界，"百年过半洲游四"、"年来足迹遍五洲"，成为走向西方世界的第一代知识分子。所以他较少受闭关锁国思想的影响，而对西方的物质文明和精神文明有较多的了解。在1879年出版的《日本杂事诗·新闻纸》中，黄遵宪开始使用现代意义的"文明"这一概念。他说："一纸新闻出帝城，传来今甲更文明；曝檐父老私相语，未敢雌黄信口评。"注曰："新闻纸中述时政者，不曰文明，必曰开化。"② 在这里，黄遵宪以新闻纸即报纸为例介绍了西方的文明，肯定了报纸在传播"文明"、"识时务"、"公是非"方面的作用，注中所说"文明"、"开化"，正是日本明治维新的重要主题之一。后来在他晚年与丘炜菱的信中说："诗虽小道，然欧洲诗人出其鼓吹文明之笔，竟有左右世界之力。"③ 在这里，黄遵宪认为诗虽只是一种小的技艺学说，然而作为精神文明的载体，却有左右和改造世界之作用。可见，"文明"经日本传到中国，从而改变了中文"文明"一词的内涵，增加了以欧洲国家的物质与精神文化成果的意蕴。

由于革命的需要，孙中山频繁穿梭于中西方各国，因此他不仅对中西文化了如指掌，而且他是近代对中西文化进行融合的集大成者。他吸收了许多西方文化的新思想，来改造、建设中国的思想文化。孙中山提出"所谓建设者，有精神之建设，有物质之建设"④，在中国思想文化史上第一次明确提出物质文明与精神文明建设。物质文明建设"就是工业和各种实业"，即以发展实业为物质建设的内容；精神文明建设则不仅包括

---

① （明）王命璿：《祀处士碑记》，载余蔚文《世界客属名贤程旼》，花城出版社2013年版，第60页。

② 王飚：《从〈日本杂事诗〉到〈日本国志〉》，《东岳论丛》2005年第2期，第78页。

③ （清）黄遵宪：《与丘菽园书》，载吴振清、徐勇、王家祥《黄遵宪集》，天津人民出版社2003年版，第478页。

④ 《孙中山全集》第二卷，中华书局1982年版，第480页。

"政治修明",还包括变革传统的思维方式,进行道德伦理建设和国民形象建设。他论证了物质文明和精神文明的相互关系,认为中国积贫积弱的原因不在科技,而在于国民的文化心理。他说:"物质文明与心性文明相待而后能进步。"[①] 心性文明即精神文明,"相待"即"相对"、"相辅",也就是物质文明与精神文明两者共存于统一体中,既对立又统一,两者相辅相成、相互作用、相互促进、相互发展。只有两个文明相待互动,人类社会才能发展进步。同时精神文明对物质文明具有反作用。他说:"中国近代物质文明不进步,因之心性文明之进步,亦为之稽迟。"[②] 孙中山肯定了物质文明与精神文明的同一性,认为物质文明与精神文明不能分开。两个文明相待论,是对中国和西方社会文明建设经验的总结。

由此可见,文明是客家人翘首以盼的文化样式,是客家人在文化上所渴望的模式。实现文化现代化,高度重视社会主义精神文明建设,促进人的自由全面发展,提高全民族的精神文化素质,这是社会主义文化建设所要达到的目标。所以,客家人企盼的文化文明,跟中国特色社会主义共同理想殊途同归。

四 和谐是客家人魂牵梦萦的社会图景

所谓和谐,从字面上看就是和睦协调。"和"者,和睦也,有和衷共济之意;"谐"者,相合也,有协调、顺和、无抵触、无冲突之意。一般来讲,和谐是对立事物之间在一定的条件下,具体、动态、相对、辩证的统一,是不同事物之间相同相成、相辅相成、相反相成、互助合作、互利互惠、互促互补、共同发展的一种关系。

在客家优良传统中蕴涵着丰富的和谐思想,包含天人之和、身心之和、人伦之和、社会秩序之和,等等。天人之和,就是客家人与自然形成了一种友好共处、水乳交融的和谐关系,这就要求人要适应自然,尊重自然。客家的村落选址、空间布局、房屋坐向、路径铺设、池塘挖掘、树木种植,处处呈现出人与自然的和谐相处。客家农谚曰:"冬种木,春种

[①] 《孙中山全集》第六卷,中华书局1985年版,第180页。
[②] 同上。

竹";"清明芋，谷雨姜";"七月葱，八月蒜"①。意思是不同的时节，种植不同的东西才有收获。"山上光，年景荒";"山上树木光，山下溜泥浆";"治山治水不种树，有土有水保不住"②。意思是违背了自然规律，就会受到惩罚。这些农谚反映了客家人保护生态，与自然共生共处的和谐关系。

身心之和，实质是指客家人内心精神的和谐，强调用心的满足去弥补身的匮乏，使身心统一于心。客家人认为要想达到身心和谐，不受外部世界纷繁复杂的干扰，就必须先克服个人私欲，发扬忍耐谦让精神。客家谚语曰："忍得一时气，免得百日愁";"说你长不要笑，说你短不要跳";"是非日日有，唔听自然无"③。就是说对于是非曲直，要有自己的判断能力，同时要有一定的肚量，不要斤斤计较。通过克身扬心，出形入神，养成良好的道德修养，逐步完善个体人格。

人伦之和是在处理人际关系方面的基本主张，主要表现在家庭伦理中，父子兄弟之间的和谐相亲，同宗邻里之间的和睦共处。客家谚语："家和万事兴，吵斗散人心";"和气一家乐，同心万事成"。就是说小而家，大至国，只要做到和睦相处，万事万物没有不兴旺发达的；反之，则家门不幸，人心涣散，灾患难免。如："兄弟和好土变金，子嫂（妯娌）和好家业兴";"兄弟不和外人欺，子嫂不和门外企"④。就是说兄弟子嫂和睦相处，就能家业兴盛；反之，则受外人欺压。

社会秩序之和就是处理好人与人之间的关系，化解社会矛盾，使整个社会秩序良好，使整个社会成为一个和睦大家庭。"和气生财，斗气生灾";"两虎相斗，必有一伤";"有理之事望人和，无理之事托人和"⑤。指待人和善能财源广进，互相斗气则衍生灾难，强调了人与人之间的和睦共处和友好交往，是社会和谐稳定和事业兴旺发达的基础；所以客家人在遇到矛盾，处理人际关系上，通常是有理的一方希望能够息事宁人，无理的一方委托他人寻求和解。广东大埔县三河梓里田心陈氏敦和堂楹联：

---

① 梅州市民间文艺家协会：《梅州风采》，嘉应文学杂志社1989年版，第296页。
② 同上书，第295页。
③ 范英、刘权：《广东客家人的风骨》，广东人民出版社2005年版，第134页。
④ 梅州市民间文艺家协会：《梅州风采》，嘉应文学杂志社1989年版，第284页。
⑤ 同上书，第280、275、281页。

"敦孝悌友恭淑家，可耕可读，泒衍义门旧德；和乡邻睦族处世，毋争毋讼，相期梓里良规。"① 楹联推崇孝敬父母、友爱兄弟、和睦乡邻、不争不斗，这对于培养良好风尚、维护社会秩序、化解社会矛盾、促进社会和谐，具有十分积极的作用。

客家民系南迁抵梅最早先贤之一的程旼，是以德化人、和谐共济的"百代儒宗"、"人伦模概"。他秉义怀仁，教化乡里，移风易俗，用信用和道义去感化、教化一方风俗，并经常周济贫苦，因此和原著民和睦相处，和谐共济。当地居民如有纠纷，不到官府，而自愿到其处调解："旼为之辨是非曲直，咸心服而退，当时化之。心有愧怍者，望其庐辄思其过。"② 此地民风也渐由"尚气轻生"到"和邻睦众"为做人信条，处理人际纠纷也以儒家的"中立不倚"为本。宋代诗人徐庚评价程旼为"当年程旼一匹夫，不持三尺制群愚，片言能使争心息，万古江山与姓俱"③。后人缅怀程旼的歌谣，说明程旼的名字连同他的品行德操、和谐风范、功誉事迹，已永远刻在客家人的心扉，植入客家人的骨髓。

客家后裔孙中山社会建设的最终目标，是要建立"天下为公"的"大同世界"即"和谐社会"。他在政治上强调"政权公之天下"，全民政治，人人平等，人民当家做主，"主权属于国民之全体"，"上而总统，下而巡差，皆人民之公仆"④；在经济上主张物产归公，人民均富，财富共享，"富则同富，乐则同乐"，实现社会分配的公平，人民共享社会发展成果，"幼有所教，老有所养"⑤；在思想上倡导以博爱为核心的为众人服务的新道德，"有道德始有国家，有道德始有世界"⑥，主张"为国家、为人民、为社会、为世界来服务"⑦。以此达到人人平等、人民富裕、国家繁荣、安定有序、社会和谐的理想社会。孙中山进行社会建设的最终目标，是客家人世世代代所向往和追求的理想社会，是一个在政治、经济以

---

① 谢崇德：《客家祠堂楹联》，梅州市政协学习和文史资料委员会编，2006年，第152页。
② （清）温仲和：《光绪嘉应州志》（戊戌仲春镂版）卷二十三《人物》，成文出版社1969年版，第397页。
③ 谢崇德：《历代咏梅州诗选注》，中华诗词出版社2009年版，第2页。
④ 《孙中山全集》第六卷，中华书局1985年版，第211页。
⑤ 《孙中山全集》第二卷，中华书局1982年版，第517页。
⑥ 《孙中山全集》第三卷，中华书局1984年版，第25页。
⑦ 《孙中山全集》第十卷，中华书局1986年版，第156页。

及思想道德均衡协调发展的和谐社会。

客家人的杰出代表叶剑英元帅,大智若愚、崇礼重和,强调顾大局、讲宽容、要团结、促和谐。在人际关系上,他把做好干部团结当做头等大事。他说:"现在是四面八方的干部汇合在一起……团结问题要特别注意。"① 在政党关系上,他较早提出与民主党派"互相监督"的观点。他曾对民主党派负责人说,我们要互相监督,共建大业。② 在民族关系上,他重视处理好民族关系,注意少数民族干部培养。他提出"加强少数民族区域工作,确实贯彻民主团结、平等、互助的政策"。③ 在祖国统一问题上,他阐明台湾回归祖国、实现和平统一的九条方针,建议国共两党对等谈判,实现第三次合作④。在外交关系上,他反对侵略,热爱和平,主张"继续在和平共处五项原则基础上,同一切国家保持和发展友好关系"⑤。叶剑英的和谐理念与和平思想,代表了千千万万客家人的共同心声,虽然他没有明确提出社会主义和谐社会的概念,但是却为社会主义和谐社会建设做了理论的铺垫和实践的探索。

由此可见,和谐是客家人魂牵梦萦的社会图景,是客家人在社会上所表达的情思。实现社会现代化,建设民主法治、公平正义、诚信友爱、充满活力、安定有序、人与自然和谐相处的社会,这是社会主义社会建设所要达到的目标。所以,客家人理解的社会和谐,跟中国特色社会主义共同理想是事理相通。

综上所述,无论是老百姓的童谣俗语、山歌农谚,还是实业家和革命家的实践尝试,抑或是理论家的思想探索,都反映了"富强、民主、文明、和谐"是客家人朝思暮想、梦寐以求、翘首以盼、魂牵梦萦的社会理想。它是客家优良传统的重要组成部分,具有非常广泛的群众基础,易于为广大人民所识记、体认、理解和接受,因而具有广泛而深刻的人民性,充分表达和体现了人民利益要求和价值诉求。从经济、政治、文化、社会四个维度解读"富强、民主、文明、和谐",不仅能够

---

① 《叶剑英军事文选》,解放军出版社 1997 年版,第 213—214 页。
② 军事科学院叶剑英传编写组:《叶剑英传略》,军事科学出版社 1987 年版,第 215 页。
③ 《叶剑英选集》,人民出版社 1996 年版,第 270 页。
④ 军事科学院叶剑英传编写组:《叶剑英传》,当代中国出版社 1995 年版,第 693 页。
⑤ 同上书,第 690 页。

使中国特色社会主义共同理想获得更广泛、更充分、更深入的社会认同，而且能够转变为大众意识水平上的全民共识，内化为包括客家人在内的全国人民的价值信仰，变为全国人民的实践基础。所以，中国特色社会主义共同理想是"全党全国人民团结奋斗的共同思想基础"，体现了社会主义核心价值观在国家层面理想目标的价值指向，激励和鼓舞着所有的中国人，为社会主义现代化建设和中华民族的伟大复兴，作出自己应有的贡献。

第三节 以爱国主义为核心的民族精神视阈下的客家优良传统

2013年3月，习近平在第十二届人大一次会议闭幕会指出，"实现中国梦必须弘扬中国精神。这就是以爱国主义为核心的民族精神，以改革创新为核心的时代精神"。在五千多年的发展中，中华民族形成了以爱国主义为核心的团结统一、爱好和平、勤劳勇敢、自强不息的伟大民族精神。客家族群是居住在粤赣闽等南方地区甚至东南亚乃至全世界汉族一支特殊的民系。他们根自中原，在跨越千年的数次大迁徙过程中，客家人既传承着中原和谐文化的底蕴，又吸收着迁徙地文化的精华，其文化本源与流变的特殊性和普遍性、原乡性与客乡性相互作用，形成了独特而多样的客家优良传统，具有丰富的精神内涵①。在地域文化研究热的大背景下，如何发掘客家优良文化传统，弘扬客家文化和民族精神，推动经济崛起和伟大中国建设，显然是极具时代意义的大课题。目前的客家文化研究可谓多元繁杂，如能实现以民族精神为研究视阈的突破，既抓住了客家文化的精髓，也更好地丰富和发展民族精神，充分发挥客家爱国主义优良传统、团结统一优良传统、爱好和平优良传统、勤劳勇敢优良传统、自强不息优良传统的建设作用。

一 爱国主义视阈下的客家优良传统

在中华民族的悠久历史中，爱国主义始终是历史发展的主线和民族精

---

① 施保国：《客家传统的和谐诉求》，《中国社会科学报》2011年9月29日。

神的核心。今天,爱国主义内涵随着时代的发展而提升到新的高度,各族儿女以各种方式投身到热爱祖国的大好河山、爱自己的骨肉同胞、爱祖国的灿烂文化及爱自己的国家的事业中去。他们相互团结友爱,努力提升自身的综合素质,为中华民族的伟大复兴事业作出积极贡献。罗香林在《客家研究导论》中说:"客家民系最富爱国保族的思想,这因他们先人,昔年曾受北部异族压迫,向南迁徙非出己愿,当其辗转达至大江南北岸时,不知经了几多流离、几多颠簸,而后九死一生,幸存着一部分系裔,旧恨难消,父以传子,子以传孙,一种嫉愤外族的情怀,遂致历久不释,这也许就是他们民族思想的来源吧。"[①] 客家的爱国主义优良传统指的是客家历来以多种方式表达的热爱祖国的思想感情,具体表现在致力于国家的强大建设、捍卫国家的权威和尊严、维护国家的主权独立等方面,以客家特有的经历和思维方式阐释并建构着中华民族精神。

(一) 致力于国家的强大建设

近代以来,由于帝国主义列强的入侵,打破了包括客家人在内的中华民族的田园美梦。近代客家在对待异质文化的问题上表现出心怀天下的胸襟和宽容的气度,不害怕"异端"、"邪说",而是兼容并蓄,甚至直接进行文化嫁接,拿来为我所用,致力于国家的强大建设。为了振兴国家、救亡图存、救万民于水深火热之中,中华民族必须以"敢为先下先"的精神创新变革,海纳百川,无处不体现出求新、求强的爱国主义思想。

客家后裔孙中山义愤填膺,通过组建兴中会、同盟会、中华革命党、中国国民党等组织团结力量,进行艰苦卓绝的革命实践活动,推翻了长达两千多年的封建帝制。他的爱国主义精神品格体现在他为强国梦而进行的不折不挠的斗争实践中。1894年10月,孙中山成立中国第一个资产阶级革命团体兴中会组织,明确提出:"是会之设,专为振兴中华、维持国体起见。"这是"振兴中华"口号的由来。"我中华受外国欺凌,已非一日","方今强邻环列,虎视鹰瞵,久垂我中华五金之富、物产之繁。蚕食鲸吞,已效尤于接踵;瓜分豆剖,实堪虑于目前";"堂堂华夏,不齿

[①] 罗香林:《客家研究导论》,载广东省兴宁市政协文史资料研究委员编《兴宁文史》2003年总第27辑,第198页。

于邻邦，文物冠裳，被轻于异族。有志之士，能无扶膺？"① 这些言语表达了爱国志士的满腔悲愤和强烈的以挽救民族危亡为己任的使命感。1905年同盟会成立后，在他的直接策动和领导下，发动了一系列反清武装起义，以及1910年2月广州新军起义等；辛亥革命后又相继发生"二次革命"、"护国运动"、"护法运动"，等等，沉重地打击并最终摧毁了封建社会的腐朽统治。1911年爆发的辛亥革命是比较完全意义上的资产阶级民主革命，它赶走皇帝、推翻封建专制统治、宣告君主专制统治时代的终结，有力地冲击着帝国主义在东方的殖民体系，所以列宁把辛亥革命看做"亚洲的觉醒"。孙中山及其领导的中国旧民主主义革命，为新民主主义革命的成功做出积极的铺垫。

客家华侨时刻关心着自己家乡和国家的状况。战争会激发他们固有的国家民族观念和爱国主义热情，他们通过各种方式为祖国的独立和自由奔走呼号；祖国的翻身解放和改革发展，令他们热血沸腾。因居海外，客家人对爱国主义思想感情理解得更加透彻。为了改变祖国落后的面貌，他们解囊相助、捐资捐款、投资助建，为祖国的日益强大和现代化事业作出积极贡献。张弼士、曾宪梓、田家炳、姚美良等客家人是一代又一代爱国客家人的杰出代表。张弼士在南洋致富后，除了以极大的爱国热忱回国投资实业外，还为国家发展献计献策。他先后捐款和投资数百万元在各地办教育、兴学校，为开启民智、提高国人文化素质、培养人才作出许多积极的贡献。他说："国家近来贫弱之故，皆由于人才不出；人才不出，皆由于学校不兴。"② 在他任粤汉铁路督办、广东佛山铁路总办及商部考察外埠大臣等职期间，他利用各种机会向清政府提出振兴商务与发展实业的整个计划，认为如此"中国增亿兆之资，利权既挽，主权自尊，战胜之机，固不尽在折冲间矣"③。曾宪梓说："祖国有恩于我，我必须终身回报祖国。只要金利来不破产，曾宪梓不死，我对祖国的回报就不会停止。"④田家炳说："最美乡中水，最亲故乡人。故园情深，对生我养我的家乡和

---

① 《孙中山全集》第1卷，中华书局1981年版，第19页。
② 丘峰：《"叶落归根"与"落地生根"——论东南亚客属会馆的特征及其地位与作用》，《上海社会科学院学术季刊》1997年第3期，第18页。
③ 张金超：《张弼士实业成功原因探析》，《岭南文史》2005年第3期，第55—60页。
④ 夏萍：《曾宪梓传》，作家出版社1995年版。

人民,我总有说不尽的深深眷念!慎终追远,崇本敬祖,这是先父留给我的深深影响。家乡山多田多,父老乡亲每日辛苦劳作,日子过得不宽裕,每每感念于此,我就想为家乡多做一点事。"① 熊德龙先生事业有成后,虽身居国外却心系父邦,彰显爱国情结。他说:"我虽是老外的长相,没有中国血统,但我对中国有特殊的感情,我一颗百分之百的中国心和一腔百分之百的客家情。""一个人有了钱,就要为民众做好事,为国家作贡献,才能体现人生的价值。"② 熊德龙在各种场合,都以一个中国人自居,以能为国家作出贡献为自豪。

(二)捍卫国家的权威和尊严

客家祖先从中原南迁而来,他们继承了汉民族保家卫国的精神品质。他们因自身的颠沛流离,在时时为客、处处为客的窘境中,最为深切地体会到祖国的可爱、维护祖国尊严的重要性,用许多谚语表达对祖国权威和尊严的呵护之情。如"国家国家,有国才有家";"家贫出孝子,国乱识忠臣"③;"户要常开窗,国要常选材";"国难思良将,家贫思贤妻";"失去家人,痛苦一生;失去祖国,痛苦万代"④;等等,都说明了国家的尊严和权威在客家人心目中的重要地位。福建永定高北永兴楼堂联:"永安国乃盛,兴业家自昌"⑤;西陂培荆堂堂联:"文章须报国,忠厚可传家。"⑥ 这些堂联表明,客家人早已认识到没有国就没有家,国家安宁才能家业昌盛,所以要把个人的命运与祖国的命运直接联系起来,从而逐渐形成爱国爱家的优良传统。

清末民初,张弼士为客家商人的杰出代表,他以"中华民族是不可辱的"阐释了爱国的内涵在于捍卫国家的权威和尊严。1898年,张弼士因事拟乘德国邮船公司班轮赴新加坡,随行有助手两人和私人医生一人,需购票四张,均头等舱。不料德轮船公司竟无理规定华人不得坐头等舱。张弼士大怒,把4张船票撕得粉碎,大吼要办海运。"太歧视人了,中华

---

① 李锦让:《田家炳:我只是人世间一粒小小的尘土》,《梅州日报》2009年7月10日。
② 《我有百分之百的中国心》,《梅州日报》2007年4月18日。
③ 冯秀珍:《客家文化大观》(中),经济日报出版社2003年版,第715页。
④ 杨宏海、叶小华:《客家艺韵》,华南理工大学出版社2006年版,第140页。
⑤ 谢小健:《土楼楹联》,永定土楼文化研究会,1995年,第39页。
⑥ 同上书,第61页。

民族是不可辱的！清廷不办海运，我张某办！""宁毁家以争吾国人之体面也。"① 他不久即在巴城和亚齐分别创办裕昌远洋轮船公司和广福远洋轮船公司，公开声明为华人服务，且特定一条，拒绝德人乘坐，与德轮相抗衡，最终迫使德国邮船公司取消了华人不得乘坐头等舱的歧视规定。他的这种捍卫国家权威和尊严的举动受到西方国家的刮目相看，也极大地鼓舞了国人的爱国热情。当代客家侨领熊德龙先生在多种场合公开声明，他的养父母是中国人，因此他就不允许别人肆意歪曲中国、说中国的坏话，尤其是海外报纸。1993年，他斥巨资收购美国《国际日报》，以报纸弘扬中华文化和捍卫祖国的尊严成为他追求的目标。"虽无华裔血统，但我却有一颗百分之百的中国心，这是父母给我的，他们教会了我堂堂正正做人。"② 他以办报等多种方式捍卫着祖国的权威和尊严以及对祖国极其深刻的感情。

（三）维护国家的主权独立

为了抵御外患，客家民众崇尚武术，各种拳馆、国术馆较多，练习拳法的人数众多，他们平时强身自卫，战时则驰骋沙场为国效力，"义愤一呼，同仇立应，虽屠肠陨首相望而不之顾"③。客家人面对强敌，虽"挺刃相加，死而无悔"，并置"屠肠陨首"于不顾，其爱国主义精神感人肺腑。宋末元初，留下"人生自古谁无死？留取丹心照汗青"④ 千古绝唱的文天祥是江西客家人，他用自己的鲜血和生命谱写了一曲动天地、泣鬼神的伟大爱国主义诗篇，他为了自己民族和国家的主权献出自己宝贵的生命。他起兵勤王所率队伍多是粤赣边区的客家人。他在粤东召集义军时，受到广泛响应。据统计，当时梅州地区人口总数不超过万人，但愿意追随文天祥从军的竟然有八千之多，如爱国诗人黄遵宪所云："男执干戈女甲裳，八千子弟走勤王。崖山舟覆沙虫尽，重戴天来再破荒。"⑤

---

① 田辛垦、张广哲：《侨领张弼士》，载广东省大埔县文史资料委员会编《大埔文史》1991年总第10辑，第13页。
② 中新社《"老外"华媒人熊德龙：中国父母给我中国心》，2011年9月18日，中国新闻网。
③ 吴永章：《客家文化概论》，广西教育出版社2000年版，第279页。
④ （南宋）文天祥：《过零丁洋》，载缪钺等《宋诗鉴赏辞典》，上海辞书出版社1987年版，第1359页。
⑤ （清）黄遵宪：《己亥杂诗》，载钱仲联《人境庐诗草笺注》，上海古籍出版社1981年版，第810页。

祖籍广东蕉岭、出生于台湾的客家人丘逢甲的爱国主义感情通过一系列捍卫国家主权的行动来表达。《马关条约》签订后，台湾被日本割占。丘逢甲不顾个人安危，利用自己的社会地位、政治声望，多次领导激愤的台湾人民组织义军反抗日军的侵略。他或"奔走相告，以守土拒倭号召乡里"，号召台湾人民"人自为战，家自为守"；或以建立"台湾民主国"的方式捍卫主权、誓死抵御。他"抗倭守土"的血书，"刺血三上书、呼天不得直"的废约再战请求表现了他大无畏的英雄气概和崇高的爱国主义感情。台湾沦陷后，丘逢甲在家乡梅州和潮州、汕头等地以兴办教育的方式报效祖国。他倡导新学，支持康梁维新变法，使国家强盛；他曾利用广东教育总会会长、广东咨议局副议长的职务之便，投身于孙中山的民主革命，与革命党人参与筹划潮州黄冈起义等革命活动，为孙中山领导的民主革命做了大量有益的工作。

共和国元帅叶剑英戎马一生，为国家利益和祖国的强大建设鞠躬尽瘁、无怨无悔，他忧国忧民、为国为民，从南昌起义、抗日战争、解放战争，在推翻旧社会"三座大山"的新民主主义革命伟大征程中，共和国元帅叶剑英呕心沥血，为国家主权的独立和革命的胜利作出伟大的贡献；到粉碎"四人帮"、新时期爱国统一战线的形成、国家的现代化建设，等等，他都立下了丰功伟绩，成为爱国主义精神实现的典范。在抗日战争中，还出现了许多客家将领，如蔡廷锴、蒋光鼐、赵一肩、张发奎、谢晋元、薛岳、范汉杰等，他们与全国人民一道留下许多可歌可泣的爱国主义传统。

二 团结统一视阈下的客家优良传统

在世界四大文明古国中，中华民族是唯一没有发生文化中断的民族，其根本原因在于中华民族具有悠久的团结统一的优良传统，一种高度一致的整体感、责任感和忠于国家民族整体利益的价值取向及民族之间和睦相处、友好相待、共赴国难、共渡难关的优良传统。在漫长的岁月中，中国的主体一直是个统一的多民族国家，坚持"和为贵"和宽厚仁爱的原则，以信用、和平的方式处理矛盾，善于"化干戈为玉帛"，使各民族和睦相处、亲同一家。

(一) 客家重视团结统一、和睦的社会关系的建立

客家先民在与外族斗争、获得生存和发展的机会以及与迁入当地处理好关系等方面，只有团结统一起来，才能取得成功和胜利。外族入侵来势汹汹，不甘沉沦下去的客家人通过团结统一形成合力才能取得一次又一次的胜利。如文天祥团结族人率众抵御元兵、"以英雄自古谁无死"大无畏精神鼓舞族人取得极好的团结效应；丘逢甲辗转往来团结乡人策划起义、以"血祭"的方式表达视死如归的决心反抗日本侵略者的浸淫和肆掠。客家先民所到之处，大多是穷乡僻壤、资源匮乏、豺狼虎豹、盗贼嘈杂，要想生存和发展，迫使他们只有团结统一，才能更好地征服自然、有效地排除社会的不良干扰[①]。客家人在农忙时，家里人手不够时，不去雇请工人，而是去找左邻右舍的人来帮工，帮工也叫换工，这是客家人团结互助优良传统的充分体现。他们之间帮助别人做工，不是为了钱，更是团结精神的表现。由于地处山区和地理位置上的封闭，所以人际交往少，因此希望亲朋好友多些走动，增加人气。来往都是客，必然要热情相待，从而形成客家人热情好客、对客人豪爽、坦诚相见的性格特征。人们之间的关系自然也会团结和谐起来。客家人讲究排场。他们多礼好客，注重礼尚往来，走访亲友总要带礼物，如糖果、糕点、水果、土特产、自制小吃等，称这些礼物叫"等路"、"手信"、"手礼"。在回家时，他们将"等路"分给自己的儿女、在场的邻居，无形中也会增进团结友谊的氛围。客家还有出门迎客的习俗，若有客人来访或亲人归来，一家老少便齐集在大门外等着，体现出好客团聚的热情。

客家"土楼"更是大气地展示了团结互助精神。大型圆形土楼直径可达七八十米，高五六层，内有四五百间房，可住七八百人。有一段谚语这样描写福建永定的承启楼："高四层，楼四圈，上上下下四百间；园中园，圈中圈，历经沧桑三百年。"这是对土楼高大厚重的写照，也是对客家团结统一、同舟共济的真实反映。1991年，美国一位记者感叹道："在美国，都是一家家分开住，没有像中国人这样团结和谐，更不用说一个家庭几代人住在一起了，我们缺少中国人的凝聚力。"日本一位教授说："目前日本虽然经济发达，物质丰富，但精神贫乏落后，

---

① 刘加洪：《河洛文化与客家优良传统》，河南人民出版社2010年版，第20页。

人与人的关系越来越疏远，以三人为主的小家庭也日益破坏，兄弟之间更没有什么来往，来到这里，看到土楼内不仅有三代同堂，还有四代同堂，整个家庭和睦地生活在一起，令人赞叹不已，日本需要学习客家人这种团结互助精神。"①

团结互助作为一种优良的道德思想和行为，表现在客家人社会历史生活各个方面、各个层次、各个领域。兄弟之间，血浓于水、骨肉相依、同命相连；夫妻之间，相敬如宾、相濡以沫、白头到老；朋友之间，亲如手足、休戚相关、患难与共；君臣之间，肝胆相照、同舟共济。如广东梅州刁氏楹联："族聚一堂，愿大家莫分强弱；基开百世，对先辈尽是儿孙。"② 楹联说明了团结的重要性，指出家族内不要分谁强谁弱。广东梅州陆氏楹联："临死念中原，翁真爱宋；书生拜大将，谁敢吞吴。"③ 楹联表明陆游一生不忘恢复中原、统一国家的美好愿望。客家人在经营的过程中不牟取暴利，而且赚的钱也不是全部汇回老家，而是用大部分钱参与当地的开发建设，大多数"客商"都娶当地土著为妻，繁衍共荣，被当地选举出来担任一定领域的负责人。如姚德胜曾在马来西亚重建怡保；张弼士曾被西方殖民者委为领主治理区域；叶德来曾被当地马来人拥为巴生和吉隆坡两地甲必丹职务，后被委任为吉隆坡地区行政首脑。张榕轩、张耀轩两兄弟，也曾被任命为印尼的"甲必丹"和"雷珍兰"，主持地方政务。现在，印尼、新加坡、马来西亚、泰国等地的许多政要和名流都是"客商"后裔，其中有新加坡原总理李光耀，菲律宾原总统阿基诺夫人，圭亚那原总统阿瑟·钟等，他们的成功秘诀就在于敢于并善于团结！

"一个好汉三个帮，一个篱笆三个桩。"④ 客商走的是一条民商之路，他们视团结精神为发展的基础。以张弼士经营之道可知，他从三个方面展示团结对于企业发展的积极作用。一为团结各国共同发展。互利共赢的团结合作精神是创业成功不可或缺的可贵品质。在创业过程中，张弼士非常注意与各国当地社会的融合与共同发展，为实业发展创造良好的外部环境和公共关系。1915年被美国《纽约时报》称为"中国的洛克菲勒"的张

---

① 冯秀珍：《客家文化大观》（中），经济日报出版社2003年版，第782页。
② 谢崇德：《客家祠堂楹联》，梅州市政协学习和文史资料委员会编，2006年，第4—5页。
③ 同上书，第148页。
④ 梅州市民间文艺家协会：《梅州风采》，嘉应文学杂志社1989年版，第280页。

弼士应美国总统威尔逊之邀赴美签订《中美银行合约》。他广交朋友，团结华侨及社会各界人士，与商界、政界都建立了良好的人际关系，他的朋友之间突破地域、语言和肤色的界限。二为团结政界官员。在社会统治权力被科举出身的文官集团高度垄断的情况下，商人的生存和发展只能靠同政界官员建立一种隐秘的权力—利益交换网络来维持。对朝廷及政界官员，他们要进贡和承担一定的社会义务；对地方势力，他们要笼络和联络情感。张弼士向李鸿章、盛宣怀等一些清廷高级官员靠拢，利用他们手中的权力在国内先后开办了惠州玻璃公司、广西三岔山银矿等多家企业，其中最为出名的是山东烟台的张裕葡萄酿酒公司，在这些高级官员的支持和保护下，获得许多优惠政策。三为团结族人。客商的宗族、地域观念很重，重视地缘、血缘、商圈关系，各宗族十分推崇族人外出经商，常常是父带子、兄带弟、叔带侄，而在外经商时，这些人因为是同族或同乡，更容易形成一个比较紧密的团体。正因为客商之间有着很强的认同感，从事商业活动时，在人力、物力、财力上就有着较大的优势。那些遍布全国各地的会馆、祠堂以及相关组织，为开展协作提供了纽带和桥梁。张弼士对南洋的会馆、宗族组织非常热心，在自己创办的垦殖公司里招收许多同乡和被"卖猪仔"卖到南洋的侨工，极力帮助他们。

（二）团结统一体现在以资助等多种方式寻求共同发展

近代先进的中国人多以维护国家利益、联合各行、"兴办实业"、"办教育"、"巩固国防"为团结统一的主要内容。曾游历于中西的张弼士有感于外国经济侵略所造成的民族危机，他积极在国内捐资办学、办医院、发展实业，为祖国的发展呕心沥血。早在出国前张弼士就曾感慨地说："大丈夫不能以父学致身通显，扬名显亲，亦当破万里浪，建树遐方，创兴实业，为国外华侨生色，为祖国人种增辉。"[①] 为了振兴祖国工业，张弼士先后投资兴办粤汉铁路、广三铁路，创办山东烟台酿酒公司以及银行、采矿和玻璃业、广州振益公司、亚通机织厂、福裕盐田公司等十多家企业，为近代中国资本主义经济的发展作出了重大贡献。在教育上，他先后捐款投资数十万元在国内外办教育、兴学校。他说："国家近来贫弱之

[①] 郑观应：《张弼士君生平事略》，载《张弼士研究资料》（一），广东历史学会张弼士专业委员会，2006年，第8页。

故,皆由于人才不出;人才不出,皆由于学校不兴。"① 曾宪梓以亿万计投资在家乡梅州兴办教育和发展足球事业,在全国设立师范教育奖励基金;田家炳在其家乡捐资上亿元兴办教育、体育、卫生等大小项目数百宗,在全国各地捐资多种教育项目。新加坡李光耀、李显龙均为政界总理,泰国前总理他信、阿披实、现任总理英拉,马来西亚华人客家人从政的较多,靠的都是敢于并善于团结的结果。世界客属恳亲会、客家民俗风情节、客家清明祭祖节等文化活动,展现出客家人团结统一的凝聚力在于风俗、爱国爱乡、念祖思亲,不忘根基、热情好客等方面。以世界客都梅州为例,在曾宪梓、田家炳、刘锦庆、刘宇新、余国春、姚美良等人的带动下,振兴梅州教育,他们的捐资范围遍及梅州城乡。"梅州有几个县的新建学校有一半至三分之二是以香港同胞为主的'三胞'捐建的。"②

(三)通过谦逊的精神品质团结他人

"客家"称谓由他称到自称,其间存在一个转化期。学人徐旭曾撰写于清嘉庆十三年(1808)的《丰湖杂记》中记载了关于"客人"的他称与自称:粤之土人,称该地之人为客,该地之人亦自称为客人。不论其称呼的来源是否来自于客观、被动的情形,而今天从广大客家人对此称谓的喜爱来看,就可知,这种谦逊的民族品质为他们所重视。应该说,与西方传统文化的特性率直不同,中国传统文化的特性是谦逊和含蓄,而正是这种谦逊和含蓄的文化传统使自古以来的中国"得道多助",这也是中华五千年文明在世界上唯一能够完整保存下来的重要原因。在市场经济条件下,各种资源的配置由流动变化的市场决定,而市场的主体即那些来客们看到"客"字便能获得亲近感。

(1)"客"在"血缘"上拉近与"客家人"的距离。一与中原地区拉近距离,这里是中原迁来的,使距离大为缩短。二是国内不同地区的客家人易联系起来。三是与海外客家联系起来。四是与大量来梅的新客家联系起来。

(2)客在"情缘"上拉近与"非客家人"的距离。"非客家人"从

---

① 丘峰:《"叶落归根"与"落地生根"——论东南亚客属会馆的特征及其地位与作用》,载《上海社会科学院学术季刊》1997年第3期,第18页。
② 广东省梅州市华侨志编纂委员会编:《梅州市华侨志》,2001年,第73页。

某种程度上说也具有"客"的特性，比如处于变化不定的迁徙中，或有离开家乡求学、经营的经历，或有驰骋千里的思维跳跃，各种有关与客家相对的主家想法被瞬息万变的"环境气场"所吞没，于是在情感上，在"情缘"上对"客家"产生好感。余秋雨在《客家文化在中国文化中的重要地位》的专题讲座中指出："客家文化的非暴力性代表了中华儒家文明和平、中庸的典型特征，从而能够在世界上否定中国威胁论！"客家的文明和平、中庸特征与"好客"、敢为"客"这种内在谦逊的精神品质是一致的。

（四）通过精神文明搭建团结统一的桥梁

通过客家的山歌、舞狮等风俗拓展精神文明空间，搭建团结统一的桥梁。无论是歌舞传情，还是馈膳浆酒，无不折射出独特的团结统一理念。"条条山歌有妹份，一条无妹唱唔成。河唇洗衫刘三妹，借问先生哪里来？自古山歌从口出，哪有山歌船载来"① 等山歌脍炙人口。客家山歌是客家人在山间水畔抒发内心情感、表达团结喜悦的精神风貌的艺术形式。客家男女常隔河近岭随兴对唱，用双向互娱的审美形态传递与人同乐和情感沟通的意趣，追求和鸣共声的美好境界。歌词大都文采富丽，句式对仗工整，透出客家山歌的秩序美感，善用比兴、夸张、对比、拟人、谐音、反衬、重叠等多种手法，在听觉上有节奏感，体现了客家人宽容的心态和精神上团结和谐的思想。

客家人从中原祖先那里继承并加以创新变化的耍狮子、舞龙灯等节日活动，气势雄伟，丰富多彩。每年春节初或元宵节期间，客家人都有一段时间的开春舞狮活动，借此祈愿天顺人安。客家的"席狮舞"较为独特，利用一张席子，巧妙地折叠成狮头模样，结合佛事或民间杂耍进行表演，几个、十几个甚至几十个舞者时而腾跃，时而翻身，时而盘龙，每个人都尽情地表现自己的段位，又尽力地与整体保持一致，将中华民族千百年来长盛不衰的舞狮游龙娱乐节目及其"赞天地之化育"的精神信仰和求生、趋利、避害的生命呐喊，用艺术形式将族人团结起来。

诚以待人是团结统一的基础。诚以待人是客家一贯坚持的。"勤俭诚信"四字是"金利来"品牌成功的秘诀。正如"金利来"所倡导的那样：

---

① 梅州市民间文艺家协会：《梅州风采》，嘉应文学杂志社1989年版，第109页。

"诚能使人广交朋友，获得更多机会；信能使人把握机会，获得成功。"田家炳也认为做生意和做人一样都要一个"诚"字，"诚"能够助你事业成功、化解矛盾、赢得朋友支持。他曾为"诚"而卖掉自己的住宅来履行对别人的承诺。客家传统处于"客"的不利局面，因为诚信而获得各种发展机遇。今天的世界"客"都，要发扬客家诚信传统，加强诚信建设，以此作为经济崛起的重要保障。十七届六中全会提出，"把诚信建设摆在突出位置，大力推进政务诚信、商务诚信、社会诚信和司法公信建设，抓紧建立健全覆盖全社会的诚信系统"[1]。今天的客家地区可借此契机，高度重视社会诚信和信用体系建设，通过完善制度、加强教育，努力营造诚实、自律、守信、互信的社会信用环境，使诚实守信者得到保护、作假失信者受到惩戒，为经济崛起提供良好的道德保障和团结基础。

三 爱好和平视阈下的客家优良传统

"礼仪之邦"、"协和万邦"、"德莫大于和"、"亲仁善邻"、"讲信修睦"等体现广阔胸襟的观念自古以来深深扎根于中华民族的文化传统中。伟大的丝绸之路连接欧亚，七下西洋通航亚非，印度取经历经万难，东渡扶桑鉴真布法，等等，是中华民族爱好和平优良传统的见证。客家的起源与衍生的发展相伴迁徙的艰辛，将爱好和平作为客家立世的根本。

（一）和平传统体现关系处理上

客家文化在处理关系上具有丰富的爱好和平的优良传统，如余秋雨所言"客家人在几千年来的历史动乱和王朝更替中完成的几次大迁徙几乎都是以和平方式完成了文明的迁徙和同化。这明显区别于世界上其他文明诸如欧洲文明与印第安文明相遇时所产生的暴力冲突"[2]，客家人在历次迁徙、流浪中几乎都是以和平方式完成了文明的迁徙，表现出了非暴力性。《后汉书·孔融传》："坐上客常满"[3]，《古诗十九首》："客从远方来"等，都表现了客家人善待他人、爱好和平的传统。"自东晋后迁来"

---

[1]《中共中央关于深化文化体制改革 推动社会主义文化大发展大繁荣若干重大问题的决定》，2011年10月26日，新华网（http://news.xinhuanet.com/）。

[2] 胡美东、熊志、李辉、林晓韵：《余秋雨：土楼客家文化否定中国威胁论》，《中国日报》2008年7月11日。

[3]（南朝·宋）范晔：《后汉书》，岳麓书社1994年版，第981页。

粤闽地区的客家最早的典型人物是"南齐居士"程旼。程旼秉义怀仁，教化乡里，移风易俗，用和平、信用和道义去感化、教化一方风俗，并经常周济贫苦，因此和原住民和睦相处，和谐共济。当地居民如有纠纷，不到官府，而自愿到其处调解："旼为之辨是非曲直，咸心服而退，当时化之。心有愧怍者，望其庐辄思其过。"① 客家楹联也很能说明问题，如南洋赵氏总会楹联："定天下致太平，除非汉祖唐宗，谁堪伯仲；说本来论当世，如似巨川大日，各自东西。"② 楹联表明，如果大家互帮互助、携手共进，友好交往、休戚与共，那么就会事业发达、家族昌盛、国泰民安、社会稳定。

（二）从客家围龙屋的建筑风格看和平理念

客家人扎根山区，与自然融为一体，求风水、讲屋场，在建筑、园林设计等方面体现了"天人合一"的与自然和平相处思想，使生态环保理念与审美追求形成了客家永恒的和平文化结构。围龙屋的选址和设计等符合生态标准，使周围环境与自然统一和谐，考虑热、光、水、视线、风、阴影的影响等。利用外窗自然采光，充分利用自然通风，充分利用自然能源，收集雨水等，保护自然、利用自然。围龙屋一般建在依山傍水的丘陵山麓，其基地选择以山脉雄壮、山麓平坦、周围绿水回环、左右山峦如案为佳。建造方位一般选择坐北向南或坐西向东，采光充足，又避免西晒，体现了中国古典哲学阴阳协和、"天人合一"的思想观念。2008年7月，作为围龙屋早期形态的土楼——福建永定的客家土楼被列入《世界文化遗产名录》，世界遗产委员会评道："土楼与山水交融、与天地参合，是人类民居的杰出典范。"③ 围龙屋的建筑材料就地取材，不破坏耕地，且可再生利用，节约资源，从可持续发展角度解读了和平。建筑材料主要是本地的黄土和杉木、砖石等，且楼拆除重建的墙土旧料都可以重复使用，具有充分的经济性。选择这样的材料另外的好处是减少废物排放，使室外、室内都充斥着天然的味道。土、木、砖、石这些材料无毒气、无刺激性、无放射性，透气性好，对人体和周围环境都不会产生任何危害，是现

---

① 温仲和：《光绪嘉应州志》（戊戌仲春锓版）卷二十三《人物》，成文出版社1969年版，第397页。
② 谢崇德：《客家祠堂楹联》，梅州市政协学习和文史资料委员会编，2006年，第213页。
③ 施保国：《客家围龙屋折射出的层级管理理念》，《中国社会科学报》2012年2月22日。

代家居生态设计中值得思考和学习的"绿色装饰材料"。

(三) 客家风俗体现爱好和平的思想

客家山歌是客家人在山间水畔抒发内心情感、表达和谐喜悦的精神风貌的艺术形式。客家男女常隔河近岭随兴对唱，用双向互娱的审美形态传递与人同乐和情感沟通的和谐意趣，追求和鸣共声的美好境界。歌词文采富丽，句式对仗工整，透出客家山歌的秩序美感，包括歌头、歌腹、歌尾三部分，善用比兴、夸张、对比、拟人、谐音、反衬、重叠等多种手法，在听觉上有节奏感，体现了客家人和平宽容的心态和与人为善的精神和谐思想。客家人从中原祖先那里继承并加以创新变化的耍狮子、舞龙灯等节日活动，气势雄伟，丰富多彩。几个、十几个甚至几十个舞者时而腾跃，时而翻身，时而盘龙，每个人都尽情地表现自己的段位，又尽力地与整体保持一致。每逢春节、元宵节，中华民族千百年来长盛不衰的舞狮游龙娱乐节目，充满了赞天地之化育的精神信仰，把求生、趋利、避害的和平追求，用铿锵热烈的艺术形式传承下来。

(四) 通过各种福利资助教育事业维护和平

以张弼士为例。他乐于善行，开展资助创办教育等福利事业。他捐赠数十万元在新加坡创办华文学校和"应新学校"等，捐资8万元（马来西亚币），创办马来西亚第一所华侨学校——孔圣庙中华小学校。后来还给新加坡华侨罗树棠等人发起创办的启发学校捐款，为居住国的文化和平教育事业作了贡献。他还给槟榔屿的极乐寺捐款3万5千元，足以说明他重视极乐寺，寄望振兴佛教与教化作用。在国内，早在1903年，张弼士就向清政府捐献20万银两作为学堂经费。辛亥革命后，他在汕头育善街及裕安街买了百多间楼房创办育善堂，购置堂产，作辅助和奖励学子之基金，把收入全部"做全邑公益事"，还从中抽出部分收入，专门为嘉应学生补助外出的学费。晚年他还遗言捐助广州中山大学和岭南大学修建校舍。后人为了纪念他，在今天的中山大学校园里建立一座"弼士堂"。综其一生，张弼士以慈善义举捍卫和平。当国家发生灾荒时，他不仅自己首先捐款，还进行募捐来救助身处灾难之中的祖国人民。1900年，黄河决堤，他一次募集白银百万两救灾，赈济祖国灾民，光绪帝特赐"乐善好施"匾。1905年，光绪帝御书"声教南暨"匾，并诰授四代二品资政大夫、赏顶戴花翎。孙中山领导和发动资产阶级革命时，他捐巨资赞助，并获孙中山颁发的"一等嘉禾勋章"。在多舛乱世，这也算是一位爱好和平者"名"、"实"俱保的最高境界了①。

四 勤劳勇敢视阈下的客家优良传统

千百年来，作为中华民族性格和道德精神体现的勤劳勇敢贯穿于中华民族社会生活的各个领域。春秋孔子"韦编三绝"，战国孙敬、苏秦"悬梁刺股"，汉代匡衡"凿壁透光"，晋代车胤、孙康"聚萤映雪"、"映雪读书"，晋桑维翰"砚弊则改而他仕"，宋欧阳修"修母画荻"，司马光"警枕励志"，等等，都对勤劳的勇猛精进、勤能补拙等内涵作了淋漓生动的演绎。勇敢是备受推崇的美德，要求人们无论遭遇险风恶浪，还是面对残暴权势，都要有无所畏惧的精神，在追求真理、正义的过程中，有置个人得失、贫富、生死于度外的勇气，有"勇往直前"、"勇冠三军"、"履险如夷"、"见危授命"所描绘的豪迈。勤劳勇敢是中华民族创造无数人间奇迹的重要精神动力。客家人对勤劳勇敢的民族精神作了生动的演绎。

（一）客家人勤劳勇敢的精神品质展示

千年之前，在人们还存在浓厚的土地情结不愿外出的时候，客家人就作出了重大抉择，选择背井离乡，寻求新的发展之道，这需要多么强的意志力！客家人的先辈们披荆棘，辟田地，建土房，种五谷，植蔬菜，养六畜，以坚强的意志，顽强的毅力，开垦土地，也开垦了一份崭新的生活。客家崇尚勤劳勇敢的精神。谚语云："一日之计在于晨，一年之计在于春，一生之计在于勤"；"勤快之人汗水多，贪食之人口水多"；"懒人嘴快，勤人手快"；"学勤三年，学懒三日"②。这些谚语说明只有勤劳勇敢才能发家致富，反映了客家人提倡勤劳勇敢的正确价值观。广东梅县三乡镇赖氏祠堂楹联："源溯颍水，三度迁徙，克勤克俭创基业，世世流芳昭祖德；派分湖山，二次定居，允文允武建功勋，代代光大振家声。"③ 福建卓氏祠堂楹联："士勤读农勤耕，真是传家要诀；臣尽忠子尽孝，才算

---

① 谢友祥、闫恩虎：《"客商"论》，《中南民族大学学报》2004年第3期，第130—131页。
② 梅州市民间文艺家协会：《梅州风采》，嘉应文学杂志社1989年版，第285—286页。
③ 谢崇德：《客家祠堂楹联》，梅州市政协学习和文史资料委员会编，2006年，第348页。

明德荐馨。"① 这些楹联告诉人们，无论做什么事情，都要勤劳勇敢，无所畏惧。共和国元帅、客家精英叶剑英历来重视发展生产、振兴经济，早在新中国成立初期他就提出了"政治运动的目的是调整和系统布局生产"的思想，尤其是在经历了"文化大革命"的政治浩劫之后，他更加认识到发展生产的极端重要性，指出："无产阶级取得了全国政权，特别是建立了社会主义制度之后，必须坚定不移地把工作重点放在经济建设上，大力发展社会主义生产力，逐步改善人民生活。"② 也正是他与邓小平一起领导全党实现了工作重心的转移，使经济建设成为党和国家的中心任务。

（二）客家对勤劳勇敢精神品质进行歌颂和赞美

流传了一千多年、被誉为天籁之音的客家山歌，有很多内容是歌唱勤劳勇敢的客家人的。如梅县的叠字山歌《嫁郎爱嫁劳动郎》中唱道："新打镰刀紧磨紧利紧擦紧发光，老妹紧大紧会劳动生产会写会算、会弹会唱、样样工作都在行；老妹干祈唔好嫁畀（给）十字街头游游荡荡，好吃懒做、花花假假、骗骗踏踏郎当牯，老妹千祈爱嫁深山壁背角里烧灰打炭、战天斗地、勤勤俭俭、会划会算、老老实实、乌乌赤赤、囊上晒到起松光节水涿去都会弹走（的）劳动郎。"③ 歌中表达了对勤劳、劳动郎的热情赞美，并对好吃懒做、游手好闲的流浪汉进行了贬斥。山歌《勤俭叔娘》唱道："勤俭叔娘，鸡啼起床。梳头洗面，挑水满缸。先扫净地，后煮茶汤。灶头锅尾，光光昌昌。煮好饭子，将将天光。早早食饭，洗净衣裳。上山斫樵，急急忙忙"④，就赞扬了勤劳的客家妇女的发家致富精神。现当代客家商界精英张弼士、曾宪梓、田家炳、姚美良，等等，都是靠勤劳致富的。"金利来"品牌的成果秘诀是"勤俭诚信"四字，"勤可使人从无变有，创造财富"⑤。

（三）客家妇女对勤劳勇敢的阐释

客家妇女是备受世人关注、备受社会学家赞赏的特殊的群体，从这一

---

① 谢崇德：《客家祠堂楹联》，梅州市政协学习和文史资料委员会编，2006年，第176页。
② 叶剑英：《在庆祝中华人民共和国成立30周年大会上的讲话》，人民出版社1979年版。
③ 胡希张、莫日芬、董励、张维耿：《客家风华》，广东人民出版社1999年版，第147页。
④ 梅州市民间文艺家协会：《梅州风采》，嘉应文学杂志社1989年版，第241页。
⑤ 程瑛、何自力：《曾宪梓："诚信是华商成功的根本"》，2001年9月16日，新华网（http://www.js.xinhuanet.com）。

特殊的群体身上更能展示勤劳勇敢的民族精神。她们以吃苦耐劳、自强不息而著称于世,正如1905年美国传教士罗伯特·史密斯在《美国人杂志》发表的《中国的客家》一文中所称赞的"客家妇女真是我所见到的任何一族妇女中最值得赞叹的了。在客家中,几乎可以说,一切稍微粗重的工作都是属于妇女们的责任"①。美国传教士肯贝尔在《客家源流与迁徙》中评价道,"概括言之,妇女不缠足,通常体健而轩昂,惟其如此,故能过其户外生活"②。这类描述反映了客家妇女的特性,折射出客家妇女勤劳勇敢的优良传统。客家妇女的蓝衫把客家女德发挥到极致,蓝衫方便、耐穿、节俭,非常适合田间劳动、上山砍柴和操持家务。蓝衫的结构是一种平面裁剪的形式,每一片没有任何打褶或立体构成,裁剪缝制非常精简节约,充分体现了客家劳动妇女勤劳节俭的美德和物尽其用的巧思。围身裙的色彩以讲究实用为出发点,协调的色彩模式淡化了服饰的礼制与等级内涵。客家人的衣裳讲究朴素实用,较少纹饰,使用布料以素面为多,这是客家人勤俭节约的精神面貌的直接体现。

今天,建设幸福广东,应培育客家勤劳勇敢的创业文化,引导人们树立永不停滞的开拓理念,培育广大群众的商业精神和广泛参与经济活动的积极性,在全社会形成人人不满足现状,处处追寻商机、尊商重创业的良好氛围,塑造和锤炼勤劳、勇敢、自强、创新的文化品格。

五 自强不息视阈下的客家优良传统

"生生不息"是中国哲学的精髓,表达了自强不息的精神品质和道德追求,是中华民族生命力永葆旺盛的不屈不挠、坚贞刚毅的优良传统。客家具有顽强的自强不息精神。当初的客家人在"前程未卜"的情况下选择了迁徙,显然具有自强开拓精神。面对"无山不是客"的艰辛环境,客家人创造发展,"不等天不靠地","只靠自强不息精神气",取得较大成就。客家始祖程旼、"实业奇才"张弼士、"共和国元帅"叶剑英、"世界球王"李惠堂、"保台志士"丘逢甲等体现出顽强的自强不息精神,已为人们所广泛传颂。

---

① 张卫东、王洪友:《客家研究》第一集,同济大学出版社1989年版,第176页。
② 同上书,第177页。

(一) 客家自强不息的开拓精神由来已久

在"安土重迁"为"黎民本性"的封建生产关系中，在个体与土地所有制的矛盾和严重经济危机、战争和自然灾害难以避免的情况下，强烈的求生欲望使得客家人能突破户籍制度、通行证制度等的障碍，做板块式转移。罗香林在《客家源流考》中说，"凡是能够到达新地方的分子，都是比较有毅力有才干的"。刘佐泉在考察客家迁移的动因时认为个体心理、生理原因是除了"推因"、"拉因"之外的重要原因，"迁移者是具有特质的个人，而不是迁出地的平均人"。客家人以自强不息的开拓精神战胜了迁徙不定、对未知的前途产生的各种恐惧心理。客家先民在南迁的历程中，经受了无比的艰辛、战乱、伤病、天灾、饥饿等考验，在长期的颠沛流离中，他们必须奋力与恶劣的自然环境、复杂的社会环境相抗争，努力进取、自强不息！"逢山必有客"、"逢客必住山"、"八山一水一分田"、"系一条裤腰带出门"等谚语道出客家人生存环境的艰辛，然而遍布海内外的客家人，各行各业都涌现出具有卓越成就的杰出人物。几乎都是白手起家的他们，靠自强不息精神获得巨大成功！他们有的成为异邦开埠的奠基人，有的成为所在行业的开创者，有的成为工商巨富、政坛领袖、教育先驱、科技精英、文学巨匠、艺术大师，等等[①]。

明嘉靖年间，巫翁、巫水父子自长汀、永定迁台垦殖南投鱼池，但第一个较有影响的入台客家人是刘国轩，为台湾的拓荒发展作出大量贡献。开赴香港的五大姓氏——廖、邓、文、侯、彭，他们的原籍多在客家地区，如廖姓源于福建汀州、邓姓源于江西吉水、文姓彭姓源于广东潮州揭阳。早在南宋末年，客家人就唱起了"过番摇"，远渡大洋彼岸创业生根。应该说，客家人的迁徙史，是血泪相伴的艰辛史、是垦殖开发的创业史、是奋发图强的奋斗史、是背井离乡的拼搏史、是一条裤带出洋过海的开拓史。1500多年前，客家始祖之一的程旼带领族人自中原迁至岭南山区。在得知岭南山区各方面都很落后时，程旼以无畏的精神和勇气踏上了"从无到有"、"从简单到复杂"的教化乡民、传播中原文化的艰辛历程。他定居梅州平远坝头后，根据实地条件和发展需要，带领人们搭棚建凉

---

① 刘加洪：《河洛文化与客家优良传统》，河南人民出版社2010年版，第31页。

亭、开辟山道、兴修水利，改进中原耕作技术，逐步改变当地原始落后的"刀耕火种"的生产状况。在改变当地生产状况的同时，程旼还改变当地人的精神状况。他不仅兴办私学、招收本地子弟入塾，还利用一切方式言传身教，教人们识字知礼，逐渐以中原先进的文化思想之光，照亮这片蛮荒之地，加快了客家山区告别愚昧、走向文明的进程。后历代发掘利用各种文化资源兴办书院、义学推行教化，如清溪书院、阳明书院、爱莲书院、新安书院、龙山书院等，一些圣迹亭、敬字亭、惜字会等也体现了这种重文之风。乾隆年间"文风极盛"，仅嘉应州"应童子试者至万有余人"，逐渐形成崇文重教之风。如今，千百年过去了，这片客家地区已成为岭南著名的人文秀区、文化之乡。

（二）客家人流落异地谋生，靠自强不息实现发展

岭南客家人"一叶分万殊"，在不断变革创新中完成伟大的迁徙，不仅在中华民族族群迁徙史上留下了浓墨重彩的一笔，而且在世界性的视阈下赋予南洋文明新的内涵；客家文化是综合文化，将海洋文化与陆地文化进行融合创造，将海洋经济和团结包容的心胸情怀书写得淋漓尽致，靠自强不息的开埠精神实现发展。

客家鼓励人们外出发展甚至到海外谋生，以有志气、敢闯敢干的人为榜样："人穷志不穷，蟒蛇脱壳变成龙"；"胆大漂洋过海，胆小死守家门"[1]；"竹有节，人有志，有志有节世上立"；"山高高不过脚板，石硬硬不过手掌"[2] 等谚语教育人们要自强不息，外出创业，在现实生活中磨炼自己，一切靠自己。谚语"客家人开埠，广府人旺埠，闽潮人占埠"，说的是客家人极其艰辛的白手起家的历程。"系一条裤腰带出门"，"男人有志走四方"等客家谚语教育人们要自强不息、不怕远离家乡。广东大埔县湖寮蓝氏九思堂楹联："读圣贤书，励行孝悌相承，发奋图强，方称佳子弟；守润祖训，谨遵德义传家，光前裕后，才是好裔孙"[3]。楹联表明只有发愤图强、成就事业、为祖先增光、为后代造福的人，才是佳子弟、好子孙。

---

[1] 梅州市民间文艺家协会：《梅州风采》，嘉应文学杂志社1989年版，第278页。
[2] 罗维猛、邱汉章：《客家人文教育》，中国大地出版社2003年版，第117页。
[3] 谢崇德：《客家祠堂楹联》，梅州市政协学习和文史资料委员会编，2006年，第346页。

客商的兴起和壮大,是在突破传统社会"重农抑商"的惯性思维中完成的。客商能因地制宜、因时变通,不为正统思想所束缚,走出了一条创新之路,突破了几千年来形成的"以农为本"的正统思想束缚,客商群体的兴起靠的就是自强不息的创新精神。严酷的生存环境威胁着客家人的生存时,他们选择自强不息,他们敢于背井离乡外出谋生,甚至于迁居海外到达世界各地。《光绪嘉应州志》这样描述:"今日则谋生愈艰。所幸海禁已开,倚南洋为外府","自海禁大开,民之趋南洋者如骛"①。客家人乐意做开拓疆域的先锋,往其他华人不敢去的地方迁徙,故有"客家人开埠"的说法,显示了自强不息的顽强意志品质。

以"实业奇才"张弼士为例,他更是将客商自强不息的创新精神展示得淋漓尽致,他由于创新而成就了其在近代中国经济发展史中的重要地位。他依靠个人奋斗和诚信理念,在南洋创办机械、矿业、航运、农垦、酿酒、玻璃制造业等,被美国报纸称为"中国的洛克菲勒"、"中国的摩根"。他是烟台张裕葡萄酿酒公司的创始人,中国第一批工业化国产机器制砖厂、玻璃制造厂、拖拉机制造厂、机器织布厂等的创办人,以及世界华商大会的创始人。他是中国近代民族工业的先驱,积极有效地推动了近代中国的铁路、矿山和现代农业、现代金融业的发展。1875年,张弼士在苏门答腊岛亚齐地区等地开办垦殖公司。1877年,在怡里创办裕兴垦殖公司。1878年,张弼士与华侨富商张耀轩在日里合办笠旺垦殖公司,种植椰子、咖啡、橡胶、茶叶等,先后建立橡胶园八处,附设橡胶及茶叶加工厂,雇用当地华工及从家乡招募劳工。随着垦殖业的成功,开始拓展到其他领域。他与张耀轩合作,开办日里银行,专门办理华侨储兑信贷及侨汇等业务。从此,张弼士从垦殖业扩展到金融业等,由于他的创新意识,都获得成功。

(三)客家妇女的不屈劳作显示出自强不息精神

严酷的环境使得客家妇女自强不息、刚健果敢。由于山多地少、土地贫瘠造成谋生艰辛,男人们多数远走他乡外出营生,于是种田、做家务、

---

① (清)温仲和:《光绪嘉应州志》(戊戌仲春镂版)卷八《礼俗》,成文出版社1969年版,第54页。

教育孩子等任务全落在客家妇女身上，慢慢形成"男外出，女留家；男工商，女务农"互补型的家庭模式。所谓的四项"妇功"，即"家头教尾"、"田头地尾"、"灶头锅尾"、"针头线尾"亦充分体现了客家妇女自强不息的精神品质。客家妇女是备受世人关注、备受社会学家赞赏的特殊的群体，从这一特殊的群体身上更能展示不屈不挠的民族精神。她们以吃苦耐劳、自强不息而著称于世，正如1905年美国传教士在《美国人杂志》发表的《中国的客家》一文中所称赞的"客家妇女真是我所见到的任何一族妇女中最值得赞叹的了。在客家中，几乎可以说，一切稍微粗重的工作都是属于妇女们的责任。——市镇上做买卖的，车站、码头的劳力，在乡村中耕地种田的，上深山去砍柴的，乃至建筑屋宇时的粗工，灰窑瓦窑里做粗重工作的，几乎全都是女人。她们做这些工作，不仅是能力上可以胜任，而且在精神上非常愉快，因为她们不是被压迫的，反之她们是主动的。"[①] 客家妇女在特殊的历史背景、地理条件和家庭环境等因素的影响下，以自强不息精神挑战世俗权威、挑战生活压力，赋予了客家人浮雕般的大写人格。客家人喜欢清淡色调，如棉被套、被单、包东西的手巾等几乎都是用花布做成的，形成客家文化中朴实、素淡的风格。经过客家妇女精心搭配的色彩模式的蓝衫把客家女德发挥到极致，蓝衫方便、耐穿、节俭，非常适合田间劳动、上山砍柴和操持家务，既不显俗又不失大方。蓝衫的结构是一种平面裁剪的形式，每一片没有任何打褶或立体构成，裁剪缝制非常精简节约，体现出客家劳动妇女勤劳节俭的美德和物尽其用的巧思。围身裙的色彩以讲究实用为出发点，协调的色彩模式淡化了服饰的礼制与等级内涵。这些都是客家人吃苦耐劳、自强不息的精神面貌的直接体现。

综上可知，在漫长的迁徙和艰辛创业生活中，客家人血液里维系了中原文化的优良传统，奔流着粗犷、冒险、耐劳、刚强的品性，留下大量爱国主义、团结统一、爱好和平、勤劳勇敢、自强不息的优良传统，延续并拓展着民族不屈不挠的精神气魄。以民族精神为考察视阈，可谓抓住了客家优良传统的根本，利于拓展客家优良传统的空间和范围。

---

① 《外国人对客家人的评价》，载张卫东、王洪友《客家研究》第一集，同济大学出版社1989年版，第176页。

第四节 以改革创新为核心的时代精神视阈下的客家优良传统

时代精神是一个社会在最新的创造性实践中激发出来的，反映社会进步的发展方向、引领时代进步潮流、为社会成员普遍认同和接受的思想观念、价值取向、道德规范和行为方式，是一个社会最新的精神气质、精神风貌和社会时尚的综合体现。在当代中国人民的伟大奋斗过程中，中华民族不断培养、积累和形成了以改革创新为核心的与时俱进、开拓进取、求真务实、奋勇争先的时代精神。时代精神是每一个时代特有的普遍精神实质，是一种超脱个人的共同的群体意识，它具有激励人们奋发向上、追求进步的功能。一千多年来，客家人从中原迁徙到闽粤赣大本营，再开枝散叶到全国各地，乃至漂洋过海于世界，不断发展壮大，靠的就是以改革创新为核心的时代精神。以改革创新为核心的时代精神是客家优良传统的重要组成部分，是客家人保持强大凝聚力、生命力、创造力的根本所在，它和社会主义核心价值体系的时代精神又是相通共融的。

一 改革创新视阈下的客家优良传统

所谓改革就是改掉旧的、不合理的部分，使事物更趋合理完善；创新则是指开创新的事物、开辟新的局面。旧指朝政变革或改朝换代，现泛指事物的破旧立新、除旧布新。改革创新昭示和要求人们做事不能因循守旧、墨守成规，更不能前怕狼后怕虎、顾虑这顾虑那，而要锐意创新，攻坚克难，克服自满保守思想，增强危机忧患意识，不断发现和掌握新的真理，不达目标誓不罢休。

客家人作为中华民族的一支重要民系，秉承了中华民族改革创新、革故鼎新的优良传统，他们首先在思想上解放自己，打破习惯势力和主观偏见的束缚，研究新情况，解决新问题。为了生存、发展，他们经历了长期的迁徙、流浪，颠沛流离，逐步地摆脱了中原"安土重迁"和"父母在，不远游"的传统保守观念的束缚，树立起"四海为家"、"落地生根"、"日久他乡即故乡"的新思想。处处为客，处处为家，这种观念深入人心、潜移默化，这是客家文化具有强大生命力的表现。客家人有一句嘲笑人的谚语:"死田螺唔晓过丘",说的是田螺是行动迟缓的,觅食时不能过田埂,天旱时通常会饿死。意思是因循守旧、墨守成规,死待在一个地方,不懂得挪动改变,是没出息的表现;死守某一领域不懂得向外拓展,不会改革创新,致使错失良机。所以,客家人生性敢于冒险,勇于革故鼎新,能够改革创新。客家人有这样的谚语:"舍不得娇妻,做不成好汉";"鹞婆飞上天,蟾蜍蹲缸脚"①。这些谚语均教育人们要敢想敢干,出外创业,要在现实生活中磨炼自己,而不能贪图安逸,才能有所成就。海南定安县莫氏祠堂楹联:"先畴席旧维新,植本树基,可信如南山之寿;后人追远自迩,穷原竟委,应知由北宋而来。"② 广东平远县长田石角村凌氏祠堂楹联:"启尔于云栋维新,所爱统绪相承,上接双旌世泽;思乃祖芳徽可挹,还祈人文蔚起,远绍六印家声。"③ 广东梅州东厢月塘面廖氏祠堂楹联:"祖德溯三洲,源远流长,看此日人文蔚起;宗功承万石,根深叶茂,喜今朝景运维新。"④ 这些楹联都提到了维新,即改变旧法推行新政,也就是通过改革创新,才能振兴家族振兴国家,使得事业蓬勃兴起。因此,客家人思想解放,富于改革创新精神,易于接受新思想新观念。

广东丰顺的客家人丁日昌,一生倡言改革,积极引进西学,他是最早提出改革科举考试者之一,主张"举贤才,汰虚冗,益廉俸,先书吏,输漕粟,变武科"⑤。就是要重用圣达贤人,淘汰闲散之官,提倡清政廉洁,严惩贪官污吏,蠲减苛捐杂税,选拔军事人才,这一改革新政深受百姓的拥护和爱戴。他认为军队要严加整顿,更换装备,勤于操练,逐步实现近代化。他说:"不如酌裁标兵之老弱,补以散勇之精锐……大抵备豫莫亟于练兵,练兵莫要于整饬营制。"⑥ 所以,改革的重点是裁汰老弱旧

---

① 梅州市民间文艺家协会:《梅州风采》,嘉应文学杂志社1989年版,第278页。

② 谢崇德:《客家祠堂楹联》,梅州市政协学习和文史资料委员会编,2006年,第271页。

③ 同上书,第281页。

④ 同上书,第367页。

⑤ 《清史稿·列传·丁日昌》,载赵春晨《丁日昌集》(下册),上海古籍出版社2010年版,第598页。

⑥ 丁日昌:《酌改苏抚标兵制疏》,载赵春晨《丁日昌集》(上册),上海古籍出版社2010年版,第169—176页。

兵，易以新勇，改操洋枪洋炮，整顿军纪。他认为"惟练兵、制器、电报、铁路、造船、开矿、种植、织造等事不能不采用西法"①，他是第一个提出建立新式海军，第一个提出在台湾修铁路、架设电线和铺设通向大陆的海底电缆，主持创建了第一间近代军事工业"江南制造局"，开创了中国第一所电报训练班，拟订了中国第一个《海难救护章程》，等等。

　　黄遵宪是我国近代卓越的外交家、启蒙思想家、改革家、著名爱国诗人、教育家。他放眼世界、思想开化、追求真理、与时俱进。他不仅大力宣传倡导资产阶级维新思想，而且勇于实践，厉行改革，开全国风气之先。在中日甲午战争期间，黄遵宪参与上海强学会，与谭嗣同等人创办《时务报》，帮助著名的改良运动领导人湖南巡抚陈宝箴推行新政改革，他提倡"分官权于民"，"地方自治"等，改革封建官制，传播民权思想，尝试禁女子缠足，倡议设学校，筹水利，兴实业，力谋中国之富强。戊戌维新变法失败后，黄遵宪被免职，回归广东梅州故里人境庐，但他仍不避忌讳，在墙上悬挂兴中会会员谢缵泰画的《时局全图》，由衷地表现了他对社会时局的关心和对祖国危亡的担心，希望通过新政改革救亡图存。他看到中国古典诗歌已经不能适应时代的需要，于是提倡诗界革命，主张"我手写我口，古岂能拘牵"②。就是主张写亲身经历，亲身感受，说自己要说的话，不要去当古人的奴隶，这是他在诗歌界的改革创新。"滔滔海水日趋东，万法从新要大同，后二十年言定验，手书心史井函中。"③ 黄遵宪已经认识到社会改革是不可抗拒的历史潮流，所以主张以开拓创新的改革思想去迎接挑战。可以说，黄遵宪的一生是不断学习、追求真理、改革创新的一生。

　　丘逢甲不仅是中国近代史上著名的爱国保台志士，也是我国近代教育史上杰出的教育家、改革家。他在"创设岭东同文学堂序"公开申明教育改革的目的，"我潮同志，深慨中国之弱，由于不学也，因思强中国，

---

① 丁日昌：《百兰山馆政书》，载赵春晨《丁日昌集》（序），上海古籍出版社2010年版，第8页。
② （清）黄遵宪：《杂感》，载钱仲联《人境庐诗草笺注》，上海古籍出版社1981年版，第42页。
③ （清）黄遵宪：《己亥杂诗》，载钱仲联《人境庐诗草笺注》，上海古籍出版社1981年版，第826页。

必以兴起人才为先"①；主张改革旧的教育制度，大力推行新学，培养兴国有用之才，鼓励青年学生"勿亦为科举所累"，并"专以新思潮及有用之学课士"②。他主张大胆改革教学内容，注重教学内容的全面性、多样性和实践性；倡导和采用西方先进的教学方法；鼓励学生选择和运用科学的学习方法；等等。丘逢甲难能可贵之处，就在于他的教育思想和实践能紧跟时代步伐，不断地对传统教育制度进行改革，进行创新。同时，丘逢甲的诗也表现出独具一格的创新意识，梁启超把丘逢甲和黄遵宪并称为"诗界革命之巨子"；柳亚子在《论诗六绝句》中评论说："时流竞说黄公度，英气终输仓海君。"③ 以后在民主革命潮流的推涌下，他的政治立场更是完成由改良派向革命派的重大转变，已从一位维新绅士转变为革命志士。这说明他的一生都在追求进步、改革创新，这是他热爱真理、勇于探索的必然结果，也是他爱国思想在实践中不断向前发展并得以完善升华的必然归宿。

由此可见，中华民族中所孕育的改革创新精神，是中华民族生生不息、继往开来的关键所在。客家人传承和发展了中华民族的改革创新的优良传统，不断突破抱缺守残、墨守成规的思想，扫清了束缚自己前进的樊篱，创造了独特的客家文化，为世人所称赞。实践经验证明，改革创新是社会发展进步的先导，只要我们切实地弘扬改革创新的精神，大胆借鉴人类社会创造的一切文明成果，解放思想、知难而进，就能够实现超常规的跨越式发展，实现中华民族的伟大复兴。

二 与时俱进视阈下的客家优良传统

所谓与时俱进是指准确把握时代特征，始终站在时代前列和实践前沿，始终坚持解放思想、实事求是，在大胆探索中继承发展，思想、行动要跟时代一起进步。与时俱进昭示和要求人们要跟上社会的进步和时代的发展，正确反映时代的主题和本质，更要具有一定的前瞻性，认清并把握时代和世界发展的大趋势，进而始终站在时代发展和世界潮流的前列，否

---

① 丘晨波：《丘逢甲文集》，花城出版社1994年版，第303页。
② 李鸿生、朱春燕：《丘逢甲的教育思想与实践》，《学术研究》1995年第2期，第81页。
③ 徐博东、黄志平：《丘逢甲传》（增订本），九州出版社2011年版，第178页。

则就要落伍，甚至被淘汰。

一部客家史可以说是一部与时俱进、与时偕行的历史。这个"时"是形势、大势。客家谚语说："形势比人强"，就是周围环境中所处的情形或形势发生变化，是任何人的力量也无法挽回的，要接受现实或做出正确选择，顺应这一形势。为躲避战乱求生存，一代又一代中原汉人踏上南迁之路。他们先南下长江流域，而后陆续到达赣南、闽西、粤东以及广西、四川、陕西等地。这是形势比人强，先是被动，后是主动，一次又一次的移民壮举，诞生了一个特殊的民系——客家民系。客家谚语还说："大势所趋，人心所向"；"识时务者为俊杰"。就是整个局势发展的趋向，非人力之所能转移，势在必行，势不可挡，这一形势也是人民群众所拥护的，向往的。广东丰顺县丰良镇吴氏祠堂楹联："祖德庆流芳，历经世乱风潮，能随民族复兴，依然轮奂；将军欣继起，无非地灵人杰，得此山川秀气，代有英豪。"① 再如越南钟氏宗亲总会楹联："越裳棠棣联欢，溯颍水源长，湄公河浚，七洲洋涌，四海波扬，时势适潮流，风雨同舟宜共济；秋节衣冠肃祭，正榴连果熟，丹桂花开，一灶香飘，三杯酒献，平安沾祖德，海天明月庆常圆。"② 这些楹联都强调了要适应形势发展，顺应时代潮流，不避风雨，同舟共济，就会迎来平安幸福；海阔天高，民族复兴，事业发达。那么只有认清时代潮流，才能成为出色的人物。近代以来，客家儿女之所以英才辈出、群星闪烁，涌现出不少为国家和社会作出重要贡献的客家名人，就在于他们能够在历次反帝反封建的斗争中，跟随时代潮流，把握时代脉搏，站在时代前列，英勇顽强，无私无畏，壮怀激烈。他们为祖国的独立、富强，为民主革命的胜利，谱写了一曲又一曲动人心魄的壮丽篇章。

洪秀全领导的太平天国运动，虽然在中外反动势力联合绞杀之下失败了，但是它所谱写的辉煌历史是抹杀不了的。而它革故鼎新、与时俱进的思想，也为后人所津津乐道。1859年洪秀全颁布了太平天国后期的重要政纲《资政新篇》，这是洪仁玕为仿效西方资本主义国家而写的一本书，说明他们在对待资本主义的态度上，较同时代的地主统治阶级思想开明、

---

① 谢崇德：《客家祠堂楹联》，梅州市政协学习和文史资料委员会编，2006年，第122页。
② 同上书，第221页。

眼界开阔。它是先进的中国人最早提出的在中国发展资本主义的方案，具有鲜明的资本主义性质。它明确提出了学习西方先进的政治制度和先进的科学技术，主张平等的外交等，集中反映了当时先进的中国人向西方寻找真理和探索救国救民道路的迫切愿望，符合中国社会发展方向，具有进步性。虽然由于种种原因，《资政新篇》根本没有实行，但是它主张的推陈出新、吐故纳新，却反映了近代中国社会的时代潮流和发展趋势。

"天下大势，浩浩荡荡，顺之者昌，逆之者亡。"这是客家后裔孙中山的名言，也是孙中山一生追求的目标。孙中山从弃医从政到上书李鸿章；从建立兴中会，提出了"驱逐鞑虏，恢复中华，创立合众政府"的主张，到成立中国同盟会，提出了"民族、民权、民生"三民主义的政治纲领；从广泛宣传革命，唤醒了中国人民，到积极发动武装起义，敲响了清王朝的丧钟；从建立了中华民国临时政府，公布了具有宪法性质的《中华民国临时约法》，到发动了二次革命、护法运动、二次护法运动；从提出"联俄、联共、扶助农工"的三大政策，到重新解释了三民主义。他在不断革故鼎新、追求真理，与时俱进。"革命尚未成功，同志仍须努力。"①虽然对孙中山来说是遗憾的，但是他一生孜孜以求的精神，与时俱进的行动，却永远激励着中国人民奋勇前行。正如胡锦涛强调的，"孙中山先生追求真理的开拓进取精神和矢志不渝的爱国主义情怀，孙中山先生天下为公的博大胸怀和放眼世界的开放心态，孙中山先生生命不息、奋斗不止的坚强意志和鞠躬尽瘁、死而后已的高尚品德，是他留给我们的宝贵精神遗产"②。

中国历史上经历了旧民主主义革命时期、新民主主义革命时期、社会主义革命和建设时期，涌现了孙中山、毛泽东、邓小平三位世纪伟人。叶剑英跟随孙中山、拥戴毛泽东、匡助邓小平，是一位紧跟时代前进的巨

---

① "革命尚未成功，同志仍须努力。"这两句并非孙中山先生的原话，而是汪精卫从他的政治遗嘱中提炼出来的。孙中山遗嘱内容如下："余致力国民革命，凡四十年，其目的在求中国之自由平等。积四十年之经验，深知欲达到此目的，必须唤起民众，及联合世界上以平等待我之民族，共同奋斗。现在革命尚未成功。凡我同志，务须依照余所著《建国方略》、《建国大纲》、《三民主义》及《第一次全国代表大会宣言》，继续努力，以求贯彻。最近主张开国民会议及废除不平等条约，尤须于最短期间，促其实现。是所至嘱！"

② 胡锦涛：《在孙中山先生诞辰140周年纪念大会上的讲话》，2006年11月12日，新华网（http://news.xinhuanet.com）。

人。孙中山对叶剑英的评价是:"年轻有为";毛泽东对叶剑英的评价是:长征路上,是叶剑英"救了党,救了红军,救了我们这些人"。叶剑英是"诸葛一生惟谨慎,吕端大事不糊涂"。周恩来评价叶剑英的一生是:"疾风知劲草,板荡识诚臣。"粉碎"四人帮"后,叶剑英排除巨大阻力,最终推举邓小平为第二代领导集体的核心,邓小平总是习惯地称叶剑英为"老兄"、"老帅",对叶剑英的评价是"在中国历史重要转折关头为人民建立功勋"①。无论怎样评价,叶剑英都是一位自强不息、与时俱进、开拓创新的杰出代表人物,也是客家人的骄傲和自豪。

由此可见,中华民族中所蕴涵的与时俱进的精神,是中华民族引领潮流、敢于探索的灵魂伴侣。客家人传承和发展了中华民族的与时俱进的优良传统,始终坚持解放思想、勇立潮头,紧跟时代发展步伐,从而保持了它的巨大的创造力和旺盛的生命力。实践经验证明,只有始终保持与时俱进的精神,才能使我们体现时代性、把握规律性、富于创造性,才能研究新情况、解决新问题、总结新经验、采取新措施、取得新胜利,才能使中华民族始终立于世界文化发展的潮头。

三 开拓进取视阈下的客家优良传统

所谓开拓进取是指努力想办法创新向前,立志有所作为,不断地学习,不断地进步,不断地提升自己的能力,从小到大地发展、扩大,打开新局面,走上新台阶,跨进新时代。开拓进取昭示和要求人们要有一种时不我待、不进则退的紧迫感,一种深切的历史忧患意识,一种昂扬向上、奋发有为的精神状态,一种不甘落后、奋起直追、实现民族复兴的雄心壮志和能力。

中国有句谚语:"树挪死,人挪活",深刻地表述了人类对于不断开拓生存空间的价值判断,应该是客家人闯荡流移、开拓进取的最好说明。不断地迁徙,到处去开拓,才能够最大限度地去认识与利用自然,做地球的主人。从西晋末年开始,中原大地战乱纷飞,中原汉人为了不屈服于异族的统治,为了使种族得到延续,舍弃了自己心爱的家园,历经千辛万苦

---

① 苗体君、窦春芳:《几次重大历史关头的叶剑英——纪念叶剑英元帅诞辰110周年》,《党史博采》2007年第4期。

向南方迁徙,从此拉开了客家民系形成的序幕。客家民系的形成过程,最为完美地表现了人类不断探索、不断开拓进取、不断征服自然的大无畏精神。有一首在客家地区流传很久的歌谣:"骏马骑行各出疆,任从随地立纲常。年深外境犹吾境,日后他乡即故乡。"① 这首歌谣反映了客家人远离故土、远走他乡的历史际遇,表现了客家人艰苦奋斗、开拓进取的精神境界。客家人在历史上正是以这种自强不息、开拓进取的精神,造就了许多英杰,同时形成许多在艰苦环境中追求人生理想的格言和家训,这正是客家人矢志不渝,战胜困难,立于不败之地的精神力量。广东兴宁市罗冈洋塘巫氏祠堂槛联:"系溯平阳,由闽迁粤,念先祖斩棘披荆创伟业;册授镇国,赐侯封相,喜后裔修文司武振家声。"② 台湾台北市练氏祠堂槛联:"思我祖别井离乡,由汀武而迁台湾,辟土开疆,克勤克俭新世泽;嘱尔曹守成创业,自士农以及工商,继志述事,毋忘岐淦旧家风。"③ 这些槛联都阐释了先辈们不怕艰难困苦,斩棘披荆,辟土开疆,开拓进取,成就伟业;期望后辈们继续排除困难,勇往直前,开拓创新,有所作为,出彩人生。

广东梅县石扇人罗芳伯,"自幼学文习武为群儿冠";"遇事勤奋,乡里称之"。清乾隆三十七年(1772),抱着到南洋采金谋生的希望,邀集了同乡青年从嘉应州出发,跋山涉水,步行到达东莞,从东莞虎门驾独木连体船出发,漂流到婆罗洲的三发(即今印尼的加里曼丹岛)登陆。这里基本上还是一个没有开发的荒岛,荆棘丛生,沼泽遍布,一片荒凉。罗芳伯等人就在这样艰难的环境中开垦土地,种粮种菜,逐渐把这个荒岛开发出来,而后到东万律开采金矿。罗芳伯在站稳脚跟后,积极联络苏丹和当地土族头人,成立华侨与当地民众相结合的军队,奋力击退外来入侵者,取得了东万律的管辖权。1777年,罗芳伯根据当地人民的意见,以东万律为首府,着手建立"兰芳公司",并组织"兰芳大总制"共和国。在他管辖下的11万民众一致拥戴他,称他为"大唐总长",敬称为"芳伯"。兰芳共和国是世界上最早的现代共和制国家之一,罗芳伯是客家人

---

① 刘加洪:《河洛文化与客家优良传统》,河南人民出版社2010年版,第34页。
② 谢崇德:《客家祠堂槛联》,梅州市政协学习和文史资料委员会编,2006年,第120页。
③ 同上书,第196页。

向海外开拓进取、奋发有为的最佳典范。

在开拓南洋的事业中,广东大埔籍的张弼士堪称是杰出的华侨实业家。他依靠自己艰苦奋斗和争取众人帮助,迅速拥有资财达七八千万两白银,还拥有相当多的不动产,一跃成为南洋华侨中首屈一指的巨富,被时人誉为"实业奇才"。更为可贵的是,张弼士怀着"实业兴邦"的炽热理想,提倡"主权自掌、利不外溢"。他以身作则,把大量资金投回国内,引进西方先进技术和设备。先后在广东、山东等地创办机械、矿业、航运、农垦、酿酒、玻璃制造等各种企业。如:烟台张裕葡萄酿酒公司、宝兴公司、广州亚通机织厂、广东开建金矿公司、惠州福兴玻璃厂、海丰平海福裕盐田公司、佛山裕益砂砖公司,等等,其行业之多、范围之广,在中国实属罕见。美国的《纽约日报》曾多次称他为"中国的洛克菲勒"、"中国的摩根"[1]。可以说,张弼士是海外客家人锐意进取、开拓创新的一个典范,也是海外客家人爱国爱乡、不忘故土的一个榜样,其精神可嘉,事迹垂范。

由此可见,中华民族中所拥有的开拓进取的精神,是中华民族所向披靡、一往无前的源头活水。客家人传承和发展了中华民族的开拓进取的优良传统,走南闯北、自东到西,由国内走向国外,散居世界各地,以其独特的精神面貌,创造了无数可歌可泣的奇迹。实践经验证明,只有具备勇于探索、敢冒风险的开拓进取精神,锲而不舍、百折不挠,才能在未开垦的处女地取得突破性进展,才能开创前无古人的伟大事业,才能使中华民族迎来辉煌灿烂的美好明天。

四 求真务实视阈下的客家优良传统

所谓求真,就是求是,追求真理,实事求是,去不断地认识事物的本质,把握事物的规律;务实,就是要在这种规律性认识的指导下,去做、去实践,去从事实际工作与研究具体问题,为人诚实,为事业忠诚。求真务实昭示和要求人们重视实际,讲求务实,追求实效,而轻视浮华,鄙视玄虚,不尚空谈,不可虚伪,去追求事物发展的真理所在和寻找事物发展的客观规律。

---

[1] 罗维猛、邱汉章:《客家人文教育》,中国大地出版社2003年版,第147页。

客家人从中原辗转迁徙至南方各省，历经沧桑，备尝艰辛，在颠沛流离的苦旅中养成了一种淳朴保守、求真务实的气质。客家人的性格和生活习俗处处表现出淳朴来。客家人一般都具有质朴无华的习性，平日言谈，不尚藻饰，是就是，非就非，开门见山，毫不含糊；对待友人，亦一本纯真，不拘繁文缛节，且交谊愈深，往来形式愈淡泊，正所谓"君子之交淡如水"。

客家人有这样的俗语："骑马库棍子，天晴防落水。"① 意思是一个人骑在马背上还要多扶一根手杖辅行以资安稳；外出时纵使是晴天也要作下雨的准备。话语极为浅显通俗，但内涵深刻富有生活哲理，显示出客家人平日立身行事的稳健和踏实的态度。客家人有这样的俗语："多看事实，少听虚言"；"言过其实，终无大用"；"真货不怕人看，真理不怕人辩"②。殷氏祠堂楹联："治家大道，不外耕读二事，兢兢业业，常怀祖父懿训；行己要图，惟在孝友两端，睦睦雍雍，弗愧圣贤良谟。"③ 倪氏祠堂楹联："承祖宗一脉传薪，忠孝之馀存信义；教儿孙几条正路，士农之外作工商。"④ 雷氏祠堂楹联："世事如棋，让一步何尝亏我；心田似海，纳百江方见如流。"⑤ 这些楹联都是教育人们要做事兢兢业业，做人忠孝信义，要走正路，立身行己，忍一时风平浪静，退一步海阔天空。"士耻虚务实，鲜以标榜为事"⑥，即便是大本营地区的传统士大夫和文人学士，也崇尚这种求真务实的为人处世态度。这种根植于农耕文明基础上的务实精神，不仅体现在客家人的现实生活中，而且还牢固地植根于客家人的深层意识之内。

曾宪梓从孑然一身踏足香港的那一刻起，他就给自己定下了"无论将来环境如何恶劣，都必须正直做人"⑦ 的训条。正直做人，其实就饱含着求真务实的意蕴。经历过白手起家、艰苦创业的曾宪梓，创业初期曾为

---

① 罗维猛、邱汉章：《客家人文教育》，中国大地出版社2003年版，第42页。
② 同上书，第101页。
③ 谢崇德：《客家祠堂楹联》，梅州市政协学习和文史资料委员会编，2006年，第255页。
④ 同上书，第275页。
⑤ 同上书，第351页。
⑥ 罗维猛、邱汉章：《客家人文教育》，中国大地出版社2003年版，第22页。
⑦ 夏萍：《曾宪梓传》，作家出版社1995年版，第5页。

信守与销售商之间的口头承诺而宁愿自己亏本,以诚信品格传为商界佳话,最终创立了"金利来"品牌。在今天,只要人们一问起金利来团队的任何一个成员"什么是金利来精神?曾宪梓先生成功的秘诀是什么?"他们会毫不犹豫地回答说:"勤、俭、诚、信。"① 这位经商40载的企业家告诉人们,"勤俭诚信"是他人生的座右铭,因为"勤可使人从无变有,创造财富;俭是必要的积累;诚能使人广交朋友,获得更多机会;信能使人把握住机会,获得成功"②。的确,令曾宪梓取得成功的,以及曾宪梓自始至终贯穿于他的企业、他的企业王国的每一个成员的,就是曾宪梓一生所坚持的"勤、俭、诚、信",坚毅不屈和不断创新地为商做人之道。

田家炳所倡导的"宁可实而不华,不可华而不实",其精粹就是做人要诚实守信,田家炳的成功也正是靠诚实守信为基础的。田家炳自幼勤学苦读,孝敬父母,早晚请安,守身如玉,为人处世,十分诚恳。田家炳认为:做人最根本的就要讲一个"诚"字。一切出自真诚,要做到心中有"诚",口心一致,将心比心,绝不能说一套做一套。不管你与商界、政界、百姓还是跟谁交往,也不管你与他有没有利益往来,都要始终以诚相待。只有"诚"才能助你事业长久,只有"诚"才能让你赢得越来越多朋友的信任和支持,也只有"诚"才能化解一切矛盾,帮你渡过难关③。田家炳先生曾答应给一所大学捐资数百万,但后来由于公司亏损,资金周转不开,几乎无法支付那笔捐款,但田老先生为了履行自己的诺言,将自己的住宅卖掉,去资助那所学校,这便是他"诚信"的体现。田家炳几十年来的工商业经营拓展中都做到了诚实为人,从不偷奸耍滑,讲的都是肺腑之言,做的是诚信之事。田家炳的一生薄于己,厚于人,交友诚信,有操守,重人品。

四川客家人朱德是伟大的马克思主义者和无产阶级革命家、军事家,是我们党、人民军队和国家的卓越领导人。朱德无论是在领兵打

---

① 夏萍:《曾宪梓传》,作家出版社1995年版,第308页。
② 程瑛、何自力:《曾宪梓:"诚信是华商成功的根本"》,2001年9月16日,新华网(http://www.js.xinhuanet.com)。
③ 李锦让、刘龙胜:《田家炳在精神层面上铸造高风仁德》,《梅州日报》2004年11月9日。

仗、在军队的建设，还是在党的建设、经济建设各个方面，都严格遵循着实事求是，一切从实际出发的马克思主义原则办事。朱德强调指出，我们办事情，"必须从实际出发，采取实事求是的态度"①。朱德回忆他在莫斯科学习军事时，教官测验他，问他回国后怎样打仗，他回答说："打得赢就打，打不赢就走。"② 在井冈山时期，他就跟毛泽东一起创造了游击战的"十六字诀"，运用它取得了反"围剿"战争的伟大胜利。他在《论解放区战场》一文中说："有什么枪打什么仗，对什么敌人打什么仗，在什么时间地点打什么时间地点的仗。"③ 正是这种求真务实的精神，帮助朱德用兵打仗出神入化，变幻无穷，以弱胜强，赢得了一个又一个胜利。在经济建设方面，朱德特别强调"勤俭建国、勤俭持家"④。朱德言行一致，自从住进中南海就在自己住的地方开了一片菜地，在种地的时候，叫上家里所有孩子，大的就拿锄头和铁锹，铲地挖地，小的就拿塑料桶浇水，要求孩子们知道劳动的概念，知道粮食来之不易。在1959年到1961年的三年自然灾害期间，朱德就用自己种的菜来补助家庭，解决生活的不足。朱德有一首《勤俭》诗："由俭入奢易，由奢入俭难，勤俭建国家，永远是真言。"⑤ 这是他一生的写照，也是他对自己和家庭的要求，更是体现了一个共产党员艰苦朴素、求真务实的精神。

由此可见，中华民族中所追求的求真务实的精神，是中华民族认识世界、改造世界的锐利武器。客家人传承和发展了中华民族的求真务实的优良传统，坚持一切从实际出发，一切按客观规律办事，做人做事，忠贞不渝，从而赢得世人好评，赢得世人信赖。实践经验证明，只有尊重实践，尊重科学，尊重群众，讲实话、办实事、求实效，我们才能找到解决问题的办法，得到人民群众的拥护和爱戴，我们的事业才能欣欣向荣、蒸蒸日上，才能实现中华民族的百年梦想。

---

① 中共中央文献研究室编辑委员会：《朱德选集》，人民出版社1983年版，第95页。
② 同上书，第126页。
③ 同上书，第168页。
④ 同上书，第367页。
⑤ 郑光魁：《朱德的勤俭家风影响几辈人》，2007年8月10日，中国共产党新闻网（http://cpc.people.com.cn）。

五 奋勇争先视阈下的客家优良传统

所谓奋勇就是奋发图强、鼓起勇气，敢于拼搏，志在必得，冲在最前面。所谓争先就是心忧天下，刚健有为，敢为人先，先知先觉，果断的作出相应的决策，敢于做别人不敢做的事情。奋勇争先昭示和要求人们在分析问题、解决问题时，既要着眼国内，也要着眼世界；既要着眼现实，也要着眼未来。只有把这些要求有机结合起来，对大局了然于胸，才能确保决策的科学性和预见性。

客家人从北到南，漂洋过海，足迹遍天下，这在客观上为客家人汲取人类智慧精华提供了极为有利的条件，也养成了心胸宽广、海纳百川、善于兼容各种文化营养的品格。南迁汉人身受异族侵扰之害，故不满和反抗外来侵略之情绪尤为炽烈。因此每当民族危难、国家危亡之时，客家人总率先挺身而出，揭竿而起，奋勇争先，冲锋在最前列。客家人通过谚语、楹联，激励子弟勤奋好学、奋勇争先、成才立业。客家谚语云："做人要像人，做鬼要吓人"；"竹篙叉，叉对叉，靠来靠去靠自家"①。"人怕人打落（寥落），火怕人烧着"；"人争一口气，佛争一炉香"②。这些谚语要求子弟做事要赢人，做什么事都要靠自己。既然一切靠的是自己，那就只有刻苦奋斗、奋勇争先。丘逢甲撰台湾郑成功庙楹联："由秀才而封王，主持半壁旧江山，为天下读书人顿增颜色；驱外夷以出境，自辟千秋新事业，愿今日有志者再鼓雄风。"③ 四川大邑县赵子龙庙楹联："义胆大于身，陷阵摧锋，自昔称常山虎将；忠魂符厥号，兴亡降雨，至今尊洮水龙神。"④ 前副楹联讴歌了郑成功一生崇文尚武、冲锋在前，最终把荷兰殖民者驱逐出境，使台湾重新回到祖国怀抱的英雄事迹。后副楹联则描述了赵子龙忠魂义胆、久战沙场，智勇齐备、屡建奇功，奋勇争先、名垂后世。漂洋过海、走向世界的客家人，他们比大本营的客家人多了一份艰辛，而又多了一份自信；多了一份磨难，而又多了一份宽容。他们的视野更加开拓，胸怀更加宽广，思想更加创新，更加能够奋勇争先，以至于在

---

① 冯秀珍：《客家文化大观》（中），经济日报出版社2003年版，第790—791页。
② 梅州市民间文艺家协会：《梅州风采》，嘉应文学杂志社1989年版，第278页。
③ 谢崇德：《客家祠堂楹联》，梅州市政协学习和文史资料委员会编，2006年，第192页。
④ 同上书，第212页。

经商、从政、报国、重教、崇正等方面出现了新特点新气象，为客家优良传统赋予了新内涵。

近代以来，随着国门洞开面对西方列强的威胁，一批批先知先觉的客家人认识到要开眼看世界，于是通过各种形式和途径，探索救国救民的真理。客家人最早开眼看世界的是谢清高（1765—1821），广东嘉应州程乡金盘堡（今梅县丙村）人。清代旅行家、航海家，有中国的马可·波罗之称。1782年，18岁的他便在外国商船上当船员，走遍亚、非、欧三大洲。后来，谢清高口述其所见所闻，同乡黄炳南代为笔录，取名《海录》，于清嘉庆二十五年（1820）底刊行问世。《海录》是鸦片战争前夕国内最先介绍世界概况的著作，时人称："中国人著书谈海事，远及大西洋外，自谢清高始。"[①] 钦差大臣林则徐曾在广东看到《海录》刻本，称赞此书"所载外国事颇为精审"[②]。谢清高对英国的对外扩张、殖民政策有所认识，对清廷闭关锁国，仍然陶醉在"中央帝国"的梦幻中有所感悟。虽然谢清高没有直接提出"开眼看世界"的概念，但是他的思想对林则徐《四洲志》和"开眼看世界"、魏源《海国图志》和"师夷之长技以制夷"等都产生了深刻的影响。可以说，谢清高凭着奋勇争先的精神，走在了"开眼看世界"的最前沿。

祖籍福建省永定县的胡文虎是饮誉亚洲的制药企业家，他在缅甸仰光子承父业，以"虎标万金油"等成药发家致富。他根据中西药理，采择中、缅古方，并重金聘请医师、药剂师多人，用科学方法，将"玉树神散"改良成为既能外抹，又能内服、携带方便、价钱便宜的万金油；同时，又吸收中国传统膏丹丸散的优点，研制成八卦丹、头痛粉、止痛散、清快水等成药。永安堂"虎标良药"从此畅销于整个西太平洋和印度洋的广大地域，包括中国、印度和东南亚这3个人口最多的市场，销售对象达到全球总人口的半数以上，胡文虎被誉为"万金油大王"。他没有受过高深教育，也不以知识分子自命，却独资创办了十多家中、英文报纸，一度享有"报业巨子"的称号。胡文虎认为办报与

---

① 林振武：《周游世界的客家人》，《梅州文史》总第三辑，广东省梅州市政协文史资料研究委员会，1990年，第52页。

② 同上。

建立学校、创办医院，都是直接服务于社会的重要事业，而星系报纸在抗日战争中起过积极的作用。他发家后，自倡"以大众之财，还诸大众"的宏论，热心于兴办慈善事业和赞助文化教育事业，因而也是有名的"大慈善家"。抗日战争前夕，胡文虎还捐资350万港元，准备10年内在中国兴建1000所小学，争取每县办一所，以实现在国内普及教育和扫除文盲的夙愿。抗日战争期间，胡文虎决定在抗战胜利后修建县级医院100所，并汇款1000万元（当时估计大县建一所医院需10万元，小县需5万元，共需款1000万元），分别存入当时的中央、中国、交通、农民四家银行。抗战胜利后，由于国民党统治区通货膨胀，币值一贬再贬，时局动荡，胡文虎的计划全部落空，成为终生憾事。但是，胡文虎敢作敢为、奋勇争先、热心慈善、无私奉献的精神，却是一笔无价之宝，在历史上闪烁着璀璨的光芒。

"二十一条"签订时，在广东梅县东山中学读书的叶剑英才18岁，面对袁世凯阴谋称帝，局势混乱，全国讨袁声势浩大，革命浪潮汹涌，爱国志士无不欲以身报国。他写下了一首气势磅礴的《油岩题壁》诗："放眼高歌气吐虹，也曾拔剑角群雄。我来无限兴亡感，慰祝苍生乐大同。"①叶剑英有感于外患频仍，内乱不止，国难当头，危机深重，决心立志从戎，拯救百姓，报效国家，表达了他志在天下，忧国忧民，奋勇争先，济世救穷的远大志向。叶剑英元帅有一首《攻关》诗："攻城不怕坚，攻书莫畏难。科学有险阻，苦战能过关。"②它抒发了战胜一切艰难险阻的豪情壮志，激励了科技工作者和全国人民向科学堡垒开战的斗志，表现了老一辈革命家对建设社会主义现代化强国的无限热忱；同时，它也是客家人刻苦学习、奋勇争先的优良传统在新时代的充分体现。叶剑英的另一首《松园》诗："会当再奋十年斗，归读阴那梅水滨。"阴那山、梅江均在梅县，是叶剑英早年读书成长的地方。这首诗表达了他活到老、学到老，学无止境、永不停歇的精神境界；寄予了莘莘学子潜心读书、立志成才、奋勇争先、奉献社会，四海乡贤归读故里、共享太平的美好愿望。

---

① 《叶剑英诗词选集》，人民文学出版社1983年版，第1页。

② 同上书，第47页。

由此可见，中华民族中所体现的奋勇争先的精神，是中华民族百舸争流、千帆竞发的不竭动力。客家人传承和发展了中华民族的奋勇争先的优良传统，在外面的世界拼搏创业，一马当先，各显身手，大展宏图，不断演绎着锐意进取、开拓创新的动人传说。实践经验证明，只有始终坚持不畏艰难的斗志、奋发图强的作风、敢为人先的干劲，全力以赴、振奋精神、积极进取，才能化解矛盾、破解难题，才能攻坚克难、勇攀高峰，才能使中华民族绘就更为绚丽的画卷。

综上所述，以改革创新为核心的时代精神秉承中华民族优良传统精髓，依托于中国传统文化的深厚土壤，它同样根植于客家优良传统的沃土之中。客家优良传统中蕴涵着丰富的以改革创新为核心的时代精神。以改革创新为核心的时代精神产生于人的实践当中，它同样产生于客家人认识世界、改造世界的过程之中。充分吸收客家优良传统中积极进步的有益营养，积极借鉴客家优良传统中昂扬向上的优秀成果，有利于我们更好地理解、认同以改革创新为核心的时代精神，从而为之聚集更多的正能量。同时，不断地培育和丰富以改革创新为核心的时代精神，又有助于指导、引领、提炼、升华客家优良传统，使之赋予鲜明的时代特征和创新内涵，从而更好地为社会主义现代化建设服务，为实现中华民族伟大复兴的中国梦提供精神动力。

第五节　社会主义荣辱观视阈下的客家优良传统

荣辱观作为一种社会意识形态，就是怎样看待荣与辱，以怎样做事、做什么样的事为荣，以怎样做事、做什么样的事为耻，是人们在依据一定的思想道德标准进行自我评价和社会评价活动中逐渐形成的关于荣辱观念的总和，反映了一个社会的价值追求和思想导向。[①]"荣"即光荣、荣誉，是指人的道德行为受到社会的肯定和赞誉及人对于这种赞誉的追求，以及由此而产生的心理上的自豪感和满足感；"辱"即耻辱，是指人的行为受到社会的否定和谴责以及由此而产生的心理上的羞耻感、愧疚感。"荣"

---

①　吴潜涛：《深刻理解社会主义荣辱观的内涵和意义》，《政策》2006年第6期，第28—30页。

与"辱"相辅相成,相互作用,共同构成了荣辱观的基本内容,体现了社会道德的基本价值要求。

2006年3月,胡锦涛在看望出席全国政协十届四次会议的委员时,发表了关于树立社会主义荣辱观的重要讲话。社会主义荣辱观,言简意赅,概括精辟,内涵丰富,寓意深刻,着眼当代中国发展的全局,面向中华民族的未来,紧密联系当前社会风气中存在的突出问题,汲取了中国传统荣辱观的精华,既完整体现了中华民族悠久文明的美德精华,又充分体现了社会主义的时代精神,集中反映了马克思主义的正确的世界观、人生观和价值观,为实现中国特色社会主义确立了最基本的价值取向和行为准则。

一 客家优良传统中的荣誉意识

客家民系自古以来就是一个非常注重伦理道德的民系,千年的形成发展过程积淀了丰富的历史经验,在源远流长的客家优良传统中,有着关于荣辱问题的丰富的思想资源。认真分析客家优良传统中的荣辱观,探讨其与社会主义荣辱观的内在关联,对我们更好地理解社会主义核心价值观的基本内涵、更好地践行社会主义荣辱观有着重要的价值。

(一)推崇"舍生取义"、"爱国爱乡"

在我国传统道德文化中最激动人心、光彩万丈的篇章就是爱国主义的操行。几千年来中华儿女为此前赴后继,抛头颅洒热血,"亦余心之所善兮,虽九死其犹未悔"①。这种道德的力量,挺起了一个不屈民族的脊梁,激励着一代又一代炎黄子孙矢志不渝地为中华民族的伟大事业而奋斗终生。从提倡"大道之行也,天下为公"②到孙中山的"讲到中国固有的道德,中国人至今不能忘记的,首是忠孝,次是仁爱,其次是信义,其次是和平"。"尽忠,不是忠于君,要忠于国,要忠于民,要为四万万人去效忠。"③之所以中国历史上近代、现代乃至今天无数仁人志士、民族英雄、革命烈士能够为了民族的独立、祖国的富强、人民的利益而赴汤蹈火、视

---

① (战国)屈原:《离骚》,载周啸天《诗经楚辞鉴赏辞典》,四川辞书出版社1990年版,第939页。
② (战国)子思:《礼记·尚书·礼运》,华龄出版社2002年版,第104页。
③ 《孙中山全集》(第9卷),中华书局1986年版,第243页。

死如归,重要的原因就是他们树立了崇高的爱国观。

客家先民是中原华胄,他们来自中华文明的发源地,受到儒学文化熏陶,崇尚忠诚正义,反对压迫,义不帝秦,同仇敌忾。客家先民的几次大规模南迁,都是在民族矛盾和阶级矛盾激化的情况下发生的。他们饱尝颠沛流离之苦,因而对国家民族的前途和命运极为敏感,特别关心。他们灵魂深处蕴含着不妥协、不受辱、不甘被奴役的反抗精神。因而,与汉民族其他民系相比,客家人忧国忧民、爱国爱乡情怀显得特别强烈,他们以天下为己任、崇尚正义,在国家有难、在邪恶、黑暗面前,客家人的坚忍不拔演化为一腔正气,舍生取义、忧国忘家,不怕牺牲、赴汤蹈火。美国传教士肯贝尔在《客家源流与迁徙》中写道:"客家人确是中华民族最显著,最坚强有力的一派,他们的南迁是不顾屈辱于异族的统治,由于他们颠沛流离,历尽艰辛,所以养成他们爱国爱种族的爱国心理,同仇敌忾的精神……"①日本人山口县造在《客家与中国革命》一文中高度赞扬客家人,认为"他们原有一种自信与自傲之气,使其能自北方胡骑之下,迁至南方,因此,他们的爱国心,比任何一族为强,是永远不会被征服的……翻开数百年之中国历史,没有一次政治变动,是与客家人无关的"②。从客家先民第一次迁徙开始,近千年的历史中,客家社会涌现出不少舍生取义、忧国忧民、爱国爱乡的民族英雄。如南宋末的爱国英雄文天祥,他是江西客家人,起兵勤王所率之队伍多是粤赣边区的客家人。明末东莞客家人袁崇焕为抗清护明,竭尽忠心;清中叶发动太平天国革命的洪秀全及其部将,大部分为客家人。当台湾被迫割让给日本之时,台湾客家人以爱国爱家乡、深明大义的文化意识,与日本殖民者进行了长期不屈不挠的斗争,在最初的反割台斗争中,客家人士唐景崧、刘永福、丘逢甲、徐骧等率其部属以鲜血保卫着家园,以至"每一次战斗都打得日军血流成河、尸横遍野,使日军闻风丧胆,每迈出一步都付出沉重的代价"③。领导辛亥革命的孙中山是客家后裔,其助手廖仲恺、邓仲元、姚

---

① 冯秀珍:《客家文化大观》(中),经济日报出版社2003年版。
② 《外国人对客家人的评价》,载张卫东、王洪友《客家研究》第一集,同济大学出版社1989年版,第175页。
③ 刘加洪:《客家人护台御敌、维护祖国统一的历史作用》,《台湾研究》2001年第2期,第61页。

雨平则是客家人,北伐名将叶挺、张发奎,抗日战争中十九路军将领蔡廷锴,国民党抗日烈士谢晋元,中国共产党的著名将领朱德、叶剑英、刘亚楼、萧华等,都是客家人氏,他们在历次革命斗争中,表现出了强烈的爱国爱乡的民族意识,成为客家人的杰出代表。客家人强烈的爱国爱乡观念,不仅反映在"生于斯、长于斯"的本土客家人身上,而且更体现在千千万万留居海外的客家人身上。这些侨居海外的客家人,一往情深的眷恋祖国家乡,他们深切地关心祖居地的社会发展和家乡建设,抗日战争期间,海外客家人不仅从物资上援助抗日救亡运动,而且大批回国奔赴重庆、延安参加抗日活动,同时还大力支持祖国的建设事业;革命时期,为中国的独立和自由而奔走呼号,贡献力量;改革开放,他们为改变祖国贫穷落后的局面,慷慨解囊赞助家乡的社会公益和福利事业,体现出游子的爱国爱乡情怀。在历史的风云中,客家人以各种各样的形式表达对民族的挚爱,显示出了强烈的爱国爱家情感。

(二) 奉行"仁爱和谐"、"团结诚信"

"仁爱"是儒家思想的核心。孔子主张"仁者爱人",倡导"推己及人",主张关心、爱护他人,奉行"己欲立而立人,己欲达而达人"①的理念。"仁爱和谐"、"团结诚信"是中华民族人际关系的重要伦理原则,是客家人世世代代繁衍不息、繁荣昌盛的精神力量和道德支柱。客家人的"仁"指的是这样的一种关系:人与人之间的心意感通,亦即是"以心换心",并且,在这种双方心意感通的过程中,理想的行径必须是处处以对方为重。客家人的"礼让"其实正是这种关系的外在表现。客家人一般聚族而居,遇到困难时,大都相互帮衬,共渡难关。他们克己容妨、谦和持中,表现出有很强的自我心理调节能力,重视人际关系的和谐;守望相助,崇尚节俭。客家人提倡"天下客家是一家",要求客居他乡的同族人或同宗人精诚团结。客家是外来的族群,历经多次漫长的迁徙,每到一地必须聚族而居,而且必须和原住民和谐相处,安分守己,在家族(家庭)内部要团结友爱,互相帮助,才能站稳脚跟,发展壮大自己的力量。千百年来这种观念代代相传,把"团结友

---

① (春秋)孔丘:《论语·雍也》,载李泽厚《论语今读》,安徽文艺出版社1998年版,第167页。

爱，敦厚族谊"、"谦让为首，和睦乡里"、"禁砍伐，以保资源"作为家训，成为处理人与人、人与社会、人与自然的信条。如《兴宁孙氏族谱》规定："凡同宗之人，富贵贫贱不能均一者，皆人命也。宗族间不可恃富骄贫，倚贵轻贱。盖视子孙而无亲疏，祖宗一体之心也，使富贵仰体同爱之仁，解衣推食，以其所有余，济其所不足，则宗族无困乏之虞矣。而贫贱女守穷约之分，修身俟命，知此之仁义，当在位之爵禄，则宗族自无凌竞之风矣"，"凡同宗之人，有忤逆父母，欺凌尊卑，奸盗淫乱，酗酒撒泼，不事生理，妄作非为，玷辱祖宗，恃一己之强，阴谋诡计，不顾同宗之宜。如此之人，小则合族攻之，大则鸣官惩治"①。粤东张氏宗族的《张氏千字家训》有"雍和兄弟"的条目："兄弟之情，非同寻常。只因缘分，方逢世上。如同手足，根脉一纲。荣辱联结，祸福关相。劝我族人，兄弟莫忘。珍视情义，互尊互谅。雍爱和睦，兄恭弟让。莫记恩怨，免为参操。福禄共享，苦难同当。遇事多商，亲朋礼往。妻室各教，父母共养。团结一致，共拒豪强。"② 粤东李氏宗族《修谱祖训》写道："乡里是吾祖吾父世代生长之地，长者是吾之父兄，少者即吾之子弟，同里共井，朝夕相见，情谊何等殷勤，相亲爱，何等关切。人欲和睦乡里，必先和睦宗族……诗曰：江流共酌溯源长，恭敬难忘梓与桑。羔雁依然联里井，辅章宁忍伏戎羌。同根煎显情何急，异国忘猿祸末殃。狐兔犹知香火谊。为唇为齿亦堪商。"③ 这就给族人划定了行为规范，从而加强宗族内部各成员、各家庭、各房支之间的内部团结，和睦相处，友助扶持，维护了整体利益，维护了既定的人际秩序及内部社会秩序。

诚实守信是客家人的优秀品格，是中华民族优秀品格的标志，是做人的基本准则。历史上客家人流落异地谋生，在政治上、经济上都处于较脆弱的地位，为谋生存和立足，他们首先要取信于人，也需要得到朋友以信义相助，把一切损人利己、欺诈、蒙骗、陷害、背信弃义等行为都看做"小人"之举，并以"亲君子，远小人"作为座右铭。如兴宁

---

① 李小燕：《从族谱的家规家训看客家人的价值观念》，《广西民族学院学报》2006年第5期，第78页。

② 同上。

③ 同上书，第79页。

《孙氏族谱》有条目："凡宗族之人，户口渐繁，性行百出，智愚贤不肖之不齐也。固然当以中也养不中，才也养不才，佼愚不肖之辈，亦晓然孝悌忠信，凛乎礼义谦（廉）耻，日迁善而不知也，将仁让风兴，回邪性格，犹至昭穆未明，长幼未序，而辜彝伦者，未之有也。"① 虎标万金油大王、报业巨子，福建永定人胡文虎（1882—1954）云："我客家最讲信义和声誉，虎标药品行销海内外数十年，从不伪劣，以次充优，民众之爱护信用，使其产品精益求精，此乃长久讲求信义质量，遍于全世界通都僻邑。"②

（三）重视"崇文重教"、"耕读传家"

客家人特别看重读书人，有"茅寮出状元"之谚。在客家人看来，要想改变境遇和命运，唯一的办法就是晴耕雨读，立志勤学，金榜题名，走仕途之路。因为客家地区山多田少，人多地少，生存环境极为严酷，地理条件的制约，使客家人向外发展极受羁绊。他们唯有发奋读书，"学而优则仕"，只有通过读书实现"朝为田舍郎，暮登天子堂"③的美好梦想，跻身于官宦行列，才能实现其修身、齐家、治国、平天下的理想；也只有发奋读书，才能学习谋生技能，从而外出谋生。所以，崇尚文化，重视教育，以兴学为乐，以读书为本，以文章为贵，以知识为荣，在客家社会里蔚然成风。

客家各宗族都很重视兴学育才，总是采取各种手段办好本族弟子的教育，并把这视为本族兴旺发达的大业，往往集中全宗族的力量来培养弟子读书，由宗族出资聘请教师来为族中子弟授课，本族弟子不分贵贱贫富，只要肯学，就由公用的"学田"或"学谷"负责其求学费用。如果子孙入仕做官，则在祠堂竖旗，炫耀于人。"门前一对桅杆竖，表旌门第是书香。"④ 而外出经商务工的客家人，他们感受到文化知识的重要，赚到钱后便慷慨大方在家乡建学堂、聘先生、创文会、立宗田来支持资助同乡本族人读书，形成了客家学子"求学有老师，读书有场

---

① 李小燕：《从族谱的家规家训看客家人的价值观念》，《广西民族学院学报》2006 年第 5 期，第 78 页。
② 林多贤：《客家文化特质与客家精神研究》，黑龙江人民出版社 2006 年版。
③ （北宋）汪洙：《神童诗全集》，相传《神童诗》共 34 首。
④ 张智荣、陈忱：《赏灯君子垌 浓浓客家情》，《贵港日报》2009 年 3 月 18 日。

所,赴考有盘缠,高中有奖赏"① 的良好条件。如民国《上杭县志》曰:"县中旧制,附学于庙。庙所以祀先圣,学所以教诸生。……此外更有书院、文馆、公庄等,亦向时讲学培材之地。……而且乡村莫不有学,或称家塾,或名书屋,或曰蒙馆。聘师研经者,曰经馆。即贫寒子弟就学亦易。"② 如旧时梅县的林氏宗族,普遍用"公尝奖"的资金鼓励本族学子读书。各地的林氏宗族把本宗族祖宗留下的公田、公山和其他宗族内的收入作为本宗族的集体资金,这种资金称"公尝"(即本宗族的公用资金,由宗族领导人管理),这些收入的一部分用于兴办本族的公益事业,另一部分用于支持鼓励本族子弟上学。直至今天,仍有些地方的林氏公尝可资助本族的学子读大学。每年学期考试或春节前夕,按学生的学业成绩给予奖励。同时还通过族谱、族规、楹联等教育族人勤学苦练、发愤读书。如《大埔黄氏族谱·江夏最要家训》有"隆师道"条目:"师道为教化之本,隆师重道,正以崇其教也。若不尊崇,不惟教化不行,而且有亵渎之嫌,何得漫言传道?"③ 张氏宗族的张化孙家规家训有"训教子女"条目:"生育子女,重在教养。启其愚顽,提高智商。德才体能,全面向上。立志成才,以仕栋梁。劝我族人,教子莫忘。从幼抓起,不可疏旷。打骂冻饮,断然不当。溺爱放任,非属良方。家教要严,更需师长。锻炼意志,教导思想。习礼知义,循规遵章。胆识才略,诗书文章。"④ 由此可见,客家先祖在教育族人勤学苦练、发愤读书方面,是多么的煞费苦心。大埔连氏祠堂楹联:"祀祖宗一炷清香,必诚必敬;教儿孙两条正路,曰读曰耕。"⑤ 江西赣南客家地区的楹联:"兴邦立国民为体,教子治家读为先。""教子读书,纵不

---

① 温云远:《浅谈客家崇文尚德精神在和谐文化建设中的促进作用》,《闽西社科》2008年第1期,第32页。
② 同上。
③ 李小燕:《从族谱的家规家训看客家人的价值观念》,《广西民族学院学报》2006年第5期,第80页。
④ 同上。
⑤ 谢崇德:《客家祠堂楹联》,梅州市政协学习和文史资料委员会编,2006年,第158页。

超群也脱俗；督农耕稼，虽无余积省求人。"① 这些楹联无不洋溢着客家人对教育的崇尚，表明客家人把"耕读传家、崇文重教"放到振兴家业的头等重要的位置，激励子孙后代发愤读书，考取功名，光宗耀祖。

一些在民间流传较久的童谣、谚语、山歌，也表述了客家人崇文重教的思想观念，"教子读书，比屋皆是"，客家人喜欢用儿歌或者是山歌来启蒙教育，让小孩子在年幼的时候，在平日生活之间就耳濡目染得到启蒙和教育。如客家先贤黄遵宪曾在《拜曾祖母李太夫人墓》中写道："牙牙初学语，教诵《月光光》"②，说的就是他的曾祖母教他背诵《月光光》童谣的场景。"月光光，秀才郎，骑白马，过莲塘，莲塘背，种韭菜，韭菜花，结亲家。亲家门口一口塘，蓄个鲤嫲八尺长，鲤嫲背上承灯盏，鲤嫲肚里做学堂，做个学堂四四方，兜张凳子写文章，写得文章马又走，赶得马来天又光。"③ 这首童谣至今仍在客家人中广泛传唱，讲的是秀才郎骑高头大马荣归故里的故事，使小孩子人人羡慕读书，人人喜欢读书。它将客家人崇文重教、耕读传家的精神根植到了儿童的心灵深处。谚语有："生子唔读书，不如养头猪"；"三代唔读书，蠢如一只猪"④；"有田不耕仓库虚，有书不读子孙愚"；"养子不教如养驴，养女不教如养猪"⑤。这些谚语突出强调成才成人需要通过教育的培养，接受教育对他们来说至关重要，不读书便不成人，连猪、驴也不如。读书郎成为年轻姑娘心中的偶像就顺理成章了。有山歌唱道："嫁夫要嫁读书郎，扇子摇摇进学堂。"⑥ 所以，一些贫苦人家，家境再困难，甚至卖"屎缸屋"、出门讨饭也要供子弟读书。这些无不体现了客家人对读书的执拗、对教育的崇尚。

---

① 李丽云：《赣南地区客家教育研究》，陕西师范大学硕士学位论文，2007年，第14页。
② （清）黄遵宪：《拜曾祖母李太夫人墓》，载钱仲联《人境庐诗草笺注》，上海古籍出版社1981年版，第427页。
③ 梅州市民间文艺家协会：《梅州风采》，嘉应文学杂志社1989年版，第253页。
④ 同上书，第279—280页。
⑤ 范英、刘权：《广东客家人的风骨》，广东人民出版社2005年版，第58页。
⑥ 温云远：《浅谈客家崇文尚德精神在和谐文化建设中的促进作用》，《闽西社科》2008年第1期，第32页。

(四) 倡导"吃苦耐劳"、"勤俭持家"

历史上，客家先民历经战乱流离，迁徙跋涉，终于在赣闽粤山区扎下根来，用勤劳的双乎把这块林深路隘、沟壑纵横、重峦叠嶂的蛮荒之地，垦辟成鸡犬相闻、人声喧闹的人间乐园。因此，客家人十分重视传承和发展中华民族吃苦耐劳、勤俭朴素的传统美德。"无论男女，当皆以勤劳为做人唯一本钱，他们苟不幸罹着贫困的境地，往往能出人意料，运其过人气力与精神，负担着普通人所不易胜任的劳役。"① 正是依靠吃苦耐劳、勤劳节俭这个传家宝，客家人能在艰险丛生的自然和社会环境中站稳脚跟。客家人勤俭观首先是强调要辛勤创业，同时在家庭经济生活中节俭防奢，尽量降低物质愿望，达到俭朴持家，立业永久的目的。"量入为出"的勤俭治家之道，备受历代客家人所重视。《嘉应州志·礼俗卷》载："州俗土瘠民贫，山多田少，男子谋生，各抱四方之志，而家事多任之妇人。故乡村妇女，耕田、采樵、织麻、缝纫、中馈之事，无不为之。洁之于吉，盖女工男工皆兼之矣……古乐府所谓'健妇持门户，亦胜一丈夫'，不啻为吾州之言也。"② 客家妇女的艰辛操劳和无限辛酸，普天下之人无不为之感动，然而，正是在她们的身上，体现了客家人勤劳节俭、纯朴踏实、自强不息、开拓创新的民风。粤东张氏宗族的张化孙家规有"崇尚节俭"条目："持家之道，勤俭二方。勤则生财，俭为备荒。懒惰之人，难为衣粮。奢侈之我，好景不长。劝我族人，节俭为尚。居不贪高，房坚宅亮。食不求珍，腹饱口凉。衣不华贵，齐整大方。器质而洁，不图排场。红白好事，不宜铺张。现时富足，当思久常。量入为出，有储有藏。"③ 客家著名诗人黄遵宪在《高祖妣钟太夫人述略》中评价客家妇女云："妇女皆勤俭，世家巨室，亦无不操井臼设酒食亲缝纫者。中人之家，则无役不从，甚至务农业商，持家教子，一切与男女等。皆客人家法，世传如此。五部洲中，最为贤劳矣！"④ 近代以来，客家青壮年男子

---

① 罗香林:《客家研究导论》，上海文艺出版社1992年版。
② （清）温仲和:《光绪嘉应州志》（戊戌仲春锓版）卷八《礼俗》，成文出版社1969年版，第54—55页。
③ 李小燕:《从族谱的家规家训看客家人的价值观念》，《广西民族学院学报》2006年第5期，第79页。
④ 罗维猛、邱汉章:《客家人文教育》，中国大地出版社2003年版，第133页。

许多外出经商或打工谋生而前途未卜，客家妇女则固守家园，含辛茹苦，侍奉公婆，养育子女，里外一把手，生活一肩挑，撑起了客家地区一片天空。《清稗类钞·风俗类·大埔妇女之勤俭》云："日出而作，日落而息，自奉俭约，绝无怠惰骄奢之性，于勤俭二字，当之无愧。至其职业，则以终日跣足，故田园种植，耕作者十居之七八。即以种稻言之，除犁田、插秧和用男子外，凡下种、耘田、施肥、收获等事，多用女子。光、宣间，盛行种烟，亦多由女子料理。种烟、晒烟等法，往往较男子汉为优。其余种瓜果、植蔬菜等事，则纯由女子任之。又高陂一带，产陶颇多，其陶器之担运，亦多由女子承其役。各处商店出进货物，或由此市运至彼市，所用挑夫，女子实居过半，其余为人家佣工供杂作者，亦多有之。又有小贩，则寡妇或贫妇为多。又除少数富家妇女外，无不上山采樵者，所采之薪，自用而有余，辄担入市中卖之。居山僻者，多以此为业。又勤于织布，惟所织者多属自用耳。总之，大埔女子，能自立，能勤俭，而坚苦耐劳诸美德无不备具，故能营各种职业以减轻男子之担负。其中道失夫者，更能不辞劳瘁，养翁姑，教子女，以曲尽为妇之道，甚至有男子不务正业而赖其妻养之者。至若持家务主中馈，犹余事耳。"①可见大埔妇女的勤劳艰辛，除犁田、插秧外，几乎全部的生产劳动概由女人承担了。事实上，像犁田、插秧等超重体力劳动，后来也都全部交给了客家妇女。久而久之，在客家地区形成以是否勤劳能干衡量一个客家女性的首要标准的风气。

在勤劳、耐苦精神的培养方面，客家妇女的现身说教更是深刻感人。母亲在家教中，特别是对婴、幼、少儿的教育，在各种社会都有比男性更重要的特殊作用，"孟母三迁"，"岳母刺字"等典故就是典型反映，但是若就各民族，民系而言，客家妇女在家教中的特殊作用就显然更加重要和深刻多了。客家社会，家庭大都以妇女为重心，男子多外出谋生，持家教子的重担几乎都落在妇女肩上。客家妇女从小就学会各种劳动，学做"四头四尾"："家头教尾"——整理家务、上侍翁姑、下育子女，都料理得井井有条；"灶头锅尾"——烧饭煮菜、割草打柴样样得心应手；"田

---

① （清）徐珂：《清稗类钞》，甲二《关于大埔妇女》，载政协大埔县委员会文史工作组《大埔文史》1985年总第2辑，第116页。

头地尾"——播种插秧、驶牛耕田、锄草施肥、力争丰收;"针头线尾"——缝纫、刺绣、纺织等女红,件件都能动手自为。按客家传统,只有学会了这些工夫才算是能干、合格的女性,才能嫁个好丈夫。

晚清杰出的政治家、外交家、爱国诗人和民俗学者黄遵宪对客家妇女的这种特点亦作过精辟的论述:"……客民……其性温文,其俗俭朴,而妇女之贤劳,竟为天下各种类之所未有。大抵曳跋履,戴叉髻,操作等男子。其下焉者,蓬头赤足,帕首裙身,挑者负者,提而挈者,阗溢于闹肆之间,田野之中,而窥其室,则男子多贸迁远出,或饱食逸居无所事。其中人之家则耕而织,农而工,豚栅牛宫,鸭栏鸡架,牛牙贯错,与人杂处。而篝灯砧杵,或针线以易屦,抽茧而贸织,幅布而缝衣,日谋百十钱,以佐时需。男女线布,无精粗剧易,即有无赢油,率委之其乎。至于豪家贵族,固稍暇豫矣,然亦井臼无分亲人,针管无不佩也,酒食无不习也。无论为人女,为人妇,为人母,当人太母,操作亦与少幼等。举史籍所称纯德懿行,人人忧为之而习安之。""吾行天下者多矣,五洲游其四,二十二行省历其九,未见其有妇女劳动如此者。"① 由此可见,过去客家地区不同经济状况、不同阶层的妇女,都不同程度地有着这种勤劳、刻苦和俭朴的美德。这主要是由于客家地区的男子多外出南洋等地谋生,因此耕耘劳作、持家教子等重担,便由妇女一肩挑起。美国传教士罗伯特·史密斯在客家地区居住多年,对客家妇女的这种优良品德非常惊讶。他在所著的《中国的客家》一书中说:"客家妇女真是我所见到的任何一族妇女中最值得赞叹的了。在客家中,几乎可以说,一切稍微粗重的工作,都是属于妇女们的责任。如果你是初到中国客家地方居住的,一定会感到极大的惊讶。因为你将看到市镇上做买卖的,车站、码头的苦力,在乡村中耕田种地的,上深山去砍柴的,乃至建筑屋宇时的粗工,灰窑瓦窑里做粗重工作的,几乎全都是女人。她们做这些工作,不仅是能力上可以胜任,而且在精神上非常愉快,因为她们不是被压迫的,反之她们是主动的。"② 罗伯特·史密斯的话虽然说得有点偏颇,但的确反映了客家妇女那种能干

---

① 国家清史编纂委员会:《黄遵宪全集》,中华书局2005年版,第286页。
② 《外国人对客家人的评价》,载张卫东、王洪友《客家研究》第一集,同济大学出版社1989年版,第176页。

重活、脏活、累活等高强度、超负荷的重体力活的特点，这是其他地区妇女所不能比拟的。日本人山口县造在《客家与中国革命》中说："若日本女人温柔顺从著称于世，而客家妇女亦毫无逊色，而且我们可以这样说，日本妇女之所以温柔顺从，是病态，因为她们的生活须靠男子，不能不藉此求怜固宠；而客家妇女的温柔顺从是健康的，因为她们都能够独立生活，她们这样做，纯然是真挚的爱情和传统的对于丈夫的崇敬……"① 这说明了客家妇女能靠自己的双手独立生活，她们的温柔善良和献身精神，是纯粹的真挚的爱，这也是客家地区婚姻家庭比较稳固的原因之一。

二 客家优良传统中的耻辱意识

如果说荣誉是人走向成功、辉煌和高尚的航标，那么耻辱就是人远离禽兽、堕落和卑鄙的底线。一个人可以不高尚，但不能卑鄙；可以不成功，但不能堕落；可以不圣洁辉煌，但不能沦为禽兽。一个有羞耻感且能用理性战胜不良欲望的人，可以成为有道德、有修养的人；而一个没有羞耻感的人，可以不择手段地去满足自己的欲望，甚至为所欲为、无恶不作，因为在其观念世界里，任何值得敬畏、可以使自己蒙受羞辱的绝对力量都已不复存在。"风俗之美，在养民知耻。"因此，要树立正确的荣辱观，关键在于"知耻"、"有耻"，重点在培育和激发人们的羞耻之心。知耻是社会风气的反向助推器。羞耻作为某种个人自觉抵制的基本价值规范，它从一开始便承当起了约束个人行为，建设良性社会风气的重任。"只有在社会生活中廉耻才具有意义。人们害怕表现出自己的弱点。"② 一旦个人的耻辱之举暴露于众，便会引起别人的讥笑、谴责，甚至会使他人感到愤怒而自己被排斥于大众之外。所以说"耻辱是一种内向的愤怒"。"耻辱本身已经是一种革命。"③ 从这一点上说，羞耻感是保持社会认同感的最低底线。为了避免羞耻之举的发生，我们不得不与他人相处，自觉融于社会的道德规范中，让社会价值标准认同，避免产生羞耻感，是一种强有力的社会约束。

---

① 《外国人对客家人的评价》，载张卫东、王洪友《客家研究》第一集，同济大学出版社1989年版，第175—176页。
② 《马克思恩格斯全集》（第1卷），人民出版社1965年版，第407页。
③ 同上书，第34页。

重视耻辱意识是客家优良道德传统，在客家历史上，有无羞耻之心一直是评判行为好坏的一条重要道德标准。

（一）教之耻为先，重视耻感文化

在传统文化中，历代哲学家和政治思想家都非常重视和格外关注对人的耻辱感的培植和养护，通过对耻辱的论述来阐释荣辱观，并把知耻心的养护视做个体道德修养和大众道德文明教养的根基，把知耻看成人性的标志，是人之为人的底线。早在春秋时期，大政治家管子就很重"耻"，提出"礼义廉耻，国之四维；四维不张，国乃灭亡"①。对这一为后世一直奉为经典的著名命题，明末清初的大思想家顾炎武明确点出："四者之中，耻为尤要……人之不廉，而至于悖于礼义，其原皆出于无耻也。故士大夫之无耻，是谓国耻。"②十分清楚地表明了"耻"和"耻感"在中国传统文化中的重要地位。

没有耻感或羞耻心，就不可能树立正确的荣辱观。"一个社会不仅需要光荣意识，亦需要耻感意识，不仅需要光荣文化，亦需要耻感文化。一个缺失耻感的文化，很可能是一个堕落的文化，一个缺失耻感的社会，很可能是一个堕落的社会。"③无耻则无荣。如果一个社会不以恶为耻，没有对耻的厌恶和鄙视，没有对恶与耻的处罚，则既无耻，也无荣。可以说，一个人要是丧失了耻感，其为人必定是一个堕落、丑恶的人格，犯文乱理，无所不为。而如果一群人在某一个问题上丧失了耻感，那就会在某一领域或某一行业造成不良风气，而一旦形成一种不良的社会风气，由于不良风气已经成为行为者的"制度化头脑"，行为者沉迷于不良风气之中而不能自拔，因而很难改变过来，进而会出现群体性的耻感消解。这种情况还会随着追随不良风气的"报酬递增"而不断强化，变得十分顽固，从而造成对社会风气的败坏，其危害十分可怕④。

客家文化源于河洛文化，与中华传统文化一脉相传，而中华耻感文化与客家耻感文化同系中华文化的子文化，同根同源。如客家人祖祖辈辈把

---

① （春秋）管仲：《管子》，载李山《管子》，中华书局2009年版，第4页。
② （明末清初）顾炎武：《日知录·廉耻》，商务印书馆1929年版，第52页。
③ 高兆明：《耻感与存在》，《伦理学研究》2006年第3期，第4页。
④ 朱贻庭、赵修义：《社会风气·荣辱观·羞耻感》，《伦理学研究》2006年第4期，第5页。

孔孟之道尊为圣贤之道，视"三纲五常"为处世为人的道德标准。客家人崇尚名节，把"忠、孝、仁、义、礼、智、信"等伦理道德都赋予"名节"的含义，十分看重民族气节和个人道德的自律，把背叛国家民族、不孝父母、对人不仁、夫妻不忠等行为，视为有辱祖先、有损人格和气节。客家人对耻辱感的培育主要是通过名节（"面子"）展开的。客家谚语常道："人带面目树带皮"、"三斤半猫公——唔怕鼠：不怕出丑"、"雨打戏棚—会衰台：意为会失体面"。"面目"和"面子"反映了客家人一种"做人"的自尊的社会情感。在客家传统社会里，维护"面目"和"面子"的最重要的道德力量就是羞耻感。讲究面子，就是爱惜自己的声誉，给心灵以安全的守护，让自己的人格免受伤害，同时也是对自身形象的一种维护。"有面子"是对自己的肯定和赞赏，是一种荣誉；"丢面子"意味着对自己的否定和贬斥，是一种耻辱。

客家耻辱观教育通过族谱、家规、匾额、楹联、戏曲、儿歌、典故等形式，从一些典型的格言、俗语和杰出人物的言行上表现出来，使人们在耳濡目染、潜移默化、不知不觉中将知耻这一理念融入骨子里。如"书谱入志"，即将个人行迹写入谱、志。史书有昭恶彰善留传后世的功能，每个人都希望在身死之后留下好的名声，"人生自古谁无死，留取丹心照汗青"[①]的诗句，即是这种心理的典型写照。族谱与方志相似，乃是一族之史书，将那些为国为民建功立业的志士及本族先贤，载入谱牒，用大量篇幅颂扬他们的高尚品格，能够像祖宗先辈一样受到族人的瞻仰，不仅激励着行善者本人，而且也昭引着族中之人。这对于本族优秀族性的培养，构建和睦的宗族组织，无疑具有重大作用，所以客家族群十分重视族谱的这一功能。如上犹《陈氏族谱》规定，"凡忠孝廉节仕宦伟绩隐德耆寿文行卓茂有关名教风化者，当为表彰揄扬"[②]。《于都萧氏族谱》也规定："传内赞述皆以往者，盖人品身后乃定，故隐括其生平，著其善行。若现存者，德业事功，未可限量，褒嘉，俟之后贤，其或有功宗族及齿德兼优

[①] （南宋）文天祥：《过零丁洋》，载缪钺等《宋诗鉴赏辞典》，上海辞书出版社1987年版，第1359页。
[②] 邹春生：《从道德价值观念的塑造看客家文化的儒家特质——以客家族群的自我救助为例》，《成都大学学报》2008年第4期，第89页。

者,问表彰一二,以示奖励。"① 而对奢侈、奸诈、专恣、妒贤、徇私、贪污、耽溺、残酷、狎昵、辱命等"无耻"予以贬斥和否定,对个人的不仁不义,对祖先与父母的不孝,对夫妻之间的不忠不节,对国家民族的背叛,以及男盗女娼、懒惰、赌博等行为都被认为是不道德的、有辱祖先、有损人格和气节的,为宗族所不耻的。许多客家族谱在家规家训中对族人的行为规范作出规定。不仅要求族人当事亲敬上,还要求育后兴宗,更以讲求伦常秩序、礼仪规范为行为的道德标准。杀人伤害,窃盗赌博,败坏家产,游荡非礼等行为均被视为不孝而成为不赦之大罪。《李氏族谱·修谱祖训》有"毋作非为"的条目:"上申五条,再加叮咛。依此五者则为是,不依此五者则为非。不依此五者而行,是作恶小人。他们不愿放弃邪恶,不孝敬父母,不敬尊长,自私自利,不睦乡里,游手好闲,不安生理,侈欲极欲,饮酒宿娼,挥金如土,逢迎拍马,百般引诱,无所不为,他处于日暮途穷、倾家荡产、忍辱蒙羞。凡是我族人要毋作非为。诗曰:人生第一孝为先,忠孝两门出对贤。奉劝族中众子弟,胡作非为莫沾边。"② 兴宁《孙氏族谱》有"戒恶德"条目:"凡同宗之人,有忤逆父母,欺凌尊卑,奸盗淫乱,酗酒撒泼,不事生理,妄作非为,玷辱祖宗,恃一己之强,阴谋诡计,不顾同宗之宜。如此之人,小则合族攻之,大则鸣官惩治。"③

(二) 以廉养耻,推崇廉洁文化

在历史长河中,客家先民在不断的迁徙、同其他民族融合的过程中,创造出了内容丰富、特点鲜明的客家廉洁文化。客家廉洁文化是客家人关于廉洁的知识、理论信仰和与之相适应的表现形式、行为准则、价值取向的文化总和。

客家人的族群而居,为客家人提供了许多参与公共事务管理的机会。如客家宗祠、寺庙的兴建和维修,祭祀和庙会活动的举办,族谱的编著和出版,公共田产和私塾学堂的管理等。这些都是客家人族群而居出现的公

---

① 邹春生:《从道德价值观念的塑造看客家文化的儒家特质——以客家族群的自我救助为例》,《成都大学学报》2008年第4期,第89页。
② 李小燕:《从族谱的家规家训看客家人的价值观念》,《广西民族学院学报》2006年第5期,第80页。
③ 同上书,第78页。

共事务。客家人在管理这些公共事务中，所需要的经费，在除了族人自愿捐助外，还要经常按族中男丁摊派而聚集。而具体管理这些公共事务的人员，一般由族人推选产生。被推选出来的人员，对承担公共事务的管理感到无上的荣光，因此，凡事谨慎小心，尽心尽力，视名声如生命，不敢有半点懈怠，更不敢有丝毫的贪污。同时在每项事务告一段落时，还须将各项收支明细张榜向族人公布，接受族人的质询和监督，如有不明不白或贪污者，必招全族人唾弃，一生一世抬不起头。客家人对公共事务管理的方式方法，长期积淀的结果是培育了客家人独特的廉洁精神。

客家族谱都载有《家规家训》，是先辈为人处世、教育后裔的金玉良言、箴言警语。如李氏宗族祖训："孝顺父母，尊敬长上，和睦乡里，各安生路，毋作非为。"① 家规将遵守国纪、团结宗族、孝敬父母、尊崇师长、重教兴学、和睦乡邻、见义勇为、勤劳节俭、廉洁奉公、严戒赌淫等为人处世、传统礼制的道德规范和行为准则形成条文，刊印谱中，以此来约束、教育、激励族人。如广东河源市连平县颜氏家训中的"三十六字官箴"，即"吏不畏吾严，而畏吾廉；民不服吾能，而服吾公。公则民不敢慢，廉则吏不敢欺。公生明，廉生威"②。而《大埔百侯杨氏族谱》的规训则是："勤俭者，起家之本，传家之宝也……克勤克俭，教儿孙两行正道……"③《永定沈氏族谱》"释廉"载："人非酬，饮黄泉，谋衣食，也需钱，取有道，不伤廉"，"非我有，勿垂涎，义与刑，须权衡；最不肖，侵尝田，私囊饱，喜翩翩，若此者，罪弥天"。"释耻"云："言在耳，记在心，一耻字，宜认真，人无耻，便辱身。"④

作为客家文化重要组成部分之一的客家戏曲，渗透到客家人生活的方方面面，是客家人喜爱的民间艺术形式，客家戏曲有：山歌剧、采茶戏、木偶剧，等等。客家山歌是客家人的精神家园，传承着厚重的客家文化，客家人喜欢唱山歌，对山歌有特殊的感情，无论是欢喜还是悲伤都用山歌

---

① 李小燕：《从族谱的家规家训看客家人的价值观念》，《广西民族学院学报》2006年第5期，第77页。
② 徐梓：《西安碑林官箴考》，《文化学刊》2008年第4期，第57页。
③ 刘锦云：《浅谈客家人的根源意识与宗族观念》，载《北京"文化梅州"论文集》，香港国际炎黄文化出版社2005年版，第225—238页。
④ 陈大富：《厚重的客家姓氏文化——祖训》，《炎黄纵横》2010年第4期，第42页。

来表达。客家人也用山歌这一方式道出了对廉洁的认识，客家山歌以优美的曲调和形象的比喻，勉励人们要清廉公正，切莫贪污腐化。如客家山歌"肚饥唔食心发慌，山歌唔唱喉咙痒；情歌逗歌涯唔唱，劝廉山歌唱开腔。为官一任不寻常，以民为本廉为纲；敬业清廉民得福，贪赃枉法国遭殃"。"贪官就像一条蛇，再多钱财也吞下，来日镣铐叮当响，贪赃枉法还自家。"①"阿哥当官妹挂心，上迎下请多随从；要记钱财如粪土，清廉两字值千金。"② 诗言志，歌传情，这一首首原汁原味的客家山歌唱出了客家人对廉洁的精神追求。这些散落在民间耳熟能详的大量的客家楹联、客家俗语、客家儿歌积淀着深厚的客家廉洁文化，在潜意识里影响着客家人，使一代又一代的客家人在潜移默化中认知、感悟、积淀、传承廉洁思想、廉洁观念、廉洁理论，明白如何做人、如何做事的道理。

三 客家荣辱传统的继承与创新

（一）客家荣辱传统的现实意义

社会风气，古人称为"风俗"。原意是："风者，气也；俗者，习也。"指受水土自然环境的影响和由社会经济、政治、伦理道德的习染而形成的人们趋同一致的价值取向、行为方式、思维模式及生活习惯，人们对此自然而然、习以为常，成为惯例。这里所说的"风"，不仅指个别人的德性和德行，也不仅是个别人的行为方式，而是一种已经为许多人，甚至是大多数人所默认、所遵循的行为方式。所谓"俗"，也就是"习俗"，强调的是经过人们多年的积累，并且这种行为方式已经习染成俗，成为一种自然而然、习以为常的东西了。"不令而自行，不禁而自止"，就是这个意思。风气有好坏之别。良好的风气负载的是正确的价值观和道德观念，而不良的风气负载的是颠倒的价值观念和扭曲的行为准则。坏的"风气"，会使行为者给自己本应引以为耻的行为找到一种"制度"上的辩护和心理上的安慰，这样又进一步强化了不良风气和陋习。这种群体性的心理互动，造成一种恶性的从众现象。这不仅消解了正确的荣辱观，架

---

① 戎明昌：《梅州客家廉政山歌传唱深入人心》，《南方都市报》2006年12月31日。
② 陈新天：《是廉是贪人相分》，2008年5月4日，兴宁市纪检监察网（http：//jw.xingning.gov.cn）。

空了各种成文的规章制度，而且会造成"法不责众"的局面。其后果十分可怕，小则毁坏一个单位、一个行业、一个地方的风气，大则败坏整个社会的风气。可见，社会风气之好坏，就标志着一个社会的文明程度。这是一条古今通理。树立良好的社会风气是广大人民群众的强烈愿望。

要改变不良的社会风气，应采取各种有力和有效的方法和手段，如加强政府的公共管理，改善体制和机制，遏制市场关系的无限扩展；发挥舆论和教育的作用，发挥正确的政策导向作用，大力提倡真、善、美，坚决反对假、丑、恶，要批判价值相对主义和道德虚无主义，抵制"经济人"假说的曲解和泛化，反对"心理本能主义"等。凡此种种，归根结底要在人们的思想观念中树立并在行为上践行社会主义荣辱观，就必须在荣辱观、道德观、价值观上做到"是非、善恶、美丑的界限绝对不能混淆，坚持什么、反对什么，倡导什么、抵制什么，都必须旗帜鲜明"。道德用"善"与"恶"这对对立的概念来对人们的行为作出界定，荣辱观则用"荣"与"辱"这对对立的概念来划分人的行为尺度。何为"荣"，何为"辱"，实际上是对人们行为的一种道德评价，反映了人们的善恶的道德价值。"善"的行为带来荣誉，产生"光荣"的感受，"荣"包含于"善"中，而"辱"的事物必定是"恶"的。可见荣辱观隶属于道德观，是人们进行道德评判时的尺度。每个人心里都有这么一杆秤来衡量行为的价值，取舍得失，辨别善恶。一个人如果具有正确的荣辱观，他就会非常关心自己的行为后果及其社会评价，为获得社会对自己的肯定，提高自己的社会价值，就必然会依据社会价值观念、道德规范衡量自己的行为，不断调整自己的行为方向，以使自己的行为与社会价值目标保持协调一致，趋荣避辱。相反，一个人如果缺乏荣辱观，对社会的评价无动于衷，就必然会缺乏强烈的自尊心和自豪感，就会消极萎靡，自甘落后，走向沉沦，对各种社会义务、社会规范和他人的利益麻木不仁，无动于衷，从而造成对社会风气的败坏。

客家地区的民风淳朴尚义，崇文重教，客家地区所形成的这种良好社会风气，得益于客家人树立并践行正确的荣辱观，客家荣辱传统在仁爱、和谐、德教、责任、诚信、勤俭等方面通过先贤和长辈的言传身教融入客家人的思想意识中，对客家人起到深刻的教化作用。陶冶着客家人的心灵，提高了客家人的思想道德素质，提高了客家人明辨是非、区分善恶、识别美丑的能力，推动客家地区形成知荣辱、知礼节、重道德、讲正气、促和谐的社会风气，造就了客家人古朴敬修的民风。故而在 2012 年 2 月，广东省统计局发布的《2010 年建设幸福广东综合评价报告》显示，在粤东西北地区，梅州市以 81.33 分位居第一，云浮、湛江、韶关、汕头、阳江、潮州、揭阳、汕尾、河源、清远、茂名分列第 2 至 12 位。[①] 而在 2012 年 6 月，国家统计局广东调查总队首度发布了 2011 年广东群众幸福感测评调查报告。调查报告显示：在粤东西北地区，梅州市的主观和客观评价都排第一，也即是说，梅州百姓幸福感居粤东西北 12 个地级市（梅州、茂名、揭阳、阳江、汕尾、韶关、湛江、潮州、汕头、云浮、河源、清远）之首。[②] 一座山区城市，GDP 不高，"幸福"指数却能两次荣登榜首，这体现出作为世界客都的梅州所具有的良好社会风气，深厚的文化气息，兼容并包的人文环境。

（二）客家荣辱传统的时代局限

客家人在千百年的外迁奔波、开山立基、出海创业的艰难竞争中扬长避短，优胜劣汰，既将我国民族文化中优秀精华继承和发扬，又培育了自己有别于其他民系的独特荣辱观，如今依然闪烁着多姿多彩的光芒。但是，客家文化从本质上说是建立在农耕社会和自然经济基础之上，受专制制度、宗法制度、等级制度及其思想影响较深，再加上缺乏资本主义阶段的洗礼，由此而产生的封闭、保守、落后的小农意识等，还不同程度地束缚着人们的理性自觉和创造精神。

1. 忠孝节义，但含有狭隘偏执

虽然客家人迁出中原、进山出海，但客家人文精神起主导作用的核心，还是儒家的人文精神，最重"忠、孝、节、义"，把不忠、不孝、不仁、不义和失节视为大逆不道，也正是这种内核，使客家祖祖辈辈在流离颠沛、历经苦难中，遍及四海而不被异化，反而更加凝聚人心，成为儒家文化的实践者和传播者。很显然，儒家的"忠孝节义"已经随着时代的发展越发狭隘了。如，过分讲求尽忠尽孝，容易"唯命是从"、"唯上是

---

① 《珠三角 9 市之首　广州　粤东西北 12 市之首　梅州》，《南方日报》2012 年 2 月 14 日。
② 《2012 年梅州百姓幸福感居粤东西北 12 市之首》，《梅州日报》2012 年 7 月 1 日。

从"。又如，客家人常讲"钱财如粪土，仁义值千金"①，所以，客家人更多的是从事做干部、当公务员，做医生、当教师，主动从商的很少。在这种过分重义轻利的价值观指导下，一方面，容易"自命清高"，认为"无商不奸"，产生"鄙视企商"心理，容易出现有悖于市场经济发展的言行；另一方面，"义"没有一个原则性，于公于私、于正于邪都会以"义"来诠释，如社会上盛行的"打招呼"，许多就是"义"字当头，表面上看是"有情有义"，实质上是滥用权力，以权谋私。

2. 崇文重教，但带有功利目的

客家有句谚语："有子不读书，不如养头猪。"②客家童谣也唱"月光光，秀才郎，骑白马，过莲塘……"③均体现了客家人崇尚知识、尊师重教的优良传统。他们认为，读书才能识理、明志才能有出息。但其初衷是"学而优则仕"，"读书做官"成为代代相传的祖训，根本目的是将来能够光宗耀祖，功利性极强。这种功利性的表现之一，就是官本位文化，一切以进入仕途为荣，把读书做官视为客家子弟走向成功、光宗耀祖的唯一途径，这种官本位文化，不仅造成官僚队伍膨胀，大量社会精英浪费在官场，还可能造成权力腐败，败坏社会风气。表现之二就是"重男轻女"，有道是"生子过学堂，生女过家娘（婆婆）"④，女孩是泼出去的水，男孩才是家族的栋梁，才是家族繁荣兴旺，光宗耀祖的希望。为了不使本家族有缺陷，计划生育这项国策在有些客家地区显得无能为力。

3. 敦亲睦邻，但渗有宗法帮派

客家俗语说："天时不如地利，地利不如人和"；"家和万事兴，吵斗散人心"；"同宗同族一家人，打断骨头连着筋"⑤，客家人深谙"和为贵"的儒家真谛。一句"自家人"，让客家人走遍天下左右逢源。客家不少姓氏族谱中的家训均有"睦家族、和乡党"，在重视宗亲之间和谐关系的同时，也重视与乡邻和睦相处，宗亲邻里之间和衷共济，互相帮助，济困救贫，少讲酬劳。这种"自家人"情结所体现出来的和谐人际关系，

---

① 罗维猛、邱汉章：《客家人文教育》，中国大地出版社2003年版，第20页。
② 梅州市民间文艺家协会：《梅州风采》，嘉应文学杂志社1989年版，第280页。
③ 同上书，第253页。
④ 同上书，第287页。
⑤ 同上书，第284页。

是民族团结的基因，也是我们现在构建社会主义和谐社会的基本要素。可惜的是，客家人这种"和"的范围比较狭窄，局限于同宗同族，只要是本族的成员就是"自家人"，同心同德、一致对外。在宗亲观念的支配下，情大于法的人情取向应运而生。人们往往从人情出发，以特殊主义态度待人处世，而不习惯于以普遍主义的态度待人处世。甚至在少数农村出现了宗族势力充当部分农民利益集团代表，把持、对抗基层政权组织的现象，为社会稳定埋下了一定的隐患。

（三）以社会主义核心价值体系为统领、创新继承客家荣辱传统

继承与弘扬客家荣辱观，必须坚持以社会主义核心价值体系为统领，深入挖掘客家荣辱观的精神财富，凝练、提升、创新，使其加快实现创造性转换，形成新时期的客家荣辱观，并予以大力弘扬，为客家地区社会发展提供强大的精神支撑和良好的文化条件。

1. 义利兼修、以信立身

"重名节、薄功利"是客家传统文化的价值观念，同时也反映出封建狭隘的小农意识，这种观念意识会阻碍现代化商品经济的快速发展。因为在市场经济条件下，市场在资源配置中起基础性作用，市场经济是一种交换经济，功利是市场的动力之源，追求利润，市场才能运转起来，才能起到资源配置的作用，才能发挥作用。没有对功利的追求，市场就会失去其基本动力，所以市场经济是贵利的，是肯定私利追求的，没有对私利的肯定，就不会有市场经济。客家人不仅要保持重义、诚信的精神，在市场经济环境下也要不断增强求利动力，积极投身到市场竞争中去。

"八荣八耻"倡导的诚信是在社会主义市场经济体制下的诚信建设。"信"是市场经济的基础，抽掉这根支柱，整个市场经济的大厦将顷刻间轰然倒塌。因此必须强调诚信建设的重要性，突出建立诚信社会的迫切性。但客家传统荣辱观中，诚信只是个人修身的手段，是君子进入高尚的道德境界的途径。"君子义以为质，礼以行之，逊以出之，信以成之"[①]，诚信往往被当作品德高尚的人的行为表征，并不是每个人所必需。社会主义荣辱观则把诚信作为社会主义公民必须具备的素质，着力搞好市场经济

---

① （春秋）孔丘：《论语·卫灵公》，载李泽厚《论语今读》，安徽文艺出版社1998年版，第365页。

条件下人们的诚信建设。

2. 守拓兼备、创新进取

由于客家文化成型的赣闽粤边区，自然地理环境的封闭性十分突出，缺乏大规模的物质流动和文化交融，难以进行地区间不同文化的横向比较，因此容易产生保守和固执的文化特性。安分守己、质直俭朴成为了客家人推崇的美德。客家人守规矩是好事，但在三十年的体制转换中，这种守规矩让客家人吃了大亏。因为守规矩，所以保守，一些人形成了不思进取、小富即安的心态，固守既定的工作和生活状况，只求平平稳稳过日子，不敢在新的领域开拓创新。"由于客家人缺少敢于冒险、不安于现状、进取、创新、善于把握机会的获致性人格因素，因此失去了许多发展的机会，特别是经济发展的机遇。"①

因此，在继承弘扬客家荣辱传统时，既要传承爱国爱家、勤俭持家、刻苦耐劳、和睦孝顺和群体利益至上等美德，并使其在现代社会中发挥作用。同时又要紧跟时代、勇于创新，知难而进、一往无前、艰苦奋斗，树立思想解放、勇于探索的争先理念，摒弃教条注重实际，在实践中大胆探索和尝试，努力做到敢想敢干，争当出头鸟，敢为天下先。

3. 礼法兼容、遵纪守法

中国素称"礼仪之邦"，明辨善恶、是非、荣耻、美丑是华夏文明的主旋律，客家人的"舍生取义、爱国爱乡、仁爱和谐、团结诚信、崇文重教、勤俭持家"的荣誉意识，以及廉耻意识的源头是中国传统文化的特质——群体意识和面子至上。然而，市场经济的负面影响和金钱万能的"魔棒"，将"受人尊崇和令人敬畏的职业的神圣光环"，"罩在家庭关系上的温情脉脉的面纱"，都一一"被抹去"或"被撕下"，一切都"变成了纯粹的金钱关系"，使许多人成为物欲的奴隶、金钱的婢女，"抛弃正当的是非善恶观念，以膨胀的私利为荣辱标准；以不该耻者为耻，不以耻者为耻；放弃自律，追随无耻；对于不正之风和无耻现象的麻木和容忍"②，也使面子、尊严沦为无用之物。在客家人的社会生活中拜金主义、

---

① 罗勇、林晓平、钟俊昆：《客家文化特质与客家精神研究》，载曾祥委《客家的民性》，黑龙江人民出版社 2006 年版，第 181—188 页。

② 《马克思恩格斯选集》（第 1 卷），人民出版社 1995 年版，第 275 页。

利己主义、享乐主义思想有所抬头，贪污腐化、损公肥私、唯利是图等现象不断发生，笑贫不笑娼、视艰苦奋斗如敝帚、讲排场摆阔气、奢侈浪费、一掷千金之类更是司空见惯。像贪占公家便宜，好逸恶劳，出卖肉体等丑陋行径原本是一些伤风败俗的奇耻大辱，是见不得人的，但在那些道德迷失的当事人看来竟也毫无痛痒，有的甚至还大言不惭地当众宣扬，而且脸不变色心不跳，连一点做人的起码自尊和耻辱感都没有了。

没有规矩，不成方圆，因此，在传承客家荣辱传统时，应增强遵纪守法的荣誉意识、违法乱纪的耻辱意识，在客家社会形成"以遵纪守法为荣、以违法乱纪为耻"的社会主义道德观念，让遵纪守法成为客家人的荣誉。"以遵纪守法为荣，以违法乱纪为耻"，强调的是法治意识，唤醒的是人们的道德良知，在现代社会生活中每一位公民，都必须首先树立法律至高无上和在法律面前人人平等的观念，摆正个人与法的关系，做到人人知法明法，守法护法，以法律为准绳来规范自己的行为，以法律为武器来保护自己的权利与自由，以遵纪守法并敢于同一切违法乱纪行为作斗争赢得整个社会的普遍尊重，才能形成处处秩序井然、人人崇尚法制的社会环境。

总而言之，通过构建社会主义核心价值体系视阈下的客家优良传统的科学体系及其框架，有助于人们更好地理解和认知社会主义核心价值体系，传承和发展客家优良传统，使社会主义核心价值体系和客家优良传统深入人心。客家人始终坚持指导思想一元化，渴望建设"富强民主文明和谐"的美好社会，客家优良传统高扬着爱国主义的鲜红旗帜，闪烁着改革创新的璀璨光辉，折射出知荣明耻的价值取向，是社会主义核心价值体系的生动体现。可见，社会主义核心价值体系与客家优良传统在形式、内容与精神旨趣等方面的相通互动。客家优良传统蕴藏着社会主义核心价值体系的有益营养，在客家地区建设和弘扬社会主义核心价值体系方面需要客家优良传统的思想文化土壤。

第五章 社会主义核心价值体系与客家优良传统的互动共融

把客家优良传统置于社会主义核心价值体系视阈下,不仅有助于人们认识社会主义核心价值体系,发扬客家优良传统,更好地为改革开放和现代化建设实践服务。同时,客家优良传统又能为社会主义核心价值体系建设提供鲜活的质料、实践载体与群众基础。而社会主义核心价值体系则为客家优良传统的继承和发展指明了正确的方向,起到引领作用,实现现代转型。我们既要对客家优良传统中有益于促进社会主义核心价值体系建设的合理成分赋予新的时代内涵和文化样式,又要紧密结合当代中国的社会文化状况,把客家优良传统所主导的价值观与当代中国的现实价值导向、价值理想有机结合起来,创造出更契合时代与社会发展的当代价值观。我们试图运用客家人喜闻乐见的匾额、堂联、族谱、史志、谚语、格言、山歌、民谣、信俗、习尚等形式,通过丰富多彩、形式多样、寓教于乐的方式,深度挖掘社会主义核心价值体系和客家优良传统,使社会主义核心价值体系和客家优良传统深入人心。这对加强人们的世界观、人生观、价值观以及社会主义核心价值教育和传统道德教育具有重要的现实意义。

第一节 以社会主义核心价值体系为指南引领客家优良传统的现代转型

客家人的优良传统是历经岁月沉淀在历史发展的长河中积累而成的,独特的生活方式和艰苦的自然地理环境塑造了独特的传统。它不仅是以文献、制度等客观形式存在,而且还是以价值观念、伦理规范、行为方式和审美情趣等主体形式存在。客家优良传统犹如文化密码一样,是一个客家族群文化身份的确立和客家族群认同的核心与纽带,任何一个族群的延续和发展,都离不开本族群优良传统的传承和积累。这些优良传统积累已经深深融化在客家族群的思想意识和行为规范中,并且内化为客家人的一种心理和性格。客家优良传统不仅是客家宗族赖以生存和发展的重要源泉,而且是族群之间相互区别的外在标志和族群内部相互认同的内在依据。

一 以社会主义核心价值体系为灵魂提升客家优良传统的精神境界

社会主义核心价值体系是社会主义意识形态的本质体现,是全国人民团结奋斗的共同思想基础,是实现科学发展、社会和谐的推动力量。它具有鲜明的时代特征、民族特色和实践特点,是我们全体社会成员当前和今后很长一段时期内必须共同遵循的思想追求、价值标准和行为规范。社会主义核心价值体系与中华民族优良传统是相通的,社会主义核心价值体系是对中华民族优良传统的继承和超越。社会主义核心价值体系的建设依托于中华民族优良传统,客家优良传统是中华民族优良传统中的一支,而在此互动过程中,客家优良传统也得到升华和创新。客家优良传统作为传承中华民族优良传统最好的传统之一,凝聚了中华文明的精髓,形成了一整套固有的伦理道德规范,在引导人们行为、规范社会秩序、维系社会正常运转中发挥着重要作用。

客家民系经过上千年的流移转徙,成为汉民族的优秀一支,美国学者亨廷顿在《种族的特性》中说:"客人这族是中华民族的精华。"英国学者布肯顿在《亚细亚人》一书中,认为"客家人的精神就是亚细亚精神"[①]。客家,是一个文明的族群,具有很高的文化素质和很强的亲和力,重视教育文化、守规矩、尚气节,具有许多高贵的品质,更适于未来完善的法治社会,是国家长治久安的可靠力量。客家优良传统是在现时代多元文化大环境下对客家人生活信念培养下具有正价值的优秀传统。客家优良传统是中华民族优良传统的一个组成部分,它充分吸收、利用了母体的文化营养,又吸纳了当地的文化资源,并将两者加以融合形成了独特而灿烂的一种新的文化传统,它是伟大的汉民族精神在特定条件下的延续和发

---

① 刘飞:《客家精神形成的原因初探》,《内蒙古农业大学学报》2008年第3期,第301页。

展，不仅具有中华民族优良传统的深厚底蕴，还具有作为客居他乡以后发展起来的独特传统。弘扬客家优良传统，挖掘客家文化的丰富内涵和魅力，吸引民众自觉加入到客家文化的保护和发扬的行动中，将会大力推进社会主义精神文明的建设，有助于事半功倍地加强社会主义核心价值体系建设，增强全社会的法制意识，深入开展精神文明创建活动，增强社会诚信。

(一) 精神之魂的展现：客家优良传统转型的价值基础

核心价值体系是一个国家、社会得以存在和发展的灵魂，社会主义国家也不例外。我们党历来重视社会主义思想文化和理想信念建设。毛泽东同志曾经说过，社会主义国家要有"统一意志"，要"步调一致"。邓小平同志认为，我们这么大一个国家，要团结起来、组织起来，一靠理想，二靠纪律。江泽民同志明确指出，一个民族，一个国家，如果没有自己的精神支柱，就没有灵魂，就会失去凝聚力和生命力。胡锦涛同志多次强调"民族精神"、"精神支柱"和"共同理想、信念"的重要性。党的十六届六中全会明确提出建设社会主义核心价值体系的重大任务，这是中国共产党在思想文化建设上的一个重大创新，也是当代中国经济社会又好又快发展的现实需要，更是我国社会长治久安的战略要求。

从客家优良传统的内容可知，客家优良传统和社会主义核心价值体系在本质上是一脉相承的，具有内在统一性，社会主义核心价值体系是客家优良传统精神之魂的展现。社会主义核心价值体系的基本内容，即马克思主义指导思想、中国特色社会主义共同理想、以爱国主义为核心的民族精神和以改革创新为核心的时代精神、社会主义荣辱观四个方面，是我党理论的重点创新，也是客家优良传统精神之魂的体现。在市场经济中，尽管经济成分多样化，文化意识多元化，但必须坚持马克思主义的指导地位不动摇。在我国，虽有多种宗教信仰，但只有走中国特色的社会主义道路，实现中华民族伟大复兴的共同理想，才能够把13亿人凝聚起来。在十一届三中全会以来的改革开放的实践中，尽管有各种形式分裂祖国的企图，但我党和全国人民在同各种分裂势力的斗争中不仅继承和发扬了热爱祖国、团结统一、自强不息、勤劳勇敢的伟大民族精神，而且又培育了与时俱进、开放包容、科学民主、公平正义的时代精神。在与社会主义市场经济相适应、与社会主义法律规范相协调、与中华民族传统美德相衔接的道德建设中,我党提出了以"八荣八耻"为主要内容的社会主义荣辱观,为全体社会成员提供了基本的道德准则。

正是确立了社会主义核心价值观和价值评判的标准,为客家优良传统的现代转型提供了理论依据。马克思主义指导思想是我们立党立国的根本指针,是社会主义核心价值体系的灵魂。马列主义、毛泽东思想和中国特色社会主义理论体系为客家优良传统的现代转型提供了政治保证。以爱国主义为核心的民族精神是民族文化最本质、最集中的体现,是各族人民团结一心、共同奋斗的价值取向。以改革创新为核心的时代精神是马克思主义与时俱进的理论品格、中华民族的思想品格与改革开放和现代化建设实践相结合的成果,是各族人民建设中国特色社会主义事业的强大精神动力。加强社会主义核心价值体系建设必将为客家优良传统的现代转型提供直接的精神力量。社会主义核心价值体系在基本价值层面上倡导普遍的社会公德,是每个社会成员都应当作出的基本的价值判断,每一个客家人都必须以这一价值判断为基础,确立与社会主义制度相适应的价值观,这是客家优良传统的现代转型的价值基础。

客家优良传统的精神实质,就是坚持马克思主义指导,坚持马克思主义信仰,引导客家人民牢固树立中国特色的社会主义理想,树立正确的世界观、人生观、价值观,有先进的民族特色和时代特色,体现当代民族精神和时代精神,以社会主义荣辱观为道德基础,"去伪存真、去粗取精"。例如在客家地区的谚语提到:"做官买田,不如子孝妻贤。"[①]"父正子不邪,母勤女不懒。"[②]"花花假假,雷公会打。"[③]"官清马瘦,官贪民穷。""阎王不嫌鬼瘦,贪官不顾民穷。"[④]"朱门出阿斗,茅寮出状元。"[⑤]"食人介俸禄,工夫要做足。"[⑥]"做官钱,一阵烟;生理钱,好眼前;血汗钱,万万年"[⑦],等等,这些谚语实际上都强调了做人的准则,抨击了贪

---

① 梅州市民间文艺家协会:《梅州风采》,嘉应文学杂志社1989年版,第284页。
② 同上书,第287页。
③ 同上书,第279页。
④ 同上书,第273页。
⑤ 同上书,第274页。
⑥ 同上书,第282页。
⑦ 同上书,第286页。

官污吏,体现了社会主义核心价值体系的精神。

社会主义核心价值体系是客家优良传统精神之魂的展现,从客家地区客家人的族规家训中也可窥见一斑。中华民族素来重视家教,自汉代以来,"家训"是儒家文化在家庭、家族问题上的集中反映,是长辈对晚辈的教诲,也是儒家对"修身、齐家、治国、平天下"的理想追求。而作为深受儒家文化浸染的客家地区崇祖观念渗入客家人的骨髓,每个宗族都修族谱,族谱中都记载有族规家训,其主要内容都是教育族人与子弟如何忠公、睦族、读书、做人的劝勉训诫之辞,以及统一族内成员的思想行为的道德原则和注意事项,告诫族众:哪些事应该做,哪些事不应该做。如梅县《温氏族谱·家训六则》:"孝顺父母、和睦兄弟、严端品行、重俭戒奢、公明息讼、积德锦后。"① 蕉岭《林氏族谱》指出:"克勤克俭:勤为开财之源,俭实蓄财之方。"② 粤东张氏宗族的张化孙家规有"崇尚节俭"条目:"持家有道,勤俭二方。勤则生财,俭为备荒。懒惰之人,难为衣粮。奢侈之我,好景不长。劝我族人,节俭为尚。居不贪高,房坚宅亮。食不求珍,腹饱口凉。衣不华贵,齐整大方。器质而洁,不图排场"③。《南阳邓氏族谱》中对族人的经济生活的价值观进行了严格地规定,其中在立业"务生意"之条目中要求子孙:"为商作贾者,以专心立志为上,资本无论多寡,以笃实忠厚为先,有信行有口齿,童叟不欺瞒,毋骄傲,毋怠慢,毋市井,均宜公道,勿亲匪党,恐误身家,务要刚柔相济,勤俭为先,斯乃夙金主要诀也。"④《大埔黄氏族谱·江夏最要家训》有"戒非为"条目:"非为乃非人生可为之事,凡所行者,必要光明正大,天地良心,切勿贪财设计,贪色行奸,宜见得必然思义。"⑤ 由上可见,客家人的族规家训是宗族内部成员必须遵守的"法律条文",可以从思想上对族人的犯罪行为进行预防,这些无不体现了社会主义核心价值体系精神。社会主义核心价值体系与客家优良传统二者本质相同、内在统

---

① 李小燕:《从族谱的家规家训看客家人的价值观念》,《广西民族学院学报》2006年第5期,第77页。
② 同上书,第79页。
③ 同上。
④ 同上。
⑤ 同上书,第80页。

一、社会主义核心价值体系是客家优良传统精神之魂的展现。

（二）实践之举的探索：客家优良传统前进的时代力量

在历史长河中，客家先民在不断的迁徙，同其他民族融合的过程中，创造出了内容丰富，特点鲜明的客家优良传统，同时严酷的生存环境酝酿和孕育了客家人因时而变的时代精神。为适应新的自然环境和社会环境，客家人经受着艰辛、战乱、伤病、天灾与饥饿的考验。正是由于客家人有很长一段漂泊流离的经历及到达定居地以后所面临的严重的物质匮乏和其他种种困境，从而锤炼出客家人坚忍不拔的意志、勇于开拓的精神、勤劳朴实的品格及善于用血缘、亲缘、地缘等各种条件建立同宗、同乡、同一文化内相互合作关系的团体主义精神。而所有这些，都是为了确保自身的生存与发展，实现由移民社会向定居社会转变需要。他们跋山涉水，在艰难环境中求生存，在牢牢地秉承着中原优秀传统的同时，打开视野，主动地接受和吸收其他类型的传统，不断地积累经验和推陈出新，从而锻造了客家人求新求变、开放兼容的时代精神。如客家人从自己的生活经验中得出了"人唔辞路，虎唔辞山"、"命长唔怕路远"、"树挪就死，人挪就活"的价值观念。时代的精神本质上奠基于一种海纳百川的气度与善于学习的精神。而学习又与教育密不可分。千百年来，"耕读传家，崇文重教"是客家优良传统中最具特色、影响最深远的特征。客家人无论在多么艰苦的条件下，哪怕是砸锅卖铁、卖房卖地，也要供自己的子女上学读书，因而有"生子不读书，不如养头猪"[1]的民谚。客家地区自古为人文荟萃之地，学风鼎盛，崇文重教，民众文化素养底蕴深厚。过去，地处贫困山区的客家人，深感谋生立足需要知识文化，再苦再穷也要勒紧裤带送子女上学读书。因此尊师重教，兴学育才蔚然成风。美国的《国际百科全书》中说："客家……教育普及，在中国为最。"[2] 在当前改革开放、科教兴国的新时代，弘扬崇文重教、兴学育才的客家优良传统具有特别重要的意义。

当前，世界正快速进入全球化时代，面对着这个严峻的时代挑战，

---

[1] 梅州市民间文艺家协会：《梅州风采》，嘉应文学杂志社 1989 年版，第 287 页。
[2] 《外国人对客家人的评价》，载张卫东、王洪友《客家研究》第一集，同济大学出版社 1989 年版，第 177 页。

我们要传承和弘扬客家优良传统，保留客家优良传统的特色。同时，又要自觉地站在世界历史的高度，认识人类文化进步的方向和趋势，审视和思考客家优良传统的现状和发展走向，把握客家优良传统的内涵和任务。要以开拓的视野，健康的心态和"融会百川"、"兼容万物"的博大胸怀，借鉴吸收世界各国和中华民族优良传统，特别是近现代以来反映人类文明进步的发展方向和趋势的先进文化。适应经济全球化和科学技术突飞猛进的发展趋势，大胆地把商品意识和市场经济意识运用到客家优良传统的建设上来，以开放的气度，在各种文化的整合中，建立起适应世界潮流又具地方特色的与时代共进的客家优良传统，保持客家优良传统的旺盛活力。

改革开放以来，客家地区的经济和社会得到了很大发展，与此同时，文化建设和优良传统的发扬也取得了突出的成就。客家人的现代文明素质和城乡文明程度明显提高，教育的各项事业得到了长足发展，文学艺术事业上了新的台阶，文学精品生产硕果累累，群众文化工作整体水平提高。随着经济全球化趋势加强，科技革命迅速发展，经济结构的调整和优化，以及小康社会人民文化生活要求的迅速增长，客家优良传统的发展也进入新的阶段，应大力弘扬客家优良传统，使客家优良传统与时代共进。

首先，要注重客族优秀传统文化，它是客族精神的凝聚。大力弘扬客家文化，振奋客家精神，珍惜保护和发掘客家文化的优秀遗产，构成客家优良传统的"底色"。一是要加强客家传统文化研究，为客家优良传统的研究奠定文化研究基础。客家传统文化博大精深，需要重新整合现有的客家文化遗产，寻找一些文化典故去延伸和拓展，要重点研究包括客家传统文化保护、人才建设、传播体系完善、产业振兴等内容的"客家传统文化软实力"建设。二是要建设客家文化标志性建筑。充分利用客家非物质文化遗产、古民居、古建筑以及现有中国客家博物馆、客天下产业园等客家传统民俗文化标志性建筑打造世界客家博物馆，开发客家文化经济副产品，打造客家文化大载体、百花园。三是要扩大客家传统文化影响力。注重宣传客家人物、客家精神和客家文化；把客家人文教育作为中小学德育的必修课，编写系列教材加强客家人文教育；充分开辟客家人文、特色民居、红色旅游等人文景区，弘扬客家传统文化。

其次，要注重时代特色，为客家优良传统增添时代特色。在继承和发扬客家优良传统的同时，立足新的实践，以时代精神对客家传统进行扬弃，引导客家优良传统向高品位提升。

最后，要融合世界先进文化。要适应经济全球化和科学技术突飞猛进的发展趋势，建立起适应世界潮流又具地方特色的现代化文化体系。现阶段，弘扬和创新客家文化，要建立起与社会主义市场经济相适应的思想道德体系和人文精神、文化氛围，实现客家优良传统和世界文明成果的融会贯通，科技进步与文化发展的协调统一，经济发展与文化创新互动加速，人文资源的保护与城市生态环境优化趋向高度和谐，城市文明程度和市民素质的共同提高。形成布局合理、设施先进、服务网络化的文化服务体系，形成完整的历史文化名城保护体系，形成历史文化名城的人文景观群、文化功能区、标志性与公共配套的设施群，突出客家地域特色的传统形象。

在知识经济时代，文化与经济政治相互交融，在综合国力中的地位和作用越来越突出。经济背后的支撑是文化，优良的客家文化，是实现客家地区经济振兴和社会发展的宝贵的精神财富。我们要增强民族自豪感和自信心，大力弘扬客家文化和客家优良传统，实施客家传统精品战略。随着我国社会主义市场经济的发展和社会主义精神文明建设的推进，面对着信息时代浪潮的席卷和文化多元化格局，现阶段任何文化和传统都会有显得不合时宜的一面。我们要客观地认识与估量客家传统意识，顺应时代发展的潮流，与时俱进，在传承和弘扬客家优良传统的同时，立足新的实践，要勇敢地摒弃客家传统的糟粕。

（三）社会主义核心价值体系统领客家优良传统的现代转型

社会主义核心价值体系在客家优良传统的现代转型建设中具有重要的地位和作用。这种地位和作用，用一句话概括，就是用社会主义核心价值体系统领客家优良传统的现代转型，因为社会主义核心价值体系确立了客家优良传统现代转型的指导思想，规定了客家优良传统现代转型的目标方向，指明了客家优良传统现代转型的民族特色和时代特色，确定了客家优良传统现代转型的荣辱价值取向。在客家优良传统的现代转型过程中，以马克思主义为指导，按照建设中国特色社会主义共同理想的要求，在民族精神和时代精神的鼓舞和激励下，在社会主义荣辱观的规范下，客家优良传统不但可以被"去伪存真、去粗取精",保留下精华,而且还可以"脱胎换骨",实现"华丽转身",增加适应新时代新形势的内容,焕发巨大的生机和活力。

1. 马克思主义指导思想是客家优良传统现代转型的灵魂

马克思主义指导思想是我们立党立国的根本指针。马克思主义是科学的世界观,是认识世界和改造世界的立场、观点、方法。在当代中国,坚持中国特色社会主义理论体系就是真正坚持马克思主义。只有坚持以马克思主义为指导,全国人民才有一个共同的行为准则和精神支柱。客家优良传统的现代转型以先进的思想理论为指导,马克思主义是社会主义核心价值体系的灵魂,也是客家优良传统现代转型的灵魂。马列主义、毛泽东思想和中国特色社会主义理论体系为客家优良传统建设提供了政治保证,在客家优良传统的现代转型中必须以马克思主义为指导思想,马克思主义指导思想是客家优良传统现代转型的灵魂。

2. 中国特色社会主义共同理想是客家优良传统现代转型的主题

中国特色社会主义共同理想是社会主义核心价值体系的主题,也是客家优良传统现代转型的主题。中国特色社会主义共同理想,充分反映了我国最广大人民的共同愿望、利益和要求,是全国各族人民为之共同奋斗的理想信念和目标追求,是指引中国走向复兴的伟大旗帜。胡锦涛同志在中央党校的重要讲话中开宗明义指出:"中国特色社会主义是当代中国发展进步的旗帜,是全党全国各族人民团结奋斗的旗帜。"在党的十七大报告中胡锦涛又鲜明地指出:"高举中国特色社会主义伟大旗帜",这就明确地告诉我们,中国特色社会主义的共同理想是一面引领中国发展进步的鲜艳旗帜,指明了全党全国人民团结奋斗的共同目标。中国特色社会主义的共同理想是客家优良传统现代转型的主题。

3. 民族精神与时代精神是客家优良传统现代转型的精髓

民族精神是在长期的历史进程和积淀中形成的民族意识、民族文化、民族习俗、民族性格、民族信仰、民族宗教、民族价值观念和价值追求等共同性质的反映,是民族传统文化中维系、协调、指导、推动民族生存和发展的精粹思想,是一个民族生命力、创造力和凝聚力的集中体现,是一个民族赖以生存、共同生活、共同发展的核心和灵魂。以爱国主义为核心的民族精神是民族文化最本质、最集中的体现，是各族人民团结一心、共同奋斗的价值取向。以改革创新为核心的时代精神是马克思主义与时俱进的理论品格、中华民族的思想品格与改革开放和现代化建设实践相结合的成果，是各族人民建设中国特色社会主义事业的强大精神动力。我国的民族精神，正如十七大报告指出的：是以爱国主义为核心，团结统一、爱好和平、勤劳勇敢、自强不息等作为具体体现的一种精神。民族精神可以说是社会主义文化最本质、最集中的体现，而爱国主义则是这种民族精神的核心。爱国主义，是千百年来形成的对于自己国家挚爱的深厚情感及为之献身的崇高精神。中国人民以热爱祖国、贡献全部力量建设社会主义祖国为最大光荣。它表现为对祖国和家乡的热爱、深切的眷恋和奉献，对祖国统一、民族团结的强烈期盼，对祖国繁荣昌盛的坚定信念，对祖国主权和尊严的坚决捍卫。时代精神主要体现为解放思想、实事求是，与时俱进、勇于创新，知难而进、一往无前、艰苦奋斗、务求实效，淡泊名利、无私奉献的精神，这些也正是客家优良传统现代转型的精髓。

4. 社会主义荣辱观是客家优良传统现代转型的基础

社会主义荣辱观是人们在依据社会主义思想道德标准进行自我批评和社会评价活动中逐渐形成的关于荣辱观念的总和。在我国全面建设小康社会、构建社会主义和谐社会和加快推进社会主义现代化的新阶段，胡锦涛同志创造性地把社会主义荣辱观概括为"八荣八耻"，这是社会主义伦理观、道德观、价值观的精确提炼和生动体现，是对马克思主义道德观的精辟概括和新时期社会主义道德的系统总结。从内容上看，这八个方面的基本要求突出并强调了社会主义道德规范和社会主义精神文明规范中若干重要方面，既涵盖了社会主义世界观、人生观和价值观的基本内容，又统辖了爱国主义、集体主义和社会主义的重要思想，同时也体现了社会主义道德规范、精神文明和社会风尚的本质要求，是当代中国最基本的价值取向和行为准则。社会主义核心价值体系在基本价值层面上倡导普遍的社会公德，是每个社会成员都应当作出的基本的价值判断，只有树立起鲜明的社会主义荣辱观，才能树立起正确的社会价值导向，才能为客家优良传统的现代转型奠定厚实的道德基础。

二 以社会主义核心价值体系为宗旨统驭客家优良传统的建设思路

（一）共同理想的培育：客家优良传统传承的前提保障

江泽民同志在党的十五大报告中指出："在全社会形成共同理想和精神支柱，是中国特色社会主义文化建设的根本。"精神支柱，即内心信念和信仰，表现为坚强的意志和执著的精神追求。由于人们的精神支柱总是来源于人们的共同理想，所以共同理想是共同精神支柱的思想基础。历史证明，一个国家和民族如果没有共同理想和精神支柱，就难免会出现思想混乱和行为失范，影响国家的稳定和社会的发展，甚至最终会导致民族的分裂与解体。因此，在社会主义初级阶段必须把共同理想的培育放在重要的位置。

共同理想是一个国家和民族在一个历史时期总的奋斗目标，是团结、鼓舞人民群众为国家和民族的前途而奋斗的力量源泉。一个人有理想，才能掌握自己的命运。一个国家，一个民族有共同理想，才能在总体上把握社会前进的方向。共同理想关系着国家和民族的兴衰存亡。中国革命的胜利，中国社会主义制度的巩固和发展，社会主义建设成就的取得，都因为我们无论在革命战争时代，还是社会主义建设时期，都有一个共同理想。改革开放以来，我国经济和社会发展之所以引起世界的瞩目，重要的一点就在于我们始终有理想、目标、战略和计划，动员全国人民为之奋斗。

任何民族要前进，都需要有共同的理想信念；任何一个社会形态要发展，也必有其相应的核心价值体系。社会主义核心价值体系的提出，顺应了人类社会历史发展规律、社会主义建设规律和执政党执政规律，从社会意识领域为社会的发展提供了导向和动力作用。任何一种价值观体系，都必然包含有理想追求的内容和成分。理想对人生和社会起着不可替代的重要作用：它作为精神支柱，为人生提供安身立命之所，为社会奠定国泰民安之基。这是一种精神上的主心骨，依靠着它，一个人、一个群体、一个民族，才能真正抬起头来，挺起脊梁，向着理想目标奋进。只有具备这样强大的精神力量，才能成就艰难而伟大的事业。

马克思主义理想信念是中国革命成功的一种精神力量，也将是建设和改革事业成功的精神动力。它起着精神向导的作用，向人们指出正确的方向和路线；它起着精神纽带的作用，使一个群体或社会形成强大的合力。

以马克思主义为指导的中国共产党人，始终坚持崇高的理想，坚持理想主义与现实主义相结合，使崇高理想成为我们党、我们民族精神生活中不可或缺的一部分。中国特色社会主义共同理想是社会主义核心价值体系中理想信念内涵的集中体现。社会主义核心价值体系的各项内容都是围绕着中国特色社会主义共同理想这一主轴逐项展开的。马克思主义指导思想为我们中国特色社会主义共同理想提供了科学的世界观和方法论，以爱国主义为核心的民族精神和以改革创新为核心的时代精神为实现共同理想提供了思想精髓，社会主义荣辱观又为实现共同理想提供了微观的行为规范和道德基础。

理想作为一个人、一个群体、一个民族的精神上的主心骨，人们因为有了它才为着共同事业奋然前行。在改革开放的过程中，邓小平、江泽民、胡锦涛同志等，都一再强调树立共同理想的重要意义。我们的共同理想就是建设中国特色社会主义。这个共同理想代表了社会主义核心价值体系的未来走向，是我们党治国理政的旗帜，是我们中华民族奋斗前行的向导，是全国各族人民团结奋斗的坚强主心骨和强大推动力。只有有了共同理想，才能有共同利益，才能有共同追求，才能形成强有力的精神凝聚力。只有有了共同理想，才能有坚强的团结，才能有战胜各种困难的勇气，才能有解决各种矛盾的能力。中国特色社会主义共同理想的培育在客家优良传统传承中具有前提保障作用。

首先，从历史形成上看，中国特色社会主义共同理想具有民族心理上的共同性。这个理想来自于中国人民共同的历史经历和共同的民族心理，尤其是经历过流离变迁的客家人。无论是历史的自豪感还是屈辱感，都是客家人民在共同经历中形成的共同体验和共同心理。在此心理基础上产生出来的对中华民族实现复兴的强烈渴望，也是共同的，经历过数次流离变迁的客家人都自然而然地具有这样的心理和愿望。

其次，从愿望表达和利益代表上看，中国特色社会主义共同理想具有广泛性和普遍性。这个共同理想把党、国家、民族、个人紧紧地联系在一起。党要为实现自身在社会主义初级阶段的目标而奋斗，国家要基本实现现代化，民族要实现伟大复兴，个人要过上小康生活，这些不同层面和不同角度的愿望和要求，都在共同理想上得到汇集，形成一种追求共同理想的最大合力，因此，共同理想的培育成为客家优良传统传承的前提保障。

最后，从精神气质的展现上看，中国特色社会主义共同理想具有很大的包容性和亲和力。这一共同理想的包容性体现了中国特色社会主义文化的包容性，体现着社会主义和谐社会的包容性。在建设中国特色社会主义过程中，我们要大力倡导一切有利于发扬爱国主义、集体主义、社会主义的思想和精神，大力倡导一切有利于改革开放和现代化建设的思想和精神，大力倡导一切有利于民族团结、社会进步、人民幸福的思想和精神，大力倡导一切有利于用诚实劳动争取美好生活的思想和精神。

总之，中国特色社会主义共同理想把各个阶层、各个群体的共同愿望有机结合在一起，经过实践的检验，有着广泛的社会共识，具有令人信服的必然性、广泛性和包容性，具有强大的感召力、亲和力和凝聚力，共同理想的培育是客家优良传统传承的前提保障。

（二）改革创新的倡导：客家优良传统弘扬的动力支撑

整个人类历史，就是一个不断创新不断进步的历史。人类从第一次站立，第一次举起手中的木棒，第一次点燃新生命的火种，直到今天灿烂的现代文明，曾进行了无数的创新。正是人类的不断开拓创新，才构成了我们今天五彩缤纷的世界。因此，没有创新就没有人类的进步和未来。

在改革开放的历史大潮中，改革创新作为民族进步的灵魂和社会发展的精神动力而愈益成为中华民族的共识，成为时代精神的核心。改革创新精神，其本质就是将变革与创新视为正常的、有益的精神现象，它是为实现某种新的发展，寻求变革、适应创新、勇往直前的文化与精神，并将此当作开创事业的机会，以形成一种赋予资源以新价值的创造性的行为能力。具体而言，这一精神就是立足于反思传统，勇于超越本本，敢于改变现状，善于开创未来的精神。置身于中国改革开放的大潮之中，改革创新精神就是要使一切有利于社会进步的行动得到肯定，有利于创业实践的意志得到尊重，有利于创新创优的品质得到支持，并最终升华为全中国人民发挥才华、施展抱负、奉献社会、报效国家的意志和品格。

改革创新精神弘扬与否，取决于人们开拓精神的强弱。改革创新所呈现的开拓精神则直接表现为全民族锐意进取的精神和奋勇争先的品质。就其时代的内涵而言，这种精神和品质，是一种艰苦奋斗、迎难而上、挑战自我的精神，是一种抢抓机遇、争先进位、争创一流的意志，更是一种勇于竞争、勇担风险、敢作敢为的品质。就其实践层面的精神表现而言，则体现为中华民族不为任何风险所惧，不被任何干扰所惑，在市场竞争中力争上游的精神和状态；体现为中国人民在知识经济的呼唤下，吐故纳新，立足于科技兴国的雄心和壮志；体现为中华民族在当代世界发展的背景下，勇于迎接世界经济全球化、政治多极化和文化多元化挑战的品质和意志；体现为全体人民进一步增添改革创新的锐气，把各个社会阶层和全体建设者创造新社会的积极性充分调动起来，不断进行理论创新、制度创新、科技创新、文化创新，不断提升将中国特色社会主义伟大事业推向前进的决心和勇气。改革创新是时代精神的核心，也是弘扬客家优良传统的动力支撑。

客家人由于战乱、灾荒而不断迁徙，开拓创业精神就是在长期迁徙过程中历练出来的。客家先民的入居地大都是比较贫困的山区，定居山野。相对短缺的资源，相对落后的交通，加上当地族群的排斥，要落地生根，安家立业，繁衍生息，就必须以开拓创业的进取精神去建设自己的新家园，开拓一片新天地。同时，客家人在艰苦开拓过程中又历练出一种锐意进取的精神，他们不安于现状，不安于贫穷，无时不在谋求新的发展空间。正是有了这种开拓创业的进取精神，客家人总是在面临无法抗争的困境后，离开故土，长途迁徙，在广东、广西、福建、江西、四川甚至海外定居，保存壮大了客家群体，形成了特有的文化和优良传统。

客家人迈开步子，跨出家门，创造更广阔的天地，立一番新业绩。这都是开拓创业进取精神使然。客家人有句广泛流传的口头语"好子不贪爷田地，好女不贪嫁时衣"[①]，阐明了凡事应该靠自己辛勤耕耘获取。所以，他们总是强调"不靠亲不靠戚，全凭自家长志气"[②]；"爹有娘有不如自家有"[③] 等用以激励和警醒人们要有志气和骨气，依靠自己的双手去开拓创造美好生活。类似的谚语还有很多，例如"学坏三日，学好三年"，意指在客家农村的青年人，如果不积极参加生产劳动，整天游手好闲，好逸恶劳，人很快就会变坏。如果要早日脱贫、过上好日子的话，则要开拓

---

① 梅州市民间文艺家协会：《梅州风采》，嘉应文学杂志社1989年版，第284页。
② 同上书，第278页。
③ 冯秀珍：《客家文化大观》（中），经济日报出版社2003年版，第790—791页。

创新，长期努力，艰苦地创业，才能发家致富。还有"常将有日思无日，莫把无时当有时"；"食唔穷，使唔穷，无划无算一世穷"；"家有粮万担，唔丢烂褂衫"；"烂衫烂裤唔好丢，留来日后好遮羞"①，等等，这些都体现了客家优良传统中勤俭持家的思想品格。

客家人出外谋生、立业或从政、从军、从商，都敢作敢为，勇于开拓，敢于创新。这种进取精神特别体现在那些漂洋过海的客家人身上，他们离开故土，离开家园，一无所有，只有拼搏，才能求得生存和发展。正是凭借这种精神，他们在侨居国和侨居地不仅扎下了根，而且为当地经济和社会发展作出了巨大的贡献。如早期的"万金油大王"胡文虎、当代创立著名的"金利来"品牌的曾宪梓先生等就是其中的杰出代表。客家人总是用这些思想教育后辈，并代代相传。

客家人在封闭落后、自然环境恶劣的条件下能取得惊人的成就，靠的正是改革创新、开拓创业的精神，而且这种精神得以世代相传，成就了客家人的昨天和今天。改革创新、开拓创业既是一种生活方式，也是一种积极向上的精神状态。有了改革创新、开拓创业的精神和作风，在物质匮乏、环境艰苦的条件下，能使人保持不畏艰难、锐意进取的意志，去战胜一切困难，实现理想的目标；在物质丰富、条件优越的情况下，也能使人不沉醉于物质享受、不奢侈腐化，而是保持勤劳节俭之风，继续奋发向上、开拓进取，创造更加美好的未来。所以，积极倡导改革创新、开拓创业是弘扬客家优良传统的动力支撑。

（三）礼义廉耻的灌输：客家优良传统发展的基础建设

客家优良传统中注重道德修养，强调"见利思义"，在客家地区"小人喻于利，君子喻于义"②的价值观念深入人心。"见利思义"就是要注重人的精神需要，重视公利和整体精神。在客家宗族组织中，"利益的本位是家族，因为离开了宗族就无法生存，因而，个人的权利就受到了忽视，本分、听话和服从必须成为天职！维持这样的人群，自然是不能讲利

---

① 梅州市民间文艺家协会：《梅州风采》，嘉应文学杂志社1989年版，第285页。
② （春秋）孔丘：《论语·里仁》，载李泽厚《论语今读》，安徽文艺出版社1998年版，第115页。

的。因为讲到利,人就散了,只能讲义"①。"传统客家伦理精神的血缘根基和心理倾向牢牢地奠定了客家伦理精神的情感主义根基。恪守中华传统文化的客家人把良心、道德评判标准建立在以血缘情感为根基的自然情感平台上,使其道德取向具有浓厚的人情味,客家人普遍都崇尚人情味,离不开人情味。"②

在为人处世、待人接物方面,客家人有一套又一套的规则,要求族人讲究伦常秩序,以礼仪规范为行为的道德标准。客家族谱家训都很重视忠信礼义。如兴宁《孙氏族谱》有条目:"凡宗族之人……亦晓然孝悌忠信,凛乎礼义谦(廉)耻……长幼未序,而辜彝伦者,未之有也。"③ 强调忠信礼义,忠是尽忠,就是要忠于祖国和人民。信是信用,对朋友言而有信。

客家人重视感情,重义气、重承诺,可以生死相托。比如客家优良传统中强调的"四重"和"四薄"就是一个很好的典范。"四重"和"四薄":一是"重名节、薄功利"。客家优良传统中视个人名节比钱财更为重要。对个人的不仁不义,对祖先、父母的不敬不孝,对夫妻之间的不忠不节,对国家民族的背叛,以及男盗女娼、懒惰、赌博等行为都被认为是不道德的、有辱祖先、有损人格和气节的。二是"重孝悌,薄强权"。迁徙的苦难,出洋的冒险,使客家人强烈企盼和衷共济、平等友爱,使客家人强烈愤恨为富不仁、待人不平等。这一价值观跟客家人的历史处境和社会地位密切相关。三是"重信义,薄小人"。客家人把信义视为社会交往中为人处世的基本品德,并把它作为判别朋友或"小人"的价值标准。客家人常言:"无信非君子,无义不丈夫"、"亲君子、远小人"。四是"重文教,薄农工"。客家人认为读书才能识理、明志,才能有出息。尤其是近代,客家人所在地区人口膨胀,山多田少,生产力落后,经济不发达,人们为了摆脱贫困,大量往外地和海外谋生,文化知识成为他们谋生

---

① 曾祥委:《客家的民性》,载《客家文化特质与客家精神研究》,黑龙江人民出版社 2006 年版,第 185 页。

② 张佑周:《论客家文化的基本特质》,载罗勇《赣州于客家世界国际学术研讨会论文集》,人民日报出版社 2004 年版,第 403 页。

③ 李小燕:《从族谱的家规家训看客家人的价值观念》,《广西民族学院学报》2006 年第 3 期,第 78 页。

的主要手段。从这"四重"和"四薄"中不难发现,客家优良传统中重视礼义廉耻的灌输,重视人伦关系、重视人道精神、强调见利思义和注重道德修养,强调对人的培养和全面发展,这正是客家优良传统发展的基础建设,对客家社会和谐发展的影响无疑是深刻的。

第二节 弘扬客家文化传统拓展社会主义核心价值体系的社会基础

十六大以来,中央逐渐认识到文化的重要价值,强调文化引领经济、政治、社会和生态发展的重要作用,在全面贯彻落实科学发展的今天,文化创新已经成为我们紧迫的任务。客家人祖祖辈辈把孔孟之道尊为圣贤之道,视"三纲五常"为处世为人的是非道德标准。这些都集中反映为客家人传统意识中为人处世的道德观念和价值观念。直到今天,这种人文精神仍然不同程度地反映在客家人的意识和行为之中,从而形成客家传统美德。客家人崇先报本、爱国爱乡、崇文重教、耕读传家,艰苦奋斗、锐意进取、勇于开拓、团结协作、海纳百川等精神;客家人守望相助,崇尚节俭、不畏强暴、英勇顽强、敢于斗争、尊祖爱国、为了民族利益不惜弃身保家,赴汤蹈火在所不辞的英雄气概都是客家传统美德的具体体现。其中有很大一部分反映着客家人抵抗丑恶事物、不畏强暴势力、严格区分是非善恶,敢于伸张正义的正气之力的精神和情操,是社会主义核心价值体系社会基础的最初表现,弘扬客家文化传统可以拓展社会主义核心价值体系的社会基础。

一 爱国爱乡、无私无畏:客家优良传统与中华民族精神的相通

民族精神是一个民族在长期的共同生活和共同的社会实践基础上形成和发展的,为民族大多数成员所认同和接受的思想品格、价值取向和道德规范,是一个民族的心理特征、文化传统、思想情感等的综合反映,是一个民族赖以生存和发展的精神支柱。民族精神是我们民族的生命力、凝聚力和创造力的不竭源泉,是民族文化最本质、最集中的体现。在中华民族五千年的优秀文化中,其独具特色的价值理念,充满睿智的道德伦理,博大精深的哲学内涵,饮誉世界的文化典籍,共同构成了中华民族精神的载

体和渊源，既形成了以爱国主义为核心的团结统一、爱好和平、勤劳勇敢、崇德尚礼、公而忘私的民族情怀，又形成了以"修身齐家治国平天下"为核心的"自立立人"的人生追求。

"天行健，君子以自强不息"①；"地势坤，君子以厚德载物"②，体现了革故鼎新、自立自强、艰苦奋斗、与时俱进的精神和以人为本、放眼未来、博大情怀、和谐万物的境界。这种精神已经深深地融入我们的民族意识、民族品格和民族气质之中，其所蕴涵的基本精神在现时代仍有着鲜活的生命力，构成了中华民族五千年来爱国爱乡、无私无畏的强大精神动力。伟大的民族精神是中华民族最为深厚的历史情感的结晶，是古往今来千千万万中国人奋发向上、百折不挠的精神支柱，是中华民族生生不息、薪火相传、不断发展壮大的精神动力。民族精神犹如社会的"黏合剂"，将各族人民的智慧和力量聚集、整合在一起；民族精神具有强大的召唤力和推动力，可以焕发全体人民的斗志和责任心。实践证明，一个国家、一个民族的生存发展和事业繁荣兴旺，必须有民族精神作支撑，客家优良传统就是中华民族精神优秀的一支。

客家人因自身的颠沛流离，在时时为客、处处为客的窘境中，最为痛切地体验到祖国的可爱、故土的可亲、家园的可贵。日本历史学家山口县造写的《客家与中国革命》一书中有一段论述："客家是中国最优秀的民族……他们的爱国心，比任何一个民族为强……没有客家就没有中国革命。"③（作者注：这里的"民族"应作民系解释）这段论述为人们所熟悉，并被广泛地引用在有关客家研究的文章中。翻开中国近代史，没有一次较大的政治变动与客家人无关的，客家人爱国家爱民族的精神，不仅表现在求存求安的时代，勇于反侵略反压迫，保家卫国；也充分表现在和平建设之时，乐于为中华之振兴，家乡之繁荣贡献力量。

客家谚语中，反映客家人爱国爱乡、无私无畏情怀的内容比比皆是，

---

① （西周）周文王：《周易·上经》，载南怀谨、徐芹庭《白话易经》，岳麓书社1988年版，第15页。
② 同上书，第32页。
③ 《外国人对客家人的评价》，载张卫东、王洪友《客家研究》第一集，同济大学出版社1989年版，第175页。

例如："舍命才算真豪杰，爱国方成大丈夫"①；"国难思良将，家贫思贤妻"②。这些是对祖国的挚爱，说明客家人早已把自己个人、家庭的前途和命运跟国家、民族的前途和命运紧紧联系在一起。又如"家乡水甜人心，十年不改旧乡音"；"树高不离土，叶落仍归根"③；"水流千里归大海，人走千里归家园"④。这些都是对家乡的深情描绘，说明客家人十分眷恋自己的家乡，家乡已经注入了他们的情感世界，已经融进了他们的生命内涵，客家人身上的爱国爱乡、无私无畏的优良传统正是中华民族精神的体现。

例如南宋末年爱国英雄——客家人文天祥，在他的生命意识里，总有着对国家前途命运的深切关注，深怀忧国忧民之心，关心国家的前途命运，有着强烈的忧患意识，总是跃跃欲试，力图为国分忧，希望实现理想。文天祥曾作《题碧落堂》曰："修复尽还今宇宙，感伤犹记旧江山。近来又抱秋风紧，颇觉忧时鬓欲斑。"⑤ 文天祥虽然身贬异地，但仍然对国家的前途命运深切关注，念念不忘收拾旧山河；而一听说元兵又要南下，顿时忧虑万分，体现出深切的忧患意识。从文天祥身上，我们看到了客家人心忧天下的博大胸怀，体现了生命意识中深切的社会责任感。

"寸寸河山寸寸金，伇（侉）离分裂力谁任？杜鹃再拜忧天泪，精卫无穷填海心。"⑥ 这是晚清爱国诗人黄遵宪的一首诗，表现了对祖国危亡的无限忧虑，对清朝丧权辱国的极度不满，强烈地抒发了作者为救国而愿贡献自己一切的坚定决心。客家人在饱尝长期离乡背井痛苦之后，更加深刻地体会到"在家不知娘辛苦，出外方知慈母情"，"在家千日好，出门半朝难"，于是更加热爱家乡，并深刻体会到家、乡、国命运一体，荣辱与共的关系，使爱国爱乡的思想强烈地表现在各个方面，显得尤为突出。

客家地区华侨、华人、港澳同胞在新中国成立前离乡背井，漂泊异

---

① 冯秀珍：《客家文化大观》，经济日报出版社 2003 年版，第 715 页。
② 杨宏海、叶小华：《客家艺韵》，华南理工大学出版社 2006 年版，第 140 页。
③ 冯秀珍：《客家文化大观》，经济日报出版社 2003 年版，第 715 页。
④ 罗维猛、邱汉章：《客家人文教育》中国大地出版社 2003 年版，第 79 页。
⑤ 黄兰波：《文天祥诗选》，人民文学出版社 1983 年版，第 1 页。
⑥ 钱仲联：《人境庐诗草笺注》，上海古籍出版社 1981 年版，第 717 页。

域,但根在中华,心系故土,不忘祖根,报效家乡,积极支援家乡经济建设和教育事业发展。他们即使留洋海外,只要有机会都会回馈乡土国家,以报答乡土国家的文化涵养。君不见,乡贤张弼士先生、田家炳博士、曾宪梓博士、熊德龙先生等都如此爱国爱乡。又如客家山歌"国庆舞狮又舞龙,莫忘建国众英雄,声声万岁共产党,句句怀念毛泽东";"改革开放发了家,自古有国才有家,四化建设为祖国,齐心建设新中华"。唱出了对党、对毛泽东同志及其他英雄们的称赞和怀念,歌颂了党的改革开放政策,号召大家齐心协力建设祖国。这些爱国爱乡、无私无畏的客家优良传统正是中华民族精神的最好体现。

二 顽强拼搏、开拓创新:客家优良传统与改革创新精神的互动

时代精神是一个社会在最新的创造性实践中激发出来的,反映社会进步的发展方向、引领时代进步的潮流、为社会成员普遍认同和接受的思想观念、价值取向、道德规范和行为方式,是一个社会最新的精神气质、精神风貌和社会时尚的综合体现。改革开放以来,我国形成了以改革创新为核心的时代精神。作为民族的共同意志和思想状态的集中体现,它是中华民族精神的时代升华;作为马克思主义理论品质的时代注解,它引领了中国的改革开放,是30多年来我国社会发展极为重要的精神动力。以改革创新为核心的时代精神是适应中国特色社会主义建设的实践需要而形成的崇高精神。改革创新是发展进步的基础,这是一个不以人的意志为转移的、放之四海而皆准的客观规律。不论在任何时代,只要重视改革、尊重创新,其就获得了发展的源泉和动力。如果保守僵化,安于现状,就必然导致落后甚至灭亡。中华民族是勤劳智慧的民族,也是富有创新精神的民族。创新精神是中华民族五千多年文明史的不竭动力。

客家历史是客家先民、客家人的流浪史、拼搏史、创业史。为了生存、发展,长期的迁徙、流浪,颠沛流离,逐步地摆脱了中原"安土重迁"和"父母在不远游"的传统保守观念的束缚,树立起"四海为家"的新思想。也就是长期的颠沛流离,在逆境中求生存、求发展而必须奋力与自然、与社会抗争,努力拼搏,胜利者,就是这些敢于拼搏、敢于冒险进取的强者,他们终于到了彼岸,获得新生和发达。

顽强拼搏、开拓创新,这是客家人的安身立命的精神。客家人聚居之处，多属山多田少、土地贫瘠、交通闭塞的边缘山区。历代客家人在异常恶劣的环境中，在极其艰苦的条件下开山劈岭，披荆斩棘，开荒种地，营建家园，磨炼成勤劳刻苦、艰苦创业、勇于开拓的精神。就是在那些勇于冲出山区、远走南洋向外开发的客属华侨、华人身上，也始终保持着这种客家人的本色和精神。从清末民初杰出的客家华侨"锡矿大王"胡子春，到当代香港富豪田家炳，都是靠勤劳苦干，顽强拼搏起家的，并不断开拓进取，获得成功的。在客家人看来，做什么事情都要顽强拼搏，兢兢业业，干出业绩。只有这样，才能得到社会的认同，有益于社会，并实现自己的人生价值。客家人最显著的精神特征就是坚忍不拔的拓荒者精神，也就是艰苦创业的精神，这是由客家民系的形成历史所决定的。客家人的历史就是一部迁移史、血泪史和苦难史，客家人正是在战乱和灾荒中不断迁徙，不断开荒拓土，从而形成了这种顽强拼搏、开拓创新的客家第一精神。整个客家民系的形成和发展，就是一部顽强拼搏、开拓创新的历史。客家人正是顽强拼搏、开拓创新的优良传统的代表，这与他们经历的流离变迁的历史环境和现实的穷山恶水的生存条件有很大关系，当然也与汉族祖先的优良传统不无影响。客家人所到之处，总能将一片蛮荒之地变成人烟稠密的繁华村镇，拓荒者精神在客家先辈中是十分突出的，走出大陆的客家华人华侨身上也具备很明显的艰苦创业的精神，如早期的"万金油大王"胡文虎、当代创立著名的金利来品牌的曾宪梓先生等就是其中的杰出代表。

三 自强不息、勤俭诚信：客家优良传统与社会主义荣辱观的共融

荣或辱，既是指人们在进行自我评价时产生的自尊或自愧的心理体验，也是指社会在对人们的思想行为进行评价时形成的褒奖或贬斥。每一个生活在社会中的人，都有自己对于荣与辱的看法和理解。凡是能够使自己感到自愧、内疚或受到社会贬斥的，就是辱。荣辱观具有鲜明的阶级性，不同社会、不同阶级的褒贬尺度和荣辱观是不同的。社会主义荣辱观的要义，是说明在社会主义条件下什么是光荣、什么是耻辱。以"八荣八耻"为主要内容的社会主义荣辱观是对中华民族优秀道德传统的继承和发扬，它是社会主义核心价值体系的基础。社会主义荣辱观从根本上讲是崇尚真、善、美，鄙弃假、丑、恶，它是每一个个人、每一个公民道德行为的底线，突破这个底线就不配做中华人民共和国的公民，甚至不能成为一个合格的人。也正因为如此，它是社会主义核心价值体系的基础，没有这个基础，一切价值将失去意义。

当前，我国正处在一个经济转型阶段，社会生活由一元向多元发展；旧的规则体系已经失去权威，新的规则体系尚未完全建立。在这一特定时期，一方面人们在荣和辱的选择上存在着较大空间和自由度，另一方面又容易使人们在荣辱观上出现混乱和迷惘，以致使一些人甚至一些领导干部在行动上出现了是非不辨、美丑不分、善恶不识、荣耻不认，甚至以非为是、以丑为美、以恶为善、以耻为荣的现象，造成了人们道德价值观的滑坡。社会的发展进步是建立在人类改造自然和社会的伟大实践的基础上的。在这一实践过程中，自强不息、勤俭诚信是人们取得实践成功的前提。因为无论是处理人和自然的关系，还是处理人和社会的关系，或者是科学实验，都必然会遇到种种问题和困难，面对这些问题和困难，只要我们有自强不息的精神、勤俭诚信的品质，就一定能够取得胜利。客家优良传统中强调"民生在勤，勤则不匮"[①]；"早出勤劳暮始还，任它风日冒云鬓"[②]，都是对客家优良传统的自强不息、勤俭诚信优秀品质的阐释和写照。

勤劳节俭是中华民族的传统美德，客家人非常重视继承和发扬这一美德。由于战乱、灾荒而不断迁徙，客家人勤劳节俭的精神就是在长期迁徙过程中历练出来的。又因客家先民的入居地都是在比较贫困的山区，定居山野，"其出入必盘山越岭，习苦耐劳"[③] 相对短缺的资源、相对落后的交通，加上当地族群的排斥，要落地生根、安家立业、繁衍生息，就必须以勤劳节俭的精神去建设自己的新家园，开拓一片新天地。在客家地区，不论男女，不问贫富，都崇尚勤劳节约的精神，这种根植于农耕文明基础之上的务实观念，体现在客家人日常生活的方方面面。客家人的"食"

---

① （春秋）左丘明：《左传》，载舒焚、鲁开泰《春秋左传译注》，武汉出版社1998年版，第390页。

② 刘敏、刘华祝：《勤劳、重教、尊祖、爱国——浅议客家精神》，载丘权政《客家与近代中国》，中国华侨出版社1999年版，第557页。

③ 罗香林：《客家研究导论》，《兴宁文史》总第27辑，广东省兴宁市政协文史资料研究委员会编，2003年，第137页。

往往只是"食求果腹"。在民居建筑上，客家人注重坚固牢靠、宽敞实用。在穿着方面，客家人只求"衣能蔽体"。客家人由于能吃苦耐劳，所以生存能力特别强，哪里有土地，他们就可以在哪里生息繁衍。他们把吃苦耐劳作为传家宝，培养一代又一代人。在客家地区流传一首长达210行的家教歌上写着："勤俭丰足之本，耕读保家之基。勤俭定能立业，奢侈导致贫困。春日一刻千金，季节绝不饶人。一年只望一春，一日又望早晨。有事莫推明日，今日就想就行。""勤俭先贫后富，懒惰先富后贫。兴家如针挑土，败家如水洗尘。用物检点节约，破烂另多费神。房屋田地再多，乱用不久必贫。宁可自食其力，不能坐吃山空。"① 客家前辈叶剑英在新中国成立初期，针对一些人产生骄傲自满、贪图享乐的思想，不愿继续前进和过艰苦的生活，及时提出告诫："不要有衣锦还乡的思想，必须继续保持和发扬我党谦虚、朴素、勤劳和努力学习的优良作风，谁要是一进城市便飘飘然，趾高气扬，便要脱离群众。"

客家人常言"无信非君子，无义不丈夫"。把信义视为社会交往中为人处世的基本品德，并把它作为判别朋友或"小人"的价值标准，信和义是客家优良传统中普遍认可和宣扬的传统价值观念。历史上客家人流落异地谋生，在政治上、经济上都处于弱势，为求生存和立足，他们首先要取信于人，也需要得到朋友以信义相助，把一切损人利己、欺诈蒙骗等行为都看做"小人"之举，并以"亲君子、远小人"作为座右铭。可见，客家先辈具有强烈的崇尚诚信、追求操守的崇高精神。自强不息、勤俭节约，既是客家人的传统美德，也是社会主义荣辱观的重要体现。

社会主义荣辱观作为社会主义核心价值体系展开和落实的基础，是对马克思主义道德观的精辟概括，是对新时期社会主义道德的系统总结，是科学发展观的重要组成部分。"八荣八耻"社会主义荣辱观也是对中国传统文化的批判继承和发展。经过千百年的发展，自强不息、勤俭诚信已经成为一种精神、一种品格、一种作风、一种象征。随着时代和实践的发展，它还在不断地被赋予新的内涵。在改革开放和发展社会主义市场经济的条件下，节俭意识和艰苦奋斗精神的具体内涵与过去相比有所不同，但尊重劳动、物尽其用、自强不息、顽强拼搏仍然是其要义，是我们必须始

---

① 严永通、凌火金：《广西客家山歌研究》，广西人民出版社1991年版，第196—197页。

终坚持和发展的。

第三节 挖掘客家文化资源增强社会主义核心价值体系的实践张力

客家族群较好地传承了中华民族精神，在艰难的辗转迁徙中和巨大的生存压力下，逐渐形成了自己独具特色的爱国爱乡、无私无畏、顽强拼搏、开拓创新、自强不息、勤俭诚信的优良传统。这些优良传统彰显了客家社会的生机和活力，哺育出了一代代各个领域的客家精英，在中国和世界产生了深刻的影响，并成为我们今天进行社会主义核心价值体系建设的重要文化资源。

一 土楼、围龙屋：传统价值观在客家建筑中的体现

客家古民居——土楼和围龙屋，是客家先民面对新的生存环境而创造的"世界上独一无二的神话般的山区民居建筑奇葩"，为中国和世界民居建筑增添了无穷魅力，对世界建筑和人类文化产生了巨大的影响。它承载着客家人久远的历史记忆，见证了客家人的艰辛和辉煌，是展现客家人精神世界的重要载体。无论是闽西土楼，还是粤东北的围龙屋，都是客家人在漫长动荡的生活中，根据新的自然条件和社会环境，按照中原传统的建筑思想和风格而修建的民居。不但奇巧恢宏的建筑构造令人赞叹，而且体现在其中的深刻文化内涵更是引人瞩目和思考。

土楼和围龙屋虽然都是客家古民居，但其建筑设计及其体现出来的文化传统还是具有差异性的。从总体上来说，土楼的功能特点是通风采光、防潮保温、防风抗震、安全自卫。而体现在各种细节中的文化内涵更有价值，更值得我们去研究和思考。

（一）蕴含着浓郁的宗族观念和伦理制度

客家人所修建的每一座土楼或者围龙屋，不论其规模大小，其整体设计上都突出了宗族伦理观念，是儒家文化在民居建筑上的充分表达。一座土楼，既是一个大家族集聚生活的场所，同时又是以静止的实体（整体建筑）和动态的人伦（所有居住的家族成员）互为补充展演，进而共同塑造客家文化的舞台。

土楼和围龙屋建筑形式多种多样，有圆、半圆、椭圆、方、五角、八角、八卦、五凤、交椅形，甚至不规则形。如永定圆形的振成楼、方形的庆成楼、宫殿式的奎聚楼、府第式的福裕楼、袖珍型的如升楼等各种类型的土楼数十座，规模也大小不一。但土楼和围龙屋的造型结构都体现了客家伦理制度的不可动摇性。按照传统礼制，强调以祖祠为中心布局，屋内住户按辈分高低及尊卑来分配房间，长幼有序，层次分明。方楼圆寨简单看似乎一切明确平等，家长制不明显，实际上客家方楼圆寨平面布局中隐藏着三堂屋轴线意识，强调聚族而居所应遵守的尊卑秩序。方楼圆寨均在中轴线中心位置建一高大厅堂，作全楼的中枢和向心点，楼内每环每层每间房屋朝向中枢，体现了客家人的家族向心力和统一性。

客家先民重视儒家的"孝"、"悌"，这在土楼的一些楹联内容里得以体现，如永定"振成楼"官厅前中石柱上的对联即为："振乃家声，好就孝悌一边做去；成些事业，端从勤俭两字得来。"① 因为对中华民族优秀传统文化的坚守和传承，所以才出现了一座土楼居住人口多达上百或数百人的现象。一座土楼或者围龙屋，内部通道四通八达，几代同堂，父母、兄弟、叔侄、婆媳、妯娌之间和睦相处，共同尊敬和顺从于最长辈分者。几百人的大家族生活在一个屋檐下，长爱幼，小尊长，秩序井然，一派幸福祥和。逢年过节，男女老少齐集正屋上厅祭拜祖先。反映了客家人团结互助、敬老尊贤、礼貌文明的传统美德。1991年4月，一个美国记者来到福建，当他看到一个客家圆楼住了27家，四代同堂，共130多人的时候，大为惊叹地说："在美国，都是一家家分开住，没有像中国人这样团结和谐，更不用说一个家庭几代人住在一起了，我们缺少中国人的凝聚力。"美国一位女博士说："中国最吸引我的就是闽西独有的土圆楼，我作为一名社会学家对圆楼内人们特有的生活方式——众多的人们团结、和谐生活在一起感兴趣。这里的人极为友好热情。"日本一位教授说："目前，日本虽然经济发达，物质丰富，但精神贫乏落后，人与人的关系越来越疏远，以三人为主的小家庭也日益破坏，兄弟之间更没有什么来往，来到这里，看到土楼内不仅有三代同堂，还有四世同堂，整个家庭和睦地生

---

① 谢小健：《土楼楹联》，永定土楼文化研究会，1995年，第8页。

活在一起，令人惊叹不已，日本需要学习客家人这种团结互助精神。"①日本学者茂木计一郎等人在考察了土楼后曾感慨地说："几世同堂的大家族制度在中国是自上而下就可见的习俗制度，但像客家人那样，至今保持了富于共同协作的家族观念的大家族制度，想来是非常罕见的。"

的确，客家人以土楼和围龙屋这种特殊的民居建筑形式及其体现其中的中国传统文化内涵，别说是令国外尤其是与我们的历史文化和价值观念完全不同的西方人大为吃惊和震撼，就是在我们中华民族这个大家庭内部各族和各民系中也是非常突出的。这种团结友爱、尊老爱幼的传统美德，正是社会主义荣辱观所倡导的价值观。

（二）营造着浓厚的教育氛围

客家人在五次大迁徙历程中形成的聚族而居、崇文重教、敦亲睦族充分地体现在土楼建筑中。土楼不论大小，基本都内设学堂或以祠堂祖堂兼作学堂，供本楼及邻近子弟读书学习。永定土楼在"重教崇文"方面体现得最为明显，每一座土楼几乎都有私塾或学堂。如"衍香楼"、"永隆昌楼"、"遗经楼"等都把学堂当作楼的一部分包含进去。衍香楼的学堂有文舍也有武馆，永隆昌楼的学堂为临江书院，福裕楼的学堂为"日新学校"，承启楼大门楹联明载："承前祖德勤和俭，启后子孙耕与读"。因为客家人崇文重教，历来盛行兴学之风，使客家社会人才辈出。以至于一座土楼，往往能培养出几个甚至几十个高学位和成功成名的人才。在永定客家土楼中就传颂着"五代五翰林"、"兄弟双进士"、"一楼十博士"、"一镇三院士"等故事。在新中国各个时期，无论政界、军界、商界、科技界都涌现了许多声名显赫的客家人物。

尤其值得盛赞的是，居住在土楼内的客家人更加重视对子弟进行伦理道德教育，并把"兴诗立礼"的教育渗透到各个细微的环节。如通过张贴楹联诗文，把一些族规和古圣贤名句，彰显在各个角落，让本族子弟随时随处可见，以便于他们能够继承家族优良传统和中华民族精神，修身养性，健康成长，将来既能光宗耀祖，又能成为国家之栋梁。点缀在土楼建筑体之上的"明珠"——楹联，就是儒家忠、孝、礼、义、信，温、良、恭、俭、让思想精髓的最好诠释。如福建永定"振成楼"内一副副对联

---

① 冯秀珍：《客家文化大观》（中），经济日报出版社2003年版，第782页。

和题词，就是前辈期望后辈知书识礼成大器的家训，深具典型意义。振成楼大门楹联："振纲立纪，成德达材"，"一本所生，亲疏无多，何必太分你我？共楼居住，出入相见，最宜重法人伦"；二道门临摹明代海瑞书法："干国家事，读圣贤书"；内厅堂四大石柱联："振乃家声好就孝悌一边做去；成些业端从勤俭二字得来；能不息患挫志，自不为安乐肆志；在官无傥来一金，居家无浪费一金。"正厅正面是"言法行则，福果善根"；"振作那有闲时少时壮时老年时时时须努力，成名原非易事家事国事天下事事事要关心"[①]。这些自勉或勉励后人的家训，是客家人重视后代教育的真实写照，反映了客家先民的良苦用心和振家兴邦的胸怀大志。

客家社会有一习俗，族中有人中了秀才以上科场功名之后，都在祠堂前或者屋前和陵墓前立有旗杆（又称石楣杆、石笔），至今在客家地区，不少土楼门前仍竖有石笔。一些开基数百年经二三十代的家族，其土楼前的石笔成林。如永定县下洋镇中川村胡氏家庙前，原有石笔25支，现存15支耸立祠堂前。石旗杆一般长5—6米，它分石制的石旗杆和石柱镶嵌木旗杆。这些石旗杆多是考上秀才、举人和进士或四品以上的官职者，便可凿上姓名、生平和主要事迹，并雕有龙凤呈祥或狮虎相争等吉祥物装饰品，不过秀才底座凿成四角，举人为六角，进士和四品官位以上的为八角形状。木旗杆为两面石柱中间夹高达10—15米高的木旗杆，同样雕上龙凤狮虎之类，但不论是石或木旗杆，目的都是为了光宗耀祖，激励子孙后代成才立业，流芳后世。有"三年中举，旗杆夹石"之说。这些石笔与客家土楼交相辉映，不仅组成了绝世人文景观，这些旗杆还是客家人崇文重教的明证，更是后代学子的楷模。

客家人崇文重教的优良传统，不仅为客家社会造就了大批引领社会风潮的各界杰出人物，而且给客家社会留下了许多值得传承发展的宝贵精神财富，将永远激励人们自强不息、爱国爱家，淡泊名利、无私奉献，紧跟时代、勇于创新，知难而进、一往无前，艰苦奋斗、求真务实。这些与民族精神和时代精神又是相融互通的。

（三）体现了道家深刻的哲学思想

不少闽西客家土楼和粤东北客家围龙屋，在设计上，皆以中国古老的

---

① 谢小健：《土楼楹联》，永定土楼文化研究会，1995年，第8—10页。

八卦思想为出发点,并运用得娴熟自如和精彩绝伦。这是客家人对中国传统文化的继承和发展。客家土楼作为古老建筑系列之一,设计理念中贯穿着睿智精深的"八卦学说"。由于楼内布局讲究阴阳八卦,加上廊道交叉纵横,错综复杂,房间门厅多且十分相似,因此有"一座土楼就是一座迷宫"的说法。从最初的选址及其之后的修建上,土楼和围龙屋均注重与天然地形的协调统一,围绕祖祠这个中心而进行规划布局,其他各配套设施也要符合天圆地方和阴阳五行的传统观念。客家先民采用象征、寓意等手法,把《易经》中的八卦理念与地形、水势、风向奇妙灵巧结合起来,建造出一座座按八卦布局、以阴阳为本的神奇美妙的惊世骇俗之杰作。

八卦是中国古代最神圣的文化符号,对古代社会的政治、经济、军事、哲学、医学、文学、宗教、建筑、养生等方面,都产生极大影响,这一古老的哲学思想至今仍渗透在中国人的精神和物质生活中。土楼和围龙屋在设计修建时多用八卦择地定位,镇宅禳邪,出煞保安。如现存有名的八卦土楼是:在田楼,西陂天后宫塔楼,振成楼,八卦堡,蕙茅围屋等。八卦楼内门户讲究,每家的家门都有门楣和堂号。门框悬贴各种八卦平安符,楼上楼下除精美镂雕花窗外,还有特殊的八卦保安厌胜吉符意义的门窗彩画,全楼洋溢一派典型的中国传统道家哲学心理文化气息。踏入楼内,犹如置身于古老民众信仰的氛围中。广东翁源县江尾镇的蕙茅围屋,据说是唐相客家人张九龄后代所建,是典型的八卦围屋。围屋的中心场地与四围街巷,房间组合按阴阳八卦图形施工修建,整幢围屋有乾、坤、兑、巽四门,象征天、地、风、泽四种天象,昭示风调雨顺、五谷丰登。另外,大型土楼内一般都挖有两眼水井,而且两眼水井呈东西或南北对称,象征日月或影射太极图中两条头尾相咬的阴阳鱼的眼睛。因此,有人说,一座土楼和围龙屋就是一幅太极图。土楼和围龙屋的八卦思想,丰富了客家民居建筑的文化内涵。

总之,客家土楼和围龙屋不仅在建筑上别具一格,而且蕴含其中的文化也是丰富和深刻的。难怪联合国科教文组织给予永定客家土楼世界文化遗产如此的定义:"根植于东方血缘伦理关系和聚族而居民族传统基础之上的建筑艺术成就和历史见证。"客家及其中华民族的文化即是土楼的灵魂。2010年新春,胡锦涛总书记亲临永定考察客家土楼时,曾赞誉"客家土楼是中华文化瑰宝,是大家庭、小社会和谐相处的典范",并叮嘱土楼人家"一定要把祖先留下的这份珍贵遗产守护好、传承好、运用好"①。

的确,土楼和围龙屋,不仅是一种建筑样式,一种生活方式,它更是客家精神的象征。而蕴含在客家土楼和围龙屋中的中华民族优秀传统文化,那种返璞归真、顺应自然、崇尚科学、团结和谐的精神典范,可以为我们今天建设社会主义核心价值体系提供有益的启迪和借鉴。

二 宗族、宗祠:凝聚客家社会的精神纽带

(一) 宗族、宗祠的含义

1. 宗族

宗族亦称"家族",是指一种以血缘关系为基础,标榜尊崇共同祖先,维系亲情,而在宗族内部区分尊卑长幼,并规定继承秩序以及不同地位的宗族成员各自不同的权利和义务的法则。"族",指父系单系亲属集团,即以一成年男姓为中心(称"宗子"或"族长"),按照父子相承的继嗣原则上溯下延,即如《尔雅·释亲》所云:"父之党为宗族。"这是宗族的主线。主线旁有若干支线,支线排列的次序根据与主线之间的血缘关系的远近而决定。族内有家,因此族又是家庭的联合体。

宗族(家族)在中国数千年的发展历程中始终发挥着极其重要的作用。它体现汉人特殊的行为规范和价值取向。正如孟子所云"天下之本在国,国之本在家",成为古代中国人修身、齐家、治国、平天下这一安身立命圭臬的内容之一,故而得到历代封建统治者的竭力提倡。北宋人刘敞认为:"圣人之治天下,结之不以恩惠,威之不以刑罚,不为而治者,民自治也。一曰宗族,二曰师友,三曰宾客,四曰祭祀,五曰丧纪。"②封建统治者把宗族视为维护地方社会秩序乃至整个国家不可或缺的力量。历史证明,几千年的中国封建社会得以延续,其中宗族发挥了重要的作用,可以说中国古代社会是以家族为本位的社会。

客家作为汉族中的一个族群,为了躲避中原战乱,举族南迁后,在新

---

① 何雪昌、卢基莹、李添华:《永定客家土楼:中华文化的瑰宝》,《闽西日报》2010年3月5日。

② (北宋) 刘敞:《公是先生弟子记》,载《中华历代笔记全集·宋元》(http://book.yunduan.cn/)。

的陌生之地，为了更好的生存，聚族而居，依靠宗族的力量应对各种天灾人祸的挑战。因此，在客家地区，宗族传统一直被延续保留着，为客家社会的发展和正常社会秩序的维护发挥着极其重要的作用。

2. 宗祠

宗祠，亦称祠堂、家庙，是宗族共同祭祀先祖、议决大事的重要场所。每个祠堂大凡都有自己的堂号，从某种意义上讲堂号是宗族的标志。清代祠堂广泛兴建，几乎是每一村落，聚族而居。社则有屋，宗则有祠①。随着历史的发展，祠堂在今天的中国大陆已不多见，就全国范围来说，广东、福建、山西和江浙一带保留下来的祠堂相对较多，尤其在闽粤赣交界的客家地区，至今还到处可见大大小小的众多祠堂以及定期的祭祖活动。祠堂作为祖先灵魂的栖息之所，无论逢年过节，还是婚丧嫁娶；无论是喜添男丁，还是考取功名，客家人都要到宗祠祭祖，祈求祖先灵魂的赐福和庇护。

建祠祭祖是中华民族的传统民俗，这一民俗起源于上古氏族社会对祖先灵魂的崇拜。孔子说："不学礼，无以立。"② "故坏国、丧家、亡人，必先去其礼。"③ 也就是说，在古代中国，礼既关乎个人的立身和处世，又关乎治国平天下，可见礼的重要性。在研究礼制的学者看来，礼起源于宗教，尤其是祭礼，因为礼有三本，即上事天、下事地和宗事先祖而宠君师。"天地者，性之本也；先祖者，类之本也；君师者，治之本也。无天地焉生？无先祖焉出？无君师焉治？"④ 祭礼成为中国古代国家典礼中最重要的组成部分。

从宋代到明清，以至到民国时期，中国的传统知识分子，包括大批著名文人、大臣等大都积极参与宗族活动，他们不但是自己所属宗族活动的参与者、支持者乃至领导者，而且参与亲朋好友宗族的诸如修谱、立碑之

---

① （清）程庭：《若菴集》卷五《春帆纪程·入新安界》，载《四库全书存目丛书》子部补编第 8 册，齐鲁书社 1997 年版，第 114 页。

② （春秋）孔丘：《论语·季氏》，载李泽厚《论语今读》，安徽文艺出版社 1998 年版，第 396 页。

③ 《礼记·礼运》，载《礼记·尚书》，华龄出版社 2002 年版，第 110 页。

④ （战国）荀况：《荀子·礼论》，载张觉《荀子译注》，上海古籍出版社 1995 年版，第 397 页。

类的活动。在中国古代社会，祭祀祖先既是信仰，也是一种权力，更是人们的约定俗成。在祖先崇拜的观念中，人们相信，子孙们如果定期祭祀祖先，香火不断，祖先就会护佑其后世子孙家丁兴旺和平安多福。

客家人南迁后，为了坚守中华民族的精神和适应新的生存环境，将传统的宗族制加以继承和发展，并将其发扬光大，积淀成客家人的心灵依靠和精神支柱。因此在客家社会，以地缘为依托的宗族团结，以寻根谒祖为报本的宗族观念意识体现得尤为突出，最为直观的就是将这一观念物化为实体建筑的土楼和围龙屋上。整个家族聚族而居，团结一致，共同应对来自于自然和社会的威胁，在陌生的地域谨慎而勇敢地生活，有福同享，有难同当。正是靠这种家族整体的力量，才使客家人得以生存和壮大，并开创出自己的一片天地。

土楼和围龙屋，就是典型的宗族聚居建筑，尽管随着时代的变迁，传统的宗族制度及其观念在中华大地逐渐淡化甚至消失，保存下来的客家土楼和围龙屋只有一些老人留守，更多的客家人早已搬进了现代化的新居所，但在今天的客家地区，我们仍然可以感受到浓厚的客家宗族观念以及在这种观念支撑下体现在生产生活当中的宗族力量。换言之，地方社会正常秩序的维护仍然不能完全忽视宗族力量的存在，在今天构建和谐文明的社会中，宗族仍然可以发挥其积极作用。而作为客家宗族本身，也在一定程度上有意识地努力维持家族势力的延续。譬如，续修族谱、修葺祠堂和重新为族内历代所有成功者树立石笔（石楣杆）石碑等，通过文字记载和显见的实物，来强化宗族的集体记忆和塑造宗族的象征，进而彰显宗族的荣耀以及教育和激励后世子孙。

（二）宗族、宗祠的功能

道德教化是宗祠诸多功能中最重要的一项，其实现载体主要有以下几点：

1. 祠堂祭祀：宗族集体意识的强化

宗祠的主要活动是每年定期的祭祖，客家地区至今仍然保留着充满浓厚的宗族文化氛围的隆重的宗族祭祀活动。祭祖的程序大致与中原汉族相同。以同姓氏族为单位，由族长（往往即是乡绅）牵头，族人共同捐资，在特定时间举办隆重的祭典，借以缅怀祖先、祭奠神灵、团结族众。祭祀的固定地点自然就是祠堂（家庙），这是村落中最重要的建筑群落，也是最奢侈的建筑,这一地点具有家族团聚的政治、经济、文化意义。所以祭祀活动的准备工作非常充分,其内容十分丰富,仪式也十分繁杂。其实仪式只是一种形式,更为重要的是隐含其背后的象征意义,因为每一次祭祖活动和隆重仪式的展演,都不同程度地强化了全族人的集体意识,并将这种文化心理积淀传输到下一代。可以说,祠堂祭祀是一个精神联系的纽带,通过祠堂祭祖活动,加强了血缘关系,联系了族属感情,强化了家族内部的凝聚力和向心力。特别是通过祭祖强调了家族内部上下尊卑伦序,宣传了以孝悌忠信为核心的伦理道德,提倡了子女对父母、子孙对祖先的孝道。通过祠堂祭祀之礼,外则教之以尊君长,内则教之以孝其亲。这样就使家族的儿童成员从幼年起,长幼之序,孝悌之礼等礼仪就在其心中深深地扎下了根,使全体家族成员团结一致,共同为宗族的兴旺贡献力量。

2. 祠规族约:宗族家法威权的树立

客家的宗族和宗祠基本都设有自己的一套族约和祠规,大概从宗族形成和建祠伊始,也就逐渐形成了族约和祠规,并随着时代的发展不断丰富,代代传承。从大量保存至今的族约祠规文本(族谱和堂联可见)和族长代代口头传承的内容来看,虽然其中具有宣传封建礼法,维护封建伦理纲常的色彩,但同时更多的是对宗族成员言行举止进行严格的教育和规范。一旦有宗族成员犯错,即按族约祠规严惩,甚至开除宗籍或赶出祠堂。违反规约者禁入祠堂,是严重的惩罚,是令所有宗族成员畏惧的,它最能触动族人最敏感的神经。被赶出祠堂,就意味着一个人与宗族祖先之间的联系纽带断绝,生已不属于族中人,无所依归,而死后自然会成为"孤魂野鬼",这对于生活在宗族社会的具有传统的价值观念的人来说,无疑是最悲惨的下场。

祠堂是祖宗神灵所依的地方,这里有祖先对子孙的审视,族长在这里代祖宗立言,对犯错子孙进行惩罚,同时也对其他子孙有警示告诫的作用。祠堂是传统伦理道德的载体,对社会越轨行为起控制作用。由于祠规禁止族人有违犯社会公德的行为,加强了家庭道德和行为的纯洁性,起到了扬善抑恶的效果。家法族约规定族人要遵纪守法、尊长敬老、自尊自爱、孝顺父母、教育子孙、和睦相处、重家庭、讲信义、保护公有族产、强调责任义务、重视血缘亲情与血族关系、维护社会稳定等内容,在一定程度上辅助了封建政府对基层社会的控制,对巩固专制统治起到了积极作用。

3. 族谱堂联：宗族文化价值的传递

族谱，又称家谱、家乘、祖谱、宗谱等。是一种以表谱形式，记载一个以血缘关系为主体的家族世系繁衍和重要人物事迹的特殊图书体裁。家谱以记载父系家族世系、人物为中心，是由记载古代帝王诸侯世系、事迹而逐渐演变来的。家谱是一种特殊的文献，就其内容而言，是中国五千年文明史中最具有平民特色的文献，记载的是同宗共祖血缘集团世系人物和事迹等方面情况的历史图籍。家谱、族谱，是一个家族的生命史。它不仅记录着该家族的来源、迁徙的轨迹，还包罗了该家族生息、繁衍、婚姻、文化、族规、家约等历史文化的全过程。

族谱是教科书，各宗族的族谱多通过叙传、碑记等记述历代祖先显耀的事迹，如显宦名儒、孝子顺孙、烈女节妇等，为后人树立起效法的楷模，以激励后人奋发努力，耀祖光宗。宗谱家谱的修订，严格地梳理了本宗族的血脉源流关系，达到明彝伦、序昭穆、正名分、辨尊卑的目的。同时通过族规族训完成对宗族成员的道德教化和管理。所以，家训是家谱中很重要的一部分内容，它对规范人生和教育子弟具有积极的意义。如家谱中记录了许多治家教子的名言警句，成为流传久远的治家良策和"修身"、"齐家"的典范。例如"一粥一饭，当思来之不易"的节俭持家思想，对于我们今天精神文明建设仍有借鉴意义。在家谱中有不少详记家训、家规等以资子孙遵行的。家训之所以为世人所重，因其主旨乃推崇忠孝节义、教导礼义廉耻。

以流行于粤东客家黄姓族谱"祖公诗"为例，全文分为外八句和内八句。

外八句：

骏马堂堂出异乡，任君随地立纲常。年深外境犹吾境，日久他乡即故乡。朝夕莫忘亲命语，晨昏须荐祖宗香。惟愿苍天垂庇佑，三七男儿总炽昌。

内八句：

十郎肖老娶三妻，官氏夫人吴郑齐。圣悉召承江夏县，迭今瓜瓞鹤巢西。七三儿辈为仁处，九八年人信笔题。代远不无愚与智，相逢须念柳同堤。①

这首诗生动地描述了客家人迁徙的事实与流动的历史。作为始祖，叮嘱的是，儿孙们既要勇于向外开拓，勇敢地去创造新的家园，又要不忘祖宗，永记先祖的遗训。只有这样才能苍天庇佑，儿孙炽昌。这正是客家人根源意识与宗族观念的真实写照。

祠堂建筑本身就是一种文化的物化现象。它的建筑规模、布局设计就包含有向后世子孙灌输一种文化意识的内涵，这在宗祠内的灵牌、堂号堂联表现尤为明显。为了表彰祖宗的盛德，以鼓励后人继往开来，不辱祖先名誉，几乎每一姓氏都有自己的堂号和堂联，"每年冬祭和过年必张贴于大门之上，隆重其事，代代相传"。客家围中的堂联，凝聚着客家文化的精华，是一种让客家子孙随时都看得见的宣传标语，创造出一种立身处世的文化氛围。堂联内容广泛，主要有追根溯源，寻根问祖；显扬祖德，激励后生；艰苦创业，勤俭持家；乐观豁达，情操高尚；爱国爱家，报效祖国；等等。特别突出勤俭、孝悌和读书为本的精神。如客家宗族的堂联："莫谓锦堂真富贵男畏耕女畏织怠惰终需落下品，勿云茅屋无公卿士劳心农劳力殷勤必定出人才。"②"成名原非易事，家事国事天下事事事要关心，振作哪有闲时，少时壮时老年时时时须努力。"③

祠联，是祠堂文化的典型产物，反映祠堂教育功能。堂联的立足点则是从训勉后人的角度出发，告诫子孙珍惜家族声望，努力进取，不要辱没了列祖列宗。祠堂为祭祖的圣地，通过烦琐而又严肃的祭典，使族人受到孝悌人伦的教育和训练。通过祭祖强调了家族内部的上下尊卑伦序，宣传了以孝悌忠信为核心的伦理道德，提倡了子女对父母、子孙对祖先的孝道。祠堂不仅作为先祖崇拜与神灵崇拜的地方，还是一个乡村的中心，它维系着一个村庄、一个姓氏的光荣和秩序。在祠堂里，我们看见高悬的名家匾额和硕大的殿柱上的楹联，有"父子登科"、"理学名家"等，以此鞭策族人作为"向上"的动力。

---

① 冯秀珍：《客家文化大观》（中），经济日报出版社2003年版，第757—758页。
② 范英、刘权：《广东客家人的风骨》，广东人民出版社2005年版，第56页。
③ 谢小健：《土楼楹联》，永定土楼文化研究会，1995年，第8页。

当然，祠堂的功能随着时代的变迁，也在不断地发生着演变，到了今天，其大部分功能已经伴随着历史烟消云散，留存下来的，对于我们进行社会主义新农村建设乃至和谐社会的构建，仍具有借鉴的价值。客家人的集体文化记忆，即是通过上述所列的土楼、围龙屋、宗族、宗祠、祠规、族约、族谱、堂联和石旗杆等隐形或显而易见的实物、隆重的仪式来塑造和强化的。对于这些客家文化精神，我们应该批判其封建性糟粕，吸收其民主性精华，这样就既可以传承和升华客家优良传统，又可以丰富和发展社会主义核心价值体系。

三 习俗、仪式：客家传统文化象征的塑造

（一）习俗、仪式的含义

习俗，顾名思义，是习惯风俗的意思。其中"习"之本义为"练习"或"学习"的意思，习字随着人类社会文化的发展，在本义基础上又演变出多种重要含义，如习惯、习性、惯常等。"俗"者，习也，这是《说文解字》的解释。俗的意义与习字相近或相通，确切而言，便是风俗的意思。据相关学者研究，习与俗合成一词，大约始自春秋战国时期，其要义均为风俗习惯。今天，人们对习俗的基本定义是：凡有一定流行范围，一定流行时间或流行区域的意识行为，无论是官方的，民间的，均可称为习俗。

"仪式"一词，按照学者的界定，简单说来，具有两层基本含义：一是宗教意义上的仪式、礼俗；二是日常生活中的仪规、礼俗、程序。最早的仪式研究都是在宗教学范畴之内进行的。社会人类学家开始关注日常生活中的世俗仪式，始于英国维多利亚时代的"仪式主义"（ritualism）学派，以安德鲁·朗（Andrew Lang）和威廉·史密斯（William Robertson Smith）为代表。其后又有美国社会学家贝格森（Albert Bergesen）把仪式行为划分为微、中、大型三个层次。

德国文化记忆学者阿斯曼在论述仪式时强调：仪式与文本是承载文化记忆的两大媒体，要想实现仪式的文化记忆功能，必须有两个不可或缺的环节：一是集团成员的全部到场和亲自参与；二是对集团历史的上演和重新收录。"庆典和仪式是无文字社会用来把文化内涵的扩张情境制度化的最典型的形式。……仪式和庆典通过把扩张的情境制度化而保证了文化的

意义的传播。"①

依据上述对"习俗"和"仪式"基本含义的界定以及学者们的观点，通过对客家传统习俗和仪式的考察分析，我们不难发现其背后所隐含着的文化象征意义。作为源自北方的客家族群，它们除了保留和传承着中原汉族固有的文化传统外，还在艰难而漫长的南迁历史进程中，逐渐形成了更为丰富而独具自身特色的新的习俗和仪式。这些习俗和仪式是客家先人在生产生活中，为了应对各种严峻的挑战，凝聚力量，以便求得更好的生存的创造。也正是这些创造，使得客家族群成为坚守传统、团结进取、人才辈出，兴旺发达的典范，并为中华民族文化的传承和发展作出了重要贡献。

（二）客家习俗和仪式的内涵

客家习俗和仪式极其丰富，表现在婚丧嫁娶和岁时节令日常生活中的方方面面，其中最具特色和深刻含义的主要有：

1. "婆太"崇拜——宗族与民间信仰的互动

客家人把本族历史上有功绩的女性祖先称为"婆太"，在粤东客家地区，为宗族作出特殊贡献或生育子女众多的女性祖先，会受到宗族后裔的崇拜和祭祀，祭祀的仪式极其隆重和虔诚。粤东地区的婆太崇拜以梅县丙村温姓仁厚祠家族最为典型。

温氏族人每逢年节都要在祖公厅集中，举行集体性的祭祖活动。其中春节要举行两次，各有明确的祭祀对象。第一次是在除夕，全族要统一到祖公厅祭拜十二世祖斯润等列祖列宗。第二次在除夕晚上子时（即新年初一），温氏裔孙要再次集中祖公厅，这次是专祭十一世祖斋婆太，供品全为斋盘。传为正月初一是其十一世祖斋婆太生日，所以族人除除夕要共同祭拜列祖列宗外，还规定年初一全族统一到祖公厅祭拜祖婆太。而且还规定，是日族人必须食斋。族人解释说，除夕祭祖是表示对祖宗的思念，感谢祖宗对后裔一年来的庇佑。而正月初一是一年之始，族人祈望斋婆太不但要保佑后裔平安，而且要财源广进，五谷丰登，因此，族人提早来到祖公厅给斋婆太上香，唯恐落后。

---

① 扬·阿斯曼：《有文字的和无文字的社会——对记忆的记录及其发展》，王霄兵译，《中国海洋大学学报》2004年第6期，第73页。

为什么温氏族人这样崇拜十一世斋婆太？其原因与十一世婆太传说有直接的关联。相传斋婆太年轻时貌美，被强盗抓去做压寨夫人，且生下一子，她时刻准备逃走，一天夜里，趁家丁看管疏漏先把儿子杀死，然后潜逃，家丁发现后一路追赶，眼看被抓到的时候，她躲在了高大的凤头树（苏铁树）下得以脱身，并在树旁发现了一尊观音像，为了感念观音和凤头树的保佑救命，将发现的观音像带回家中供奉，又挖了两棵凤头树种植在温公祠的"化胎"上。子孙后代把这两棵苏铁视为祖先的救命树，倍加爱护。至今两棵凤头树依然茂盛的生长在温公祠内，经历了四百多年的风霜雪雨，已经长成了直径十二米，高近三米，占地面积有一百多平方米的巨型苏铁，成为我国乃至世界最大的古苏铁。

在客家地区，民间信仰往往把祭拜的神明和祖先的来源传说附会一体，甚至塑造出超宗族的神明象征加以祭拜，正如王明珂所言："重组集体记忆以改变社会结构范围是人类适应变迁的一种策略，因此借着保存、寻索、重组与改变各种集体记忆，个人与群体都可以强化或改变族源来凝聚或改变族群认同。影响个人、族群选择的因素主要是社会和社群的生活经验、现实利益（资源竞争与分配）考虑以及对未来利益的预期。"① 温氏宗族对十一世斋婆太的崇拜更深层次的原因，是凝聚本族内的认同，树立温氏宗族的声威，借此扩大在地方社会的影响力，为宗族的发展带来诸多利益。这一点在传统宗族社会里，是很普遍的。不同的只是在温氏宗族这个个案中，所崇拜的十一世斋婆太是个女性，这在男权社会里是较为特殊的，所以温氏宗族的十一世斋婆太崇拜原因是多方面的，除了通常学者认为的祖先崇拜包括慎终追远、奉行孝道、感恩报德、维系亲属团体，和求祖先保佑外，还有这个宗族本身所特有的原因，这个原因也恰好反映了客家社会的历史变迁。

2. "上灯"习俗——求生存和敬祖先的另类方式

"上灯"，又叫"升灯"，在客家地区，每年正月初九到正月十九，同姓宗族内有生男孩（谓之"添丁"）的，必须在祖祠上厅挂上一盏新灯笼（谐音"新丁"），墙上要贴上新男婴的出生年月日并注上父亲及祖父的名

---

① 王明珂：《华夏边缘——历史记忆与族群认同》，台北允晨文化实业股份有限公司1997年版，第287页。

字，以此向列祖列宗汇报。客家的"上灯"时间与传统的元宵节重叠，在寓意上也具有相同之处，说明客家先祖是将中原汉族的习俗继承下来，并融进了族群迁徙后生存状况的特点而创造出来这样一个仪式。上灯的礼仪非常热闹和隆重，要用三牲和果品敬献祖先以及神明，不但全族欢聚一堂，甚至村民们也都来庆贺。

毋庸置疑，客家人这个习俗在今天看来，它有消极的一面，即充分体现了男尊女卑的观念，因为只为生男孩举行上灯仪式，生女孩的不享受这个待遇，至今在客家地区仍然是生男孩的都大办满月酒，而生女孩的满月时则悄无声迹，不管生产的女性具有什么样的身份和地位，都是如此。当然，这种重男轻女的观念自古有之，但在客家人身上表现得尤为强烈，其原因与他们南迁后面对生存环境的变化有很大的关系。客家人离开中原故土后，在漫漫迁徙路上，尝尽艰辛，时时刻刻都面临着生死考验，有很多人熬不到终点半路而亡，所以客家先人特别希望宗族不断增添丁口，延续香火，以壮大家族的力量。所以"上灯"习俗，寄托了客家先人对宗族人丁兴旺、宗族强大的期盼，是客家先人为凝聚宗族人心和力量，强化宗族团结意识以应对各种挑战而营造出来的一个仪式象征。

另外，从"上灯"这一习俗中，我们也看到了客家人对尊祖敬宗的恪守，在他们心目中，家里生了男孩是祖宗的保佑，是全族的大喜事，应该向祖宗汇报，同时，也流露出后代没有辜负祖先的希望的满足。随着移风易俗，女孩在今天也已经可以"上灯"了，人们更多的是将这个习俗传承下来，通过每年一次这样的仪式，将全族人聚在一起，追思祖先的功绩，共叙血缘亲情，强化根的意识，享受现代美好的生活。从这个角度说，这个习俗对建设和谐家庭和社会是有益处的。

3. 春分、清明祭祖仪式——客家人对"慎终追远"传统的恪守

客家族群对祖先的崇拜极为突出，无论祠祭还是墓祭，其礼俗内容和形式都非常烦冗丰富，祭祀仪式也是相当隆重。如春分二月的"春祭"和清明祭。"春祭"时，首先要在祠堂举行隆重的祭祖仪式，杀猪、宰羊，请鼓手吹奏，由礼生念祭文，带引行三献礼。除春祭外，还有清明祭拜祖先，这个传统习俗与其他民系没有区别，所不同的是在客家地区，清明祭拜祖先更受到重视，规模和仪式更加隆重。如在粤东客家地区，清明祭祖的程序有："培墓"（在祭祀之前，要先将祖先的坟墓修整培土，割

除杂草，擦拭和描写墓碑，使墓碑及字迹洁净清新）。"挂纸"（在坟头上押上一叠黄纸，表示子孙回来祭拜过祖先，同时也表明家族有后，坟墓是有主的）；"后土"（客家祖先墓旁常常能看到一个小石碑，在这里安设了后土神位，在祭祀死者的同时兼祭土地之神，这个仪式寓意了为死者灵魂求得安宁，同时也蕴含和凸显了客家人感恩大地、敬畏自然、天人合一的精神世界）。客家人对下一代的教育不仅仅停留在说教的层面，它更多的渗透到生活中的每个细节，通过营造出来的一些能感观到的生动场景，来引导和激发后代树立志向，不懈奋斗，从而获得健康成长。客家人对后代教育的重视和方法令人钦佩，也为我们今天的家庭教育提供了启迪和借鉴。

在客家社会还有很多习俗和仪式，比如岁时节日，有些一直延续至今。包括上述所举这些客家传统的庆典或祭祀等习俗和仪式，从理论上可以归属到象征人类学家维克多·特纳（Victor Turner）和玛丽·道格拉斯（Mary Douglas）为代表的"象征人类学"。在两位著名的象征人类学家的研究中，仪式占有相当重要的地位。道格拉斯在《纯净和危险》（*Purity and Danger*）一书中，把研究的重点放在仪式的反面——禁忌行为上面。

因此这些看似日常生活中的礼俗和仪式，所隐含的文化意义却非同一般，它带给人们的是集体记忆的储存和延续，成为维系宗族发展壮大的精神纽带。文化记忆往往诞生在特殊的历史时期，客家人的某些独特的习俗和仪式正是客家人特殊的历史际遇打造出来的，很多习俗和仪式突出的表现了对故土和祖先的怀恋，传承这些习俗，不断地重复展演这些仪式，不仅意味着怀旧和乡愁，更揭示着客家人的历史和生存的状态以及他们的精神世界。

当然，这些礼俗和仪式，存在着精髓与糟粕，我们要科学、严谨、审慎地鉴别。既不能机械复古，盲目照搬，也不能全盘否定，完全抛弃。我们要以开阔的视野、健康的心态和"融会百川"、"兼容万物"、"博采众长"的博大胸怀，根据时代需求，进行合理的吸收、改造、创新和发展，寓时代精神和现代文明于民族文化之中，使客家优良传统走向现代化。挖掘、保护和弘扬客家优良传统中的这些有益基因，对于今天建设社会主义核心价值体系，对于人们形成正确的世界观、人生观、价值观，无疑具有重要的价值导向和现实意义。

第四节　利用客家文化优势丰富社会主义核心价值体系的群众语意

客家文化资源丰富，其中很多积极健康的内容可为我们今天的社会主义核心价值体系建设提供借鉴。怎样挖掘这些有益的资源？如何结合当代社会的现实，进而营造出适合社会主义核心价值体系的群众语意？这些都是需要去关注和研究的问题。

一　客家优良传统在当代的宣传和利用

客家谚语、童谣和山歌在客家地区广为流传，有着广泛的群众基础和深刻的历史积淀，老百姓喜闻乐见，这些文化遗产曾经伴随着祖祖辈辈客家人日常的生产和生活，并成为他们精神世界不可或缺的食粮。但随着时代的变迁和文化的多元化，这些传统的东西逐渐淡化，甚至面临被湮没的危险。今天的中国，在经过了三十多年改革开放后，经济得到快速发展，在物质生活越来越宽裕的时候，人们十分渴望精神追求的富足，整个社会都在呼唤伦理道德和文明传统的回归，期盼社会主义核心价值体系建设的完善，使中华民族的伟大复兴具备强大的支撑力量，在这样的背景下，优秀的传统文化就成为不可不重视和可利用的资源，而本书所讲到的客家谚语、童谣和山歌就是传统文化中的一部分，是最受老百姓欢迎和容易接受的文化娱乐方式。

一个国家，一个民族，一个民族中的民系，都有其自己的历史和文化传统，不论人类社会发展到什么样的阶段，各种文化的融合和现代化达到了怎样的高度，其自身的历史和文化传统都不应该是断裂或者是被替代的。中华民族以及这个民族的主体汉族中的客家族群，更是具有悠久历史和文化传统的，历史的经验和文化传统中的精华应该成为我们今天和未来不可丢弃的，并且要在继承中给予不断地发展和丰富，为人类走向更加文明进步提供厚实的底蕴。客家谚语、童谣和山歌就是最具体的文化传统资源，其中所包含的积极健康的内容可以成为社会主义核心价值体系建设这个宏大政治目标的基础，应该加以研究和利用。

利用好这些资源，首先就必须唤醒全社会的历史记忆，将那些积极向上和脍炙人口的谚语、童谣和山歌系统地整理出来,重新回到人们的日常生活。如何让这些东西自然回归,使百姓乐于接受,这就需要结合当前的实际,寻找到有效的途径,可从如下方面着手:

一是将客家谚语、童谣纳入幼儿园和小学学习的内容,这是优秀传统文化回归最根本的一点。当某些文化遗产在现代社会离我们越来越远的时候,当人们发现需要重新找回它们的时候,最基础的工作就是从娃娃的教育做起,因为不仅文化的传承本身需要代代接力,更因为在当今这个全球化的时代多种文化的交流碰撞,甚至某种文化出于政治的需要而有意义的渗透的时候,往往民族的传统文化容易受到冲击,古老的价值观念面临严峻挑战,在这样的背景下,要想强化民族的记忆,守住我们的传统,必须在我们的后代教育上下功夫。也就是说在给咿呀学语的娃娃们灌输世界语言英语的同时,也能够接受本民族传统文化的滋润,让我们的下一代既能放眼世界,又能够稳固立足于本民族优秀传统,将二者有机结合起来,我们的民族和国家才有希望。

二是将客家谚语、童谣和山歌展现在百姓日常生活中,公园、车站、街道社区等公共场所都可以成为展现的地方。人们在休闲娱乐不经意间随时随地能够沐浴在这些具有文化内涵和教育意义的氛围中,在轻松和有趣中获得滋养和受到教育,久而久之,这些外在的知识有可能逐渐内化为一个人的世界观,对其成长成才会有帮助,可以说起到润物细无声的作用。一个人的成长,一种社会公共道德的培育,一个民族的发展壮大,一个国家的兴旺发达,何尝不是从每一个最微观的细节累积做起呢?这就是厚积薄发的道理,我们绝不可小视。

二 传统节日意识与氛围的强化和营造

世界各个民族都有自己的传统节日,作为具有悠久历史和灿烂文明的中华民族,其传统节日及其所蕴含的文化内涵就更加丰富和深厚。客家是汉族中的一支民系,南迁的历史使这个民系既保留中原汉族的传统,同时又在这些传统中融入了新的特色。客家一年之中的重大节日,基本与中原汉族相同,只是在一些具体仪式和含义上又有所丰富和发展,反映了迁徙后生存环境变化的印记。如:

年初七客家人要吃七样菜,一般是葱、芹、蒜、芫荽、韭、豆腐、鱼，希望吃了后聪明、勤快、会划算、有缘分、幸福长久、年年富足有余。

清明节的祭祀仪式更为隆重。客家人于清明节前后三天的上午为上坟扫墓时间。到墓冢后，清除墓场杂草，在坟堂摆上"三牲"等供品，把用公鸡血涂抹过的草纸挂在坟头上（俗谓扫墓为"挂纸"）。按辈分排好拜祭，先拜祖宗再拜后土，俗谓"先正穴再后土"。拜祭后，焚烧纸宝，燃放鞭炮，然后辞坟。

阴历五月初五的端阳节，在客家地区是仅次于春节的重大节日。端午节有很多活动：其一，不少人家在大门上贴钟馗像，或把桃枝、艾枝、菖蒲、葛藤挂在门上，谓之挂青，传说可驱鬼辟邪；其二，要隆重的祭祖、敬天神和龙神；其三，喝雄黄酒，客家妇女正午时采艾，寓祛除不祥之意；其四，用苏叶、秫草或用"挂青"的草、树枝煮水洗澡，传说可消灾祛病。

阴历八月初二是灶君生日、阴历十二月二十日是灶君上天日，客家人传说灶君掌管一家人的饮食和生死祸福，每年腊月二十日他都会到天上向玉皇大帝汇报各人平日的善恶功过，玉帝则据其所奏降下祸福。

食新节日，即尝新米。一般是在小暑过后，逢第一个卯日食新。乡下将新割的稻谷碾成米后，做好饭供祀五谷大神和祖先，然后人人一同吃尝新酒。城市一般买少量新米与老米同煮，加上新上市的蔬菜等。供品有苦瓜、丝瓜、茄子等。俗谓苦瓜保佑大家，丝瓜保佑全家老少，茄子保佑老婆。

中秋节：在客家地区，中秋节与端午节一样，是仅次于春节的重大节日。每逢中秋圆月升起时，客家人早早便在庭院、楼台，或屋前的禾坪对着月亮升起的地方，摆出月饼、花生、柚子等果品，准备"敬月光"活动。拜过月后，一家大小在外面赏月、吃东西。在梅州，除了月饼这个传统的、带有普遍意义的中秋食品外，柚子是必不可少的节日食品。而吃柚子也是有一定的含义的。"像剖柚子叫'杀柚'，带有驱邪的意思在里面。也有说剥柚子皮是'剥鬼皮'，寄寓了驱邪消灾的愿望。"[①]

[①] 黄火兴、李杰：《漫谈客家人的中秋节》，2006年10月3日，国际在线华语广播（http://gb.cri.cn/）。

上述这些节日，客家人在继承的基础上，通过再创造一些新的特有的仪式，突出表达了客家人不忘祖宗根本、敬畏天地自然、崇尚伦理道德和追求家族和谐兴旺永恒的理想。的确，包括客家族群在内，整个中华民族的传统节日里，除了不可否认的带有一些封建糟粕之外，还有很多积极的文化内涵，这些积极的文化内涵，值得我们今天去挖掘和利用，并且还要更好地去传承。因为它记录了一个民族或者族群发展的历史，它是一个民族或者族群繁衍生息的集体记忆。这些文化记忆，多以集体的庆典仪式——节日，通过年复一年重复的上演，将一个民族或者族群的历史故事不断地去唤醒和延续，这也是强化集体记忆的目的之所在。

人类步入了现代文明后，世界各民族的某些传统节日虽然受到不同程度的冲击和淡化，但随着人们对文化精神生活的追求和对传统回归意识的觉醒，加上某种意识形态的需要，一些传统节日重新被重视。几年前中国把清明节、端午节和中秋节定为法定假日就是最好的说明。英国学者霍布斯鲍姆（Eric Hobsbawm）在《传统的发明》一书中说：现代社会的特点是以个人取代机构化的群体，以金钱化的市场经济取代传统的人际关系，以社会阶层的观念取代封建等级制度，以"大社会"（Gesellschaft）取代"小社会"（Gemeinschaft）。① 在这种个体化、民主化和多元化的社会中，国家的上层建筑机构已经不可能像在传统社会中那样，通过对于文化记忆的管理与整合来统一全民上下的思想言行，而是只有通过引导和教育的方式来培养民众的爱国心、集体观念及其社会道德感。由于文本的教育枯燥乏味，在效果上远不如生动活泼的节日活动，加上现代传媒技术的应用，节日的传播范围极广，公开性与公共性都得到了极大的提高，所以节日在现代社会中的文化记忆功能不仅没被削弱，反而越来越增强。

的确，目前，具有乡土性和民族性的传统节日，越来越受到当代人的青睐，这普遍反映了人们在经济的快速发展和激烈竞争中，渴望追求自然传统的回归，让长久奔波的疲惫身心能够在节日的轻松娱乐中得到缓解释放。从根本上来说，传统节日往往映射了一个民族或者族群的历史足迹，经过漫长的岁月，一代代传承下来，即便到了高速发展的现代文明的今

---

① ［英］霍布斯鲍姆：《传统的发明》，［英］兰格编，顾杭、庞冠群译，译林出版社2004年版，第268页。

天，它依然继续扮演着凝结民族和国家力量的象征符号的角色。其实，各民族的传统节日就是展示其自身文化的一扇窗户，古今中外皆然。

代表着遥远的过去传统节日也是一种文化遗产，今天的人们应该予以很好地加以保护和利用。复兴传统节日，强化青少年的传统节日意识，弘扬民族精神，是一项系统的工程，需要自上而下和自下而上的共同努力。一方面，各级政府部门首先要积极支持，从宏观上制定法律法规，到微观上的组织管理，给予广泛参与，发挥其权威作用，使得传统节日的回归具有根本保障。另一方面，社会民间组织机构充分发挥引领作用。传统节日基本都带有乡土性特色，对于某些重大的节日的集体活动，民间组织要进行具体设计和操办，在活动内容上，仔细斟酌，并要与时俱进的加以改良创新，舍弃其陈旧的封建迷信，增添其有利于社会和谐和共同价值追求的环节，使传统节日既有趣又健康，真正做到丰富百姓的精神生活。除此之外，媒体和文化学者的宣传和参与，也是传统节日得以复兴和健康发展不可缺少的力量。因为媒体的宣传可以制造和渲染浓厚的节日氛围，文化学者的参与指导可以提升节日的内涵和质量，使得传统节日具有很强的吸引力，在丰富百姓日常生活的同时，收到文化传承的效果，为当今社会主义核心价值体系建设提供素材。

三 传统文化在居民生活中的点滴渗透

一个民族优秀的传统文化是一个民族和国家精神的象征，是一个民族和国家赖以生存的灵魂。古老的中华文化绵延发展了五千年，为中华民族奠定了丰厚的精神基础。中华民族能够走到今天，靠的就是几千年生生不息的勤劳勇敢、淳朴智慧、爱好和平和自强不息的伟大民族精神。但改革开放以来，随着经济的快速发展，人们的物质生活得到了极大地改善，同时社会结构也发生了重大变化，个人的发展空间和选择机会增加，传统观念不断受到冲击，价值追求呈现出多元化的趋势，在社会意识形态领域一定程度上出现了拜金主义、利己主义、极端个人主义、道德缺失等不良现象。民族传统文化面临着严峻的挑战，如何改变这种局面，弘扬中华传统美德，践行社会主义核心价值体系，让中华优秀传统回归复兴，这是摆在我们面前急需认真思考和提出措施加以解决的问题。解决好这个问题，首先最重要的就是要大力宣传优秀传统文化，让传统文化走向大众、深入人心。这项工作应该从细微处入手。

(一) 营造情景,渲染氛围

若要使优秀传统文化走向大众,就必须努力做好宣传工作。充分利用村镇社区公共活动场所,将反映优秀传统文化的名人名句镌刻或者张贴在墙壁上,也可以用漫画的形式,将历史上体现中华民族精神的典故呈现出来,如流传久远的童谣谚语、三字经、弟子规,等等,既美化了环境,又起到了教育和警醒的作用,让百姓在休闲中获得知识和精神上的享受,久而久之,这些知识会慢慢滋润到人们的内心,并逐渐累积成一种精神力量。这种点滴渗透式地传播优秀传统文化,对于引导人们树立和践行社会主义荣辱观,弘扬真善美、贬斥假恶丑;对于推进公民道德建设工程以及对推动优秀传统文化教育普及活动等,都具有重大现实意义和深远历史意义。

(二) 举办公益论坛,请专家学者讲座

让一些学者专家走向基层百姓,就百姓关心的社会热点问题,结合民族精神和优秀传统文化进行讲解,并与最普通人民群众近距离互动,解答百姓疑惑的问题,从理论上和实践上引导和鼓励大家从自己做起,从细微小事做起,加强个人的道德修养,每个家庭里的夫妻、父子、兄弟姊妹以及邻里乡亲都能够和睦相处,互敬互让,建设一个祥和幸福的生活环境,只有各个村镇社区道德风气得到提升,整个社会和谐才能真正变成现实。公益性讲坛,需要文化学者作出奉献,居委会村委会要调动这些人的力量,同时要下一点功夫,选择贴近实际生活的专题,邀请那些知识功力深厚,口才诙谐,具有感染力和震撼力的学者进行演讲,让更多的人接受教育,从而使更多的人在汲取文化的同时能更多地传承文化,在感受文明的同时能更多地践行文明。抢救和传承民族民间传统文化,有助于社会主义和谐社会的构建。在民间传统文化宝库中,不仅积淀着各族人民对美好社会的憧憬与追求,而且有着关于人际和谐、人与自然和谐的宝贵探索,为我们提供了可资借鉴的文化生态模式。

(三) 创办有特色的活动,让优秀传统文化走进千家万户

村镇社区可以认真设计,制定计划规则,定期和不定期地开展评比星级家庭、孝子和道德楷模等活动,扬善除恶,让全社区全村镇的居民都能行动起来,以榜样的力量来促进优秀传统文化的回归。文化的传承,需要互动,有感染力的教育是在互动中实现的。这种形式的活动就是突出言传

身教，注重实际行动，不是空喊口号。树立典型，其实就是以一种无声的力量激发和引导人们勤俭持家、尊老爱幼、谦恭礼让、与人为善和感恩担当，并且让这些变成人们日常生活的习惯准则，变成人们言行举止的自觉行动，让更多的人成为有道德的人。如此长期坚持下来，才能对社会正气的提升起到促进作用，人们的心情才能舒畅起来，才有幸福感，进而社会秩序才能得到良性循环，作为兴国之魂的社会主义核心价值体系才能真正建立起来。

有人把传统文化比喻为根，把社会主义先进文化比喻为叶，这个比喻较为恰当。根深方能叶茂；传统文化是源，先进文化是泉，源丰方能泉涌。传承和弘扬中华优秀传统文化，大力倡导和发展中国先进文化，是中华民族再次腾飞和实现建设社会主义文化强国战略目标必备的条件，我们要为此而不懈奋斗！

我国社会主义现代化建设正迈向一个新的历史阶段，这就是建设一个民主和法治、公平正义、诚信友爱、充满活力、安定有序、人与自然和谐相处的和谐社会。这样的社会形态既是中国特色社会主义奋斗目标的具体化，也融会了中国人民对理想社会的历史企求。这种历史企求深深地渗透在中国传统文化特别是民间传统文化中。中国各族民间传统文化以丰富多彩的内容与形式著称于世，而着力展现的却是我们民族的核心价值观念和根本道德准则。正是在其滋养下才培育出支撑民族大厦不屈的脊梁。胡锦涛总书记提倡的"八荣八耻"，其中大都以千百年中国人民的传统品格为依托，即如文化部一名官员所说："保护民族民间传统文化就是保护我们民族的精神植被与灵魂根脉。"① 只要民族精神植被丰茂和灵魂根脉牢固，那么这个民族将无往而不胜！

因此，将客家优良传统置于社会主义核心价值体系视阈下，努力挖掘客家优良传统与社会主义核心价值观之间的共融性和互动性，深入探索社会主义核心价值体系视阈下的客家优良传统研究的载体、途径和方式，运用客家优良传统的理论与实践为社会主义核心价值体系建设服务。这在认识与实践的结合上，有助于人们具体地理解和坚持社会主义核心价值体

---

① 周和平：《中国民族民间文化保护工程宣言》，刘守华：《民间传统文化与和谐社会建设》，《湖北民族学院学报》2006年第6期，第33页。

系，进一步深化马克思主义中国化和社会文化建设的学术与工作策略研究，继续发扬客家优良传统，更好地为客家地区的改革开放和现代化建设服务。

第六章　社会主义核心价值体系视阈下弘扬客家优良传统的路径选择

建设社会主义核心价值体系，需要遵循文化建设和社会发展的规律，按照社会系统工程的思路，把社会主义核心价值体系融入国民教育和精神文明建设的全过程，贯穿到现代化建设的各方面，使之转化为党和国家的方针政策，转化为人民群众的自觉行动，推进和谐文化与和谐社会共同发展。把客家优良传统置于社会主义核心价值体系视阈下，要紧紧围绕客家优良传统的基本内容，充分运用各种手段加大宣传力度、营造浓厚舆论氛围，使客家优良传统为客家地区广大人民群众所感知、所认同，并且转化为社会群体意识，为广大人民群众所自觉遵守和践行。为此，需要把客家优良传统融入地方文化教育中、纳入精神文明建设中、贯穿于现代化建设中。从家庭教育、学校教育到社会教育，使之成为贯通教育全过程的核心内容，加强以电视、网络、电影、广播、报刊等为主体的大众舆论传播体系的宣传力度，把客家优良传统渗透到经济、政治、文化、社会建设的各个领域，帮助人们树立正确的世界观、人生观和价值观，坚定理想信念，完善道德人格，做到知行统一，促进自我身心的和谐发展。

第一节　武装头脑：把客家优良传统融入地方文化教育中

国民教育包括家庭教育、学校教育和社会教育三种基本形式，也就是说完整的国民教育是家庭教育、学校教育、社会教育三者并举。客家优良传统的传承与弘扬必须渗透这三种基本形式之中，也就构成了把客家优良传统融入地方文化教育的主要途径。家庭是传承客家优良传统的好场所，学校是弘扬客家优良传统的主阵地；社会是渗透客家优良传统的大课堂。家庭伦理道德的传承与发扬，既要靠社会外在的他律性约束与舆论支持，也要靠人们内在的信念和道德自觉，更要靠家庭、学校、政府多管齐下，形成合力，把客家优良传统教育渗透在国民教育之中。

一 家庭是传承客家优良传统的好场所

通过家庭血缘形成的各种关系乃是最基本的社会关系，家庭观念强烈地浸润于国人的灵魂深处并以之作为人伦秩序的原点和德性，伦理最深厚的根源在于家族血缘的关系之中。现代社会，随着市场化、工业化乃至信息化进程的加剧，解构了传统的祖孙同堂、朝夕相处的大家庭，家庭规模小型化、家庭结构简单化、家庭模式多样化的趋势不可逆转，以血缘关系捆绑起来的家庭观念也早已不像过去那么浓烈，情感与道德的地位逐渐凸显出来。随着社会交往范围的扩大，社会关系越来越不局限在小范围之内，家庭的作用看似减弱，但是它作为一个社会的基本单元仍然发挥着重要的作用。因此，必须仍然要传承、弘扬、倡导客家优良传统，重视家庭的伦理道德建设，尤其是客家地区。传承、弘扬、倡导客家优良传统，要对传统家庭伦理道德进行改造，吸其精华去其糟粕，剔除其中的封建毒素，与时俱进，建立符合经济社会发展的新型家庭伦理道德。

家庭是社会的基本单位，家庭教育，是家庭承担社会责任中最重要的一种功能。通过家庭教育可以有效地传播民族传统文化，塑造家庭成员的人格，每一个人的社会化，不仅需要家庭的哺育，更需要家庭的教养。家庭的教育功能，首先体现在品德教育上。德育工作贯穿于孩子自出生到长大成人的每一个成长期。客家优良传统传承与弘扬必须渗透家庭的品德教育之中。

首先，家庭要利用节日活动强化客家优良传统意识。中华文明源远流长，传统节日文化内涵博大精深，群众基础广泛深厚。在中华民族漫长的历史中，所形成的诸如春节、清明、端午、中秋、重阳等众多传统节日，是中华民族优秀传统文化的历史积淀，是中华民族精神和情感传承的重要载体，是维系民族团结、文化认同、社会和谐的精神纽带。中国传统节日以人际交往为主要内容。人们在节日中，合家团圆，探亲访友，祭祀祖先，团拜共游。一声恭喜，互泯恩仇，其乐融融；家庭、邻里、社区、同事都加强了沟通，加深了了解，联络了感情，促进了和谐。因此，作为家庭要充分利用传统节日的祭祀、团圆、聚会、访友等活动，培养和强化家庭成员的敦亲敬祖、尊老爱幼、团结友爱的意识。如清明节的祭祀活动，清明节是祭祀日，中国古代社会有家家户户上祖坟的传统习俗，客家人更为突出。人们在清明时节要祭奠逝去的亲人，祭祖不忘祖，继承先人的血脉，缅怀先人业绩，感谢先人恩惠。通过参加祭奠活动使家庭成员深刻体验、领会寻根、祭祖、缅怀的内涵，每个人都既可以追忆先人，也可以自省其身，释放被压抑了的情感，让心灵得到荡涤和净化。不仅表达对先辈的感恩与追思，也可抒发对延续生命的关爱和尊重。培养和强化家庭成员的饮水思源，敦亲敬祖、尊老爱幼、团结友爱的意识。

其次，父母要成为客家优良传统的表率。父母是孩子的第一任老师，父母的道德品行对青少年起着直接的表率作用。父母要身体力行，处处做孩子的榜样。不仅要在经济上、物质上帮助老年人，更要在生活照料、精神慰藉方面关爱老年人。父母对青少年在心理、道德、修养上的示范，有着极大的作用。模仿是孩子的天性，父母与子女朝夕相处，他们的一言一行，都会被孩子模仿。对孩子来说，身教胜于言传。正如我国著名科学家钱学森的长子钱永刚在回答其父的家教秘诀时所说："如果说我们家有什么教育秘诀的话，那就是'不教育'。我们家要说'言传'，几乎没有，主要靠'身教'。"[①] 也就是说，"不教"就是最好的家教。

最后，形成客家优良传统的良好家风。家风主要指家庭传统习惯、生活作风、人际交往方式等。优良的家风，是良好家庭环境的重要组成部分，是无形的教育手段，对孩子有重要的影响作用。树立良好的家风，要求家庭成员有良好的伦理道理观念，要形成和睦互助、敬老爱幼、谦让有礼、积极上进、努力学习、诚实守信、热爱劳动、勤俭持家的好风尚。良好家风的养成，对于培育良好的社会风尚，形成良好的社会氛围，维护良好的社会秩序，创造良好的社会环境，具有十分积极的作用。

二 学校是弘扬客家优良传统的主阵地

传承客家优良传统的传统美德，弘扬和培育尊老爱幼、团结友爱传

[①] 孙晓素、石婧雯:《钱学森长子揭秘"科学家族"故事》,《南方日报》2008年10月26日。

统，是学校德育工作的重要内容，将客家优良传统教育纳入学校德育工作计划，遵循"生动活泼、形式多样、实践为先"的原则，丰富内容形式、创新方法手段，结合学生心理、生理特点和认知规律，使客家优良传统的传统美德进教材、进课堂、进头脑。

首先，坚持客家优良传统教育与课堂教学相结合。充分发挥学校主阵地、课堂主渠道和教师主力军作用。客家优良传统内容丰富，特色鲜明，包括思想、经济、政治、军事、文化、教育、风俗习惯、社会生活等方方面面，蕴藏着丰厚的精神内涵，如"自强不息、开拓创新、忧国忧民、爱国爱乡、勤奋好学、崇文重教、廉洁清正、勤劳节俭、团结诚信、和谐发展"，等等。客家优良传统教育要与思想品德课有机结合，教师要挖掘教材，拓宽视野，渗透进客家优良传统的知识内容。如用文天祥、黄遵宪、丘逢甲、孙中山、叶剑英等名人的客家优良传统事迹教育青少年学生，以他们的人格魅力和道德风范影响和熏陶学生，让青少年学生真正明白什么是自强不息、爱国爱乡、勤奋好学、廉洁清正、勤劳节俭。使各种体现客家优良传统的典型事迹，成为激励青少年学生奋发有为的强大精神动力，帮助青少年学生树立正确的世界观、人生观和价值观。

其次，坚持客家优良传统教育与社会实践活动相结合。通过思想性、趣味性、互动性较强的社会实践活动，从小事入手训练培养学生孝敬长辈的行为习惯。使学生听从长辈教导，关心长辈健康，分担长辈忧虑，给父母帮忙，不给长辈添乱。形成在校尊敬师长，在家孝敬父母，在社会尊老敬贤的良好氛围。也可以组织青少年学生开展客家优良传统警句名言或自创客家优良传统名言的书法赛；开展以客家优良传统为主题的班会，让青少年学生更加感悟客家优良传统的内涵。同时还可以组织青少年学生参加社会调查、生产劳动、志愿服务、公益活动等社会实践活动，促进青少年学生了解社会、了解国情，增长才干、奉献社会，锻炼毅力、培养品格，增强社会责任感和使命感。使客家优良传统成为学生的一种习惯、成为一种文化自觉，让客家优良传统深入到青少年学生社会生活的每个方面。

最后，坚持客家优良传统教育与校园文化相结合。客家优良传统进校园教育活动是校园文化建设的一个重要组成部分，为了把两者有机地融合起来，教育者应充分利用校园文化的平台，将客家人的"重义轻利"糅合进去，形成知书明礼、爱憎分明的文化氛围。在客家优良传统建设中加载诸如"顽强拼搏、奋发图强";"开拓创新、与时俱进";"爱国爱乡、忧国忧民";"崇文尚武、器重名节";"刻苦攻读、崇文重教";"勤俭持家、刻苦耐劳";"精诚团结、和谐发展";"热情好客、诚信朴实";"履仁崇义、乐善好施";"捐助公益、扶贫济困"等客家优良传统内容;将客家优良传统中的谚语"人爱面树爱皮";"莫做亏心事,莫贪不义财";"钱财如粪土、仁义值千金"等一点一滴融入在校园文化中,进一步扩大校园文化的内涵,提升校园文化的品位,在学校形成良好的精神风貌和良好风尚。

三 社会是渗透客家优良传统的大课堂

首先,从政策引导、法制建设等方面为倡导客家优良传统提供有力保障。一要从法律上加强对子女执行赡养老人义务的监督和约束。不断完善《老年人权益保障法》,进一步明确父母有抚养子女和子女有赡养父母的义务,对不履行养老义务的子女应施以法律的惩处,充分有效保障老年人的权益,为家庭伦理道德建立提供刚性的他律性机制。二要搭建老人与子女单位(或村、居委会)的沟通联系平台,形成监督机制。教育监督干部群众全面落实赡养老人的责任。三要发挥中介机构的作用。中介机构指的是介于社会和家庭之间,从事传递信息、协调关系等活动的机构。如文明办、工会、妇联、村委会、居委会等社会组织。他们通过评选"文明家庭"、"五好家庭"、"好媳妇"、"模范丈夫"等活动,来强化家庭道德行为的榜样力量,并把社会所首肯的榜样形象推广到更多的家庭中去,加强道德社会化的进程。

其次,从社会舆论、大众传媒等方面为倡导客家优良传统营造浓郁氛围。以电视、网络、电影、广播、报刊等为主体构成大众舆论传播体系,充分利用各种有效载体,借助大众传媒的力量,如电视的公益广告、动漫短剧、公共场所的标语,大力宣传尊老敬老的道德典型,努力营造尊老光荣、弃老可耻的道德氛围。强化人们的敬老养老意识,增强家庭伦理道德的感召力和渗透力,使家庭在市场经济中能够继续发挥其不可替代的互助、保障以及心理情感功能。同时,必须加强对大众舆论传播体系的管理,把握正确的价值导向。大众舆论传播的内容是否健康、导向是否正确,直接影响着家庭道德的健康成长。

最后,从谚语诗歌、童谣楹联等方面为倡导客家优良传统注入无穷魅力。客家地区有众多流行甚广、具有鼓舞人们进取、劝诫人们修德养身的山歌、谚语、俚语、童谣,以及无时无地不在影响人们思想的楹联文化。客家优良传统在理想信念教育、世界观、人生观、价值观及道德观教育的功能是显而易见的,对广大群众特别是党员、干部明辨是非、把握方向,牢记党的宗旨信念,树立社会主义共同理想,自觉养成廉洁自律的习惯,无疑是有所裨益的。今天,加强对客家优良传统的宣传,更应该通过各种途径和方法,让客家优良传统上报刊、上电视、上网络、进岗位、进社区,使客家优良传统之花开遍各个角落。如以社区为单位,举办各种以客家传统文化为主题的娱乐活动,包括表演、竞赛、山歌会、家庭运动会,等等,把居民小区的老人和闲居在家的人从麻将馆中吸引过来,使大家有兴趣并都乐于从事对社区乃至整个社会有益健康的工作,为构建和谐家园奉献每个人的力量。

第二节 营造氛围:把客家优良传统纳入精神文明建设中

把客家优良传统纳入精神文明建设全过程,就纵向而言,把客家优良传统渗透精神文明建设过程的始终;就内容而言,把客家优良传统融入建设精神文明建设的各个方面。也就是说,既要从精神文明建设的整体谋划弘扬客家优良传统工作,建立弘扬客家优良传统的长效机制,又要把客家优良传统渗透到社会主义精神文明的创建活动之中。

一 整体谋划,建立机制

弘扬客家优良传统是一项综合的系统工程,从精神文明建设的整体谋划弘扬客家优良传统工作,建立弘扬客家优良传统的长效机制。

(一)建构领导机制

领导机制就是建立有效的领导方式,通过科学的职责分工,确保弘扬客家优良传统工作的顺利进行。"认识是前提,领导是关键。"实践证明,没有领导重视的地方,是很难真正取得实效的。首先,政府应当重视把精神文明建设和弘扬客家优良传统结合起来,制定客家优良传统教育的长远规划。其次,领导应当亲自带头做客家优良传统教育工作,为客家优良传统教育提供必要的物质、组织和制度保证。最后，领导应当对客家优良传统教育工作进行分工负责，经常检查和督促客家优良传统教育工作计划的实施情况，及时排解客家优良传统教育各个环节所存在的各种困难和问题，真正抓出实效。

（二）建构联动机制

联动机制就是要求所有教育者在教育过程中做到协调配合、优化结构，目的是发挥所有教育者的作用和教育的整体作用。弘扬客家优良传统要求各级党政领导的高度重视、各级相关部门的齐心协力和各个教育环节的密切配合。既要充分发挥党和政府组织的政治优势和组织优势，又要充分挖掘社会教育资源，密切与党校、共青团、妇联、广播电视、新闻出版等部门的联系，加强与社会、家庭的沟通和合作，定期与社会各界交流信息，推动客家优良传统教育的协调发展。政府各部门、各企事业单位、各群众团体等首先要把宣传客家优良传统作为精神文明和先进文化建设中最重要的一项工作来抓，利用一切可以利用的渠道进行宣传和倡导，形成客家优良传统建设的阵地网络，增强视觉冲击力。做到步调一致、结构优化、功能互补。努力形成"党委统一领导，党政协调，文化宣传部门主管、广大群众共同参与"的格局。

（三）建构渗透机制

渗透机制就是一套把客家优良传统融入教育实践过程中的机制，目的是让客家优良传统教育在循序渐进和潜移默化中达到最佳效果。客家优良传统教育应该遵循人的思想受"综合影响"和"渐次发展"的规律，把客家优良传统教育渗透到学习、工作、生活、娱乐的各个方面，充分发挥实践育人、环境育人、活动育人的综合作用。首先，政府应当明确客家优良传统教育的主题、任务和目标，明确部门所承担的相应职责，把客家优良传统有意识地渗透到公民道德教育、舆论宣传、行业制度、乡规民约、学生守则和社会实践活动之中，通过丰富多彩的精神文明创建活动，让群众在无形中潜移默化地接受和坚持客家优良传统。其次，充分利用客家文化资源，根据不同群体的认知需要和发展需要，适情、适时、适度，循序渐进，有的放矢地进行客家优良传统教育。

二 有机结合，全面渗透

客家优良传统融入精神文明建设全过程，就是根据现实要求，贵在知行统一，做到重在实践，在结合渗透上下功夫，在贯穿融合中花力气，把弘扬客家优良传统同生动活泼的精神文明的创建活动结合起来，做到"有机结合，全面融入"。

（一）结合"争做文明市民，创建文明城市"活动，渗透客家优良传统

实现城市文明新发展的目标，必须以先进价值观为支撑，以良好市民素质为基础。要充分发挥文明城市测评体系对建设社会主义核心价值体系的导向作用，深化"争做文明市民，创建文明城市"活动，大力实施市民文明素质工程，坚持把共同理想教育、民族精神和时代精神教育、社会主义荣辱观教育与城市精神教育、"市民文明守则"教育结合起来，发动全社会参与，实施全过程渗透，引导人们从自己做起，从身边事情做起，从一点一滴做起，促进社会公德、职业道德、家庭美德、个人品德建设，在社会道德风尚、文明礼仪养成等重点领域取得新突破，进一步提高市民的文明素质，提高城市的文明程度。

（二）结合"创建文明社区，共建美好家园"活动，渗透客家优良传统

要紧紧围绕建设"居民自治、管理有序、服务完善、治安良好、环境优美、文明祥和"的文明社区创建总目标，坚持把弘扬客家优良传统作为深化文明社区创建工作的重要抓手，大力营造文明健康、积极向上的社区教育氛围。要充分发挥社区党组织、社区居委会的作用，积极利用社区教育学院、市民学校、社区党校、家长学校及图书阅览室等社区教育阵地，广泛开展中国特色社会主义理论宣传普及活动和思想道德教育活动，促进社区文明程度的提高。要广泛开展"四进社区"等活动，充分发挥社区群众文艺团体作用，以丰富多彩、健康向上的社区文化活动为载体，使居民群众在愉悦中接受教育，在活动中陶冶情操。

（三）结合"树立良好形象、创建文明单位"活动，渗透客家优良传统

弘扬客家优良传统是创建文明单位、文明行业工作的重要内容。我们要引导各行各业把社会主义核心价值体系建设作为深化文明单位创建工作的核心工程，融入评选考核的全过程。要引导各级文明单位广泛开展"树立良好形象、创建文明单位"活动，积极倡导"在单位里做个好员

工,在社会上做个好公民,在家庭中做个好成员",形成知荣辱、讲正气、树新风、促和谐的文明风尚。

(四)结合"新农民、新生活、新家园"活动,渗透客家优良传统

围绕建设社会主义新农村,以"新农民、新生活、新家园"为主题,以"讲文明、讲卫生、讲科学、改陋习"为主要内容,抓好农村社会主义荣辱观教育,大力培育有文化、懂技术、会经营的新型农民。广泛开展"美德在农家"等活动,进一步提升农村家庭道德水平。继续扎实推进"农民素质提升工程",把开展"三下乡"活动和"种文化"结合起来,以举办农民读书节等活动为载体,积极引导农民学政策、学科技、学文化、学法律,努力提高农村干部群众科学文化素质。针对农民群众不断增长的精神文化需求,开展群众喜闻乐见、健康文明的文体活动,促进乡风文明建设。

第三节 整体推进:把客家优良传统贯穿于现代化建设中

把客家优良传统贯穿于现代化建设全过程,就纵向而言,把客家优良传统贯穿于现代化建设的始终;就内容而言,把客家优良传统贯穿到经济、政治、文化、社会建设的各个领域。以梅州为例,梅州是魅力独具的世界客都,是全世界最具有代表性的客家人聚居地。位于粤东北山区,北邻赣南,东连闽西,素有"文化之乡、华侨之乡、足球之乡"的美誉。全市总面积1.59万平方公里,户籍人口505.27万人,辖8个县(市、区)。但是由于受到区位、交通、历史、经济发展基础等各方面因素的制约,梅州的经济发展相对较为缓慢。梅州要在发展过程中彰显后发优势,实现绿色崛起,推动经济社会全面发展,就必须秉承和弘扬客家优良传统,发展客家特色经济,推进民主政治建设,打造客家文化高地,共同构建和谐社会。

一 弘扬客家优良传统,发展客家特色经济

著名经济学家鲍尔指出,经济成功发展主要依赖于人的才能和精神状态,依赖于政治和社会制度以及对历史经验的吸取,其次才依赖于对外开

放、市场机会和自然资源。因此，世界客都梅州经济的崛起，不仅要立足梅州自身实际，发展客家特色经济，更取决于梅州客家人的精神状态。也就是说，梅州干部群众要解放思想、振奋精神，大力弘扬爱国爱乡、顽强拼搏、开拓创新的客家优良传统，融入民族精神和时代精神的内涵。

（一）弘扬爱国爱乡的客家优良传统，大力招商引资

客家人历来就有爱国爱乡的优良传统，旅外华侨和港澳台同胞及外出乡贤表现尤为突出。客家人爱国爱乡的思想伴随着客家民系的形成和发展，千百年来世代相传，形成和发展为强烈的国家民族观念。梅州是客家人南迁的最后一个落脚点，也是明、清以来客家人衍播四海的主要出发地。梅州还是全国的重点侨乡，旅外华侨和港澳台同胞300多万人，分布在70多个国家和地区。客家华侨历来就有忧国忧民、爱国爱乡的优良传统，尤其是经历亡国之痛的客家华侨更为突出。一次又一次的离乡背井，激发了他们更加强烈的爱国爱乡爱家的情感。他们时刻关心着自己家乡和国家的状况，每当遭遇战争时更激发了他们固有的国家民族观念和爱国爱乡热情，他们在为中国的独立和自由而奔走呼号，贡献自己的力量。而祖国的翻身解放，又令他们扬眉吐气；祖国的改革开放，更令他们热血沸腾。为了改变祖国贫穷落后的局面，客家华侨纷纷慷慨解囊、捐款捐资，为祖国的文教体卫和现代化建设作出了重要贡献。客家华侨走遍天下、不忘故国，他们忧国忧民、爱国爱乡的情怀，也丰富了客家优良传统的内涵。梅州外出乡贤众多，尽管他们事业在外，但心系家乡，他们时刻关注家乡发展，全力支持家乡建设。广大乡贤都有反哺乡亲、建设家乡的强烈愿望。

利用侨乡及外出乡贤众多的优势，推进华侨乡贤回乡投资兴业。梅州的华侨乡贤历来都有反哺家乡建设的传统，以前一直以捐资助学、扶贫济孤、修桥建路等形式为主。自第一届世界客商大会召开特别是2014年以来，乡贤回乡"二次创业"热潮涌动。以亲情、乡情、友情为纽带，通过"走出去"、"请进来"等方式与华侨乡贤开展沟通联谊活动，交流情况，增进友谊，凝聚共识，激发华侨乡贤爱国爱乡的热情。鼓励引导海内外客属社团、商会组织和商界乡亲，以项目回迁、资金回流、信息回馈、智力回乡、技术回援等形式回梅投资兴业，实现互利共赢。打响梅州招商引资特色品牌。

据了解，2011 年以来，全市招商引资新签合同项目 587 个，计划投资总额 1351.53 亿元，累计投入资金 251.28 亿元。目前，梅州高新区共有乡贤投资企业 21 家，计划投资 59.53 亿元，已投入资金约 15 亿元。这些资金的注入、项目的实施使客商经济与客都经济向深层次、大规模的交汇融合，为梅州加快绿色经济崛起增添了强大的新引擎。

(二) 弘扬顽强拼搏的客家优良传统，发展精致农业

梅州农业从粗放到精致转变，必须弘扬顽强拼搏的客家优良传统。梅州地处广东省东北部，农业人口最多、人均耕地最少。一直以来，全市各级党政高度重视农业农村工作，但是梅州农业还没有从根本上突破粗放型、低产出、低效益的传统发展模式。主要表现为：农业科技水平低；以传统的小农经济的生产、销售模式为主；缺乏农产品质量的监控体系。而精致农业是现代农业的重要实现形式，它是依托农业传统技术和科技进步，以生产高品质、高科技含量、高附加值的农产品为目标，以特色化布局、标准化生产、产业化经营为主要抓手，从而实现高质量、高效益、高水平的一个农业生产全过程。它的基础是高投入和高科技，它的核心是高标准化和高质量，它的特点是精和特，它的最终目标是高竞争力、高价格和高收益。因此，梅州农业要实现从粗放到精致的转变，难度大、标准高、周期长，不仅需要尊重规律、科学决策、精心谋划、稳步推进，更需要实事求是的态度和顽强拼搏的精神。

发展精致农业，繁荣农村经济。由粗放农业向精致农业转变，是梅州农业发展的必然选择。首先，科学统筹规划，发展精致农业。要把发展精致高效农业作为促进农民持续增收，实现经济崛起的重要举措，纳入经济和社会发展总体规划，着力推动梅州从"农业大市"向"农业强市"的转变，不断增强农业综合生产能力、国际竞争能力和可持续发展能力。其次，充分发挥优势，打造特色基地。依托山区资源优势，借鉴台湾精致高效农业发展模式，坚持高起点规划、高标准建设、高效能管理，引导扶持发展一批企业化经营管理的现代农业园区，示范带动建成一批产加销、科工贸为一体的精致高效农业产业发展基地。再次，发展精深加工，提升产业水平。坚持把农产品精深加工作为延长产业链条、提高附加值、提升产业层次的关键环节。按照"选准一个品种，扶持一个龙头，形成一个产业"的思路，扶强现有企业，引进品牌企业，依靠科技进步，加强产品

研发，发展精细加工，培育产业链条，全面提高产业化水平。最后，打造农业品牌，扩展产品市场。大力推广标准化生产，坚持打造农业品牌，开拓国内外市场。建立市、县两级农产品质量检测中心，实现从"田间到餐桌"的全程监管，支持企业争创名优新特产品，打造省级以上名牌产品，使梅州精致高效农业的知名度和美誉度得到全面提高。

大力发展精致高效农业，更是变梅州市"八山一水一分田"的资源优势为优势资源，为山区百姓打开了一条耕山致富的新门路。通过大力发展精致高效农业，打开山门迎客来、打响品牌富山寨、提高效益惠百姓，让更多百姓甩掉穷帽子，走上小康路，实实在在分享到梅州绿色崛起的丰硕成果。

（三）弘扬开拓创新的客家优良传统，推进新兴产业

梅州推进新兴产业，需要解放思想、弘扬开拓创新的客家优良传统。一方面，只有解放思想、开拓创新，才能冲破封闭保守的思想观念。客家人在长期迁徙的征途中树立了开拓创新精神，到达聚居地安顿下来后，逐渐过上"日出而作，日落而息"古朴的村落生活。梅州地处粤闽赣交界的崇山峻岭，地处山区，交通不便，围龙屋的封闭性，再加上山区环境的封闭性和小农经济自给自足的封闭性，使长期生活在这里的人们逐渐产生了安贫乐道、求稳怕乱的心理，重农轻商的观念和封闭保守的思想。冲破这些思想观念，需要解放思想、弘扬开拓创新的客家优良传统。另一方面，只有解放思想、开拓创新，才能转变发展战略。长期以来，梅州市的战略方针一直放在"由农业大市变为农业强市"上，这一方针对于发展梅州的农业生产起到了一定的作用，但应看到它的局限性。当今时代是工业化、信息化时代。没有工业化、信息化、城市化，就没有现代化。而无农不稳，无工不富，无商不活。以前政府把梅州定位为发展农业，它并没有把农业的现代化与工业化结合起来，不适宜搞大规模的工业化，但并不意味着不适宜搞工业化就应该放弃工业化。梅州的发展战略经历了由"三个希望"（希望在山、希望在路、希望在外）到"四个梅州"（开放梅州、工业梅州、生态梅州、文化梅州）和"绿色崛起"（以生态保护为前提，以经济崛起为核心，以文化建设为支撑，以社会建设为基础，以政治建设为保障，以宜居带动宜业为突破口，建设"三名城一基地"）再到"一园两特带动一精"（"一园"：梅州高新技术产业园；"两特"：文化旅

游特色区和特色宜居城乡；"一精"：精致高效农业）的转变，逐步探索出一条山区科学发展道路，一条传统农业地区向工业化加快迈进的创新之路。这一发展道路的探索和发展战略的转变，与之相伴随的无疑是解放思想、开拓创新。

一是大胆解放思想，优化思维结构，勇于开拓创新。也就是要冲破封闭保守传统思想观念，敢与强的比，敢和勇的拼，敢向高的攀。没有不能发展的地区，只有错失发展机遇的人。梅州向来不乏敢闯敢干、敢为人先的勇气和胆识，但在新的发展时期，一些干部认为梅州不沿海、不沾边、缺资源、少项目，发展左看右看、横看纵看都不如人，形成了一种徘徊、观望、等待的消极态度和按部就班、缺乏激情的思维定式。这种思维方式必须坚决打破和剔除。

二是优化产业结构，加快推进新兴产业的发展。要加快传统农业向现代农业、粗放农业向精致农业的转变，并且与工业化、信息化相对接，把工业作为立市之本、强市之基，树立抓工业就是抓发展、抓工业就是抓机遇、抓工业就是抓建设的理念，瞄准世界新兴产业的制高点，坚持高起点、高标准地与世界经济接轨，充分运用经济全球化所创造的产业发展机制，看准新一轮引领经济发展的是新能源、新材料，在世界产业体系分工中找准梅州的新坐标，加快推进新兴产业的发展。

二 弘扬客家优良传统，推进民主政治建设

林肯有句名言："有什么样的人民，就会产生什么样的政府。"一个优秀的民族，一定有优良的传统和习惯，高尚的情操和信仰，只有这样，这个民族才能自省，有活力和创造力。否则，这个民族将不会进步，将会在历史的进程中，在民族的竞争中被抛弃。客家人向来就有廉洁勤俭的历史传统和较好的群众基础，因此弘扬廉洁勤俭的客家优良传统，不仅可以提高群众的廉洁勤俭意识和促进行为习惯养成，而且还能为建设廉洁高效政府营造良好的土壤、气候和环境。

（一）弘扬廉洁勤俭客家优良传统，是建设廉洁高效政府的需要

首先，弘扬廉洁勤俭客家优良传统，有利于强化群众的廉洁勤俭意识和行为习惯养成，为建设廉洁高效政府奠定基础和社会环境。客家人作为汉民族的一分子，不仅比较全面地传承了廉洁勤俭的中原古风和传统美

德，而且把这种美德发扬光大，形成一整套关于廉洁勤俭的理论信仰和与之相适应的表现形式、行为准则、价值取向，并通过族谱家规、匾额堂联、诗词典故、山歌民谣等丰富的形式代代相传，成为客家人与自然、社会抗争，努力拼搏，克服困难的传家之宝。然而，在改革开放和市场经济条件下，特别是受享乐主义、金钱至上和封建思想的影响，廉洁勤俭的客家优良传统也受到不同程度的冲击，有的群众红白喜事大操大办、铺张浪费；一些官员利用传统节日的所谓"人情风俗"大肆敛财、中饱私囊。艰苦朴素的观念淡化，廉洁勤俭的传统丢失。因此，必须继续弘扬廉洁勤俭的客家优良传统，充分发挥廉洁文化包容度高、渗透性强、影响力大的导向、凝聚、实践和约束功能，有效挤压腐败奢靡的文化空间，在全社会营造一种人人崇俭奉廉，个个羞于腐败的良好环境，形成以廉俭为荣、以贪奢为耻的良好道德风尚。从公民个体而言，廉洁勤俭的客家优良传统作为一种廉洁文化，作用于人的思想面貌、生活方式、道德情操和行为规范，不仅使人们能够确立先进的思想观念、生活方式、道德情操、行为规范，而且也通过不断提高人们的辨别真善的能力，净化心灵，催人奋发，营造出崇俭奉廉、健康向上的社会氛围。

其次，弘扬廉洁勤俭的客家优良传统，有利于提高领导干部的底线意识和拒腐防变的能力。廉洁勤俭的优良传统是客家文化的重要组成部分，它不仅是客家人立身修德的基本要求，而且是为官做人的第一底线。在封建社会的"人治"条件下，老百姓把为民请命、伸张正义的好官、清官尊称为"青天"，千百年来顶礼膜拜、广为传颂。被称为"岭南第一才子"的客家人宋湘，他不仅是清代中叶著名的诗人、书法家，而且是政声廉明的清官。嘉庆十八年（1813），他时年57岁，他放弃了京城舒适的生活，日夜兼程，赴云南曲靖任职。他在云南为官13年间，为官清廉，体恤民间疾苦，所到之处为当地百姓做过不少好事实事，在他离任后，当地百姓为他塑像建祠、立碑奉祀，深切地怀念他。古人说，"廉者，政之本也"[1]。领导干部要严格廉洁自律，堂堂正正做人，干干净净干事，不以公权谋取私利，始终保持清廉的本色。廉洁勤俭是"为政之本"、"为官之要"，是品德之基。是各级领导干部必须具备的道德品格，也是人民

---

[1] 陈涛译著：《晏子春秋·内篇杂下》，中华书局2007年版。

对他们的起码要求。因此，廉洁勤俭既是中华民族的传统美德，也是我们党的优良传统，更是领导干部的必备素质和做人做事的底线。

（二）弘扬廉洁勤俭客家优良传统，推进廉洁阳光政府建设

为了有效遏制腐败现象的滋生和蔓延，打造廉洁阳光政府，就要建立一个以教育为基础、以制度为保障、以监督为关键的惩治和预防腐败的有机统一体系。作为客家地区来说除了要加强制度建设和督察纠正以外，要特别利用丰厚的客家文化资源，大力弘扬廉洁勤俭客家优良传统，筑牢拒腐防变的廉政思想防线。用优秀的文化去涤荡陈规陋俗，用先进的文化去占领党员干部和人民群众的思想阵地，充分利用族谱家规、匾额堂联、诗词典故、山歌民谣等丰富的客家文化资源，通过家庭教育、学校灌输、社会教化，扬客家之美德、兴廉俭之清风，对家风、民风和党政之风进行综合治理。党风正则人心齐、政风正则民风淳，民风正则家风和、家风正则万事兴，家风、民风、党政之风维系着整个社会风尚，关系着党和国家乃至民族的兴衰存亡。正所谓"历览前贤国与家，成由勤俭败由奢"①。

1. 家风、民风、党政之风，要正本清源、竞相推动

政风是党风的测评表，家风是民风的风向标，民风是党政之风的社会基础。家风清廉、民风淳朴必然推进行业和党政之风建设，而行风不正，党政之风败坏必然影响民风、波及家风。廉洁勤俭的客家优良传统是家风、民风和党政之风的道德基础，要在全社会弘扬。共产主义远大理想、中国特色社会主义共同理想和马克思主义世界观、人生观、价值观及社会主义荣辱观，要在全民中树立。而党性修养和从政道德是党员干部树立正确的权力观、地位观、利益观的关键。要正本清源、综合治理，努力端正党风、政风，积极引导家风、民风。

2. 家庭、社区、机关行业，要从我做起、扬廉俭之风

孔子把"齐家"放在"治国"、"平天下"之前，说明古人对齐家的看重。父母有齐家的责任，也应有传承美德，培育优良家风和品德的义务。"望子成龙"是全天下父母的心愿，但它不仅是期望子女在学业、事业上的成就，而且包括良好品德的养成。夫妻忠诚是家的根基，节俭清廉是家的本质，文明礼貌是家的形象，需要维护和传承。社区要为社会教育

---

① 李商隐：《咏史》，载卢永璘《李商隐》，大连出版社1998年版，第78页。

活动搭建平台，要围绕社会主义核心价值体系建设，结合社会公德、职业道德、家庭美德、个人品德和法制教育开展丰富多彩的廉政文化创建活动，大力宣传道德楷模，努力提高全社会的公民意识、廉俭意识和文明风尚。各行各业要贴近群众，管好行风，服务人民。党政机关要改进作风，干部党员要从我做起，讲党性、重品行、做表率，着力解决思想、学风、工作作风、领导作风和生活作风方面存在的突出问题，继承传统美德，发扬党的光荣传统，牢记"两个务必"，弘扬"八个方面"的优良传统作风。

3. 扬德肃风，持之以恒、常抓不懈

扬德肃风，要加强面向全党全社会的弘扬传统美德和反腐倡廉宣传教育，纪检、组织、宣传、党校及文化等相关单位应联手创办教育基地，搭建大舞台，不唱独角戏，积极创新教育形式，注重人文关怀和心理疏导，提高教育的针对性和有效性。要结合企业文化建设深入开展依法经营、诚实守信、廉洁从业教育，结合农村传统文化活动，通过广场文艺演出、送戏下乡、山歌擂台赛等形式，加强农村廉洁文化和传统美德教育，结合学校德育建设推动传统美德和廉洁文化入校园。要加强领导干部作风建设的监督，以他律促自律，正己、正人、正风，保持清廉本色。要重视和支持广大群众和新闻媒体正确开展对家风、民风、党政之风的监督和评议，以群众的期望和舆论的推动创造出党风正、政风廉、行风优、家风清、民风淳的文明风尚。

三 弘扬客家优良传统，打造客家文化高地

随着社会的不断进步，文化产业已成为国民经济发展中的"朝阳产业"。梅州客家文化资源丰富、历史积淀深厚。如何利用客家文化资源，做强文化产业，带动旅游产业，是梅州把文化资源优势转化为经济优势、产业优势、竞争优势的重要途径，弘扬开拓创新的客家优良传统是实现转变的关键所在。促进文化产业快速健康的发展，增强文化对经济社会发展的支撑作用。

（一）梅州客家文化产业现状

客家文化资源丰富。梅州是中国中原文化和南方土著文化的重要交汇点，以其独树一帜的客家文化名扬四海，拥有"文物由来第一流"美誉。

自秦汉以来，客家人的祖先从中原向南迁徙颠簸，几经辗转，定居岭南。梅州是全国最大的客家人聚居地，是闻名遐迩的"客家之都"。客家文化传承了中原华夏文化，保持了古朴的中原儒风，同时，也融合了土著和周边文化的精华。客家民居、客家民俗、客家民间艺术等无不显现出古老的中原文化的韵味。梅州自古就有"人文秀区"的美誉。崇文重教的优良传统，深厚的人文底蕴，使梅州这片热土孕育了众多历史文化名人。据全市古民居普查的不完全统计，梅州市现遗存的各类较完整的特色古民居和名人故居（旧居）500余处。

被国务院命名为国家历史文化名城。近年来，在实施"文化梅州"发展战略中，梅州市充分挖掘利用丰富的历史文化资源，不断加快客家文化的保护和开发步伐，全力打造客家文化大观园和名闻遐迩的"世界客都"，建设全球客家人的精神家园，把文化产业发展成为壮大山区经济的朝阳产业。

文化产业初露端倪。梅州文化底蕴深厚，有一批可用于发展文化产业的设施、资源、人才、技术等。目前，梅州市除了图书和电子网络出版单位以外，出版产业的各个种类基本上都有，出版产业发展速度较快。梅州除了传统的文化产业外，也出现了一些新兴文化（创意）产业；同时，还涌现出了诸如广东客都文化发展有限公司、客天下旅游产业园、盛唐动漫、汉唐影视等新兴文化传播媒体公司，对梅州市的新兴文化（创意）产业起到补充作用。

梅州文化产业虽有一定的发展，但起步晚、资源散、规模小、发展慢、档次低、效益差。更主要的是存在思想观念、人才资金、体制机制等障碍。

观念意识保守。受到大环境的影响，长期以来，文化系统"自我封闭"、"自我循环"、"关起门来办文化"的现象非常普遍，还有不少党政领导和文化战线的工作者思想观念比较陈旧，缺乏文化发展的世界眼光，视野不开阔，思维不活跃。对文化产业的发展缺乏深层次超前性的研究，计划性不强，新举措不多，对发展文化产业的必要性和重要性认识不到位。一些由事业单位转制的文化企业组织，思想观念仍停留在依赖政府资金办文化的基础上，文化产品科技含量较低，本土文化产品特色不鲜明，缺乏体现本地文化特色的"拳头产品"。

人才、资金制约明显。梅州作为经济欠发达的山区市，经济基础相对薄弱。在客家文化资源的保护开发方面相对滞后，不能为发展先进文化产业提供充分的人与物等条件。由于人才缺乏、经费不足、管理不力，有形文化资源不能及时维护、开发，甚至造成损坏和流失；在文化管理、文化经营、文化艺术等方面的人才严重不足。适应信息时代文化产业高技术化的人才缺乏；文化产业经营管理人才更为短缺，尤其缺乏能够整合产业资本、金融资本与文化资源的企业家。客家文化方面的名、优、尖人才不多，合理的人才梯队还未形成。现有文艺队伍的整体素质较低，专业技术人才紧缺，青黄不接，后继乏人，甚至严重外流。这些均成为制约文化产业发展的瓶颈。

资源的保护、整合和提升力度不够。一方面，客家文化资源的保护力度不够，挖掘水平不高。在非物质文化遗产的保护方面，一些民间艺术活动无法开展，如民间舞蹈、传统节日文化等；一些传统手工技艺的传承后继无人；某些有历史、文化和科学价值的非物质文化遗产遭到了不同程度的破坏。保护非物质文化遗产的理念、手段、范围和力度还远远不能适应今天的客观和现实的需要。另一方面，客家历史文化资源整合、整体提升不充分。从梅州全市整体范围来看，对客家历史文化资源缺乏统一规划、合理配置、协调整合、统筹管理。文化产业提升力度不够，宣传力度不大，效果也不明显，文化旅游景点不能统一规划、优化，严重地影响了其经济效益和社会效益的发挥。

新兴客家文化（创意）产业发展滞后。由于长期受经济基础差，发展起点低等因素制约，从整体来看，梅州市新兴文化产业还处于探索、起步、培育、发展的初级阶段，与珠三角发达地区相比差距很大。具体表现在新兴客家文化（创意）产业发展很不充分，总量规模偏小，文化（创意）产业园还没有建成，市场机制不完善，发展速度缓慢，档次低，效果差；新兴客家文化（创意）产业总量极少。

文化体制改革和政策不配套。梅州市的文化体制改革比较滞后，社会化、市场化程度低，因循守旧、部门分割、行业垄断和地区封锁现象严重，难以形成统一开放、竞争有序的市场体系。文化政策不配套、文化市场体系不健全、文化管理体制改革滞后，等等，都是当前制约梅州市文化产业发展的瓶颈。在用人机制上，缺乏人才竞争环境，人才的"进出口"

不畅通。

(二) 弘扬开拓创新的客家优良传统，破除各种障碍，做强客家文化产业

客家人的开拓精神是从多次辗转迁徙中经受离散、死亡、疾病、饥饿等威胁中磨炼出来的。南迁后的客家人，只能在偏僻荒芜、杳无人烟的山区立足，为了生存，求得发展，必须吃得起苦，也必须努力拼搏奋斗。以坚韧精神求得生存，以开拓精神求得发展。客家人以勇敢开拓的精神，披荆斩棘，将许多荒无人烟之地，开辟成人口繁盛、农业发达的地区，更有一些客家人，大胆地到海外闯世界，在海外辛勤创业，获得举世瞩目的成就。崇山峻岭中的艰苦生活的种种磨炼，使他们养成了勤奋俭朴、吃苦耐劳、自强不息、开拓创新的优良传统。

实现中华民族的伟大复兴是一项极其艰难而伟大的事业，在实现中华民族伟大复兴的征途上不会一帆风顺、一蹴而就。奋斗就会有艰辛，艰辛孕育着新发展。要把现代化事业干成功，要实现中华民族的伟大复兴，就必须有一种自强不息、不畏艰难、顽强拼搏的钢铁意志，一种坚忍不拔、锲而不舍、敢于胜利的英雄气概。充分挖掘客家人"自强不息、开拓创新"的优良传统，可以增强我们战胜困难的信心，激励我们发愤图强的斗志，振奋我们昂扬向上的精神。只有自强不息、励精图治、致富思源、富而思进，才能不断攀登事业的新高峰，才能实现中华民族的伟大复兴。

1. 解放思想、开拓创新，破除思想障碍

去除陈腐落后的观念，为思想解放刷新观念，为开拓创新清空场地。摒弃陈规陋习，打破思维定式，这是解放思想开拓创新的当务之急。在传统体制温床上成长起来的文化产业要想实现跨越式发展，大力破除"意识形态泛化"的落后思想、"单边注重文化供给"的片面思想、"文化产业靠党委政府"的依赖思想、"文化产业是边角余料"的狭隘思想。这些传统思维堵塞了思想解放的源头，斩断了开拓创新的根本，这样思想解放就成了无源之水，开拓创新就成了无本之木，我们在思想解放之前，在开拓创新之先必须浚其源泉，固其根本。为新的观念的注入扫清场地，准备空间。

解放思想不是胡思乱想，开拓创新也不是花样翻新。解放思想、开拓创新，必须一切从实际出发，不能走内地、沿海走过的"追赶式"的发展道路，而要走一条体现自身优势的具有鲜明特色的"跨越式"发展的道路。

其核心是发挥资源优势,发展特色产业。资源优势是特色产业发展的重要基础。资源优势就是比较优势,这种比较优势是形成特色产业的直接条件。挖掘和发挥资源优势,就能不断提高特色产业在市场经济中的竞争力,变资源优势为产品、产业优势,进而上升并形成市场优势、经济优势。根据本地的自然资源、人文资源,找准自身发展的特色产业,并把它培强做大,就一定能走出一条"跨越式"发展的道路。无论是产业开发、产品开发,最关键的一点就是要搞"人无我有"的东西,只有从"人无我有"着手,才谈得上真正的特色,梅州被誉为"世界客都",是全世界最有代表性的客家人聚居地,历史悠久、山水秀美,有深厚的文化积淀,独特的民俗风情,有丰富的文化资源。发展文化产业梅州有得天独厚的文化资源优势,这就需要梅州的干部群众弘扬开拓创新的客家优良传统,探索一条不仅具有客家特色,而且更具梅州本地特色的客家文化产业发展之路。

2. 要选择"人有我优"的东西,才能带动"人有我优"产业和产品的开发

思想是行动的先导,实践的指南。党员干部要在构建学习型政党的背景下,时刻不放松学习,学习新的党政知识,更新执政理念,时刻保持先进性,做到思想有新观念,理论有新武器,行动有新指南;学习新的科学文化知识,提高执政水平,时刻怀有科学观,做到发展可持续,社会促和谐,进步显人文。用新的理论知识武装头脑、指导行动,树立创新意识,勇于尝试、敢于突破,用新的视野谋发展、以新的思路推动改革、以新的举措促进创新,用创新思维来完成"洗脑",使解放思想和开拓创新永续前进。

(1)制定规划,引导文化产业科学有序发展。2011年11月梅州市提出了《梅州市建设文化强市规划纲要(2011—2020年)》,勾画出梅州未来10年建设文化强市的宏伟蓝图。《纲要》强调,梅州将通过提升市民文化素养、树立梅州文化形象,改善文化民生、丰富群众文化生活,整合客家文化资源、打造特色文化产业,传承客家文化、擦亮世界客都品牌,提高现代文化传播能力、增强客家文化辐射力,加大改革力度、为建设文化强市增添活力,创新人才机制、建设高素质文化人才队伍,加强领导、为建设文化强市提供保障八大举措,通过十年的努力,把梅州建设成为全球客家人的心灵家园。各市、县、区都应该结合本地区的文化产业基本情

况，一定要做到规划先行，立足现实，着眼于未来，坚持可持续发展。文化产业发展要明确发展方向、发展目标和主导产业、相关产业，明确文化产业的发展定位，逐步形成合理的产业发展格局。

（2）创新机制，促进文化产业快速健康发展。尽快制定促进文化主导产业和关联产业发展的政策措施。根据《梅州市促进文化产业发展的若干政策》的规定，尽快制定各市、县、区的相关政策，明确主导产业和关联产业在市场准入、投融资担保、知识产权保护、产业优先等方面的政策规定。营造推崇创新和个人创造力的社会氛围，健全人才激励政策，充分调动和激发文化创意人才的积极性。通过导向性和扶持性政策，进一步吸引和留住创意人才，提高文化产业的发展活力。首先利用梅州外出文化人才众多，结合梅州市发展文化产业对创意人才的需求，建立健全人才引进相关机制，制定相关人才政策，引进国内外文化创意高端人才。其次要建立健全培养机制，加快培养本地优秀文化创意人才，如以嘉应学院为基础，整合其他院校为梅州市尽快培养相关人才，以解决文化产业发展中的人才瓶颈问题。通过举办定向、定期的培训，使现有人才能不断地更新知识，不断创新，不断发展。

（3）整合区域资源，积极打造文化产业集聚区。根据《梅州市绿色现代产业体系建设规划（2010—2015）》和即将出台的《梅州市"十二五"时期文化产业发展规划》有关文件，充分调动各方面的积极性，积极引导市县区建设一批各具特色的文化产业集聚区，使集聚区成为梅州市文化产业发展的重要载体。鼓励和引导市区县结合各自区域功能定位，发展各具特色的文化产业集聚区，充分调动市县区积极性，形成市县区共建的文化产业集聚区管理体制和工作机制。发展特色品牌。强化区域旅游文化品牌意识，对梅州雁南飞旅游度假村景区和客天下旅游产业园、雁鸣湖、灵光寺、叶帅纪念园等景区区域特色品牌的发展，要政策倾斜，促进文化产业品牌的提升，提高特色品牌对国内外产业资源的整合能力。

（4）利用自然生态资源，建设具有区域特色的客家文化产业。深度开发客家文化和自然生态资源，深化省市共建客家文化生态旅游示范区合作，建设"梅赣龙客家文化生态旅游圈"和"梅潮山海文化生态旅游圈"，建设梅县雁洋度假疗养线、大埔名人名居旅游线，五（华）兴（宁）丰（顺）温泉养生线和蕉（岭）平（远）秀美山水线，建设国家级"客家文化生态旅游产业园"。将经典线路与赣南、闽西主要景点连成一片，引领客家地区及海西经济区的特色旅游发展。适应旅游先锋产业的配套性需求，盘活客家传统剧目资源，创新山歌的艺术表现形式。扶持广东汉剧院、市山歌剧团等文化艺术团体，创作一批有代表性的、融合客家文化和流行文化的山歌、汉乐、船灯、木偶戏等艺术精品，进一步开发拓展国内外演出市场。利用民间资本和民间工艺品收藏扩大梅州市具有客家特色文物展出，展地可以利用遍布城乡的客家围龙屋，通过新型的"公私"合营，风险共担，利益共享，推动梅州市文化旅游业全面发展。

（5）利用文化创意产业园，开发具有客家特色文化创意产品。以超前创意选择客家文化的产业化为突破口，以特色文化培育创意设计产品，突出客家特色文化元素，重点发展动漫设计、文化创意、工业设计、广告等领域，为现代服务业大发展提供重要支撑。注重与海内外设计界进行广泛合作，引进一流设计人才，设立创意产业园，开发客家特色的文化艺术作品、纪念品，为传统产业改造升级注入新的活力。大力创建"国家级客家文化生态保护实验区"，加快推进"千佛塔旅游文化养生区"、"麓湖山国家级文化创意产业园"、"林风眠艺术创作园"等文化创意园区的建设，构建梅州创意设计产业的完整产业链，提高本土居民的艺术审美水平，激活文化、娱乐、艺术服务的市场需求。把梅州建设成"全国知名的客家文化产业城"。对梅州丰厚的客家文化进行挖掘、创作、加工和营销上市，如把各种类型的围龙屋、传统的戏曲、文艺、艺术作品、历史传说、名人典故等文化产品做成文化产业，通过多种合作方式（如合作、合资、合股、共同开发）等，进行有效开发，做大做强产业链，推动梅州的文化产业快速发展。

四　弘扬客家优良传统，共同构建和谐社会

客家先民承载着中原文化，一路迁徙，一路传播发达的中原文化，同时也创造了客家民系，创造了客家文化。客家儿女凭借着对原有文化传统去芜存菁的扬弃，对外来文化的吸收和改良，积淀成开放包容的文化精神内涵和优良传统，客家文化哺育着一代代客家人，而客家人用自身演绎着开放包容的独特魅力。

(一) 客家地区向来有团结包容的优良传统

中国社会自古以来就十分重视以血缘关系为纽带，凝聚力量和崇尚人伦的人际关系。客家先民在艰辛的迁移和重建家园过程中，崇尚伦理的精神，发挥了巨大作用。为了抵御天灾人祸，立地生存，首先就团结同姓，以南迁之前的上祖为感召，守望相助，并看做义不容辞的任务。如那一座座工程艰巨而浩大的客家土楼，正是客家人团结创业的结晶。四圆同心、三圆同心的大土楼，正体现了客家人同心同德同甘共苦的团结精神。客家围龙屋，同样反映了客家人团结互助、敬老尊贤、礼貌文明、知书达理的传统美德。因为，客家不论是在长途跋涉的游离中，还是新到一处人生地不熟的居地，都有一家一户所难于克服的困难，得靠本姓本族人聚居在一起，团结互助，共同奋斗。可见，团结友爱是客家人世代相传的优良传统。

另外，还因为客家人到处受到不同程度的排挤、歧视，甚至遭到当地恶势力的攻杀，出于自卫自保，必须团结更多的人。原有的仅限于血缘关系的空间已经大大不够用了，于是就不能不强调以"义"作为维系超出血缘空间的新的人际关系，以适应新的生存环境的需要。后来，这种精神在漂洋过海的客家人中得到更大的发扬。到了19世纪初期，地缘性客属同乡会组织有如雨后春笋般纷纷成立。华侨社团在促进华侨华人的生存和发展方面功不可没。正因如此，客家人的社团意识特别强烈，视参加了宗亲会、同乡会才能算做一个合格的客家人。各姓氏宗族原来就来自中华民族。新中国成立后，"团结就是力量"已成为全国各族人民的共识。客家人的自卫意识、团结奋斗精神，也随之汇入到加强全国各族人民大团结、实现中华民族伟大复兴的洪流中。

客家先民在自北向南的迁徙、侨居、再迁徙、再侨居的过程中，一方面竭力保持和发扬中原旧有文化，另一方面努力适应南方新环境，创造新经验和新文化。客家文化因迁徙而开放包容。中原文化构成了客家文化的主体，但也深深刻上了南方少数民族的印记。融会当地的文化，创造事业上的大发展大辉煌。"客商"，一个饮誉世界的称号，他们在所到之处，均能安身立命，用自己勤劳的双手开垦出辉煌。在别人的土地上落地生根，势必会有利益与文化方面的冲突，为了融入当地社会，必须开放包容，如张弼士在印尼雅加达创办裕和、裕兴等垦殖公司，罗芳伯在印尼加里曼丹岛建立"兰芳共和国",叶亚莱开埠吉隆坡等。就现代而言,到异地谋发展的曾宪梓、田家炳、梁亮胜等杰出代表均能在经济、政治等方面,积极地融入当地。客家人以"客而家焉"的"开放并包"的价值取向,共荣共存的理念,谱写了"有太阳出来的地方,就有客家人创造的辉煌"。

(二) 弘扬团结包容的客家优良传统,是构建和谐社会的需要

黑格尔曾经说过:"对立的东西产生和谐,而不是相同的东西和谐。"没有多样与多元,社会就不会和谐。自改革开放以来,中国在很多方面实现了从单一到多样,从一元到多元。我们提倡的和谐社会,也应建立在包容、多元的基础上。

1. 团结包容是构建和谐社会的内在要求

所谓和谐社会,就是指构成社会的各个部分、各种要素处于一种相互协调的状态。按照这样的标准来衡量,和谐社会其实就是一个开放、包容、多元的社会,具有开放、差异与共存共生的特点。"和而不同"是和谐的本质与要义。在一个真正的多元社会中,会有种种不同的想法与看法,有种种的意识形态出现。只要这些意识形态不违背国家宪法及其他基于社会正义与社会安全所制定的法律,就应受到尊重和保障,使不同的思想免受干扰而获得自由的发展或淘汰。

一个人类和谐社会的关键在于彼此之间的良性运行和协调发展,更在于相互的理解和包容。"和谐",意味着有包容的成分,有不完美的地方,无论是人与人之间、人与自然之间、国与国之间、社会各阶层之间、不同利益集团之间、城乡之间,凡是存在社会关系的地方就存在和谐与冲突、包容与排斥的问题。和谐社会是一个包容、合作和宽容的社会,它需要一种宽容的氛围和精神,要容忍各种不同利益关系的存在,尊重别人所作出的不同选择,特别要保护少数群体和困难群体的合法权益。可以说,包容与宽容是社会和谐的精髓。

当然,"包容"不等于"纵容",不是无原则的放任和迁就。"包容"是指善意的,对对方是有利无弊的迁就,是超越对立的心态。而"纵容"是在对方故意不肯承认错误的情况下的一种熟视无睹,是放任错误发展直至造成恶劣影响而置之不理。一味地包容就等于纵容,把握好包容的尺度很关键。任何人都不可以曲解"包容"来造谣诽谤、危害国家、社会和他人的利益,不可以利用"包容"来侵害他人的合法权益、散布虚假信

息,更不可以打着假包容的旗号来混淆视听、搅乱社会稳定、破坏社会风气。和谐社会是一个开放的、包容多元的社会,是一个让所有人的才能充分展现的社会,是让每一个人都能得到充分发展的社会,只有包容才能开放,只有开放才能更好地包容。

2. 开放包容是化解社会矛盾和冲突的一条重要途径

在社会生活中,必然存在着人的主体性与客观性的错位、个人与社会的冲突、人的物质生活与精神生活的失衡、人的实然存在与应然存在状态的分裂;等等。这些矛盾和冲突在社会经济、政治、文化领域里会演变成具体的各种各样的人际关系冲突、利益冲突和文化观念冲突,从而对社会的和谐稳定发展构成隐患、危害和破坏。在我国现行的社会政策、法律法规中,囿于历史和认识的局限,还不能根本或完全排除"社会排斥"因素的存在,因此才出现了城乡"二元分割"甚至社会各阶层的"多元分割"格局,某些行业和部门才有了"垄断特权"下超出平均工资福利水平数十倍甚至上百倍的高工资、高福利,在某些城市才会出现为了市容市貌而不顾小商小贩的生存权利,在某些地方才发生为了加快城市化进程而不顾拆迁户合法利益而上演的"自焚悲剧",在某些企业才存在为了实现资方利益最大化而无视农民工劳动、社会保障权益等现象,由此造成了制度化相互敌视或群体性彼此仇视的社会矛盾。因此,我们必须要坚持和倡导社会包容,努力将化解矛盾和稳定社会作为构建社会主义和谐社会的落脚点。

(三)弘扬包容开放的客家优良传统,促进社会和谐

包容开放是一种气度、一种境界、一种资源、一种财富,是中国传统文化的精华,也是客家优良传统。包容开放,是指以宽阔的胸怀容纳不同的人和事物。它不仅表现为海纳百川、雍容大度的器量和胸襟,也表现为博采众长、兼容并包的思维方式和精神境界,还表现为一个民族、一个地区、一个城市尊重差异、包容多样、和谐共生的文化特质和独特品格。弘扬包容开放的客家优良传统,促进社会和谐,政府、社会组织和社会成员个人都还要做出共同的努力。

1. 弘扬包容开放的客家优良传统,政府应正确处理好改革、发展、稳定的关系

也就是说,弘扬包容开放的客家优良传统,必须以政府为主导,坚持

走以人为本的和谐发展之路。团结一切可以团结的力量，调动一切可以调动的积极因素，妥善处理人民内部矛盾和其他社会矛盾，协调好各方面的利益关系，解决人民群众生产生活中突出的问题和困难，保持良好的社会秩序，为社会搭建一个包容开放、求同存异的平台，为改革、发展营造良好的社会环境与氛围。特别是要包容"弱势群体"，促社会和谐。弱势群体生活在社会最底层，经济收入微薄、社会地位低下、话语权缺失。政府如不能及时保障这些群体的合法利益，他们很可能成为社会中不稳定的因素，直接阻碍和谐社会的实现。政府要以人为本，实现公民权利的平等和谐，政府对社会弱势群体和个体的差异性实行宽大包容、兼容并蓄并尊重每个人的居住权、生存权和发展权。应该用心合理地去包容"弱势群体"，平等地对待他们，使他们能够成为平等的创新伙伴，让他们和我们一起承担起建设"和谐社会"的重任。因此，政府就要建立社会弱势群体的利益表达机制，增强对弱势群体的利益补偿。充分关心社会弱势群体的工作和生活状况，实现相对合理的动态的综合平衡。

弘扬包容开放的客家优良传统，体现在正确处理借鉴外来文化和坚守客家文化的关系上。尊重差异、包容多样，吸收借鉴人类社会一切优秀文明成果，既敢于拿来，也敢于扬弃，不卑不亢、以我为主。只有善于比较、善于鉴别、善于吸收，才能兼容并蓄、升华自身；要演绎"包容开放"的博大情怀，还要吸纳全国各地人才，不设高不可攀的门槛，没有论资排辈的框框，英雄不问出处，不管你来自何方、什么身份、什么职务，都能得到平等的对待。只要你有志气、有勇气、有本事，就能找到施展才华的舞台。在政治、经济、社会、文化和生态建设上发挥了巨大作用。

2. 弘扬包容开放的客家优良传统，必须发挥客家族群组织的作用

社会组织作为非营利性、非政府性、公益性和自治性的民间社团组织，是社会公共利益主要提供者和重要维护者之一。社会组织犹如"缓冲器"、"润滑剂"、"助推器"、"催化剂"，具有化解社会矛盾、促进社会稳定、助推经济社会发展的功效。客家族群组织古来有之，有族委会、联谊会、商会等，是历史传承下来的。它们的成员特别是负责人很多是由离退休领导干部或本乡本土本族辈分高、有威望的长者组成。他们生活在族群之中，交际广；有一定的号召力。族群组织在亲自调处或协助司法部

门化解社会矛盾纠纷中发挥了重要作用。在社会矛盾疏导工作中，就是要充分调动族群组织的积极性，在政法部门指导下，基层党支部、村委会、族群组织三者默契统合，监控社会，掌握社情，预防违法犯罪。让族群组织配合和支持村委会调处化解人民内部矛盾和一般性治安案件，将矛盾化解在基层，消灭在萌芽状态。对发生重大治安案件或突发性群体事件时，协助政法部门，及时、公正、彻底处理。

3. 弘扬包容开放的客家优良传统，必须提高社会成员个人修养

和谐社会是一个多元、差异的社会，社会成员更是千差万别，有着不同的文化背景、生活习惯和价值观念，这就决定了社会成员在人际交往中的分歧、摩擦甚至冲突不可避免。小到家庭，大到社会，如果没有包容、理解和体谅，人们很难和谐相处。就需要用包容和关爱来消弭彼此差异带来的不便。一个城市要想海纳百川、兼收并蓄，就要有开放包容的气度和底蕴。一个人要想博采众长、与人和睦相处，就要有开放包容的智慧与涵养，然而，开放包容的素质和能力不是与生俱来的，必须培养和提升社会成员的品行修养。

培养和提升社会成员包容开放的品格，必须家庭、学校、社会相互协同，家风、村风相互促进。从个人的行为品格而言，包容开放主要是指性格开朗、胸襟开阔，尊重差异、容人短长。家庭要为子女营造宽厚随和的成长环境，学校要培养学生宽容开朗的品格，社会要形成包容开放风气。如果我们为人处世、待人接物，多礼让少摩擦，多沟通少争执，用爱心去融解心里的"坚冰"，用包容去化解人际的矛盾，我们一定能感受社会的融洽和温馨。对党员干部而言，开放包容不仅是个人为人处世的一种习惯和修养，而且事关党和政府的形象和责任。是否具备开放包容的品格，考量的其实就是是否具备科学发展的能力，是否具备构建和谐关系的能力，是否具备协调各种利益的能力。

附录：爱国主义视阈下的客家妇女

中华民族自古就是一个富有爱国主义光荣传统的民族，并且以此为荣。爱国主义是一个历史范畴。毛泽东同志曾说："爱国主义的具体内容，看在什么样的历史条件之下来决定。"① 近代中国面临着西方列强的威胁，此时的爱国主义是从国家和民族的整体意识的觉醒与强化开始的。救亡图存成为近代中国的头等大事，成为近代爱国主义的历史主题，且与向西方学习相结合，复兴民族伟业为国民共同奋斗目标。

爱国主义是"一种体现人民群众对自己祖国的深厚感情的崇高精神"②。正如黑格尔所言，"国家是一个抽象的东西，只有在它的公民当中，它才有它的一般的现实性"，其现实性及其"简单的一般的生存必须寄托在个人的意志和活动内"③。爱国主义精神寓于日常生活中，爱国不局限于少数英雄人物为国捐躯的悲壮行为和大义凛然的英雄气概，爱国延伸至民众具体的日常行为中。

在过去妇女极被忽视的时候，国家似乎只有男国民，而没有女国民，女人只能待在家庭里，而没有问闻国家社会的资格与权利。经典马克思主义充分肯定了妇女在历史发展中的功绩，"每个了解一点历史的人也都知道，没有妇女的酵素就不可能有伟大的社会变革"④。

我们试图在爱国主义视阈下以粤东地区的客家妇女为考察对象，将爱

---

① 毛泽东：《毛泽东选集》第二卷，人民出版社1991年版，第520页。
② 江泽民：《江泽民文选》第一卷，人民出版社2006年版，第121页。
③ ［德］黑格尔：《历史哲学》，生活·读书·新知三联书店1956年版，第83页。
④ 《马克思恩格斯选集》第32卷，人民出版社1975年版，第581页。

国主义从抽象的精神层面疏导到客家妇女具体的身体形貌以及具体的日常生活中以实际行动报效祖国的爱国主义方式。以粤东客家妇女这一群体具体的存在方式、形态及其背后社会思潮的脉动，窥探近代中国转型期爱国主义世俗化的取向，同时也是女性实现自我价值与社会价值的一种至高境界。

一 健母育强儿："天乳运动"立先锋

在内忧外患，强敌压境的近代中国，其爱国主义具体到民众的实际日常行为中。19世纪20年代沈越民在讨论爱国的文章中大声呼吁"为民为国图富图强，举凡一国之事，皆视为分内应尽之事。既不存观望之心，复不挟游移之见，斯真不愧为爱国之良民矣，夫岂空言爱国者所可并论哉"。[1] 同时期的学界知识分子更是具体到应将强国民身心与爱国相联系，"我所谓爱国者不过储学识，锻身体二者而已，夫强国之道在乎强民"[2]。由于在生理上的功能及社会上的习俗，妇女们的职务，大抵是偏重在未来方面的。美国的女界伟人亚当女士曾说："妇女们最重要的天职，是养育及保存未来的民族。""在战争的时候，妇女们的第一天职，是在这个乱离穷苦的社会中，尽力去养育与教导这一群未来的领袖，使他们都能走向那身体和精神上的康健大道，成为任重负艰的人才。"[3] 诚然，中华民族的复兴大业有三件事最为基本，最需要我们努力，即：身心健康的民力、教育养成的才力及储蓄的富力，这些本应是国家的最高事业，政府的最大责任，在国难期中是妇女们值得努力的事业，孕育康健未来救国民力尤为中国妇女爱国救亡行为之首任。

（一）母健而后儿肥：国民之母担负育儿救国神圣职责

自20世纪七八十年代以来，随着女权主义的兴起和消费主义文化研究的深入，"身体"作为一种极具象征性的符号逐渐受到人文社会科学界的高度关注。对身体历史的叙述在学界中得以开展并取得了一些可喜的成果，如台湾东海大学黄金麟教授的力作《历史身体国家：近代中国的身

---

[1] 沈越民：《爱国说》，载《少年》，1920年3月15日第10卷第3期，第3—4页。
[2] 丁年华：《我之爱国》，载《少年》，1920年2月15日第10卷第2期，第2—3页。
[3] 陈衡哲：《妇女在战时的责任》，载抗战出版社编《抗战半月刊》，1937年10月16日第1—2期，第26—28页。

体形成（1895—1937）》①，身体的存在，不再仅仅是生物体的存在，身体的发展和变化深受其所处时代的政治、经济、社会以及文化等诸因素的影响制约。"身体确实可作为一个社会、历史进程的出发点，我们可以从身体的角度考察社会历史的发展，也可以从社会历史的角度考察身体，身体和社会互相作为核心的东西来对待。"②

西方福柯的代表作《规训与惩罚》③、《疯癫与文明》④等，是对隐含在人类社会中的身体规训机制的全面揭露。谈及近代中国国家对国民身体的规训，可追溯到19世纪中叶以后随着中国在军事和政治上连遭挫败，应对亡国威胁首先从军事上塑造一个新的、按照西方军事操练的身体训练，如1885年北洋武备学堂的创建以及1895年袁世凯的天津小站练兵。民强—国强的思维逻辑，带动全民以身救国，尤其是对女性提出时代的诉求。

在近代西方思想和观念的观照下，中国女性身体显露出深刻的政治危机。严复从提高民族生理素质的角度提出要用科学的方法养生、健种，呼吁"饮食养生之事，医学所详，日以精审，此其事不仅施之男子已也，乃至妇女亦莫不然，盖母健而后儿肥，培其先天而种乃进也"⑤。换言之，有问题的女性身体是国家衰弱和文化野蛮的象征，是民族孱弱的根源。对女性身体陋习进行严厉指责的驱动力是因女子被赋予了"国民之母"桂冠使然，最早提出"国民之母"称谓的是资产阶级启蒙思想家金天翮，他在1903年出版的《女界钟》一书中提出："国于天地必有与立，与立者国民之谓也。而女子者，国民之母也。"⑥ 紧接着在《女子世界》第二期即有名为"自立"的论者，其对"国民母"进行了如下解说："我的姐妹们，可晓得'国民母'三个字什么解释？原来一

---

① 黄金麟：《历史身体国家：近代中国的身体形成（1895—1937）》，联经出版事业公司2001年版。
② 冯珠娣、汪民安：《日常生活、身体、政治》，《社会学研究》2004年第1期，第107—113页。
③ 福柯：《规训与惩罚》，刘北远、杨远婴译，生活·读书·新知三联书店1999年版。
④ 福柯：《疯癫与文明》，刘北远、杨远婴译，生活·读书·新知三联书店1999年版。
⑤ 王栻主编：《严复集》，中华书局1986年版，第28页。
⑥ 金天翮：《女界钟》，上海古籍出版社2003年版，第4页。

个国内要生出许许多多纯纯正正的国民,所可靠的,只有女子。"① 此段对"国民母"的诠释通俗回答了"国民之母"就是孕育国民的女子。同年《女子世界》刊文指出,"盖女子者,国民之母也。一国之中,其女子之体魄强者,则男子之体魄亦必强。我国人种之不及欧美者,亦以女子之体魄弱耳"②。身为"国民之母"的女子首先须体魄强健,她们强健与否,影响到男子体质,进而影响到整个民族。"承载个人卫生的身体被不断地国家化,身体的存在已经不再是肉体的延续,它俨然已经成为国家富强的基础。"③ 秉持女者乃"国民之母"的神圣职责,肩负孕育强健国民重担之女性其身体塑造无疑成为焦点,被时代与国家所规训,糅合了近代卫生理念与爱国救国的政治色彩,这有别于传统社会对女性的身体规训。

后来有学者在进行"国民之母"研究时指出:探究女性被冠以"国民之母"的桂冠,是有其深刻的历史根源的。"女性被定位于'国民之母',是艰难的社会时局促成人们达成的一种共识,是人们对培养出具有健全体魄和理想完美人格的国民来挽救时局,以改变国家积贫积弱状况的一种期待。人们把这种期望寄托在承载着生养教育使命的女性身上,是对女性社会角色定位的肯定与赞誉,更是对女性提出的承担社会角色的要求。"④ 20 世纪 30 年代一篇介绍客家地区梅州五华妇女生活状况的文章强调:"妇女们为个人之母,为社会之母,为国家之母,其地位是非常重要的,她们知识之高下,言动之好坏,生活之良窳,影响于个人,影响于家庭,影响于社会国家,再也没有过于此者。"⑤

(二)广东民政厅长朱家骅首倡"天乳运动"

进入 20 世纪,当解放缠足运动如火如荼开展的同时,亦提出了解放束胸的社会诉求。对女性胸部解放的关注,很大程度是与强种相呼应。

---

① 自立:《澜言》,《女子世界》1904 年 2 月第 1 卷第 2 期,第 101 页。
② 刘瑞裁:《记女学体操》,《女子世界》1904 年 7 月第 1 卷第 7 期,第 666 页。
③ 扬祥银:《近代上海医疗卫生史的另类考察——以医疗卫生广告为中心的分析(1927—1937)》,收入余新忠主编的《清以来的疾病、医疗和卫生:以社会文化史为视角的探索》,生活·读书·新知三联书店 2009 年版,第 338—370 页。
④ 江百炼:《女性角色意识的张扬——辛亥革命时期女性角色的定位》,《湖南师范大学社会科学学报》2009 年第 4 期,第 139—143 页。
⑤ 刘莘夫:《今日五华的妇女》,《女子月刊》1937 年 3 月第 5 卷第 3 期,第 53 页。

"强种"是近代中国人在民族危机不断加深的情况下,受社会进化论学说"优胜劣汰"的危机意识影响而形成的一种特殊诉求。这里的"种"既指人种学的人种,也指民族主义的民族,也指"人种"、"民族"这种集群概念下所包含的个体身体。孕育强健的下一代国民,把希望寄托在未来国民身上,这是近代中国历次探索救亡图存努力不奏效下的无奈与期待。摆脱社会上存在的妨碍女性健康进而影响哺育婴孩的束胸陋习,受到社会各方的猛烈抨击。

中国妇女何时开始把胸部束缚得紧紧的,以狭小扁平的胸部为美已难以考证。民国初期束胸盛行,尤其是在大都市中受过教育的女学生们,大兴束胸之风,趋之若鹜。"近来各地女学生,均以束胸为美观,前行后效,相习成风……乃各校女教职员亦多染此陋习,暗资表率。"[①] 普通老百姓当中也存在束胸现象,上海锦江饭店创始人董竹君在她的回忆录《我的一个世纪》中,讲述她在1924年正当13周岁时顶名到青楼卖唱,出家门前的装束中有一件紧胸白布背心,当时女孩子都要把胸部捆得紧紧的。[②]

自民初以来,对束胸陋习的抨击频见于各大报刊。指责束胸陋习妨碍女性的发育,女性身体因而衰弱。担负生育后代重任的妇女,胸部受束缚,影响血运呼吸,身体因而羸弱,胎儿先蒙其影响。即使为母时,乳汁缺乏,又不足以供哺乳,弱种弱国,贻害无穷。民国初期即有学者对此进行密切关注,并纷纷发文进行抨击。束胸行为本属于女性自主决定的事,但是在倡导强种也就强国的逻辑下,妇女束胸有碍生育与时代诉求不符。于是乎,解放女性的胸部被赋予了政治色彩。倡导天乳演变成为一场全国性的运动,其中以政府名义发动首起于具有浓厚政治基础的广东省。

广东省民政厅长朱家骅在1927年7月7日召开的广东省政府委员会第三十三次会议上,向会议递交《禁止妇女束胸的提案》,请由省政府布告通行,限三个月内所有全省女子,一律禁止束胸,以重卫生,而强种族。会议议决通过,布告及通令各县晓谕,并分函省市党部妇女、宣传两

[①] 佚名:《禁令查禁女子束胸——内政部重申禁令》,《申报》1929年12月17日(15),上海书店1983年影印本。

[②] 董竹君:《我的一个世纪》,生活·读书·新知三联书店2008年版,第24页。

部，广为宣传，暨行各女校知照。①

朱家骅提议案一针见血指出束胸的弊端有：一是有碍身体发育，导致孱羸，影响寿命；二是束胸导致乳汁缺乏，不利于哺育，影响胎儿。此刊文一出，即引起社会各界的反响。上海《申报》于第二天即1927年7月9日，刊登了朱家骅示禁妇女束胸，限三个月内清除旧习这一消息。②同一天，《广州民国日报》即对此提案全文刊登，随后《申报》、《大公报》、《民国日报》（上海）、《广州民国日报》、《北洋画报》、《妇女杂志》、《妇女月报》等各大报纸杂志纷纷刊文呼应，由此在中国掀起了一场全国性的"天乳运动"，中国妇女乳房的解放艰难而曲折地开展。③朱家骅的天乳运动在学界也引起了巨大的反响，鲁迅撰写了《忧"天乳"》一文，在文中指出："将来中国的学生出身的女性，恐怕要失去哺乳的能力，家家须雇乳娘。"④以官方名义进行"天乳运动"在广东省首倡后，引起高层对女性身体陋习的密切关注。1929年12月，全国内政行政事务的最高主管机关内政部下文："查妇女缠足束腰穿耳束胸诸恶习，既伤身体，复隘卫生，弱种弱国，贻害无穷。迭经内部查禁自案，兹准前由。除分别咨令，合亟令仰转饬所属。确实查禁，以除恶习，而重人道云云。"⑤

（三）客家妇女育儿救国树榜样

1927年7月，广东省民政厅厅长朱家骅倡导的"天乳运动"，这是首次以政府名义在全国范围内倡议禁革妇女束胸。何以始于广东？究其因素大概有三：

1. 广东为近代救亡图存的革命策源地

孙中山曾先后于1917年、1921年和1923年三度在广州组建革命政权进行

---

① 广东省档案馆编：《民国时期广东省政府档案史料选编》第一册，广东省供销学校印刷厂1987年版，第136页。
② 佚名：《粤省军政近事纪——广州：朱家骅示禁妇女束胸，限三个月内清除旧习，并禁青年男女吸烟喝酒》，《申报》1927年7月9日（1—4），上海书店1987年影印本。
③ 刘正刚、曾繁花：《解放乳房的艰难：民国时期"天乳运动"探析》，《妇女研究论丛》2010年第5期，第66—77页。
④ 鲁迅：《而已集·忧"天乳"》，载《鲁迅全集》第三卷，人民文学出版社1981年版，第489页。此文撰于1927年9月4日。
⑤ 佚名：《内政部提倡"天乳运动"——通令各省市禁女子束胸 陋习相沿循至弱种弱国》，《大公报》1929年12月15日（5），人民出版社1982年影印。

护法斗争；1924年1月20日召开的国民党全国代表大会第一次会议以及1926年1月1日召开的第二次会议均在广州。国民党对妇女运动较为重视，在国民党第二次全国代表大会妇女运动决议案中提出了国民党今后应特别注意妇女运动，"五卅惨案发生后，中国的妇女运动渐渐有倾向革命的可能。为扩大革命势力起见，应趁此时期跑入妇女群众中去组织他们训练他们，并团结此种力量在本党旗帜之下发展而从事革命运动"。提出对于妇女运动的方针："注意领导妇女群众参加国民革命外，同时应注意妇女本身解放的工作。""我们欲使妇女组织坚固，欲使妇女群众热烈的参加本党所领导的革命运动，决不是一种空洞的主义宣传能做到的，务必从他们本身的利益争斗中去帮助他们。"① 此时广东省已进入训政时期②，对于妇女界公民实不可无特别提携，促其长进。盖党纲明定，固有助进女权发展之文；而运用民权，宜从解放半数同胞做起。禁止束胸固为解放妇女界肉体上束缚之善法，而亦即为解放妇女界精神上束缚之先声③。朱家骅此时倡议的"天乳运动"正是"副先总理民族主义之精神，以强吾种者强吾国也"，也是对国民党中央政府二大会议关于妇女运动决议案的积极回应。

2. 广东妇女向有革命之精神

在民国八年（1919）受向警予女士宣传妇女运动之影响，当时有陈逸云、钟琬如、邓丕奴诸同志提倡女权运动以自求解放，组织广东女权运动会。至民国十年（1921）略具规模，蒙孙（中山）总理奖励并亲自为该会命名为"广东女权运动大同盟"，在国民党领导下努力开展妇运工作。民国十二年（1923），建立党妇女活动机构广东妇女解放协会，为求

---

① 广东省档案馆、广东妇女运动历史资料编纂委员会编：《广东妇女运动史料（1924—1927年）》，红旗印刷厂1983年版，第105—106页，原载《妇女之声》第6期，1926年1月21日"国民党第二次全国代表大会妇女运动决议案"。

② 孙中山1924年在《国民政府建国大纲》正式确定，把建立民国的过程分为军政、训政、宪政三个时期，军政时期即"以党建国"时期，训政时期即"以党治国"时期，宪政时期"还政于民"时期。在孙中山看来，训政就是训导人民使其懂得民主政治，人民需要训导是因为人们落后、愚昧，处于幼稚时期。参考中山大学历史系孙中山研究室，广东省社会科学院历史研究所合编《孙中山全集》第5卷，中华书局1985年版。

③ 天人：《训政时期中之民政问题》，《广州民国日报》1927年7月12日（5），人民出版社1985年影印。

实现三民主义而奋斗。① 广东妇女解放协会成立于1925年5月，是广东妇女运动的中坚团体，代表广东妇女运动的倾向与所取的途径。② 广东妇女运动在省妇女部代表邓颖超、中央妇女部部长何香凝以及蔡畅、陈璧君、高恬、谭竹山等女士的积极组织下，妇女运动较为发展。广东妇女解放协会一周年纪念宣言上对本会发展做了统计，一年来本会已有二十个分会，在广州本会有千余会员，联合外县会员，会员总数已达二千以上。③ 据《妇女杂志》1927年3月的统计，广东省的妇女团体较其他省份多，在职业方面，如农、工、商、学均有妇女们在内工作，行政各机关方面，均有妇女在内帮助，女权可算是非常的发达。由于当局极力扶助以及妇女们自身努力，广东妇女的地位，可说是高出全国妇女之上。④

3. 客家妇女有保持着天乳的传统

"天乳运动"以政府名义之所以在广东开先锋，还有一个重要因素恐怕与广东为客家人主要聚集地不无关系，客家妇女有保持着天乳的传统，在此首倡"天乳运动"易于推广能达到较大效应，在全国的束乳解放运动中形成先锋之气。20世纪30年代有刊文在叙述客家妇女生活情况时，特别强调了客家妇女保持天乳的生活习惯。刊文讲述纯客家地区——梅县，指出梅县女性虽未曾受过欧美风味的熏陶，但她们总是不喜欢抹胸窒乳。抹胸窒乳影响女性的卫生，同时也是直接影响她们生育，尽人皆知，可是这种不窒乳的女人，在束胸盛行的年代除了客家妇女外恐怕在我们的国度里难找出几个地方能有像客家妇女尚天乳的风纪来。⑤

综合"天乳运动"之核心，实为为哺育婴孩提供天然的健康乳汁。然而，于此旨意相悖还有一种现象就是部分中国女性雇人代乳。在中国传

---

① 佚名：《广东女权运动大同盟沿革史略》，广东省档案馆，全宗号9，目录号1，卷号21。
② 邓颖超：《民国十四年的广东妇女运动》，广东省档案馆、广东妇女运动历史资料编纂委员会编：《广东妇女运动史料（1924—1927年）》，红旗印刷厂1983年版，第15页，原载《妇女之声》1926年1月1日第4期。
③ 广东省档案馆、广东妇女运动历史资料编纂委员会编：《广东妇女运动史料（1924—1927年）》，红旗印刷厂1983年版，第213页，原载《广东妇女解放协会一周年纪念特刊》1926年5月10日。
④ 黄天憨：《论妇女运动与广东的妇女》（1927年3月8日于广州），《妇女杂志》，1927年4月。
⑤ 叶德荣：《梅县妇女的各种生活》，《女子月刊》，1936年1月第4卷第1期，第149页。

统社会，皇宫贵族、达官绅商乃至中上层家庭里流行雇人代乳。哺育婴孩是一项繁重劳动，贪逸惮劳的大家妇女通常雇用乳母代劳，以物质换取自身的健康享乐。① 与此相反，客家妇女向来不嫌劳烦乐于喂养婴孩，喂养婴孩亲力亲为，不论贫家富家均如是。在梅县籍知名作家张资平以梅县妇女为题材的小说《梅岭之春》中就有较多篇幅提及客家妇女哺乳婴孩的情节，其中描绘了主人翁童养媳保瑛为她一岁半的婴孩哺乳的场面："她赤着足，露出一个乳房坐在门首的石砌上喂乳给她的孩子。"② 此外，还提及了魏妈哺乳儿子泰安已到三周岁直至童养媳保瑛过门"接乳尾"方断奶。③ 魏妈把刚刚过门的才满周岁的童养媳保瑛哺乳至两岁才断了奶④。张资平小说中的魏妈几乎没有间断地数年哺乳和"接乳尾"的现象在客家女性中是较为普遍的，"嫁郎已嫁十三年，今日梳头侬自怜，记得初来同食乳，同在阿婆怀里眠"。⑤

客家妇女保持天乳，亲自哺乳的生活习惯，为国家孕育强健后代，为强国强种奠定根基，这也是符合近代中国救亡图存、强兵富国的社会诉求。客家妇女备受赞美，"客家妇女从来天足放乳，在中国民族史上是最值得注意的，她们无论贫富贵贱，都非这样不可。无怪她们比外间妇女，康健得多，尊贵得多，幸福得多啊！"⑥ 同时期还有许多赞美客家妇女天乳的评论，"她们不束胸，也不束腰，更不扎脚，天足天乳的，多么康健，多么结实，多么可人！自然美，不曲发，不用胭脂水粉等等化装品"⑦。客家籍的著名女作家韩素音，在其论著《客家人的起源及其迁徙经过》中，写道："客家妇女不缠足，也不束胸，不为孩子雇乳母……客

---

① 曾繁花：《晚清女性身体问题研究——基于若干报刊的考察》，暨南大学博士学位论文，2011年，第63—72页。
② 张资平：《梅岭之春》，大光书局1937年版，第3页。
③ 同上书，第6页。
④ 同上书，第7页。
⑤ 侯国隆：《关于旧时梅州客家童养媳问题的探讨》，《广东史志》1994年第4期，第46—52页。
⑥ 佚名：《客家之特性的研究》，《新北辰》，1936年6月15日第2卷第6期，第593页。
⑦ 清水：《自食其力的客家妇女》，《女子月刊》，1936年7月10日第4卷第7期，第21—22页。

家妇女除掉这些束缚……一般是体壮高大，缺少仪容美的好名声。"① 外省男子常常批评广东妇女说"广东女人真像男子"，这个批评惟妙惟肖，的的确确地把广东妇女素描出来。广东妇女的态度、声调、行动，完全脱离"柔物的尊称"，所以若以艺术家的审美观察，广东妇女的女性美，却远不及江浙二省的妇女了②。然而，"客家少女虽然不是迷人的，但由于她的节俭、勤劳、洁净的生活与生动的辩才而受到称赞。她们用自己的奶喂孩子，轻视虚饰的美，必要时像男人一般地战斗"③。客家妇女不烦劳苦，自己哺乳婴孩的生活方式备受赞美。"（客家）妇女脸上都富有健康的赤色，胸部足部均甚发达……此朴质的自然的妇女生活，也值得现代都市女子见而惭愧。"④

在1927年第2期《新女性》刊登的《广东客属妇女状况》一文中，对客家妇女特色进行表彰时，特别强调客属妇女的优生问题，将其放置于整个国家民族的优生学角度进行阐述。文中谈到中华民族一向没有人注意优生学，所以体格也一代比一代矮小下来，一代比一代柔弱下来。笔者认为在这样的严峻的形式之下来讲优生问题，最先应该注意的就是妇女的健康。如果能拿客属妇女来做全国女子的模范，再加以各种优生学知识的培养灌注，那么我们中国的民族和国家的前途的优生问题，或可减少好些困难。论者在文中谈论到客家妇女的生育情况，她们认为生儿育子是顶重要的事情，她们知道生产是一件难事，但她们也认为生产是一件乐事，所以不惧十月怀胎的辛苦，生产临盆的剧痛，三年哺乳的艰难，她们是极情愿而且一点都不怕的。⑤

客家妇女一直是多生多育，生养5—7个小孩的客家妇女屡见不鲜，甚至手上牵一个，怀里抱一个，背上背一个，肚里怀一个，生育周期快节

---

① 韩素音：《客家人的起源及其迁徙经过》，选自丘菊贤《韩素音研究文集》，香港天马图书有限公司2001年版，第193页。
② 佩天：《广东妇女的特征》，《女子月刊》，1937年3月8日第5卷第3期，第42页。
③ 韩素音：《客家人的起源及其迁徙经过》，选自丘菊贤《韩素音研究文集》，香港天马图书有限公司2001年版，第193页。
④ 心根：《值得注意的广东客家女子》，《妇女共鸣》，1933年2月第2卷第2期，第22—30页。
⑤ 张海鳌、林文方：《广东客属妇女状况》，《新女性》，1927年2月第2期，第235—236页。

奏,青壮年期几乎都是生带孩子①。一方面客家妇女因长期劳作保持良好的身体状态,另一方面她们视生产为幸福之乐事,也就没有视生孩子为碍事。下面的一个场景可作为明证:客家妇女都有职业,不是从事农业生产,就是从事金钱劳动。她们整日劳动,"东方始明而作,子夜更深而息",即使怀了孕的妇女,也一样劳动。除富有的家庭,在临盆的前后一个月有休息,普通的家庭,则在分娩一星期有休息,而贫穷的家庭,则在分娩后只有二三日的休息。更有一些贫穷的妇女,到分娩时还是一样劳动,有在山间或田间分娩的,不用产婆,自生自接,产后除抱婴儿回家,还要挑着东西,无事若平常人②。在呼吁强国强种的时代诉求下,客家妇女天足放乳的强健体貌被时代推为效仿的模范。

客家地区的新时代女性开始认识到女性的生育对革命事业的重要性,建议扶助妇女生产事业捍卫自身权益。1939年11月30日召开的"曲江妇女座谈会"上,出席会议的林苑文女士针对客家地区生育条件简陋,提出申请政府在各县各乡镇普设诊疗所及助产所,以保护母性案。因为在乡村里很少有诊疗所及助产所的设立。乡人患病时,只是求神问佛,不知医理,致病死的不少,特别是孕妇因为无适当的诊治与助产,婴孩的死亡率更是骇人的数目。普遍设立医疗所、助产所是减少乡人痛苦,促进他们健康,及保护母性保养婴儿的一个办法。同时乡人妇女因为得到诊治而对医疗所工作人员产生好感和信仰,因而可以作为动员妇女参加各种抗建工作的一个很好方式。针对当时一般主管机关认为妇女有家庭生育的牵累,工作效率不及男子,很多不愿意录用女职员的现象。陆叔英女士指出这种态度是非常错误的,并特别强调女性生育的重要性,指出妇女生育是对于国家的一种贡献,绝对不能因为这样而剥夺她们的职业权利。为激励女性在各种职业中提高工作的积极性,陆女士建议政府应该规定优待产妇保护母性的具体办法。规定妇女在生育时期特假,按照邮政局的办法给假两个月照常领薪,不能特此假期列入常

---

① 黄顺炘、黄马金、邹子彬主编:《客家风情》,中国社会科学出版社1993年版,第292页。

② 丘式如:《客家妇女》,《妇女月刊》,1945年7月第5期,第24—25页。

假之内,作为考勤的根据。①

觉醒中的客家妇女正视女性自身在人类繁衍中的作用与贡献,迈出了追求女性身心解放的步伐,也是实现妇女全面解放的重要部分,妇女的解放事业又是与民族的解放事业紧密相连。

二 客家女性的爱国情怀:不爱红装爱素装

一位在中国生活了27年的美国人Pearl S. Byck,1933年10月14日于上海世界学社演讲"新爱国主义",谈论中国人的爱国主义时指出真正的爱国是踏踏实实从身边的小事做起,事无巨细。"我们不能够人人都干国家大事——然而最细小的事,实在仍是国家大事。救了一个穷人,教导了一个愚昧的人,一个不卫生的地方或是习惯得以改革,这都是国家大事。在中国这个伟大的时代中,没有一桩事是太小,是不关重要的。"② 在国难危机深重的时代,爱国主义体现了其广泛性、世俗化,更具行动性的特点。20世纪30年代在中国掀起的一场"妇女国货年"运动,提倡者强调妇女在民族解放中的潜在贡献,激励妇女扮演纯真或真正的爱国消费者,使个人的消费活动明确成为充满民族主义色彩的政治行为。此时期,有着勤俭传统的质朴无华的客家妇女被推向了效仿的位置,发挥她们的示范效应。

(一) 妇女国货年的倡导及成效

进入20世纪,觉醒中的中国民众发现中国渐渐湮没在进口商品的汪洋大海中,舶来品铺天盖地涌来而无权使用关税来解决这个问题。这种情形下,行之有效的办法是对中国民众的消费行为进行规训。

民国之初,即有中华国货维持会之组织。在日常的消费产品中被打上了"爱国的产品"及"叛国的产品"的符号,消费主义和民族主义之间存在一种普遍而深入的紧张关系。抵制舶来品,倡导使用国货,试图使用消费主义的作用来说服中国人以近代民族国家的成员来看待自己,通过这样的消费行为来体认爱国情感,寻找民族的归属感,以达到每一位中国

---

① 陈纳卓:《曲江妇女座谈会》,广东省新生活运动促进会妇女工作委员会编:《广东妇女》,1939年12月15日第5期,第15—16页。
② Pearl S. Byck:《新爱国主义》,林疑今译,陶亢德主编:《论语》,1933年10月16日第27期,第151—155页。1933年10月14日讲于上海世界学社。

人,尤其是女性意识到作为一名真正的中国妇女不消费进口货,唯恐自己因此背叛国家,使国民的消费行为民族主义化,这是在近代中国特殊历史环境下爱国主义世俗化的一个重要表现。

女人被选为民族主义消费者的理想代表:一方面,妇女是代表着她们家庭的主要消费者;另一方面,担任抚养孩子主要角色的妇女,她们的消费行为将会影响孩子的消费习惯。同时,这也是在近代中西方思想交融与激荡下,中国民众逐渐意识到女性对民族国家的利用价值,妇女在民族解放中的潜在贡献,而中国女性在客观上也在践行着社会价值与自我价值的统一。

随着近代民族国家意识的传播,在消费主义与民族主义之间存在着一种普遍而深入的紧张关系,商品拥有民族性成为社会的共识。使用国货抵制洋货,具有爱国政治化。喜用外货,即间接进贡金钱于他国,倘不挽回,则愈久愈深,终至不可收拾。经济压迫,足以亡国而有余,较之政治或兵力亡人国者,殊不显露;如麻醉剂然,直使受者不觉其能使人窒息与死亡之危险也。① 这篇刊登在民国著名妇女杂志《妇女共鸣》上的刊文针砭时弊,尖锐地指出女性喜用舶来化妆品对亡国的危害。

20世纪30年代国难深重,抵制日货高唱入云,而另一方面消耗舶来奢侈品却与日俱增。消费主义影响到国族存亡的言论充斥于各大报刊,"中国自海禁开放以来,外国商品输入中国,一年比一年增加,而中国自己的生产品却一天比一天减少,一年比一年衰颓。这种情况,对于民族生存的前途,实在很可忧虑而值得注意的。所以提倡国货的意义,不仅是表现各个人自己的爱国心,表现个人的爱国精神,从国家的立场来看,正是判别整个民族存亡兴衰的标准"。② 1930年10月,在上海市举行第三届国货时装展览会,工商部长孔祥熙主席致开会辞,社会局潘公展局长作报告指出:中国入超的洋货,每年竟达四万万元,这笔巨大的金钱流出,大都经过妇女之手,所以妇女醉心于洋货,那么洋货的销路就大……中国有

---

① 社英:《女界犹提倡外货之可慨》,《妇女共鸣》,1930年第25期,第1页。
② 佚名:《提倡国货与民族独立之关系》,《南京市政府公报》,1933年12月31日第135期,第97页。

四万万人口,妇女占其半数,这个力量,就非常伟大。①

觉悟中的女性也开始意识到问题的严峻性,并刊文进行呼吁。20世纪30年代初,一位署名"陆秀清女士"的论者,以旗帜鲜明的标题"我们应该怎样爱国"刊文,动员中国女性抵制舶来品以免戴上卖国的帽子,"目下我国舶来品的进口,数目很大;总共每年要送到敌人手中去的银子,总不下有十万万两,其中大部分,差不多都是我们女同胞的化妆品和衣料,我二万万亲爱的同胞们啊!我们不能坐视祖国的沦亡,我们更不愿做一个卖国的国民;我们从今以后,要去除以前一切的恶习——醉心摩登,时装异服,滥用外货,曾使国家经济日趋穷困……不再追求外观的漂亮,免负卖国的罪名"②。

鉴于妇女是舶来奢侈品主要消费大军,为统一全国之视听起见,上海市地方协会、中华国货产销合作协会、家庭日新会、妇女提倡国货会四团体,于1933年12月16日,在地方协会邀集各界讨论,公定1934年为妇女国货年③。希望妇女自当特别有所表示,抵制消耗洋货,去实践民族主义消费的理想,以完成国货救国之目的。

为配合1934年的妇女国货运动,有民众刊文《爱国妇女的信条》所列三十条信条中,其中有:最好勿穿皮鞋,最好勿用化妆品,最好勿穿呢绒衣服等。④ 呼吁"我们要有坚决底去'自造自用',这才免被人再叫个'不振作的国民'"⑤。

1934年号称妇女国货年,其收效情况备受国人关注。但是,在报道给出的数据中发现没有达到抵制外来奢侈品的胜利,没有能够收到相当的效果。"国货年"几乎变成"洋货年",国民大为失望⑥。1934年之舶来香水脂粉反比之前激增,唯洋货是尚。笔名为"南国佳人"的论者依据1934年国际贸易局的统计,发现仅在该年度的半年内,中国妇女耗费的

---

① 佚名:《女界提倡国货盛况》,《妇女共鸣》,1930年第36期,第36页。
② 陆秀清:《我们应该怎样爱国》,《女朋友》,1932—1933年第1卷第36期,第3页。
③ 佚名:《妇女国货年》,《妇女共鸣》,1933年12月第2卷第12期,第37页。
④ 佚名:《爱国妇女的信条》,《玲珑》,1934年第4卷第3期,第137—138页。
⑤ 姚仙:《舶来品》,《女子月刊》,1934年6月1日第2卷第6期。
⑥ 影丝:《妇女国货年对姊妹们的一点勉励》,《玲珑》,1934年5月2日第4卷第14期,第835—836页。

舶来脂粉竟高达约97万元，论者指责这群女性是"只图片时享乐不顾民族死活的脂粉骷髅"，呼吁中国女性应把自身塑造成为中华民族的标准健美女性：保持天然的完好的皮肤，不假脂粉的涂饰，尤其绝对不用舶来品的脂粉；每日用最多的时间于求知、健身、操作等有益身心的事情，极少时间用于妆饰；减轻自身的消费，增加家庭的生产力量，等等。① "长此以往，列强不费一枪一弹即可以亡中国而有余。"②

事实证明，虽然把抵制奢侈消费明确地当作爱国的行为，倡导了一场全国性的妇女国货年。但是大家只知在纸面上衡量和空口呐喊，而不做实际工作，结果没有取得期待中的成绩来。对此，有民众刊文倡导在国难当头，不应该徒尚空言，反之大家都要尽一份力量，去努力做抵制舶来奢侈品工作。

(二) 消费主义与国族精神的博弈：客家妇女质朴赢青睐

在1934年妇女国货年前后，面对舶来丝品在对外贸易入超之数年甚一年的局势，广东省相关政府部门以政府名义对女性服装妆容进行约束。1933年财政特派员兼财政厅长区芳浦刊文表示：照得女子在机关服务，同为政府公务人员，关于体态衣服，宜有一种庄严之外观表示。虽女职员制服，尚未有规定，亦应以质朴无华为主。乃查近日本署厅各女职员，间有未能免俗，力尚时髦，容饰则曲发染甲，抹粉涂脂，衣饰则着绿穿红，争奇炫异，实属自贬人格，有失庄严。亟应纠正，以挽颓习。合行谕仰遵照，嗣后务宜力戒浮靡，洗净铅华，并须穿用土布衣服，毋得故违致干撤究。是为至要。③

1933年11月14日广东省教育厅厅长谢瀛洲颁布广东省政府调令"严禁学生服用舶来丝毛织品"。指责在社会上存在这样的一种情况：若非服舶来丝毛等织品，不足以自表尊荣，尤以中上学校学生为甚，女生又更甚。因此，广东省教育厅特提出第六次全市学生代表大会，及执行委

---

① 南国佳人：《由舶来脂粉说到妇女的健康美》，《申报》1934年8月23日（17），上海书店1987年影印本。

② 佚名：《准省市党部函令饬禁止学生服用洋货》，《广东教育厅旬刊》，1935年1月11日第1卷第1期，第17—18页。

③ 佚名：《粤省约束妇女服装》，《女子月刊》，1933年10月15日第1卷第8期，第1159页。

会第十四次会议议决：呈请均部饬令教育当局严令各校行政人员切实禁绝各生服用舶来丝毛织品，以挽颓风，而塞漏卮，并由教育当局随时派员视察，呈报分别奖惩。一切制服或通常衣服须用土制布帛。① 但是，自此调令颁发后，并未能阻止舶来奢侈品的输入逐年增加的趋势。鉴于此，为减少贸易差额杜塞漏卮，1936年3月25日下午四时，召开广东省政治研究会第五十四次大会，该会会员，财政厅第四科科长何绍琼提议"征收舶来奢侈品专税，以塞漏卮而裕税收"一案，拟征税率中第三条，化妆品原征20%，现拟征80%；第六条：首饰及装饰品，原征25%，现拟征80%。1938年4月8日，广东财政厅公布了一份较为详尽的订定征收舶来化妆妆饰用品等专税税率表，并兹定于1938年4月15日起，实行征收。②

客家妇女不但主持家政，而且是生产劳作的主力。忙于劳作的客家女子，对自身修饰关注甚少，一般多是土布群衫，朴质无华。由清人徐柯编写的《清稗类钞》有题为《大埔妇女》的文章写道："大埔妇女，向不缠足，身体硕健而运动自由，且无施脂粉奢之性，于勤俭二字，当之无愧。"③ 客家妇女多不事修饰，涂脂抹粉被认为怪异，衣服虽整洁，但却不至于红红绿绿，光怪陆离，东江一带的乡村妇女，无论冬夏，多穿土布所制之黑色衣裳，而大埔则喜穿浅蓝衣服，梅县妇女所穿则较趋时髦，衣料多是本县出产之各色花布。客家妇女织布除了自用外，还可补贴家庭收入。织布是城居妇女的正业，而为农家妇女的副产，占百分之九十以上的乡居者多织布。在客家家庭中女子织布是从幼而长训练出来的，无此技能之女子，自己固认为莫大的羞辱，而乡里对其妇女亦常予之责备，故客家妇女不会种田织布的，不及千分之一。在客家地方，无论贫富，每家必有一二辆手织机。织布机的数量，由家中妇女之多寡来定，除主妇外，大约每一妇女有机一辆，故均得利用闲暇，以增加家庭收入。广东客家地区布业最发达者首称梅县兴宁，所织多是八尺花布及六尺白布或三丈白布，花

---

① 佚名：《严禁学生服用舶来丝毛织品》，《广东省政府公报》，1933年11月30日第242期，第88—89页。

② 《公布舶来化妆饰品等专税税率并定期开征》，《广东省政府公报》，1938年4月20日第400期，第82—86页。

③ （清）徐珂：《清稗类钞》第34册，商务印书馆1917年版，第243页。

色甚多，销路甚广，织布工价最好的时候，整日工作，可得工值一元有余，常能做全家衣履零用支出①。

客家妇女天足的生活习惯为装饰上节省了很多功夫，她们一双大脚"鞋袜是不常穿的，出门做工时，不是赤着脚儿，便穿上她们自造的'布草鞋'"②。她们的脚，向来是赤裸的，或者是穿布底的草鞋。她们穿的鞋子主要是自己做的，买的较少③。客家妇女从何时起保持天足，此问题在美国传教士罗伯特·史密斯《中国的客家》一书中说道："客家妇女自有历史以来，都无缠足的陋习。"④ 在民国初期谈论广东客属妇女状况的文章中亦提到："客属女子自有她们的老祖宗以来，的确没有一个缠过她们的脚儿。"⑤ 在客家地区，如有缠足的少女，就生在19世纪以前，也非做个终身的"鳏女"不可⑥。就梅县社会来说，就是如是，如缠足的妇女，就在19世纪时，也就怕终身要做"黄花女"，嫁不了人⑦。客家地区娶媳妇一个重要衡量标准就是力气大，能干活。一代民主革命家廖仲恺先生，广东归善（今惠阳）人，成长在客家人的家庭里，其父亲廖竹宾（曾任职于美国旧金山汇丰银行，并成为当地很有社会地位的一位华侨。一再叮嘱他一定要找一个"天足"媳妇⑧。1897年10月，廖仲恺如愿地和虽出生于广东南海县富商家庭，但深明大义、敢于与封建礼教斗争，毅然把强加在脚上的缠脚布剪掉的何香凝女士结为伉俪，结为革命伴侣，为中国革命事业奋斗终生。1903年春，在何香凝的支持资助下，廖仲恺前往日本求学，为当时东京的留学界又增添一位赤诚的爱国者⑨。何香凝女士嫁后

---

① 心根：《值得注意的广东客家女子》，《妇女共鸣》，1933年2月第2卷第2期，第22—30页。
② 张海鳌、林文方：《广东客属妇女状况》，《新女性》，1927年第2期，第229页。
③ 丘式如：《客家妇女》，《妇女月刊》，1945年7月第5期，第24—25页。
④ 佚名：《外国人对客家人的评价》，选自张卫东、王洪友《客家研究》第一集，同济大学出版社1989年版，第177页。
⑤ 张海鳌、林文方：《广东客属妇女状况》，《新女性》，1927年第2期，第230页。
⑥ 同上书，第229—230页。
⑦ 叶德荣：《梅县妇女的各种生活》，《女子月刊》，1936年1月1日第4卷第1期，第149页。
⑧ 廖仲恺：《廖仲恺集》，中华书局1983年版，第93页。
⑨ 周兴：《论廖仲恺爱国主义的内涵及其特色》，《中山大学学报》1998年第2期，第5—15页。

仍秉承其勇于做事的风格,在 30 年代的广东受过高等教育的妇女,都有"我们将为何香凝第二"之口号①。

在服饰上,相较于全国风靡洋货,一般富有人家,尤其是妇女,大都非舶来品不衣②。勤劳的客家妇女普遍不事妆饰,衣着朴素,她们的衣裳样式普通,和上海北京的老妈差不多,不过袖口裤口都比较长阔一点。她们是不穿裙子的,年轻的女人穿的稍微时髦一点就是袖裤要短些,腰身也要窄一点。她们胸前多为一条围裙,好像饭馆里的伙计一样,不但做工的时候围着,就上市或做客也是围着,讲究的换一条新的或干净一点的罢了。客家妇女大多自己种植苎麻来织成夏布。此外,会买一些棉纱织成棉布以供应不足。至于绫罗绸缎,她们是没有穿的③。她们穿的是土布衣服,或是自己纺织的布匹,洋货不大要。袜子,看着二三毛钱一对的,便骇得伸出舌头来,望望然去了。鞋、帽,绝对自己做,虽要绣上各式各色的花纹,费去不少的时光,但却从不假手于人④。在梅县接受过教育的知识女性,她们并没有受来自城市里爱打扮的女生影响,仍然保持着自然的本色,不会涂脂抹粉,她们还是一样地不学浮华⑤。

客家妇女的装饰品非常少,不过是些耳环手镯而已。除了这两种饰物以外,好像什么戒指呀,鸡心呀,项链呀,她们都很少有的。这与做事有碍,为其主要的动机。头发上的护理,搽发用一种搽子油和一种俗称为"多花"的树皮,生发油花露水之类的化妆品是极稀罕的,胭脂水粉在她们脸色更难见到⑥。就是富贵家的妇女也很省俭,例如大埔双里何氏、黄塘张氏、坟上戴氏,她们为大埔中富贵人家,但这些妇女依然不改寒素的习惯,所食的,所衣的,都极俭素⑦。中等以下的人家女子固不必说,就

---

① 佩天:《广东妇女的特征》,《女子月刊》,1937 年 3 月 8 日第 5 卷第 3 期,第 43 页。
② 佚名:《一般人对国货与洋货之观念》,《南京市政府公报》,1933 年 12 月 31 日第 135 期,第 96 页。
③ 张海鳌、林文方:《广东客属妇女状况》,《新女性》,1927 年第 2 期,第 228—230 页。
④ 清水:《自食其力的客家妇女》,《女子月刊》,1936 年 7 月 10 日第 4 卷第 7 期,第 21 页。
⑤ 林督:《梅县的妇女》,《女子月刊》,1934 年 2 月 15 日第 3 卷第 2 期,第 1991—1993 页。
⑥ 张海鳌、林文方:《广东客属妇女状况》,《新女性》,1927 年第 2 期,第 228—230 页。
⑦ 乐三:《大埔民性》,《埔中季刊》,1926 年第 1 期,第 13 页。

是夫家有很多资产的，或曾经做过官吏的，到了耕种的时候，十之八九都是赤足与男子一起下田，或独自到山冈上去砍柴或割草①。勤于劳作的客家妇女，对自身修饰自然退居求其次，保持淳朴本色。

在1934年妇女国货年前后，有关自然淳朴的客家妇女自然的生活方式颇受社会认可，多见于各报刊，倡导现代中国典型的摩登妇女足可借鉴。

在1934年妇女国货年未能取得预期效果，反而舶来品激增的情况下，各报刊纷纷刊文呼吁妇女界积极参与救亡图存，尤其应以客家妇女为榜样。"我国一年中的舶来化妆品的入口的消耗，为数是不小的。假如全国的妇女们都像'客家'妇女的拒而不用，那么，这于国民经济前途上的裨益，可真不小啊……现在已是国难临头，到了最后的阶段，欲求生存只有肉搏的一途可走的了。我们妇女界的准备是什么？效力是什么？我以为是应该效法客家妇女的'勤于生产'，'俭与用材'的可师可风的生活法跟精神，磨厉以须。家中何必雇姨娘，老妈子？束胸、曲发、穿洋服、高跟鞋干吗？香水、胭脂等化妆品，有什么用处？"② 客家妇女物质生活方面是不讲究的，她们的衣服都是粗布做的，非常朴实。就是富有的家庭，她们也是不敢奢华浪用③。客家妇女"自奉俭约"的可师可风的生活精神，是让人最难以忘记，最让人敬佩的。她们的精力，全为整个家庭的衣、食、住而奋斗，生产的结果，是以绝大多数供给丈夫、孩子、翁姑们的享用，她们自己却以生产者，而取用糟粕。这比之都市妇女，小脚婆娘，过惯寄生虫生活的妇女们的浪费、奢华，婢仆盈门，安坐而食，香水胭脂，衣绸着棉，卷发束胸，车轿代步，一双袜子25元等等的豪丽生活，真是相隔千里，不可同日语！④ 在非常时期，中国更需要能撑持家庭、养活儿女、自给自足的妇女在后方，使阵上的战士无后顾之忧，这于整个民

---

① 李泳集：《性别与文化：客家妇女研究的新视野》，广东人民出版社1996年版，第13页。
② 清水：《自食其力的客家妇女》，《女子月刊》，1936年7月10日第4卷第7期，第22页。
③ 叶德荣：《梅县妇女的各种生活》，《女子月刊》，1936年1月1日第4卷第1期，第148—149页。
④ 清水：《自食其力的客家妇女》，《女子月刊》，1936年7月10日第4卷第7期，第21页。

族的解放运动中,关系尤巨。若不然,男子不能上战场,必须终日在家经营方可生活,国难到来也就只有同归于尽了。

少了娇嗔的娇柔姿态,客家妇女装束素淡不事粉黛。张资平笔下的梅县农村妇女,"裤脚高卷至膝部,赤着双足,头顶带着一块围巾,肩上不是担一把锄头就担一担粪水桶:这就是农村妇女的日常生活"①。客家妇女对自身不经修饰的容貌是引以为豪的,如一首"竹枝词"描绘的"早出勤劳暮始还,任它风日冒云鬟。过客莫嫌容貌丑,须知妾不尚红颜"②。如此豪爽自乐,质朴无华的客家妇女更让人有几分敬意。客家妇女的刻苦耐劳的奉献精神,实是民族存亡危机之秋女同胞应担负"家庭"、"国族"两方面重大责任的好榜样,同时也为其赢得了尊重。"此朴质的自然的妇女生活,也值得现代都市女子见而惭愧。"③

三 国家兴亡,匹妇有责:抗战救国同舟共济

在中国历史上,爱国主义是中华民族的凝聚力和团结奋进的原动力,是各族人民共同的精神支柱。在维护民族团结、祖国统一、抵御外来侵略、推动社会进步中,发挥了重大作用。中国近代的爱国思想是伴随着反帝反封建运动而发展的,其特征是反对帝国主义、殖民主义对中华民族的侵略、压迫和瓜分,而抗日战争的救亡运动持续时间长、参众多、范围广,是中华民族爱国主义精神发展中最辉煌的篇章。处在这样危亡逼迫的抗战时代,那些有感觉有责任心的客家妇女或到前方与暴敌拼命,或在后方尽一份心给前方多添一点力量,在她们可能范围之内尽到她们最大的责任,寄托她们的爱国情绪,留下可歌可泣的篇章。

(一) 妇女在抗战时应有的责任

抗日战争期间,爱国主义有了新内容、新含义和新特征,它是中国爱国主义发展史上一个重要的阶段。在求民族解放的时代里,欲得到整个民族的解放,必先动员全民族参与解放的斗争。因为妇女在这样伟大

---

① 张资平:《梅岭之春》,大光书局1937年版,第8页。
② 徐维群:《传统客家妇女相对地位的定位及其成因》,《龙岩师专学报》1999年第1期,第61页。
③ 心根:《值得注意的广东客家女子》,《妇女共鸣》,1933年2月第2卷第2期,第22—30页。

的民族解放战争中占有一个极大的数目和伟大的力量，绝不能缺少妇女大众所能拿得出的力量，没有妇女大众参加，抗战胜利的把握就要打一个折扣。①

有较高觉悟的女性如赵清阁女士旗帜鲜明的刊文"爱国救国，匹妇有责"，认为在国难当头，战云密布的抗战时期，爱国救国匹妇有责，女人要和男人一样地共同踏上战场奋斗。中国得救，妇女本身才得救，将救国与妇运工作同时推进②。在抗战时期的各大报刊，尤其是女性杂志呼吁中国女性加入救亡洪流的文章常有刊登，"我们妇女占全国民众的二分之一，对于国家的责任，当然也该负担起二分之一"③。一再强调在抗战的救国事业上，女子应与男子站在同一水平线上，众志成城，"一个国家的组织，和社会的构成，其主体当然是属于国民：国民既有男女两性，则国家的责任也自然应当由男女双方担负，这才能够通力合作，众擎易举地拥护成一个健全的强国"④。

1936年《女子月刊》刊登的《自食其力的客家妇女》一文，说道："现在已不是安享荣华的极乐世界，实是民族存亡的危急之秋，我们的女同胞是大大的不应忽视其本身所应担负的'家庭'、'国族'两方面的重大责任啊！"⑤ 民族解放与妇女解放是有密切关系的，妇女解放运动是民族解放运动的一个环节，民族解放是妇女解放的前提。妇女要求得自身的解放，必须参加民族解放战争。同样，要求得民族解放战争的胜利，也必须发动广大妇女群众。

上前线杀敌固然是抗敌中最主要的一个部分，但战时的人民消费怎样设法紧缩；日常必需品怎样加强生产，供应前方怎样使之灵活，全国民众怎样动员起来将财力人力贡献给国家，等等。要解决这些问题，必须按地

---

① 胡子婴：《怎样动员全中国的妇女》，抗战出版社编：《抗战半月刊》，1937年11月1日第3期，第22—23页。

② 赵清阁：《爱国救国匹妇有责》，《女子月刊》，1936年1月1日第4卷第1期，第18—21页。

③ 陈璧：《一个爱国的女招待》，《妇女月报》，1936年3月10日第2卷第2期，第6—7页。

④ 赵清阁：《爱国救国匹妇有责》，《女子月刊》，1936年1月1日第4卷第1期，第18页。

⑤ 清水：《自食其力的客家妇女》，《女子月刊》，1936年7月10日第4卷第7期，第22页。

域、按妇女的阶层给予适当的动员组织，这包括职业妇女、女学生、少数的女工人，尤其是占妇女成分最大数字的家庭妇女，可以利用战时更密切的条件组织救护队、缝纫队、洗衣队、征募队等项目去号召，战时妇女的爱国寓于日常的动作中，战争之时，老弱的安置，家庭的治理，社会上孤苦的周恤，减少男子后顾之忧。"在平时能尽其责的妇女，到了战争之时，只要能照样的尽责，至多再把她职事的范围扩大一点，工作的效率提高一点，便是一位不但爱国，并且爱得最聪明的人。因为这样，不但她自己良心上得到了安慰，国家也将因她的能尽其责而得到无穷的实惠的。"①

呼吁中国妇女投入抗日救国声浪高唱入云，发表在1937年《抗战导报》的一首"妇女进行曲"朴实、铿锵有力：

中华的妇女，中华的妇女，快从厨房跑出来，冲向前面去！
遍地是烽烟，我们要点起救亡的火炬！
参加服务团，救护队，救国不分男女！
你看西班牙的妇女义勇军，挺起刀枪保卫玛德里！
我们也有气力，我们是铁的堡垒！
不论前方和后方，我们都有战斗的岗位！
中华的妇女，快冲向前面去！②

1939年7月20日，毛泽东在延安中国女子大学开学典礼上的讲话中，曾对抗日期间妇女作出的贡献进行高度的评价，"假如中国没有占半数的妇女的觉醒，中国抗战是不会胜利的。妇女在抗战中有着非常重大的作用：教育子女，鼓励丈夫，教育群众，均须要通过妇女；只有妇女都动员起来，全中国人们也必然会动员起来了，这是没有问题的"③。近代中国妇女解放运动是伴随着资产阶级革命的发生而兴起的。何香凝女士在1938年三八节纪念大会上演讲，说道："现在的妇女运动已经不是单单的争取男女平等的斗争，而应该是妇女们和男子们同样地参加民族抗日战争

---

① 陈衡哲：《妇女在战时的责任》，抗战出版社编：《抗战半月刊》，1937年10月16日第1—2期，第26—28页。

② 荷子：《妇女进行曲》，广东民众御侮救亡会宣传部：《抗战导报》，1937年10月1日第1卷第1期，第23页。

③ 中华全国妇女联合会：《毛泽东周恩来刘少奇朱德论妇女解放》，人民出版社1988年版，第44页。

的工作。"① 可见，参加民族抗战，妇女可以发挥重要作用。

（二）活跃在战时前方后方的客家妇女

客家妇女对革命事业给予大力的支持，或留在后方支援革命，或直接参军入伍，拥护支持国家的革命事业，同舟共济。

客家妇女非常能够吃苦耐劳，她们能够独立谋生，自给自足，不依男子以生活。客家妇女能成为家庭经济的柱石，通过劳动可以养育儿女，维持一家人的生活。因此，在非常时期，无后顾之忧的客家男子能够安心奔赴战场为保家卫国效劳，这是革命取得胜利与否关键的一环。反之，若男子不能上战场，必须终日在家经营，方可生活，那么国难当头，不就等同于同归于尽？客家妇女除了在后方支持革命事业外，还积极参与到革命队伍之中。在抗战时期，客家妇女踊跃参加各种妇女夜校，一般妇女都很热忱地抽出时间去学习，没有强迫的现象，对于普通的抗战常识，都相当了解的②。从历史文化传承上看，这与客家人来自中华文明发源地，接受中原文化正统教育有密切的联系，这亦是客家妇女们强烈的守家意识延伸出来的坚韧精神。抗战时期，设法多设妇女识字班和各种训练班，灌输她们知识，使其了解自己是国民的一分子，是民族解放斗争中的一员战士，拿出自己的力量，担负起这伟大的救亡使命来。战地妇女能够做的工作很多，比如宣传和募捐、缝补、救护、警卫、战地服务及组织妇女合作社等③。

坚强刻苦的客家妇女在救国当头，自觉成为一支救亡图存的不可忽略的有生力量，"我们的出路，不仅是嫁丈夫，做制造孩子的机器，谋生活上的解决，儿女教育的实践……咱们是国民一分子，在经济恐慌，国难危亡的时候，我们还要负起救亡的工作，咱们是四万万五千万中的大半数，侵略国家已有国防妇女会的组织，梅县的妇女，请领导起全县的妇女，组织起来，做救亡的开路先锋"④。

抗战爆发，汹涌澎湃的救亡图存的巨浪震荡颠簸着安闲的梅县。在时代高潮暴流中，配合着本身原有的优越条件，梅县成了东江抗敌救亡的大

---

① 李尚仪：《现阶段的中国妇女运动》，《抗战妇女》，1938 年第 1 集第 2 期，第 4 页。
② 关华：《梅县的妇女》，《湖南妇女》，1940 年第 2 卷第 6 期，第 15 页。
③ 利力：《抗战期中知识妇女的任务》，《新新周刊》，1938 年第 3 期，第 4—5 页。
④ 杨繁星：《梅县的妇女》，《女子月刊》，1937 年第 5 卷第 7 期，第 83 页。

本营，梅县妇女对抗战的贡献备受世人赞誉，"抗战以来，她们贡献出许多具体的力量，也给她们学习了她们所应该学习的东西。她们的确值得佩服，譬如她们对抗战将士慰劳，精神方面，是促起了对象的兴奋激昂的，所慰劳的物质，都是她们自己亲手做成的衣裳鞋袜等，她们的行动，在不妨碍本身工作原则之下，是团结合作的，对于任何一件事，拿尽有的力量去完成，把国家民族的利益放在第一位。……从民族革命中争取民族解放，从民族解放中获得妇女的解放"①。

接受教育的梅县女学生，深明要妇女真正得到解放，只有起来参加抗战工作，完成整个民族的解放的这一真理课题。梅县女子是在这高度热烈的救亡空气下，相当普遍地参加了抗战工作，凡男同学能做的，她们都英勇地担负了起来。如义卖、献金、募捐、制棉衣运动、两万双草鞋运动、长期性的下乡宣传、出发前线实地工作，而且也做了妇女本身的教育工作，差不多离城三五十里的周围，都有妇女夜校的设立，无可否认的这便是梅县女学生的一部分力量的表现②。

进入 20 世纪二三十年代，作为国民一分子的中国妇女挽救民族危机，富国强兵的重要性尤为凸显，为呼吁妇女参加到救亡图存运动中，文人们纷纷撰文鼓噪。社会各界开展了对客家妇女的密切关注，当时影响力较大的专门研究妇女的杂志，如《新女性》③、《女子月刊》、《妇女共鸣》④ 以及《湖南妇女》⑤ 等，尤其是由上海女子书店发行的妇女杂志《女子月刊》在 1936 年、1937 年连续刊发多篇研究梅县客家妇女的专文：《梅县妇女的各种生活》⑥、《自食其力的客家妇女》⑦、《梅县的妇女》⑧、《今日

---

① 关华：《梅县的妇女》，《湖南妇女》，1940 年第 2 卷第 6 期，第 17 页。
② 虹儿：《抗战三年来梅县女学生的一般动态》，《广西妇女》，1941 年第 9—10 期，第 33 页。
③ 张海鳌、林文方：《广东客属妇女状况》，《新女性》1927 年第 2 期，第 219—236 页；剑岳：《兴宁的妇女》，《新女性》，1928 年第 3 卷第 7 期，第 805—814 页。
④ 心根：《值得注意的广东客家女子》，《妇女共鸣》，1933 年第 2 期，第 22—30 页。
⑤ 关华：《梅县的妇女》，《湖南妇女》，1940 年第 2 卷第 6 期，第 15—16 页。
⑥ 叶德荣：《梅县妇女的各种生活》，《女子月刊》，1936 年第 4 卷第 1 期，第 144—150 页。
⑦ 清水：《自食其力的客家妇女》，《女子月刊》，1936 年 7 月 10 日第 4 卷第 7 期。
⑧ 杨繁星：《梅县的妇女》，《女子月刊》，1937 年第 5 卷第 7 期，第 80—83 页。

五华的妇女》①等。时人对梅县妇女进行如下的归纳："她们的职业，对梅县的社会助力不少；其次，她们的家庭应用的知识的丰富；她们那个个健全的体格，以及她们天足及其不束胸的习惯，她们的卫生状况及其生产的能力，勤俭与朴实等，都是别地方妇女所缺少的。"② 客家妇女爱国精神的表达，对革命事业的支持，对社会进步的促进，对女性自我价值的实现，她们用自己的言传身教向世人展现新女性魅力，或静态的，或动态的，塑造了近代女性新形象。

总而言之，20世纪初随着民族意识的觉醒，面对西方国家的侵略，为挽救民族危机提出了各种救国方案。在呼吁全国国民救亡图存的背景下，女性应此契机受到了前所未有的关注。摆脱中国传统社会对女性的桎梏，让占人口半数的女同胞投身救国洪流。为此，仁人志士奔走相告。在体貌观照下对女性提出了各种期待与要求，其中有解放足部，参加社会生产劳动；在种强即国强的逻辑思维下，担负孕育下一代国民的女性提出了保持身体强健、哺乳健康国民的诉求；回应西方国家的经济侵略，挽救民族危机，倡导女性抵制舶来品，杜绝不必要的奢侈浪费；在战争非常时期，女性踊跃投身革命激流；等等。期待中国女性与时俱进，实现自我价值与社会价值的统一③。为此，通过各大报刊媒体的宣传，将中国女性的体格观貌与日常行为同爱国主义紧密地联系在一起，将爱国主义从抽象的精神层面疏导到女性具体的行动层面，践行着世俗化的爱国主义。

在内忧外患的近代中国，客家妇女不论是自觉还是不自觉，在报刊媒体的宣传下扮演着时代先锋的角色，领衔着时代对女性的新时期要求，受到世人的关注。她们用身体书写了那个时代的社会对女性的形象塑造。走在时代前锋的客家妇女是可歌可泣的。在近代中国爱国主义世俗化的语境下，客家妇女以身作则谱写着近代中国女性爱国主义的篇章。

---

① 刘莘夫：《今日五华的妇女》，《女子月刊》，1937年第5卷第3期，第50—53页。
② 叶德荣：《梅县妇女的各种生活》，《女子月刊》，1936年第4卷第1期，第150页。
③ 个人的社会价值与自我价值概念，根据清华大学林泰先生对近年来国内学术界在价值概念上存在的一个错误引证进行了考察和纠正，指出个人的社会价值应当包括社会对个人的尊重和满足以及个人对社会的责任和贡献两个方面；个人自我价值的主客体都是自我，其本质是个人现实的社会价值在他自己身上的显现或表现。林泰：《正确理解"价值"、"个人的社会价值"、"自我价值"概念的科学内涵》，《思想理论教育导刊》2003年第9期，第57—73页。

主要参考资料

一 古籍

1. (西周)周文王:《周易》,南怀瑾、徐芹庭:《白话易经》,岳麓书社1988年版。

2. (春秋)孔丘:《春秋》、左丘明:《左传》,见舒焚、鲁开泰《春秋左传译注》,武汉出版社1998年版。

3. (春秋)孔丘:《论语》,载李泽厚《论语今读》,安徽文艺出版社1998年版。

4. (春秋)老聃:《道德经》,载方飞《道德经赏析》,广西民族出版社2000年版。

5. (春秋)管仲:《管子》,载李山《管子》,中华书局2009年版。

6. (战国)墨翟:《墨子》,载梅季、林金保《白话墨子》,岳麓书社1991年版。

7. (战国)《大学·中庸·论语·孟子》,载夏延章、唐满先、刘方元《四书今译》,江西人民出版社1996年版。

8. (战国)荀况:《荀子》,载张觉《荀子译注》,上海古籍出版社1995年版。

9. (战国)子思:《礼记·尚书》,华龄出版社2002年版。

10. (西汉)司马迁:《史记》,中华书局1959年版。

11. (东汉)许慎:《说文解字》,载李恩江、贾玉民《文白对照说文解字》,喀什维吾尔文出版社2002年版。

12. (南朝·宋)范晔:《后汉书》,中华书局1965年版。

13. (南朝·宋)刘义庆:《世说新语》,载毛德富、段书伟《世说新语》,中州古籍出版社1994年版。

14.（北宋）司马光：《资治通鉴》，中华书局 2005 年版。

15.（南宋）文天祥：《文天祥全集》，中国书店 1985 年版。

16.（元）脱脱、阿鲁图等：《宋史》，中华书局 1977 年版。

17.（明末清初）顾炎武：《日知录·廉耻》，商务印书馆 1930 年版。

18.（清）徐珂：《清稗类钞》，商务印书馆 1917 年版。

19.（清）顾祖禹：《读史方舆纪要》，中华书局 2005 年版。

20.（清）王之正：《乾隆嘉应州志》，程志远、王洁玉、林子雄、谢维怀整理，中山图书馆古籍部，1981 年版。

21.（清）温仲和：《光绪嘉应州志》（戊戌仲春锓版），（台北）成文出版社 1969 年版。

22.（清）黄遵宪：《人境庐诗草》，钱仲联《人境庐诗草笺注》，上海古籍出版社 1981 年版。

二　旧报刊

1. 沈越民：《爱国说》，《少年》，1920 年 3 月 15 日第 10 卷第 3 期。

2. 丁年华：《我之爱国》，《少年》，1920 年 2 月 15 日第 10 卷第 2 期。

3. 陈衡哲：《妇女在战时的责任》，抗战出版社编：《抗战半月刊》，1937 年 10 月 16 日第 1—2 期。

4. 自立：《谰言》，《女子世界》，1904 年 2 月第 1 卷第 2 期。

5. 刘瑞莪：《记女学体操》，《女子世界》，1904 年 7 月第 1 卷第 7 期。

6. 刘莘夫：《今日五华的妇女》，《女子月刊》，1937 年 3 月第 5 卷第 3 期。

7. 广东省档案馆编：《民国时期广东省政府档案史料选编》第一册，广东省供销学校印刷厂，1987 年。

8. 佚名：《粤省军政近事纪——广州：朱家骅示禁妇女束胸，限三个月内清除旧习，并禁青年男女吸烟喝酒》，《申报》，上海书店 1987 年影印本。

9. 佚名：《内政部提倡"天乳运动"——通令各省市禁女子束胸　陋习相沿循至弱种弱国》，《大公报》1929 年 12 月 15 日（5），人民出版社

1982 年影印。

10. 天人：《训政时期中之民政问题》，《广州民国日报》1927 年 7 月 12 日（5），人民出版社 1985 年影印。

11. 佚名：《广东女权运动大同盟沿革史略》，广东省档案馆，全宗号 9，目录号 1，卷号 21。

12. 邓颖超：《民国十四年的广东妇女运动》，广东省档案馆、广东妇女运动历史资料编纂委员会编：《广东妇女运动史料（1924—1927 年）》，红旗印刷厂 1983 年版。

13. 黄天憨：《论妇女运动与广东的妇女》（1927 年 3 月 8 日于广州），《妇女杂志》，1927 年 4 月。

14. 叶德荣：《梅县妇女的各种生活》，《女子月刊》，1936 年 1 月第 4 卷第 1 期。

15. 佚名：《客家之特性的研究》，《新北辰》，1936 年 6 月 15 日第 2 卷第 6 期。

16. 清水：《自食其力的客家妇女》，《女子月刊》，1936 年 7 月 10 日第 4 卷第 7 期。

17. 佩天：《广东妇女的特征》，《女子月刊》，1937 年 3 月 8 日第 5 卷第 3 期。

18. 心根：《值得注意的广东客家女子》，《妇女共鸣》，1933 年 2 月第 2 卷第 2 期。

19. 张海鳌、林文方：《广东客属妇女状况》，《新女性》，1927 年 2 月第 2 期。

20. 丘式如：《客家妇女》，《妇女月刊》，1945 年 7 月第 5 期。

21. 陈纳卓：《曲江妇女座谈会》，广东省新生活运动促进会妇女工作委员会编：《广东妇女》，1939 年 12 月 15 日第 5 期。

22. 社英：《女界犹提倡外货之可慨》，《妇女共鸣》，1930 年第 25 期。

23. 佚名：《女界提倡国货盛况》，《妇女共鸣》，1930 年第 36 期。

24. 陆秀清：《我们应该怎样爱国》，《女朋友》，1932—1933 年第 1 卷第 36 期。

25. 佚名：《爱国妇女的信条》，《玲珑》，1934 年第 4 卷第 3 期。

26. 南国佳人：《由舶来脂粉说到妇女的健康美》，《申报》，上海书店 1987 年影印本版。

27. 佚名：《准省市党部函令饬禁止学生服用洋货》，《广东教育厅旬刊》，1935 年 1 月 11 日第 1 卷第 1 期。

28. 佚名：《一般人对国货与洋货之观念》，《南京市政府公报》，1933 年 12 月 31 日第 135 期。

29. 乐三：《大埔民性》，《埔中季刊》，1926 年第 1 期。

30. 清水：《自食其力的客家妇女》，《女子月刊》，1936 年 7 月 10 日第 4 卷第 7 期。

31. 赵清阁：《爱国救国匹妇有责》，《女子月刊》，1936 年 1 月 1 日第 4 卷第 1 期。

32. 胡子婴《怎样动员全中国的妇女》，抗战出版社编：《抗战半月刊》，1937 年 11 月 1 日第 3 期。

33. 陈璧：《一个爱国的女招待》，《妇女月报》，1936 年 3 月 10 日第 2 卷第 2 期。

34. 陈衡哲：《妇女在战时的责任》，抗战出版社编：《抗战半月刊》，1937 年 10 月 16 日第 1—2 期。

35. 李尚仪：《现阶段的中国妇女运动》，《抗战妇女》，1938 年第 1 集第 2 期。

36. 荷子：《妇女进行曲》，广东民众御侮救亡会宣传部：《抗战导报》，1937 年 10 月 1 日第 1 卷第 1 期。

37. 关华：《梅县的妇女》，《湖南妇女》，1940 年第 2 卷第 6 期。

38. 利力：《抗战期中知识妇女的任务》，《新新周刊》，1938 年第 3 期。

39. 虹儿：《抗战三年来梅县女学生的一般动态》，《广西妇女》1941 年第 9—10 期。

40. 张海鳌、林文方：《广东客属妇女状况》，《新女性》1927 年第 2 期。

三　论著

1. ［德］黑格尔：《历史哲学》，生活·读书·新知三联书店 1956 年版。

2．［德］马克思、恩格斯：《马克思恩格斯选集》，人民出版社 1995 年版。

3．［德］马克思、恩格斯：《马克思恩格斯全集》，人民出版社 1960 年版。

4．［英］鲍伊：《宗教人类学导论》，金泽等译，中国人民大学出版社 2004 年版。

5．［英］霍布斯鲍姆：《传统的发明》，［英］兰格编，顾杭、庞冠群译，译林出版社 2004 年版。

6．［英］弗里德曼：《中国东南的宗族组织》，刘晓春译，上海人民出版社 2000 年版。

7．［法］福柯：《规训与惩罚》，刘北远、杨远婴译，生活·读书·新知三联书店 1999 年版。

8．孙文：《孙中山全集》，中华书局 1981—1986 年版。

9．廖仲恺：《廖仲恺集》，中华书局 1983 年版。

10．毛泽东：《毛泽东选集》，人民出版社 1991 年版。

11．朱德：《朱德选集》，人民出版社 1983 年版。

12．叶剑英：《叶剑英选集》，人民出版社 1996 年版。

13．叶剑英：《叶剑英军事文选》，解放军出版社 1997 年版。

14．叶剑英：《叶剑英诗词选集》，人民文学出版社 1983 年版。

15．江泽民：《江泽民文选》，人民出版社 2006 年版。

16．李坚真：《李坚真回忆录》，中共党史杂志社 1991 年版。

17．罗香林：《客家研究导论》，《兴宁文史》，广东省兴宁市政协文史资料研究委员会，2003 年。

18．钟敬文：《话说民间文化》，人民日报出版社 1990 年版。

19．钱穆：《中国文化史导论》，商务印书馆 1994 年版。

20．刘晓春：《仪式与象征的秩序》，商务印书馆 2003 年版。

21．王沪宁：《当代中国村落家族文化——对中国社会现代化的一项探索》，上海人民出版社 1991 年版。

22．冯尔康：《18 世纪以来中国家族的现代转向》，上海人民出版社 2005 年版。

23. 徐杨杰：《中国家族制度史》，人民出版社1992年版。

24. 萧放：《岁时——传统中国民众的时间生活》，中华书局2002年版。

25. 董竹君：《我的一个世纪》，生活·读书·新知三联书店2008年版。

26. 黄兰波：《文天祥诗选》，人民文学出版社1983年版。

27. 王栻：《严复集》，中华书局1986年版。

28. 赵春晨：《丁日昌集》，上海古籍出版社2010年版。

29. 国家清史编纂委员会：《黄遵宪全集》，中华书局2005年版。

30. 杨天石：《黄遵宪》，上海人民出版社1979年版。

31. 吴振清、徐勇、王家祥：《黄遵宪集》，天津人民出版社2003年版。

32. 徐博东、黄志平：《丘逢甲传》（增订本），九州出版社2011年版。

33. 丘晨波：《丘逢甲文集》，花城出版社1994年版。

34. 军事科学院叶剑英传编写组：《叶剑英传略》，军事科学出版社1987年版。

35. 范硕、丁家淇：《叶剑英传》，当代中国出版社1995年版。

36. 夏萍：《曾宪梓传》，作家出版社1995年版。

37. 吴永章：《客家传统文化概论》，广西教育出版社2000年版。

38. 罗维猛、邱汉章：《客家人文教育》，中国大地出版社2003年版。

39. 范英、刘权：《广东客家人的风骨》，广东人民出版社2005年版。

40. 冯秀珍：《客家文化大观》，经济日报出版社2003年版。

41. 胡希张、莫日芬、董励、张维耿：《客家风华》，广东人民出版社1997年版。

42. 张卫东、王洪友：《客家研究》第一集，同济大学出版社1989年版。

43. 黄钰钊：《客从何来》，广东经济出版社1998年版。

44. 刘善群：《客家与宁化石壁》，中国华侨出版社2000年版。

45. 杨宏海、叶小华：《客家艺韵》，华南理工大学出版社2006年版。

46. 林多贤：《客家文化特质与客家精神研究》，黑龙江人民出版社

2006年版。

47. 丘权政：《客家与近代中国》，中国华侨出版社1999年版。

48. 刘加洪：《河洛文化与客家优良传统》，河南人民出版社2010年版。

49. 严永通、凌火金：《广西客家山歌研究》，广西人民出版社1991年版。

50. 闫健：《民主是个好东西——俞可平访谈录》，社会科学文献出版社2006年版。

51. 金天翮：《女界钟》，上海古籍出版社2003年版。

52. 李泳集：《性别与文化：客家妇女研究的新视野》，广东人民出版社1996年版。

53. 黄金麟：《历史身体国家：近代中国的身体形成（1895—1937）》，联经出版事业公司2001年版。

54. 王明珂：《华夏边缘——历史记忆与族群认同》，允晨文化实业股份有限公司1997年版。

55. 韩素音：《客家人的起源及其迁徙经过》，丘菊贤：《韩素音研究文集》，香港天马图书有限公司2001年版。

四　地方资料

1. 《梅州文史》，政协广东省梅州市文史资料委员会，第1—18辑。
2. 《兴宁文史》，兴宁县文化局、兴宁县政协办公室，第1—30辑。
3. 《大埔文史》，政协广东省大埔县文史资料委员会，第1—28辑。
4. 《丰顺文史》，政协广东省丰顺县文史资料委员会，第1—18辑。
5. 《五华文史》，政协广东省五华县文史资料委员会，第1—10辑。
6. 《蕉岭文史》，政协广东省蕉岭县文史编辑委员会，第1—10辑。
7. 《平远文史》，政协广东省平远县文史资料委员会，第1—10辑。
8. 余蔚文：《世界客属名贤程旼》，2003年。
9. 梅州市民间文艺家协会：《梅州风采》，嘉应文学杂志社1989年版。
10. 《粤东客家山歌》，梅县地区民间文艺研究会，1981年。
11. 梅州市教育局：《梅州教育志》，梅州市教育局，1989年。

12. 《梅州市华侨志》，广东省梅州市华侨志编纂委员会，2001年。

13. 谢小健：《土楼楹联》，永定土楼文化研究会，1995年。

14. 谢崇德：《客家祠堂楹联》，梅州市政协学习和文史资料委员会，2006年。

15. 谢崇德：《历代咏梅州诗选注》，中华诗词出版社2009年版。

16. 侯复生、曾令存：《客家姓氏堂联考释》，广东旅游出版社1994年版。

17. 余耀南：《大埔情歌杂歌精选》，中国文颐出版社1997年版。

18. 钟敬文：《客家情歌》，上海文艺出版社1991年版。

19. 张资平：《梅岭之春》，大光书局1937年版。

五 论文

1. 朱贻庭、赵修义：《社会风气·荣辱观·羞耻感》，《伦理学研究》2006年第4期。

2. 高兆明：《耻感与存在》，《伦理学研究》2006年第3期。

3. 周兴：《论廖仲恺爱国主义的内涵及其特色》，《中山大学学报》1998年第2期。

4. 李鸿生、朱春燕：《丘逢甲的教育思想与实践》，《学术研究》1995年第2期。

5. 王飚：《从〈日本杂事诗〉到〈日本国志〉》，《东岳论丛》2005年第2期。

6. 谢友祥、闫恩虎：《"客商"论》，《中南民族大学学报》2004年第3期。

7. 刘正刚、曾繁花：《解放乳房的艰难：民国时期"天乳运动"探析》，《妇女研究论丛》2010年第5期。

8. 刘加洪：《客家人护台御敌、维护祖国统一的历史作用》，《台湾研究》2001年第2期。

9. 刘加洪：《社会主义核心价值体系视阈下客家优良传统的功能探析》，《中央社会主义学院学报》2012年第5期。

10. 刘加洪、蓝春新：《从历史视角解读中国特色社会主义共同理想的四个维度》，《毛泽东思想研究》2013年第5期。

11. 刘加洪、蓝春新：《从历史视角解读以改革创新为核心的时代精神》，《中央社会主义学院学报》2014年第2期。

12. 冯珠娣、汪民安：《日常生活、身体、政治》，《社会学研究》2004年第1期。

13. 丘峰：《"叶落归根"与"落地生根"——论东南亚客属会馆的特征及其地位与作用》，《上海社会科学院学术季刊》1997年第3期。

14. 扬·阿斯曼：《有文字的和无文字的社会——对记忆的记录及其发展》，王霄兵译，《中国海洋大学学报》2004年第6期。

15. 江百炼：《女性角色意识的张扬——辛亥革命时期女性角色的定位》，《湖南师范大学社会科学学报》2009年第4期。

16. 李小燕：《从族谱的家规家训看客家人的价值观念》，《广西民族学院学报》2006年第3期。

17. 肖文评、王濯巾：《粤东客家传统农耕习俗略论》，《农业考古》2008年第3期。

18. 邹春生：《从道德价值观念的塑造看客家文化的儒家特质——以客家族群的自我救助为例》，《成都大学学报》2008年第4期。

19. 刘飞：《客家精神形成的原因初探》，《内蒙古农业大学学报》2008年第3期。

20. 刘守华：《民间传统文化与和谐社会建设》，《湖北民族学院学报》2006年第6期。

21. 张金超：《张弼士实业成功原因探析》，《岭南文史》2005年第3期。

22. 苗体君、窦春芳：《几次重大历史关头的叶剑英——纪念叶剑英元帅诞辰110周年》，《党史博采》2007年第4期。

23. 吴殿尧：《朱德诗词：一代爱国者的伟大情怀》，《党史博览》2007年第5期。

24. 陈大富：《厚重的客家姓氏文化——祖训》，《炎黄纵横》2010年第4期。

25. 徐梓：《西安碑林官箴考》，《文化学刊》2008年第4期。

26. 曹春荣：《客家文化对畲瑶土著文化的吸收与同化脞论》，《赣南师范学院学报》1999年第5期。

27. 李本亮、黄保华：《赣南客家对苏维埃革命的贡献》，《赣南医学院学报》2005年第6期。

28. 侯国隆：《关于旧时梅州客家童养媳问题的探讨》，《广东史志》1994年第4期。

29. 谢基昌：《促进社会关系和谐：敦亲敬祖的客家优良传统的当代价值》，《嘉应学院学报》2012年第7期。

30. 曾繁花：《晚清女性身体问题研究——基于若干报刊的考察》，暨南大学博士学位论文，2011年。

31. 徐维群：《传统客家妇女相对地位的定位及其成因》，《龙岩师专学报》1999年第1期。

32. 吴潜涛：《深刻理解社会主义荣辱观的内涵和意义》，《政策》2006年第6期。

33. 温云远：《浅谈客家崇文尚德精神在和谐文化建设中的促进作用》，《闽西社科》2008年第1期。

34. 海侠：《他把土楼从"山坳"推向世界》，《人民日报·海外版》2009年6月26日第3版。

35. 施保国《客家传统的和谐诉求》，《中国社会科学报》2011年9月29日。

36. 施保国：《客家围龙屋折射出的层级管理理念》，《中国社会科学报》2012年2月22日。

37. 胡美东、熊志、李辉、林晓韵：《余秋雨：土楼客家文化否定中国威胁论》，《中国日报》2008年7月11日。

38. 中新社：《"老外"华媒人熊德龙：中国父母给我中国心》，《中国新闻网》2011年9月18日。

39. 孙晓素、石婧雯：《钱学森长子揭秘"科学家族"故事》，《南方日报》2008年10月26日。

40. 《珠三角9市之首 广州 粤东西北12市之首 梅州》，《南方日报》2012年2月14日。

41. 戎明昌：《梅州客家廉政山歌传唱深入人心》，《南方都市报》2006年12月31日。

42. 汤强发：《客家俚语话人情》，《梅州日报》2008年2月22日。

43. 李锦让：《田家炳：我只是人世间一粒小小的尘土》，《梅州日报》2009年7月10日。

44. 《我有百分之百的中国心》，《梅州日报》2007年4月18日。

45. 李锦让、刘龙胜：《田家炳在精神层面上铸造高风仁德》，《梅州日报》2004年11月9日。

46. 《2012年梅州百姓幸福感居粤东西北12市之首》，《梅州日报》2012年7月1日。

47. 袁长松：《血缘是根 文化是魂》，《玉林日报》2011年11月7日。

48. 张智荣、陈忱：《赏灯君子垌 浓浓客家情》，《贵港日报》2009年3月18日。

49. 何雪昌、卢基莹、李添华：《永定客家土楼：中华文化的瑰宝》，《闽西日报》2010年3月5日。

后 记

我是客家人，1986年华南师范大学历史系毕业后又分配到客家地区的高等院校工作。20多年前，我就对客家历史产生了浓厚的兴趣，并开始收集有关客家资料。2006年，嘉应学院在科学规划课程内容时，社科部主任陈申宏教授就建议我开设《中华民族精神与客家优良传统》选修课。我知道这门课程既能深度挖掘中华民族精神，同时又能很好地传承和发扬客家优良传统，作为一名客家人，我感到责无旁贷、义不容辞。经过几年的开设选修课程和资料积累，逐渐厘清了客家优良传统的脉络，对客家优良传统的科学体系的构建，有了初步的思路。

曾经有人向我提出质疑："客家研究跟马克思主义理论与思想政治教育研究有什么联系？"我反思，难道说客家研究就只有语言、文学、民俗、建筑、美术、音乐值得研究？难道说客家人就没有精神、传统、力量在支撑着他们奋起抗争、砥砺前行？难道说客家人就不能与时俱进，站在时代潮头？很难想象，没有客家人文精神与优良传统，客家人能历经千年而不衰，并且创造出令世人震惊的业绩！这就是马克思主义理论与思想政治教育所要研究的课题，作为客家人，我再次感到责无旁贷、义不容辞。2009年，应梅州市人大常委会副主任、嘉应学院华侨华人研究所所长雷近芳教授的邀请，我参与了国家社会科学基金特别委托项目《河洛文化与闽台关系研究》子课题《河洛文化与客家优良传统》的研究，并由河南人民出版社出版专著《河洛文化与客家优良传统》。

2010年，社科部邀请清华大学吴倬教授来指导申报课题，他提出可以把社会主义核心价值体系与客家优秀文化结合起来研究。于是由我牵头，跟几位志同道合的老师组成课题组，开始了对《社会主义核心价值体系与客家优良传统的理论与实践》的研究，虽然很不成熟但是有了基本思路。我不停地琢磨修改，跟黄晓锋博士经常交换意见，课题组成员提出的许多见议、想法，都让我受益匪浅。2011年，社科部又邀请广州大学胡潇教授等人指导申报课题。我向他虚心求教，程门立雪；他对我厚爱有加，点拨教诲，提出了很多宝贵意见，使论证不断完善，跃上新的台阶。围绕社会主义核心价值体系与客家优良传统这一中心和主题，我反复推敲斟酌，几十易其稿。终于皇天不负有心人，《基于社会主义核心价值体系视阈下的客家优良传统研究》获得教育部课题立项。在此，对所有帮助过我的前辈、同人表示衷心的感谢！

课题立项以后，我还邀请了其他志趣相投的老师加盟课题组。在我草拟的提纲框架的基础上，课题组成员不断进行细化调整，并且在研究的过程中不断进行修改补充，使提纲结构不断丰富完善。具体分工如下：黄晓锋（副教授）撰写了第一章，陈红心（副教授）撰写了第二章第一节，张文峰（副教授）撰写了第三章第一节，陈申宏（教授）撰写了第四章第一节，杨剑忠（副教授）撰写了第四章第二节，施保国（副教授）撰写了第四章第三节，李学明（副教授）撰写了第四章第五节，张小媚（副教授）撰写了第五章第一节、第二节，王海燕（教授）撰写了第五章第三节、第四节，谢基昌（教授）撰写了第六章，曾繁花（讲师）、吴美娜（讲师）撰写了附录，刘加洪（教授）撰写了导言、第二章第二节、第三章第二节、第四章第四节、后记，并最后进行了统稿。在两年多的研究过程中，课题组成员克服了各种困难，一边撰写内容，一边转化为论文发表，变压力为动力，按时按质完成了任务。在此，对所有课题组成员表示衷心的感谢！

在此之前，学术界对社会主义核心价值体系视阈下的客家优良传统虽然未形成系统的研究，但已经有一些论文和著作论及客家人文精神和优良传统的内容。一些学者已经做出了艰辛的探索，一些前辈是公认的拓荒者，本书引用了他们的一些资料，并在注释和主要参考资料栏目中列出。在此，对他们的默默耕耘、无私奉献表示衷心的感谢！

在项目的研究和考证过程中，在书稿的撰写和出版过程中，得到了嘉应学院党政领导的悉心指导，得到了嘉应学院办公室、科研处、财务处、资产管理处等有关部门的大力支持；非常荣幸邀请到了华南师范大学马克思主义学院院长、博士生导师，广东省高等学校"珠江学者"，广东省首届优秀社会科学家陈金龙教授为本书作序；嘉应学院校长邱国锋教授也为本书作序，社科部的领导、同人为我一路大开绿灯、提供工作方便；中国社会科学出版社各有关编辑对书稿的出版付出了辛勤劳动。在此，一并表示衷心的感谢！

  由于书稿出自众人之手，是集体智慧的结晶，必然会留下个人痕迹，难免存在不少瑕疵；由于本人才疏学浅、水平有限，统稿难免错漏百出，论及观点挂一漏万。恳请各位专家教授、读者朋友不吝赐教，批评斧正。我的电子信箱是：liujh138168@126.com。欢迎交流，谢谢！

刘加洪
2014 年 3 月于嘉应学院